研究生教学用书

外国商标案例译评

Foreign Trademark Cases:
Translation & Comments

王莲峰 主编
戴彬 叶赟葆 副主编

北京大学出版社
PEKING UNIVERSITY PRESS

图书在版编目(CIP)数据

外国商标案例译评/王莲峰主编.—北京:北京大学出版社,2014.1
(研究生教学用书)
ISBN 978-7-301-23534-8

Ⅰ.①外…　Ⅱ.①王…　Ⅲ.①商标法-案例-国外-研究生-教材
Ⅳ.①D913.05

中国版本图书馆 CIP 数据核字(2013)第 287988 号

书　　　名：外国商标案例译评
著作责任者：王莲峰　主编
责 任 编 辑：赵圆圆　朱梅全　王业龙
标 准 书 号：ISBN 978-7-301-23534-8/D·3468
出 版 发 行：北京大学出版社
地　　　址：北京市海淀区成府路205号　100871
网　　　址：http://www.pup.cn
新 浪 微 博：@北京大学出版社
电 子 邮 箱：law@pup.pku.edu.cn
电　　　话：邮购部 62752015　发行部 62750672　编辑部 021-62071998
　　　　　　出版部 62754962
印　刷　者：北京鑫海金澳胶印有限公司
经　销　者：新华书店
　　　　　　730毫米×980毫米　16开本　19印张　361千字
　　　　　　2014年1月第1版　2014年1月第1次印刷
定　　　价：38.00元

未经许可,不得以任何方式复制或抄袭本书之部分或全部内容。
版权所有,侵权必究
举报电话:010-62752024　电子邮箱:fd@pup.pku.edu.cn

主 编 简 介

王莲峰,女,法学博士,华东政法大学知识产权学院教授、博士生导师、商标法教研室主任、商标与产业经济研究所所长;入选国家知识产权战略专家库专家、国家商务部海外维权专家、中国法学会知识产权法研究会理事;美国芝加哥肯特法学院访问学者,德国马克斯—普朗克知识产权和竞争法研究所访问学者,国际商标协会教授会员;上海市政府"知识产权高级人才650项目"成员;新中国第一部《中国知识产权蓝皮书》编委、民建上海市委法制委员会副主任。

其他学术兼职主要有:教育部高校人文社科重点研究基地中南财经政法大学知识产权研究中心兼职研究员;上海市知识产权法研究会理事;上海知识产权研究所研究员;复旦大学知识产权研究中心研究员等。

主要研究方向:商标法、商业标识法、知识产权法等。

公开出版著作和教材二十余部,代表性著作主要有:《商业标识立法体系化研究》(独著),北京大学出版社2009年版;《商标法学》(独著),北京大学出版社2007年版,该书为国家级"十一五"规划教材;《商标法案例教程》(主编),清华大学出版社2008年版。

公开发表论文七十余篇,代表性论文有:《论我国商标的使用条款之完善——以iPad商标纠纷案为视角》,载《知识产权》2012年第4期;《商标合理使用规则的确立和完善——简评〈商标法〉修改稿第六十四条》,载《政治与法律》2011年第7期;《我国〈商标法〉名称的修改与选择》,载《政治与法律》2010年第1期,该文由中国人民大学书报资料中心《民商法学》2010年第4期全文转载;《论对善意在先使用商标的保护——以"杜家鸡"商标侵权案为视角》,载《法学》2011年第12期;《制定我国地理标志保护法的构想》,载《法学》2005年第5期;《我国商标权利取得制度的不足与完善》,载《法学》2012年第11期;《商标的实际使用及其立法完善》,载《华东政法大学学报》2011年第6期;《知识产权纠纷调解问题研究》,载《东方法学》2011年第1期等。

主持和完成的项目有:国家社科基金项目:《我国商标注册原则的反思与改进研究》;司法部项目:《商业标识立法体系的构建研究》;上海市教委创新项目:《后世博与上海会展知识产权保护研究》等。

前　言

　　案例教学法在我国的法学教育中占据了越来越重要的地位,也逐渐得到广大师生的认可和好评。本书主编在长期的知识产权法和商标法的教学研究中积累了一部分国外的商标案例,通过课堂教学的使用,收到了较好的效果,激发了学生学习的兴趣和分析解决问题的能力。通过两年多的整理分类和组织撰写,给读者呈现了《外国商标案例译评》一书。

　　国外案例大多冗长繁杂,为便于读者了解案例所涉及的法律问题,本书对涉及的案例进行了整理,内容包括:导读、案件事实、法院判决、法律问题及分析、启示等部分。

　　本书具有以下特点:

　　1. 案例来源于多个国家。本书选取了三十余个国外商标纠纷案例,涉及美国、英国、加拿大、德国、法国、瑞士、荷兰等国家的商标法律和案例,基本涵盖了两大法系的主要国家,便于读者开拓视野,进行比较研究和学习。

　　2. 案例涉及面较广。案例内容包括商标的注册、驰名商标保护、商标侵权纠纷的认定及其救济、网络商标侵权、商标侵权惩罚性赔偿、商标权限制、平行进口、商标善意共存等方面。通过案例分析和评述,可全面了解外国商标的保护和使用中相关的法律规定及不同法院的判决意见。

　　3. 案例选取的内容较新。针对学术界热议的问题,本案例选取了商标侵权惩罚性赔偿、网络商标侵权、商标善意共存等相关案例,解析商标法律问题,学习国外法官的判决思路。同时,针对一个问题,有意识选取了两大法系不同国家的案例,便于读者比较研究。本书遴选的案例有一定的代表性,在一定程度上反映了国外商标审理的发展趋势。

　　4. 案例的启示部分提出了相应的问题。在本书即将出版之际,全国人民代表大会常务委员会于 2013 年 8 月 30 日通过了修正后的《商标法》,该法将于 2014 年 5 月 1 日生效。本书在案例的启示部分,结合国外案例和商标立法,对比我国新修改的法律,针对司法实践提出了一些可以借鉴的建议,同时给读者提出了一些有待进一步研究的问题,以实现编译本书的目的之一"洋为中用"。

　　为便于读者学习和了解外国商标案例中所涉及的法律及相关国际公约,本书附录了常见国际公约缩略语表以及由戴彬博士翻译和校对的最新的美国联邦商标法(《兰哈姆法》)和《欧共体商标条例》。

　　本书由王莲峰教授任主编,戴彬博士和叶赟葆博士任副主编并参加编写,编写成员包括:高阳、董传传、曲彤彤、刘剑弘、俞珲珲、袁珊、过君栋、张莎莎、居佳、吴志滔、周晓锋等。在本书的编写过程中,特别感谢张玉峰、邱雨、李奕霖、王舒辰、蒋洋、陈琦等已经毕业硕士的前期收集、翻译和整理等工作。

  本书可面向法学专业、知识产权专业的本科、硕士及博士教学使用,也可为知识产权审判和行政执法部门作参考。

  本书出版得到了华东政法大学研究生院的大力支持,在此一并致谢。

  本书的不足之处,欢迎读者批评指正。

作者

2013 年 9 月 10 日

目 录

商标注册案件 ……………………………………………………………（1）
 美国商标注册的使用要求案 ………………………………………（1）
 美国单一颜色商标注册案 …………………………………………（8）
 美国 AIRFLITE 服务商标确权案 …………………………………（17）

驰名商标保护案件 ……………………………………………………（26）
 美国 CLUE 驰名商标认定及其淡化案 ……………………………（26）
 英国 INTEL 诉 CPM 驰名商标案 …………………………………（34）
 德国佳能诉米高梅驰名商标案 ……………………………………（41）
 加拿大 JAGUAR（捷豹）驰名商标侵权案 ………………………（47）
 瑞士 DAVIDOFF 驰名商标侵权案 …………………………………（54）
 欧盟通用公司声誉商标保护案 ……………………………………（61）

商标侵权案件 …………………………………………………………（70）
 美国 DAN TANA'S 餐厅商标侵权案混淆可能性的判定 ………（70）
 美国 TAVERN ON THE GREEN 商标侵权及撤销案 ……………（78）
 英国 WAGAMAMA 商标侵权和假冒案 ……………………………（85）
 德国阿迪达斯商标侵权案中混淆标准的认定 ……………………（92）

网络商标侵权案件 ……………………………………………………（98）
 美国 TIFFANY 商标网络侵权案 …………………………………（98）
 法国欧莱雅商标网络侵权案 ………………………………………（105）

商标侵权惩罚性赔偿案件 ……………………………………………（113）
 美国 COOPER 公司商标侵权案惩罚性赔偿的适用 ……………（113）
 美国 TEXAS 商标侵权案中惩罚性赔偿的构成要件 ……………（121）

商标权的限制 …………………………………………………………（129）
 美国 ATLANTIS 赌场商标在先使用权案 ………………………（129）
 美国 CHARTREUSE 商标地理名称合理使用案 …………………（138）
 美国 MICRO COLORS 叙述性商标合理使用案 …………………（144）
 芬兰 GILLETTE（吉列）商标指示性合理使用案 ………………（150）
 美国 PANDORA 商标侵权案中怠于行使权利的抗辩 ……………（159）

商标共存案件 ………………………………………………………… (165)
  美国蒂罗斯商标共存案 ……………………………………………… (165)
  美国 FIELD & STREAM 商标共存协议案 ………………………… (172)

商标平行进口案件 …………………………………………………… (177)
  欧盟 SILHOUETTE 商标平行进口案中商标权用尽范围的解释 …… (177)
  欧盟 MERCK 商标药品平行进口再包装案 ……………………… (184)
  美国 DIAL 商标平行进口侵权案 ………………………………… (188)
  美国 SKF 商标平行进口不构成侵权案 ………………………… (195)

参考文献 ………………………………………………………………… (203)

常见缩略语表 ………………………………………………………… (207)

附　录 ………………………………………………………………… (208)
  《美国商标法》(2009 年修订) …………………………………… (208)
  《欧共体商标条例》(2009 年修订) ……………………………… (249)

商标注册案件

美国商标注册的使用要求案

导读

该案件是关于美国商标使用的判定问题,同时涉及《兰哈姆法》第1条(b)款和第2条(d)款的解释,法院根据美国商标法及民事诉讼法的规定重新梳理了商标意图使用的判定标准。

一、案件事实

上诉人(原告):Bestseller 有限公司

被上诉人(被告):Fame Jeans 有限公司

Bestseller[①]是一家丹麦的公司,1990年开始销售 Jack & Jones 牛仔裤。到2005年,其经营的业务已经扩展到了包括牛仔裤、T恤衫和夹克,大部分商品销往欧洲、中东、南美和亚洲。据统计,仅在欧盟地区,Bestseller 公司就销售了9000万件品牌服装。其在46个国家都注册了 Jack & Jones 的商标,拥有21个含有这个名字及其变化形式的域名。

2003年,Bestseller 公司决定将其业务扩展到北美,计划先在加拿大开展业务,然后从加拿大将其品牌扩展到美国。它在2004年8月在加拿大申请注册了 Jack & Jones 商标,并在2004年12月6日申请在美国注册。其竞争对手 Fame Jeans 公司试图通过在美国专利和商标局(英文简称为 PTO)注册商标来排挤对手。Fame 公司已经在2004年1月9日在美国申请注册 Jack & Jones 商标。双方申请的方式不同,Fame 公司是根据《兰哈姆法》第1条(b)款的规定,宣称其在贸易中有使用该商标的意图而提出其申请的。而 Bestseller 公司根据《兰哈姆法》第44条(e)款[②]提出了申请,宣称其有使用该商标的意图,并且引用了1990

[①] 上诉人的母公司,上诉人一直这样称呼自己,因此法院在判决书中遵循该名称。

[②] 《兰哈姆法》第44条(e)款是关于商标注册国际优先权的规定,已在外国申请人的原籍国正式注册的商标,如果合格,可在主注册簿上注册,否则按本法规定在副注册簿上注册。在申请人原籍国的注册证明书或经证明的注册证副本应随同注册申请书一起提交。申请书必须阐明申请人拟在商业中使用该商标的真诚意向,但在注册之前不要求在商业中使用。

年在丹麦的注册。虽然双方各自都注册了相同的商标,但是双方都不能证明其通过实际使用 Jack & Jones 品牌销售牛仔裤而在美国相关地区建立了商誉。

法院又查明 Bestseller 公司曾经对 Fame 公司注册该商标的申请提出了异议,其声称 Fame 公司的注册可能导致与 Bestseller 公司的 Jack & Jones 商标混淆,并且与 Bestseller 公司注册该商标的申请相冲突。2006 年 1 月 30 日,美国商标审理与上诉委员会(TTAB)对 Bestseller 公司的异议作出了即决判决。首先,TTAB 指出 Bestseller 公司承认其从来没有在美国将该商标用于贸易中,在国外使用不能在本案中使 Bestseller 公司获得优先权。其次,TTAB 认为,Bestseller 公司 2004 年 12 月 6 日的申请晚于 Fame 公司 2004 年 1 月 9 日的申请。然而,Bestseller 公司不服判决,将该案件上诉到地区法院。

诉讼请求:其一,对 Fame 公司的商标权提出异议,Bestseller 公司认为,根据《兰哈姆法》第 44 条(e)款,其对 Jack & Jones 商标享有优先权,而且还主张其已经在美国使用了该商标。同时,根据该法第 2 条(d)款①,Fame 公司的注册行为导致了该商标在相关商品上的混淆,不能予以注册。此外,Bestseller 公司还主张法院应当适用衡平法的原则给予其对该商标的权利,因为其已经在世界上使用该商标 17 年,而 Fame 公司从来没有在任何地方使用该商标。其二,Bestseller 公司还补充了一项新的诉求,即 Fame 公司根据《兰哈姆法》第 1 条(b)款②申请原告的商标自始无效,因为其缺乏使用该商标的善意意图,不能满足法律规定的商标注册条件。其三,Fame 公司在商标申请时作出虚假陈述,其意图使用不具有善意,因此成立欺诈,Bestseller 公司可以基于此获得赔偿。

二、法院判决

(一) 地区法院判决

1. 地区法院驳回了所有的诉求。原因在于,Bestseller 公司的起诉不符合 Twombly 案确立的起诉新标准,同时原告既不能证明其享有优先权的事实,也不能证明被告缺乏善意,因此驳回起诉。

2. 对于新的诉求,地区法院认为,由于没有在 TTAB 的审理程序中提出,视为原告放弃了该项请求,不能在法院中提出。

Bestseller 公司不服,起诉到联邦巡回上诉法院。

(二) 联邦巡回上诉法院判决

1. 因为 Bestseller 公司没能在 TTAB 程序中提出诉求而地区法院把该项诉

---

① 该款是关于注册商标不得与在先的标志混淆,否则不予注册。
② 《兰哈姆法》第 1 条(b)款规定:"有真诚的意图在商业上使用一商标的人,在表明其诚意的情况下,可依本法申请在主注册簿上注册其商标。"

求视为放弃,从而驳回原告诉讼请求的决定是错误的。

2. Bestseller 公司提出两项理由对 Fame 公司的注册申请提出异议:第一,与 Bestseller 公司已经在先使用的商标相同,可能导致混淆的产生;第二,缺乏善意使用该商标的意图。地区法院以原告起诉不符合新的起诉标准而驳回起诉也是错误的,原告的起诉符合起诉标准。

3. 地区法院驳回第三项普通法上的虚假陈述的诉求是正确的,因为 Bestseller 公司没有主张其信赖了 Fame 公司的虚假陈述。

由于上述原因,部分维持部分改变地区法院的判决。

三、法律问题及分析

本案地区法院的判决主要涉及三方面问题:第一,地区法院可否审理在商标复审程序中未涉及的请求;第二,原告的起诉状是否符合《联邦民事诉讼法》第 12 条要求的起诉条件;第三,商标注册中的使用要求。前两个问题属于程序性事项,本书不加详述,主要对美国商标的使用规则进行论述。

(一) 意图使用

美国商标申请可基于实际使用商标而提出,也可以通过意图使用商标而提出。申请人根据意图使用提出商标申请时,必须首先提交真诚使用商标的声明,并说明商标使用的范围。经美国专利商标局审查后会颁发"允许通知",在颁发"允许通知"之日起六个月内,申请人必须提交实际使用商标的证明,只有申请人在商业活动中真诚使用了商标,专利商标局才可以真正予以注册。根据《兰哈姆法》第 7 条(c)款,从专利商标局发出"允许通知"到商标注册这段时间内,申请人有一个"推定使用"期间,在这段期间内申请人获得了一个全国范围内的优先权。一旦申请人获得商标注册,其实际使用日将会推定到其申请日,他人就无法在这段期间获得同样商标的注册。

具体到本案来说,Bestseller 公司认为其申请日虽然晚于被告的申请日,但是由于被告是意图使用的申请,根据《兰哈姆法》第 7 条(c)款的规定,被告在这段时间内的使用是推定意义上的使用,而意图使用申请在实际使用发生前是不能获得注册的。因此,Bestseller 公司认为,意图申请本身不能获得商标权,在意图使用申请人实际使用商标前不能获得优先权。在实际使用之前,意图使用申请依然可以被竞争使用人推翻,即使竞争者在意图申请日期之后开始使用,或者像 Bestseller 公司一样提出在后的申请。法院认为这种观点显然不正确。虽然意图使用申请本身不能产生对他人有拘束力的权利,但是这种申请方式给了申请人进行开展法定申请的程序性权利。因为申请人在意图使用申请之后的一段时间内进行实际使用,来完成商标注册,法院应当保护这种意图申请,以满足商标申请人之后的使用需求。如果允许其他竞争者在推定使用期间注册该标志的话,那么意图使用申请制度将变得毫无意义。Bestseller 公司不能采用这种战略对 Fame 公司的申请提出异议。商标异议必须以法定理由为依据,如申请在法律上存在缺陷或者不足以及商标无效的法定理由等。《兰哈姆法》第 7 条(c)款的规定是商标申请权的可能来源,而不是申请缺陷的问题。Bestseller 公司错误地认为该法第 7 条(c)款是其异议的依据,而实际上该法第 2 条(d)款才是真正的依据。

联邦巡回上诉法院认为,首先,Bestseller 公司对 Fame 公司的申请提出异议的依据是《兰哈姆法》第 2 条(d)款,根据该条,如果一个商标与此前在美国使用过的商标之间可能导致混淆,该商标不可以注册。① 该法第 2 条(d)款规定,异议人必须证明其享有优先权,而且该商标的注册可能造成混淆。双方对 Bestseller 公司提出的存在混淆的可能性的观点没有争议,因为 Bestseller 公司和 Fame 公司希望在同一种产品上使用相同的商标。② 就优先权而言,Bestseller 公司主张其 2004 年 12 月 6 日依据《兰哈姆法》第 44 条(a)款提出的申请使其获得优先权,而且认为其在美国的使用也使其获得了优先权。但是,由于 Fame 公司在 2004 年 1 月 9 日提出了其意图使用的申请,Bestseller 公司必须主张该日期以前的优先权。

另外,如果像 Bestseller 公司所主张的那样作出相反的认定,不仅会使《兰哈姆法》第 2 条(d)款的规定没有意义,而且还会损害意图申请制度本身。国会在《兰哈姆法》1988 年修正案中加入意图使用申请的目的在于,消除在申请前必须使用商标的法律障碍,因为经营者可能需要在不确定其是否可以获得商标权的情况下采用一个商标并投资进行商品开发和营销。在《兰哈姆法》第 7 条(c)款中规定的推定的使用是该制度的一个核心要素,没有推定的使用就不能获得意图使用申请制度所希望取得的确定性。意图使用申请人容易受到侵权人或者在申请日之后开始使用的人的损害。作为主张 2004 年 12 月 5 日的优先权的申请人,Bestseller 公司正好是一个在意图申请日之后开始使用的竞争者。③ 许可 Bestseller 公司获得这一优先权会减少 Fame 公司的申请的价值,推定在该日期前 Fame 公司没有实际的使用,这正好是国会想要避免的结果。根据《兰哈姆法》第 2 条(d)款的文义,意图使用申请人在异议程序中可以根据其申请获得优先

---

① See 15 U.S.C. § 1052(d).
② 虽然 Fame 对 Bestseller 提出的混淆主张没有争议,但是其主张 Bestseller 根本没能提起《兰哈姆法》第 2 条(d)款的诉求,因为 Bestseller 没有引用第 2 条(d)款。但是,既然诉求的基础很明确,起诉书没必要具体"举出法条"。
③ 即使能够成立,Bestseller 的观点更弱,因为《兰哈姆法》1988 年修正案的第二个动机是消除第 44 条(d)款和(e)款申请中的不合理因素。因为外国申请人可以在不实际使用的情况下主张优先权,国会希望国内申请人可以获得一样的待遇。

权。TTAB一直以来也坚持这一观点,其他法院通常也会作出这种解释。①

(二) 商标实际使用

首先,Bestseller公司没能证明其在美国拥有Jack & Jones商标权。在普通法中,"只有首次在商业中被真诚地实际使用之后才能获得该商标的优先权"②。《兰哈姆法》1988年修正案对有效的商标注册规定了"商业中使用"的标准,这意味着在普通的商业过程中善意使用某商标,包括将商标附加在产品上。但是,零星或者微量的销售是不构成商标善意使用的。例如,在柜台上销售的几瓶酒,以及寄给朋友的几瓶酒不足以构成使用。虽然单笔的销售可能意味着对商标的首次使用,但是它必须是连续的商业使用的开始,而且这种使用也必须是在美国。如在日本销售T恤,则不是在美国的商业中的使用。

然而,地区法院驳回了Bestseller公司的起诉,认为其起诉书不符合起诉条件。因为其无法证明实际使用了商标,法院无法得知原告有权起诉。实际上,地区法院使用过于严格的标准来判定原告是否有权起诉。《兰哈姆法》第2条(d)款只要求"在美国的使用",因此只要证明其在美国间接使用了该商标也就足够了。异议人可以依据销售行为以外的大量其他形式的活动,包括规律性的商业接触、售后服务、各种形式的广告和推销。即使是在产品准备好销售之前的推广活动也可能使竞争者的注册申请无效。断断续续的推广,比如偶尔在媒体上的宣传是不够的。间接使用必须"达到使得公众将相关术语与异议人的产品建立认知关系的程度和范围"③。

本案所考虑的关键问题在于,Bestseller公司的起诉书中列举的使用行为是否足够表明其有权获得救济。Bestseller公司的陈述中没能说明存在销售,不管是在美国的销售或者在外国向美国人的销售。虽然Bestseller公司在美国以外的地方销售价值数百万的Jack & Jones商标的服装,但是它没能指出任何在美国的销售或者向美国的销售。Bestseller公司所举出的最接近于销售的是,指出其服装通过Bestseller的外国消费者和商店以及eBay网被美国的消费者获得。这种主张根本不能说明在美国的销售,更不用说持续的商业销售。但是,这些证据提出了足够合理的通知,使得对方当事人能知晓起诉的内容,符合起诉书的要求,因此起诉不能被驳回。Bestseller公司对"在美国使用该商标开展了研究和推广"④。虽然起诉书没有说这种推广广泛到足以在美国消费者中创造了对

---

① See Zirco Corp. v. AT & T Co., 21 U.S.P.Q.2d 1542, 1544 (T.T.A.B.1992).
② Allard Enters., Inc. v. Adv. Programming Res., Inc., 146 F.3d 350, 358 (6th Cir.1998).
③ T.A.B. Sys., 77 F.3d at 1375.
④ 法院通过将起诉中的模棱两可的文字作出有利于原告的解释来放宽对起诉书的限制。如 ACLU Found'n of S. Cal. v. Barr, 952 F.2d 457,472 (D.C. Cir. 1991)(这些陈述虽然没有准确地采用这些术语,但是可以被解释为支持其诉因)。本案中,法院认为Bestseller的意思是指在美国的推广。

Jack & Jones 商标的认知,但是它可以合理地从 Bestseller 公司的其他陈述中推断出这种认知。如果要胜诉,Bestseller 公司需要提供更多实质上的证据,以证明其在商业活动中实际使用了该商标。但是,考虑到 Twombly 案对起诉标准的要求,只要将原告的诉求能合理地通知对方当事人即可。因此,不需要考虑 Bestseller 公司在美国实际使用了 Jack & Jones 商标的证据是否具有说服力或者合理性。将美国市场的推广活动和对公众认知的推断结合起来就足以给 Fame 公司合理的通知,足以说明其需要答辩的内容,起诉书中不需要其他更多的内容。

(三)商标注册的善意使用意图

Bestseller 公司主张 Fame 公司的申请自始无效,因为其缺乏在商业中使用 Jack & Jones 商标的善意意图。善意意图是根据《兰哈姆法》第 1 条(b)款的申请的一项法定要求,缺少这种意图可以构成 Bestseller 公司对 Fame 公司的申请提起异议的理由。

TTAB 认为,《兰哈姆法》第 1 条(b)款既要求在商业中有实际使用的意图也要求相应的证据,在提交申请的同时要提交可以客观说明这种意图的证据。联邦巡回上诉法院同意这种解释。该款规定,"有善意意图在商业中使用商标的人,在表明了这种善意的情况下",可以申请注册该商标。"善意"一词通常是指一个人真实、主观的心理状态。① 当然,如果一个人的真实意图不是使用该商标,那么他就没有使用该商标的"善意"意图。此外,"善意"还意味着不欺诈不伪装,而且在某些情况下,表明"善意"意图会要求证明某些客观事实。因此,异议人可以通过证明申请人提出申请时的情况不能显示申请人有在商业中实际使用该商标的意图来推翻一项商标申请。为了证明上述理由,异议人只要通知申请人导致其申请存在缺陷的总体的"情况、事情和事件"。②

Bestseller 公司的主张当然描述了证明 Fame 公司销售 Jack & Jones 商标的牛仔裤的善意意图是虚假的情况。Bestseller 公司主张其在世界范围使用 Jack & Jones 商标,而且称该商标已经驰名。它声称 Fame 公司是其在世界范围内尤其是在加拿大的竞争对手。而加拿大是 Bestseller 公司开始进入北美市场的地方。Bestseller 公司进一步声称 Fame 公司知道其计划扩张到美国并打算"阻止"这种扩张。最后,Bestseller 公司主张 Fame 公司从未在世界上任何地方使用 Jack & Jones 商标而且调查显示它不打算在美国使用。Bestseller 公司已经用该商标出售服装很久了,而 Fame 公司在 Bestseller 公司开始准备在加拿大销售其产品后立即在美国申请了注册该商标。这是明显的抢注行为,缺乏善意因素。

---

① See Black's Law Dictionary, p.177(6th ed.1990).
② See Twombly, 127 S.Ct. at 1965 n.3.

（四）虚假陈述

Bestseller 公司的第三项主张是基于 Fame 公司向 PTO 所作的虚假陈述,谎称其有在商业中使用 Jack & Jones 商标的意图。地区法院认为,这项诉求是基于哥伦比亚地区的法律,不能在本案中适用,并且驳回了 Bestseller 公司所有的诉讼请求。Bestseller 公司对驳回有异议,认为虚假陈述的基础一直以来都是普通法。地区法院指出,该种救济手段属于衡平法的一部分,而且作为一项独立的、非成文法上的救济手段,虚假陈述并不构成改变 TTAB 的决定或者要求 PTO 作出或者否定一个商标注册的理由。

虚假陈述诉求需要满足《联邦民事诉讼法》第 9 条(b)款中明确规定的要求,根据法律的规定原告只有在因为信赖被告的陈述而采取了某种行动的情况下才能够就被告的虚假陈述获得救济。原告的证据并没有表明自己信赖了该虚假陈述,也没有因为信赖该虚假陈述受到损害。Bestseller 公司一直强调 PTO 信赖了 Fame 公司的虚假陈述,并作出了错误的行为,给其造成损失。Fame 公司是向 PTO 作出的使用意图的陈述,这一行为不能表明 Bestseller 公司信赖了该陈述。因此,联邦巡回上诉法院维持了地区法院对该项诉求的判决。

≫ 启示

商标使用是商标获得价值的重要途径。商品或服务的经营者通过商标的使用不断累积商誉,使商标得以发挥其区分商品来源的功能。因此,商标使用在整个商标运行过程中都有着极其重要的地位和作用。只有通过使用行为才能使商标与商品或服务真正建立联系。本案着重介绍了美国商标确权程序中的商标使用规则。首先,商标注册必须满足在商业活动中使用的要件。这里主要是指商标申请人在经营活动中主动、持续地把该标志作为识别性符号使用。其次,美国商标法同时规定意图使用规则,对还未实际使用的商标给予一定的宽限期。这是商标使用制度和商标注册制度的融合,对我国具有积极的借鉴意义。

商标的主要功能在于区分商品和服务来源。这种联系的建立依赖于商标的使用。但是,我国一直以来实行注册原则,导致大量寻租行为的发生,严重扰乱社会经济秩序,给整个商标的保护和利用带来非常大的阻力。因此,我们可以在注册制度下辅以商标实际使用和意图原则,加强商标的保护,维护正常的竞争秩序。

(执笔人:董传传)

美国单一颜色商标注册案

>> **导读**

本案涉及颜色商标的注册条件和颜色商标的专有权利范围的问题。法院在判决书中阐述了颜色商标的美学功能,解释了《兰哈姆法》第3条(e)款(5)。

一、案件事实

上诉人(原告):Christian Louboutin

被上诉人(被告):YSL 公司

上诉人(原告)Louboutin 以其设计的裸露鞋底的高跟鞋驰名。自从1992年成功进入时装市场后,Louboutin 设计的鞋子就具有显著的特征:鲜艳的红色鞋底,这与其他颜色的鞋子形成了鲜明对比。由于社会公众对该红色鞋底的认可程度越来越高,Louboutin 公司于2007年3月27日向 PTO(美国专利商标局)提出了商标注册申请,要求保护"单一红色"的标志,该商标在2008年1月被授权,对该商标的表述为:红色是标志的一个特征,该标志是由鞋子的单一红色鞋底组成。

2011年 YSL 公司准备在市场推出一系列单色系鞋子,包括紫色、绿色、黄色和红色。YSL 公司单色系鞋子的风格是鞋子整体是一种颜色,所以红色的鞋子就全是红色的,包括里面、鞋跟、表面和鞋底。这并不是 YSL 公司第一次设计单色系的鞋子,当然单一红色的鞋子也不是第一次推出,实际上,自从20世纪70年代开始就有这样的设计了。

2011年1月,Louboutin 宣称它的设计公司获知 YSL 公司在市场上推出了单色系的鞋子,其中包括红色鞋子。因此,Louboutin 要求 YSL 公司把相关侵权鞋子撤出市场,而 Louboutin 和 YSL 公司为了避免诉讼还进行了磋商。

但是,这次磋商以失败告终。于是 Louboutin 于2011年4月7日根据《兰哈姆法》第15条提起诉讼,主张 YSL 公司构成商标侵权和假冒、错误指示商品来源和不正当竞争并提出赔偿要求。Louboutin 还试图寻求初步禁令来阻止 YSL 公司在诉讼期间继续销售红色单色系的鞋子,包括全是红色的鞋子、和 Louboutin 的鞋子相似的红鞋底的鞋子以及其他那些可能引起消费者混淆的鞋子。

在答辩中 YSL 公司提出了两项反诉:第一,撤销 Louboutin 的红色商标,因为它并不具有显著性,仅仅具有装饰功能,而且该商标具有功能性,同时在注册的时候存在欺诈;第二,认为其侵权诉讼干扰了正常的商业关系并构成不正当竞争,要求相应赔偿。

2011 年 7 月 22 日,在相关调查程序之后,Louboutin 提出了初步禁令的动议。

2011 年 8 月 10 日,地区法院作出裁定拒绝了禁令动议,认为 Louboutin 没有胜诉的可能性。这个案件的关键是,《兰哈姆法》商标的保护是否扩大到知名时装领域的单一颜色,即由于时装领域的特殊性,单一颜色商标可否在时装领域获得保护。

通过对最高法院审理的 Qualitex 案件[①]的解读,地区法院认为,单一颜色商标只有仅仅作为区分商品来源的符号,并且没有重大功能性的时候才能受到商标法的保护。任何使单一颜色获得商标保护的商业目的并不能改变产品样式本身的特征和需求,这些特征和需求包括:创造性、美学特征、味道和季节的变化。正是由于这个原因,地区法院认为,时装领域单一颜色始终具有功能性,不能获得注册。地区法院还认为,Louboutin 不可能证明该单一红色的可注册性,因此驳回了 Louboutin 申请初步禁令的要求。

在上诉中,Louboutin 认为地区法院的裁定存在错误,因为:(1) 其依据"美学功能"原则裁定"红色鞋底标志"不能获得法律保护;(2) 适用美学功能性原则裁定单一颜色不能注册为商标;(3) 没能正确地认定"红色鞋底标志"商标注册的有效性;(4) 对商标侵权和淡化作了错误的分析;(5) 忽视了原告提出的可能造成混淆和遭受不能挽回的损失的有力证据;(6) 地区法院自身的功能性理论违反了《联邦民事诉讼法》第 52 条的规定。[②]

二、法院判决

地区法院:
(1) 原告的商标不符合商标法规定的注册条件,不能获得商标法的保护;
(2) 裁定驳回其初步禁令的诉求。

联邦巡回上诉法院:

法院认可了地区法院拒绝原告所要求的禁止他人在任何情况下使用红色鞋底的诉求,认为该单一颜色商标只在有限的范围内具有显著性。但是,巡回上诉法院也改变了地区法院拒绝保护 Louboutin 所使用的红色鞋底商标的裁决。

---

① See Qualitex Co. v. Jacobson Products Co. , 514 U.S. 159, 162, 115 S. Ct. 1300, 131 L. Ed. 2d 248 (1995).

② 美国《联邦民事诉讼法》第 52 条规定,法院如果要允许或禁止一项中间禁令,必须说明其发现的事实和法律结论。Louboutin 认为地区法院没能做到这一点。

三、法律问题及分析

巡回上诉法院认为,地区法院的裁定分为三个部分:第一,单一颜色是否可以作为商标受到保护;第二,美学功能性原则的问题,在时装领域单一颜色是否始终存在功能性,以致其不能被注册为商标;第三,"红色鞋底标志"是不是一个有效的商标而得到法律的保护。

商标法并不保护创新。通过给予发明人垄断具有实用价值的产品的权利是专利法调整的范围。商标法的立法目标是,通过维持市场的激烈竞争来保护消费者的利益。巡回上诉法院首先阐述了商标法的含义,认为商标法的主要目的就是保护消费者不受不同来源商品的欺骗,同时维护经营者通过投入和努力所享有的凝聚在商业名称中的商誉。① 第一,一个标志要想获得保护,该标志必须具有"显著性"而不是"通用的"。如果一个标志能够自然指向某一特定商品来源,我们就说该标志具有"内在显著性"。虽然一个商标不具有"内在显著性",但是它可以通过在公众中产生"第二含义"来获得显著性。第二,如果原告的商标具备商标法上的显著性而且是有效的,那么就必须判断被告的近似使用行为是否能引起消费者的混淆。在第二阶段的判断中,如果商标权利人能证明其商标是有效的而且竞争者的商标引起了混淆,竞争者可以通过提出原告的商标具有功能性来抗辩,功能性包括了实用功能性和美学功能性。

(一)单一颜色商标保护的历史

在《兰哈姆法》第 15 条规定的现代商标注册制度之前,单一颜色商标的法律地位并不明确。尽管早在 1906 年最高法院在 Leschen & Sons Rope Co. v. Broderick & Bascom Rope Co. 案例②中认为单一颜色标识能否构成有效的商标值得怀疑,但最高法院没有具体阐述。其他法院有时根据不正当竞争法中的原则来保护对单一颜色标志的使用。在 Yellow Cab Transit Co. v. Louisville Taxicab & Transfer Co. 案③中,第六巡回上诉法院的法官认为,长时间在出租车上使用黄色可以给予保护,因为该使用行为已经建立了良好的商誉,并且具有了第二含义。尽管法院并没有进一步认为单一颜色标志可以获得商标保护,但是一些法院意识到单一颜色在某些情况下可以单独受到保护,只要其在标志的使用过程中获得了第二含义即可。

在《兰哈姆法》通过之后,该法使用较宽泛的语句表述了商标保护的条件。

---

① See Fabrication Enters. , Inc. v. Hygenic Corp. , 64 F.3d 53, 57 (2d Cir. 1995).
② See Leschen & Sons Rope Co. v. Broderick & Bascom Rope Co. , 201 U.S. 166, 171, 26 S. Ct. 425, 50 L. Ed. 710 (1906).
③ See Yellow Cab Transit Co. v. Louisville Taxicab & Transfer Co. , 147 F.2d 407, 415 (6th Cir. 1945).

一些法院在裁定中支持在商标中使用相关颜色是可以受到商标法的保护的。但是,单一颜色的标志的注册问题一直处于休眠状态,直到1985年联邦巡回上诉法院对Owens-Corning案①作出判决。在该案件中,在面对玻璃纤维制造商能否在其绝缘材料上使用粉红色商标时,法院重新阐述了颜色能够指示商品来源。随着商标功能的丰富和法律体系的逐步完善,法律逐渐认同,如果一个标志本身具有或者获得了显著性,那么它就能够注册为商标。另外,法院还认为,粉红色商标并不具备功能性,该标志只发挥了指示商标来源的商标法上的功能,所以符合商标注册的条件。

关于单一颜色标志是否能够作为商标保护的问题,最终是在1995年美国联邦最高法院审理的Qualitex案中得到解决的。该案涉及在便笺簿上使用绿金色要求商标保护的问题。该案的关键点在于,单一颜色商标能否获得商标注册。最高法院驳回了第九巡回上诉法院关于单一颜色不能获得商标法保护的判决,认为"我们很难在现代商标法中找到一个理由来对颜色商标不予保护"。法院进一步阐述到,使用颜色商标并不构成对商标法关于功能性重要原则的违反。单一颜色可以满足商标法要求的基本注册条件,因为颜色商标可以区分不同公司的产品,指示商品的特定来源,而不发挥任何其他重大的功能。

(二)商标注册的"功能性"抗辩

正如最高法院在Qualitex案②中所说,一个标志如果指示了产品的某项功能,那么该标志就不能注册为商标。功能性原则的价值在于阻止商标权人对有实际用途商品生产者的垄断,限制合法的竞争者使用该标志。功能性原则是商标法领域的基本原则,是对商标权人的限制。功能性特征仅仅在专利领域受到保护,给予专利人对其专利的功能性特征有限的垄断权直到保护期结束。对于商标来说,商标法并不保护创新,不能给予权利人以垄断,其目的不同于专利。法院在判断是否给予未注册商标保护时要谨慎,因为商标的保护是没有期限的,而专利的保护是有期限的。如果对商标进行扩大保护,那么一些具有实用功能的商品将无法进入共有领域。

如上文所述,现代商标法确立了功能性原则的两种形式,即实用功能性和美学功能性。这两个功能性都可以作为商标侵权抗辩的理由。何为实用功能性?根据我们对功能性的一般理解,如果一个产品特征对于利用该产品而言是必需的或者影响该产品的质量或降低该商品的造价,那么该特征就被认为是具有实用功能性。例如,在Inwood案③中法院对药片名字的颜色是否具备功能性作了

---

① See Owens-Corning, 774 F. 2d at 1122.
② See Qualitex Co. v. Jacobson Products Co., 514 U. S. 159, 162, 115 S. Ct. 1300, 131 L. Ed. 2d 248 (1995).
③ See Inwood Labs., 456 U. S. at 850 n.10.

阐述,因为该颜色能够帮助病人认清不同药片的作用,所以法院认为,该颜色是具有功能性的。而影响产品的功能性特征的商标不能受到商标法的保护。一般来说,根据 Inwood 案的规则,一旦产品的某一特征被确定为具有功能性,该特征就不能受到商标法的保护。最高法院在 Qualitex 案件中认为,如果一个标志的特征主要具有美学意义,那么同样认为该标志具有功能性,给予这样的标志以所有权的话将会使竞争者处于无法建立相关商誉的不利地位。就算该标志的使用不能使相关商品的质量或价值产生变化,也不是利用该商品所必需的,也不能给予其商标保护。即具有美学功能的标识也不能获得商标法的保护。

功能性的判断必须考虑三重因素:首先,采用 Inwood 案确立的功能性两个判断标准,是否设计的特征是使用该商品所必须的,以及是否影响该商品的质量或降低造价。如果答案是否定的,再根据 Qualitex 案确立的原则判断是否影响竞争。也就是说,如果该标志在前两重的判断标准就确定是具有"实用功能"的,那么就没有必要进行第三重标准的判断。即使通过了前两重标准,也需要再对案件大量事实的质疑,以查明是否影响竞争,是否可以获得商标保护。

1. 美学功能原则的发展

美学功能理论在 1938 年美国《侵权法重述》第 742 条中提到,如果产品的一项特征影响该产品的用途或表现形式,以及影响该商品的利用效率和经济价值,那么该特征就具有功能性。如果不影响上述要素,该特征就不具备功能性。该条的官方解释认为,侵权法中阐述了产品以及其特征具备功能性的几个要素,其中还着重描述了产品的美学功能:"如果一个产品的特征有益于其价值和该产品所想要表现的美感,那么该特征就具有功能性。"

1952 年,美国第九巡回上诉法院第一次用功能性理论裁定拒绝保护某一标志。在 Pagliero 案①中,法院裁定华莱士瓷器公司对其瓷器上花类图案不享有专有权,尽管通过广告宣传这些美丽的图案使得该产品具有相当大的市场规模,但是法院仍然认为该图案具有功能性,因为该图案既满足美学功能又满足实用功能。由于特定功能性特征是一个商品获得商业上成功的必要组成部分,自由竞争的利益就在于允许在除了版权和专利领域存在模仿行为。尽管该理论与社会公众的认识不同,一般人很难将单纯的美观特征认为是具有功能性,但是一些法院仍然接受这一理论,认为《兰哈姆法》对商标的保护范围不应扩张到那些影响市场竞争的装饰性外观特征上。因此,这些法院在审理此类案件时通常根据美学功能理论不予保护此类标志以维护市场竞争秩序。但是,也有一些法院对于美学功能性原则的适用比较保守,甚至出现前后不一致的判决。

1995 年,最高法院在 Qualitex 案中认可了美学功能原则,认为美学功能的最

---

① See Pagliero v. Wallace China Co., 198 F.2d 339 (9th Cir. 1952).

终测试标准是看授予具有美学意义的标志以商标权是否会严重影响竞争。六年后,最高法院在 TrafFix 案①中又一次重申了该标准,认为法院应当查明认可一个具有美学意义的商标是否会使合法竞争者处于无法建立商誉的不利的地位。

由此可见,如果一个具有装饰性特征的标志的使用没有给竞争者留下足够可选择的图案,严重阻碍了市场竞争,根据美学功能性原则,该标志就不能受到商标法的保护。反之,如果该标志的使用没有对竞争产生影响,该标志就不具有功能性,可以获得注册。总之,判断一个标志是否具有功能性,必须看保护该标志是否严重影响其他经营者在相关市场的自由竞争,同时还必须权衡保护这种竞争所获得的市场利益和禁止使用该标志所付出的成本。

一件商标成功指示来源的显著性特征有时很难与它的美学功能特征相区分。因此,在判断标志具有美学功能而排除商标保护的时候应该确定该标志的区分来源的功能本身没有瑕疵,该功能是可以受到商标保护的。也正是因为美学功能与商品品牌化的成功有时难以区分,对美学功能的分析应该是非常专业的过程。法院必须同时考虑到商标所有人为使其标志具有显著性作出的努力,以及在激烈的市场竞争中消费者的权益,避免作出像"一个标志具有美学功能仅仅因为其指示了商品令人满意的来源"的结论。②

2. 时装领域的美学功能

联邦巡回上诉法院接下来分析时装领域颜色标志的功能性。地区法院拒绝保护一件服装上的任何形式的颜色标志。在之前的 Qualitex 案中,法院已经明确阐述有时单一颜色可以满足商标注册的条件,当满足这些注册条件时,并不存在特殊的法律规则可以使该单一颜色标志不受商标法的保护。另外,最高法院认可单一颜色标志在时装领域可以给予商标保护。Qualitex 案确立的规则是:要依据事实对商标的本质进行个案分析,而不是认可同一领域商标注册条件都一样。地区法院则错误地认为,时装领域有其独特的地方使得单一颜色标志不能获得商标保护。

功能性抗辩并不保护竞争者的创造性劳动,只能给予竞争者一个公平的竞争环境。这与版权不同,版权保护的是创造性的智力成果,如果一个人的创造性劳动成果与他人在先享有版权的作品相同,该成果同样可以受到版权法的保护。而商标法的第一原则是使商标所有人能够在竞争市场上排他性地使用该标志。功能性抗辩的主要目的是防止对一些具有功能性的设计的垄断,从而鼓励竞争和传播有用的设计。总之,美学功能标准的目的在于维护自由竞争,协调消费者在一定程度上的利益冲突,既要防止产生混淆又要保护竞争者的合法利益。

---

① See TrafFix Devices v. Mktg. Displays, 532 U.S. 23, 232 (2001).
② See Pagliero v. Wallace China Co., 198 F.2d 339 (9th Cir. 1952).

（三）红色鞋底标志的可注册性

既然并没有一种规则限制时装领域的单一颜色标志的可注册性，巡回上诉法院就把注意力转向本案的单一红色标志的可注册性问题上来了。判定商标侵权有两个阶段，第一，看该标志是否能够受到商标法的保护；第二，看使用该标志是否能够引起混淆。功能性抗辩是第二阶段法院所考虑的。

《兰哈姆法》规定了一项商标注册效力的基本规则，即向专利商标局注册是作为该标志有效、注册人有用该标志、注册人可以在商业中排他性使用该标志的初步证据。根据此原则，上诉法院推定 Louboutin 设计的单一红色标志是有效的。YSL 公司则反对这种推定，并提出证据证明该标志是不符合商标注册条件的，因为时装领域的单一颜色并不能受到商标法的保护。但根据前面的分析，这种反对理由是错误的。

巡回上诉法院认为，该颜色标志不能在所有的情形下受到商标法的保护而排除竞争者的使用，如本案中被告销售的单色系的鞋子。但是，原告的红鞋底标志已经取得了第二含义，具备了显著性，当在鞋底使用红色时明显和鞋架上的其他鞋子不同，可以受到商标法的保护。因为在本案中该红色标志只能在有限的范围内受到保护，而 YSL 公司使用单一颜色来装饰整个鞋子并没有侵犯原告的商标权，所以就没有必要进行商标侵权第二阶段的判断：是否构成混淆以及是否具有功能性。

巡回上诉法院首先分析了红鞋底商标是否具备显著性。显著性包括内在显著性和获得显著性。法院认为，原告的红鞋底标志具备了第二含义，能够区分商品来源，符合商标法的注册要求，在有限的范围内受到商标法的保护。单一颜色的标志几乎不可能具有内在显著性，因为它不能自动区分商品来源。但是，它可以通过使用获得显著性。已经存在的先例表明商品或包装上的特定颜色可以指示一个品牌，如绝缘玻璃上的粉红色，这就说明了只要一个颜色标志能够区分和指代相关商品而不是起描述该商品的作用就可以指示商品来源。也就是说，单一颜色标志具有显著性的关键在于其具备第二含义。本案中没有任何理由禁止时装领域的单一颜色标志获得第二含义和作为指示来源的标志。如果红鞋底标志被设计者持续地使用，那么该标志就会具有指示商品来源的重要作用而不仅仅指代商品本身。

在判断一个标志是否具备第二含义的时候，关键是要看公众是否根据该标志的指示来源功能而购买了相关商品。对第二含义的判断不仅仅要考虑一般公众的理解，更多地会考虑到相关消费者对该标志的理解。所以，判断是否具有第二含义考虑的因素有：(1) 广告宣传费用的支出；(2) 消费者对该标志指示来源功能的认识程度；(3) 媒体报道的程度；(4) 销售业绩；(5) 该标志被模仿的情况；(6) 该标志排他性使用的时间。

结合本案,已经有足够的证据表明 Louboutin 在广告支出、媒体报道和销售业绩方面都获得了成功,从而证明了红色鞋底标志获得了第二含义,使公众把该标志与其商品联系起来,并且 Louboutin 已经持续使用该标志二十多年了。地区法院的记录表明,Louboutin 投入大量资金建立了该品牌的商誉,并且一直致力于促进其颜色标志指代女士时尚高跟鞋。另外,Louboutin 的商品在高利润市场上的成功也是无可争议的。就连 YSL 公司的首席执行官也认为在奢侈品和鞋子市场上,Louboutin 的红鞋底标志相比其他产品来说具有明显的不同。

通过双方提交的证据和向公众的调查结论看,Louboutin 的红色鞋底标志确实世界驰名,通过对该标志的使用 Louboutin 建立了该标志与其商品的联系,能区分其来源,符合商标法的注册条件。但是,YSL 公司提出一些事实证据表明,Louboutin 的大部分鞋子只在鞋底有红色,在其上面没有红色,而 YSL 公司的鞋子是全红的,因此这两种鞋子是不同的。巡回上诉法院认为,Louboutin 只有红色鞋底的标志拥有第二含义,其他的红色标志并没有第二含义。YSL 公司的单色系的鞋子没有侵犯 Louboutin 的商标所有权,因为 YSL 公司对单一红色的使用既不是与 Louboutin 相同地使用也不是近似地使用。同时,巡回上诉法院将 Louboutin 单一红色的商标注册范围限定在鞋底的单一红色,不能是其他地方的红色。

巡回上诉法院认为,地区法院关于时装领域单一颜色商标因具有功能性而不能注册的结论是错误的,认为 Louboutin 的红色商标取得了第二含义,是属于有效的商标。

》》 启示

我国《商标法》对单一颜色商标的保护一直没有明确的规定,《商标法》第 8 条采用非穷尽地列举可注册为商标的标志范围,并没有出现单一颜色标志。我国《商标审查指南》第二部分明确规定单一颜色标志缺乏显著性,不能获得注册。① 因此在我国商标申请中从来没有将单一颜色作为商标申请的先例。由此可见,我国无论是从立法还是司法领域,对单一颜色商标的保护还处于空白阶段。2012 年底全国人大常委会一读公布的《商标法修正案(草案)》第 8 条第 2 款规定:"在商品、商品包装上使用的单一颜色,通过使用取得显著特征,能够将该商品与其他的商品区别开的,可以作为商标申请注册。"该条正面规定了单一颜色标志只要通过使用获得显著性,具备区分商品来源的功能就可以被注册。但在 2012 年 6 月全国人大常委会三读后公布的《商标法修正案(草案)》中又取消了对单一颜色商标的申请注册的规定。

---

① 参见魏森:《颜色商标及其审查标准研究》,载《河北法学》2008 年第 2 期,第 104 页。

仅仅简单规定单一颜色标志具有可注册性是远远不够的,因为单一颜色标志不同于一般的颜色商标,其显著性只能来源于使用,所以我们对该标志的保护应该有所区别。第一,单一颜色标志的显著性程度较低,完全依赖于商家的使用行为。在我国还没有完全建立商标使用制度的前提下,对使用行为的要求就变得更为重要。一个单一颜色标志要想获得注册,就必须满足在商业中持续使用和商标性使用要件,单一颜色的使用应该与其商品联系起来,使该标志产生区分商品来源的功能。消费者通过该单一颜色能够准确地分辨该商品的来源,而不是仅仅把该颜色当成装饰。我们对单一颜色标志的保护并不包括其功能。美学功能作为功能性的一种,在商标法领域是不被允许的,但是在颜色领域对美学功能的判断却是十分棘手的事情。因为颜色本身就具备了一定的美学意义,无论使用在什么样的商品上,都可以起到装饰作用。

(执笔人:董传传)

美国 AIRFLITE 服务商标确权案

> **导读**

　　本案是关于服务商标注册范围的解释和使用要求的典型案件。案件中需要解决的问题是：对《兰哈姆法》第45条服务商标的理解，在服务的准备阶段使用某商标而未实际向公众提供该项服务是否满足在商业中使用的要求。

一、案件事实

　　上诉人（原告）：AYCOCK ENGINEERING 有限公司

　　被上诉人（被告）：AIRFLITE 有限公司

　　20世纪40年代后期，William Aycock 想要开展一项关于空中出租车的航班租赁的服务。那时，空中出租车公司通常的做法是出租整架飞机，而不是单独的座位。因此，不属于一个大的团体的个人旅客在租赁航班方面会面临更大的困难并需要支付更多的费用。Aycock 先生试图通过其服务，使个人旅客可以更便宜地租赁到飞机安排航程。

　　Aycock 先生并不打算自己经营空中出租车服务。相反，他的目标是开发一个系统，在该系统中，他可以作为中间人向消费者提供服务，或者作为消费者和与其签订合同提供航班上的单独座位的空中出租经营者之间的沟通渠道。Aycock 先生计划向公众宣传其服务，让那些对这项服务感兴趣的人拨打免费电话安排预定。他将这项服务叫做 AIRFLITE 服务。在获取消费者的出行计划之后，Aycock 先生会安排空中出租服务，将有相近出行计划的消费者送到其目的地。Aycock 先生认为，为了使其服务具有可操作性，他至少需要美国的300家空中出租公司同意加入其空中出租运营网络。①

　　在设想出这项服务之后的一年，Aycock 先生开始向公众提供这项服务。20世纪60年代中期，他成立计划开展其服务的 Aycock Engineering 公司。他还获得了两个免费电话号码，公众可以用这两个电话号码进行预订。1970年3月，Aycock 先生用分发带有关于 AIRFLITE 服务的具体信息的传单等方式邀请几乎所有经联邦航空管理局（FAA）认证的空中出租经营者加入其经营。最终他与

---

① Aycock 先生在其证词中称："在有300个美国的空中出租经营者签约同意提供运输服务后，会开始这项服务。"

几家空中出租经营者签订了合同。① 根据这些合同,空中出租经营者同意参与 AIRFLITE 服务,甚至向 Aycock 先生支付了相当的启动费用。1970 年 8 月,Aycock 先生对 AIRFLITE 提出了服务商标注册申请。在其广告中,Aycock 先生也使用了"AIRFLITE"一词。

尽管 Aycock 先生作出了这些努力,但其经营从来没有实现。他估计他至少需要与 300 家空中出租经营者签订合同来使其服务具有可操作性,但是 Aycock 先生最多只同时与 12 家(其最低目标的 4%)签订了合同。同时,虽然 Aycock 先生向空中出租经营者宣传了其服务,但其从未向公众进行宣传。更加具体而言,没有证据表明 Aycock 先生给过消费者使用免费电话进行预订的机会,也没有向公众中的一些人讲过预订方面的事宜。最值得注意的是,Aycock 先生从来没有为任何一名旅客安排过航班的出租。②

Aycock 先生于 1970 年 8 月 10 申请的 AIRFLITE 商标于 1974 年 4 月 30 日获得了 PTO(美国专利商标局)在副簿上的注册。在审查过程中,Aycock 先生对其服务作了几项陈述。Aycock 先生称:"这项服务是需要租赁飞机的人以及经认证的空中出租经营者之间的沟通服务。"Aycock 先生还陈述到其"主要的服务是使需要空中运输服务的个人与提供这些服务的人之间签订合同",他自己不进行运输而仅仅使双方签订合同。PTO 和 Aycock 先生最终一致认可的对 AIRFLITE 服务的描述是:"安排个人对航班的预定"。Aycock 先生续展其 AIRFLITE 服务商标的申请于 1994 年 4 月 27 日被 PTO 批准。

2001 年,申请人/被上诉人 AIRFLITE 有限公司提出了撤销申请,主张 Aycock Engineering 没有在其注册的服务上使用 AIRFLITE 商标等。TTAB(商标审理与上诉委员会)同意 AIRFLITE 公司的观点,撤销了 AIRFLITE 商标的注册,认定 Aycock 先生没能在商业中提供其注册中所描述的服务。③

二、法院判决

联邦巡回上诉法院:

上诉人服务商标的使用范围为"安排个人对航班的预定",该范围在 TTAB 的裁定中具有更广泛的含义,因此,上诉人的一些准备行为不能满足商标注册条件中关于商标使用的规定,不能注册。

---

① 其中一些合同开始于 1970 年代,而一些到 2001 年才签订。
② 当在其证词中被问及他是否为任何个人安排过飞行时,Aycock 先生称:"我从来没有做过任何安排。……我从来没有与消费者交谈然后与空中出租经营者交谈,以使他们之间达成承运消费者的协议。"
③ 由于其依据使用要求撤销了 AIRFLITE 商标,TTAB 拒绝对其他事项作出裁决,这些事项包括先用权、混淆的可能性、欺诈和放弃。在上诉中,法院只考虑使用要求是否得以满足的问题,不考虑 TTAB 拒绝分析的那些问题。

联邦巡回上诉法院认可了 TTAB 的裁定。

三、法律问题及分析

本案涉及两个方面的问题:一是服务商标真诚使用的含义;二是被告服务商标使用范围的界定。

(一) 美国服务商标使用的要求

根据《兰哈姆法》第 45 条,服务商标是指"由一个人使用的,或一个人有真诚的意图在商业中使用的,用以表明服务来源并将该人的服务与他人的服务予以识别和区别的任何文字、名称、符号或图形,或其任何组合"[①]。服务商标的定义与商品商标的定义在本质上是一样的。但是,服务商标用于无形的服务,而商品商标用于区别有形的商品。从《兰哈姆法》的用语中可以明确看出对服务商标的申请需要符合与商品商标同样的法定标准。这种既适用于服务商标又适用于商品商标的法律标准之一就是"在商业中使用"的要求。对商品商标而言,如果一个商标被置于商品或其包装上,并且该商品在商业中出售或者运输,那么"在商业中使用"的要求就满足了。[②] 对服务商标而言,如果一个商标被用于或者展示于服务的销售或者广告,并且该服务在商业中提供或者该服务在美国的多个州或者外国提供且提供服务的人从事与该服务相关的商业活动,那么"在商业中使用"的要求就满足了。[③] 未满足使用要求的商标注册自始无效。

在商品商标和服务商标中满足使用要求看起来似乎很和谐很简单,但是在法律领域还是存在疑惑。1989 年 11 月 16 日前后所提交的申请适用的法律不同。因为 1988 年国会通过了《商标法修正案》(TLRA),要求申请人在正常的商业过程中善意使用该商标对此前申请人所需要满足的条件作出了改变。[④]

善意使用的说法是为了排除象征性使用。象征性使用,是指申请人在销售商品或者提供服务中使用商标的目的仅仅在于获得注册,而不想在今后合法地在商业中使用该商标。1989 年之前,象征性使用足以满足使用的要求且可以获得注册。在此之前法院对于商标的象征性使用一直采取下述两种不同的态度:一方面,象征性使用不能作为获得商标所有权的依据;另一方面,象征性使用可以作为获得商标注册的证据。这是为了满足商标申请人在商业准备阶段需要提前注册商标的要求。但 1989 年以后,申请人可以在其商标未在商业中使用时就开始申请注册程序,只要他在此后有在商业中善意使用该商标的意图。但是,提交这些意图使用申请的申请人只有在提交了经认证的商业声明,证明后来在商

[①] 15 U.S.C. § 1127 (2006).
[②] Ibid.
[③] See Gay Toys, Inc. v. McDonald's Corp., 585 F.2d 1067, 1068 (CCPA 1978).
[④] See Trademark Law Revision Act of 1988, Pub. L. No. 100—667, 102 Stat. 3935.

业中使用了该商标后才能获准注册。①

因为本案涉及的商标是服务商标,与商品商标的申请不同,适用于服务商标相关的使用要求,我们的分析也将以此为指导。同时,涉案的申请是在1970年提交的,因此本案必须根据1970年《兰哈姆法》(即1989年之前的版本)中的服务商标的使用要求作出判决。但是,由于下面所述的原因,法院认为,本案也可以使用目前(1989年之后)的服务商标使用要求。

1988年TLRA除了排除象征性使用并允许意图使用申请外,1970年法律中的服务商标使用要求实质上与1989年后版本中的是相同的。1970年生效的《兰哈姆法》规定"如果商标被用于或者展示于服务的销售或者广告,且该服务在商业中提供或者在多个州或外国提供且提供该服务人从事与之相关的商业活动",那么该服务商标就是在商业中使用了。因此,与目前的使用要求一样,想要满足1989年前版本的要求的服务商标申请需要在服务的销售或者广告中使用商标,并且表明在州际商业活动中提供该服务或者在多个州或外国有从事商业活动的人提供该服务。②

法院和TTAB都在类似案件中对1989年间的立法用语作出了解释。毫无疑问,为申请人将来要从事的服务进行广告或推广的商标不能获得注册。相反,广告或宣传必须与已经向公众提供的现有的服务相联系。同时,简单地采用一个商标并准备开始使用对获得注册商标所有权而言是不充分的。申请人要满足使用的要求,"至少需要有对服务所针对的公众群体进行公开显著的要约"③。

在Intermed案中,即使申请人已经在申请之前开展了许多与服务相关的活动,TTAB仍然因为申请人未能满足在商业中使用的要求而拒绝了服务商标的申请。该案中的申请人试图在国际媒体操作类服务上注册一个商标,其计划以已经在美国开展的媒体服务为基础建立国际服务。申请人如此计划,也的确用美国的业务作为新的国际业务的集资手段。此外,申请之前申请人还就其服务与伊朗政府进行了沟通并寻求其支持。申请人还在申请日前用该服务商标中的用语发布了一份详细的通知,告知其服务的最新情况。最后,同样在申请日前,申请人还雇用了一家募款公司来为其服务筹集资金。

尽管申请人开展了这些活动,TTAB仍然认定其未能满足使用的要求,因为申请书中所描述的服务没有"在商业中被发出要约、推广、广告或者实际提

---

① 适用于外国申请的该规则的例外规定如下:
已在外国申请人的原籍国正式注册的商标,如果合格,可在主注册簿上注册,否则按本法规定在副注册簿上注册。……申请书必须阐明申请人拟在商业中使用该商标的真诚意向,但在注册之前不要求在商业中使用。

② See 15 U.S.C. § 1126(e)(2006).

③ Intermed Commc'ns, Inc. v. Chaney, 197 USPQ 501, 507—08 (TTAB 1977).

供"①。TTAB 指出:为了构成在商业中对服务商标的使用,法律不但要求在对该服务的销售或者广告中展示商标,而且要求实际提供这些服务。TTAB 进一步解释,采用一个商标并准备使用它对服务商标注册而言是不够的,为了满足使用要求,必须有对服务所针对的公众群体进行公开显著的要约。

  1983 年,TTAB 再一次因为没能满足使用要求而拒绝了一个服务商标的申请。② 在 Cedar Point 案中,Cedar Point 乐园已经经营数十年,它计划在 1980 年 5 月新增加一个水上乐园。在开幕日前,Cedar Point 开始的一项准备活动就是为其新的水上乐园服务申请注册"OCEANA"商标。在乐园开幕前的几个月,Cedar Point 还分发了 70 万份含有 OCEANA 商标的宣传手册。TTAB 强调了 Cedar Point 在其水上乐园开门向公众提供服务前就向 PTO 提出了服务商标申请的事实。接着 TTAB 解释了在对"将来要提供但是在申请时尚不存在的服务"进行宣传中使用商标不足以获得商标注册的资格。因此,申请时正在进行的 Cedar Point 水上乐园的宣传活动不足以支持其注册。最终,TTAB 认定申请人的 OCEANA 商标在提交申请书时没有"在商业中使用",因此申请自始无效。Cedar Point 在其新的水上乐园计划开幕前的约一个月提交了服务商标申请。申请日和开幕日如此接近,毫无疑问 Cedar Point 已经在申请前开展了大量水上乐园的建设工作。尽管如此,TTAB 还是认为这些准备活动不能满足在商业中使用的要求。

  在 1982 年的 Greyhound 案中,TTAB 也分析了在商业中使用的问题。③ 该案中,申请人是一家人寿保险公司。它于 1979 年 11 月提交了服务商标注册的申请。在申请日前,申请人通过分发含有相关信息的信件以及张贴印有其服务商标的海报宣传其服务。尽管有这些活动,TTAB 还是认为,申请书中所描述的服务没有在商业中提供,因此宣布申请自始无效。TTAB 解释说:"在没有实施服务的时候对服务进行宣传不足以支持注册,这一点已经明确了。……可以获得服务商标商标权的广告必须是与现存的已经向公众提供的服务相关的广告。"

  法院认为,这些案例中的推理具有说服力。法律要求商标"被展示于服务的销售或者广告中,而且服务在商业中已被提供",这些用语明确了需要广告以及在商业中实际使用商标;单纯地为在将来的某个时候使用该商标而进行的准备工作不视为对商标的使用。因此,判定申请人准备在商业中使用商标的准备活动不足以构成商业中的使用。

  (二)Aycock 先生的服务商标的使用范围

  Aycock 先生将该商标所注册的服务描述为"安排个人对航班的预定"。

---

① Intermed Commc'ns, Inc. v. Chaney, 197 USPQ 501, 507—08 (TTAB 1977).
② See Cedar Point, 220 USPQ at 533.
③ See Greyhound, 214 USPQ at 473.

TTAB认定,该描述的范围限制在规范、协调、操作并管理预定飞机航班的系统上,这种注册范围要比单纯安排空中出租经营者的网络更广泛。Aycock先生主张,TTAB对注册中服务的解读是错误的,书面记录和审查历史所支持的理解是允许单纯地安排一个空中出租经营者的网络本身构成该项服务。AIRFLITE公司反对称,TTAB对涉案服务的解读是正确的。

法院同意TTAB的观点,Aycock先生在注册中所描述的服务是安排将一个人从一个地方到另一个地方的运输或者在空中旅行的顾客和空中出租经营者之间进行沟通,而这比单纯地安排空中出租经营者的网络内容更丰富。在审查过程中,Aycock先生多次强调其服务是以每个座位为基础,在个人和空中出租服务之间安排运输。例如,在审查开始之初,他将其商标注册的服务描述为"在租赁飞机的人和经认证的空中出租经营者之间提供沟通渠道"。Aycock先生后来解释道:"申请人的主要服务是使需要空中运输服务的个人与提供这些服务的人之间签订合同。申请人自己不进行运输而仅仅使双方签订合同。"

需要强调的是,申请人提供的服务不是安排租赁飞机的服务,而是与当地飞机的经营者以单个座位的方式安排从一个地点到另一个地点的运输。而当地飞机的经营者用其自己的商标实际进行飞行。换言之,AIRFLITE商标不会被描述为一个机票销售组织,而这实际上正是申请人的服务的全部内容。

对审查员的这些描述明确了"为个人预定安排飞机航班"的意思就是其字面的本意,所包含的内容广于Aycock先生所进行的安排空中出租经营者的网络这个准备性的工作。值得注意的是,Aycock先生与空中出租经营者之间的合同再次强调了其服务的性质是为需要空中出租服务的个人安排航班,而不仅仅是建立一个提供这种服务的网络。TTAB查明:"AIRFLITE的工作人员会在白天的任何时间为需要履行的公众安排空中运输,并会在晚间值班,……""会在适当的场所用适当的设备经营以获取所有航班预订方面的信息,而且员工会随时值班来为消费者和经营者之间安排AIFFLITE空中运输。将会尽力寻找消费者并以时间和目的地的方式将其组合起来,就好像固定的航线所做的事情那样,以组织起对双方都有利的航程。"因此,法院维持TTAB的认定,即注册中所确定的服务需要在空中出租经营者和旅客之间安排航班。

最终,法院判决TTAB对Aycock先生的注册范围的解读是正确的,其不仅仅需要安排空中出租经营者的网络。

(三)法院对Aycock先生使用行为的认定

正如上文所解释的,只有Aycock先生的AIRFLITE商标被"使用或者展示于服务的销售或广告",而且其AIRFLITE服务在商业中提供或者在多个州或本国及外国提供且提供者从事的是商业活动,他的AIRFLITE服务商标的申请才符合使用要求。由于法院对第二个要素的判断是否定的,因此,不需要分析

Aycock先生的广告是否足够满足服务商标使用要求的第一个要素的问题。为了判断第二个要素是否满足,法院必须确定Aycock先生是否给过有需求的消费者使用其AIRFLITE服务的机会。换言之,必须确定Aycock先生是否以公开、明显的方式向公众提供了其服务或者就其服务向公众作出了公开的明显的要约。在审查中,法院认为Aycock先生没能向公众提供其服务,因为他从来没有给过任何人机会使用其AIRFLITE服务进行出租航班的预定。相反,Aycock先生只是为向公众提供其服务进行了零星的准备工作。

Aycock先生成立了Aycock Engineering公司,该公司成立的目的是经营AIRFLITE服务。他还获得了两个免费电话号码打算提供给潜在的消费者进行航班的预定。为了向公众提供其AIRFLITE服务,Aycock先生采取的最明显的措施是与空中出租经营者签订合同。根据这些合同,空中出租经营者同意加入AIRFLITE空中出租网络,为消费者提供航班。为了加入该项服务,这些经营者甚至向Aycock先生支付了一笔相当的启动费用。

但是,即使把这些活动加起来也不能构成我们对服务描述的定义范围内的服务。因此,法院认为,Aycock先生的服务商标在申请时只包含了在空中出租经营者和旅客之间安排航班,不包括安排空中出租经营者的网络的准备工作。上面所描述的活动仅仅是Aycock先生为了实现其目标,即如他所述的为需要承租飞机的人提供沟通服务以使需要空中运输服务的个人与提供该服务的人之间签订合同而采取的准备措施。

Aycock先生要满足使用要求需要做更多。Aycock先生必须将其公司发展到向其目标客户发出公开明显的要约的程度。但是,在任何时候Aycock先生都没有给潜在的客户使用其AIRFLITE服务的机会。他从来没有在客户和空中出租经营者之间安排过一次航班。正如Aycock先生在其证词中所说的,这是因为他认为他需要至少300个空中出租经营者与其签订合同,他的服务才具有可操作性。循此理,因为他从来没有同时与12家以上的空中出租经营者具有合同关系,Aycock先生选择不向公众开放其服务。

另外,虽然有两个免费电话号码可以被用作向公众提供服务的工具,但是这些电话实际上从来没有以此为目的被使用过。证据材料中没有内容说明Aycock先生曾经给过潜在的客户使用电话线预定航班的机会,或者说明任何一个客户视图通过打这些免费电话预定航班。证据材料也没能说明Aycock先生或者任何其他与Aycock Engineering有关的人曾经与公众就通过ARIFLITE服务预定航班进行过交谈。

Aycock先生向空中出租经营者宣传其服务,与其签订合同并收取其费用的行为并没有将服务从准备阶段转化为在商业中提供的阶段。相反,这些行为是Aycock先生试图建立起服务的基础的活动。在完成这些活动之后才会向公众提供服务(并且在商业中提供)。

Aycock 先生自己设定了获得 300 家空中出租经营者的目标。他可以在 1970 年申请其服务商标注册时选择尝试和与其签订合同空中出租经营者一起经营 AIRFLITE 服务。虽然这种方式可能导致其经营范围比预计的小,利润也更少,但是他用这种方式可以满足使用的要求。① 更重要的是,因为 Aycock 先生在 1989 年之前提出了服务商标申请,他可以选择象征性使用。但是,他没有主张,也没有事实表明他曾经试图对其 AIRFLITE 服务进行象征性的使用。

总之,Aycock 先生在建立 AIRFLITE 服务过程中采取的行动在任何时候都没有达到在商业活动中使用其商标的要求。此外,其服务也从来没有在多个州或者本国及外国有从事商业活动的人提供过。因此,法院认为,Aycock 先生的 AIRFLITE 服务商标申请在 1970 年提交时不符合使用要求,因而自始无效。② Aycock 先生在 1970 年之后在 PTO 进行的其他附加活动也都没能满足使用要求,包括 1994 年的续展申请。③

》》启示

商标使用是商标制度的核心内容,在美国商标使用一直是获得商标权的唯一来源,而注册仅仅是权利人拥有商标权的表面证据,因此《兰哈姆法》要求,申请人需在商业活动中使用商标,否则不予注册。那么究竟何为在商业活动中使用商标? 对此一直颇有争议,特别是对于服务商标来说,因为服务本来就是无形的,不能像商品商标一样被固定在载体上。本案法院就对服务商标的使用形式进行了分析,并指明商标应该在其所涉及的服务内容上真诚地商用,而仅仅在服务准备阶段的宣传和在一部分服务上的使用不能构成商标的使用。

我国一直缺乏对商标使用的严格定义,同时也没有统一的标准。在司法实践中法院经常遇到一些对真诚使用的判断问题。在法律没有明确规定的前提下,只能依靠现有的零散规定作出理解,导致真正权利人的利益受损。2013 年 8 月 30 日全国人大常委会公布了修改后的《商标法》,商标使用行为第一次在《商

---

① 一旦向公众提供了,服务成功与否及其利润在分析使用要求时是不予考虑的。因此,如果一项服务开始经营就立即失败了也能满足使用要求。但是,这种推理不适用于在准备阶段就失败因而从来未向工作提供的服务。这样的情况不满足使用要求。

② 法院觉得 Aycock 先生在 PTO 给予注册后 30 年失去了 AIRFLITE 服务商标是很不幸的。但是,在联邦商标和服务商标注册体系中,不管经历了多少年商标权人都不能使其商标免于因不符合使用要求而无效。这种残酷的事实也许可以通过普通商标法的原则弥补,即使使用人没有向 PTO 提交申请,普通商标法的原则还是会给予商标使用人一定的权利。

③ 虽然 1988 年 TLRA 通过允许"意图使用"申请对使用要求的注册程序作出了改变,但是为了获得注册申请人还是必须在提交意图使用申请后在商业中使用其商标。See 15 U.S.C. § 1051(b),(d)(2006). 因为 Aycock 先生从未在商业中使用其商标,他在其续展申请得到批准的 1994 年也不会满足使用要求。

标法》中有了明确的规定。其中,第48条规定:"本法所称商标的使用,是指将商标用于商品、商品包装或者容器以及商品交易文书上,或者将商标用于广告宣传、展览以及其他商业活动中,用于识别商品来源的行为。"从该规定看,商标法上的商标使用行为应当满足以下条件:(1)在商业活动中的公开使用行为;(2)持续的使用;(3)作为区分商品或服务来源的商标性使用;(4)具有善意的使用意图。

保护商标就是保护商标中蕴涵的商业信誉,只有在商标使用的基础上才可能产生商誉。在效率与公平的利益衡量下,我们应当多加思考,改变现有的单纯注册取得商标权的制度,在确权过程中加入商标使用的要求,这样既提高了社会经济效率也注重了社会公正。

(执笔人:董传传)

驰名商标保护案件

美国 CLUE 驰名商标认定及其淡化案

▶ 导读

本案涉及美国《联邦商标淡化法案》(以下简称《反淡化法案》)的适用问题,包括驰名商标的认定及其淡化保护的标准、商标和因特网域名冲突的问题。认定驰名商标需要考虑多个因素,若不能被认定为驰名商标,则他人对于与商标相同或近似域名的使用就不可能产生淡化的后果。而对于非驰名商标而言,在互联网领域必须遵循先到先得原则,即商标所有人无法阻止他人在先注册与其商标相同或近似的域名注册。

一、案件事实

原告:孩之宝公司

被告:线索计算机公司

自 1949 年以来,美国居民就开始玩"Clue(R)"的桌面游戏,这是一个流行的侦探游戏,玩家可以试图推断出虚构的谋杀案的细节。玩具和游戏制造商孩之宝公司对"Clue(R)"享有商标权利,并已花费了数百万美元在此品牌的运作上。

1994 年 6 月,科罗拉多州的埃里克森和迪特尔穆勒成立名为线索计算机的合伙企业后发展为线索计算机公司,从事计算机咨询和互联网接入服务。此公司成立后在不到两年的时间里,互联网网络信息中心的负责管理互联网域名的机构分配给线索计算机公司以合法域名"clue.com"并将其注册。线索计算机公司现在使用"clue.com"作为其业务独占使用的因特网地址的网站域名。

1996 年,孩之宝通知负责管理互联网网络信息中心的网络争议解决处,称其拥有单词"clue"的商标。网络争议解决处接着就通知线索计算机公司称其"clue.com"域名的使用将很快会被终止。线索计算机公司回应并在科罗拉多州法院起诉网络争议解决处,赢得了法院的初步禁令来防止域名被终止。孩之宝公司进而在马萨诸塞州联邦地区法院根据《兰哈姆法》的适用规定 USC 第 15 卷 §1125[①] 和马萨诸塞州的

[①] See 1994 & Supp. I 1995.

反淡化法①起诉线索计算机公司,指控其使用域名的行为淡化了"Clue(R)"的商标。

诉讼请求:原告诉被告的域名侵犯其商标权,称其使用"clue.com"的行为将淡化其商标。

二、法院判决

双方同意让马萨诸塞州联邦地区法院作为事实调查者就商标淡化行为调查,接着马萨诸塞州联邦地区法院对孩之宝公司的要求作出了商标不侵权的简易判决。

上诉法院支持了马萨诸塞州联邦地区法院的判决。

适用法律:1996年生效的《反淡化法案》。

三、法律问题及分析

具有固有或获得显著性的驰名商标均可获得淡化保护,而淡化的救济标准是存在淡化的可能性。本案涉及的原被告双方经营的商品或服务并不相同或类似,故并不存在传统商标法意义上的混淆可能性。在此情况下,原告提出的淡化请求成立的前提即是判断"Clue(R)"是否为驰名商标,进一步结合淡化的证明标准判断是否存在淡化的可能性。而对于非驰名商标与域名的冲突,在互联网领域只能依据先到先得的规则。

(一)本案缺乏混淆可能性和淡化可能性

美国学者Schechter在1927年《哈佛法律评论》上发表的《商标保护的理性基础》奠定了美国商标反淡化法的理论基础。② 但直到Bulova Watch Co.诉Stolzberg案,美国法院才逐渐将淡化理论运用到实际案件之中。在这个案件中,法院认为:"……许多案件已经意识到是被告行为的'不公平性'而不是原被告之间存在的'竞争'构成了衡平法院干预的基础。商标不仅仅指示着商标所有人产品的来源,而且也是其良好商誉的象征,是创造与保持贸易习惯的证明。商标的影响力更大,如具有独特性或臆造性,法院就更倾向于保护其免被用于非竞争性商品上。"③

1996年生效的《反淡化法案》修正了《兰哈姆法》第45条的"淡化"一词,将"淡化"定义为减少、削弱驰名商标对其商品或服务的识别性和显著性能力的行

---

① See Mass. Gen. Laws ch. 110B, §12(1998).
② See F. I. Schechter, The Rational Basis of Trademark Protection, 40 Harv. L. Rev. 813 (1927).
③ Bulova Watch Co. v. Stolzberg, 69 F. Supp. 543; 1947 U.S. Dist. LEXIS 2901; 72 U.S.P.Q. 72 (D. Mass. 1947). 转引自杨威:《美国商标反淡化理论的发展及司法、立法实践》,载《湘潭师范学院学报(社会科学版)》2007年第5期。

为,不管在驰名商标所有人与他人之间是否存在竞争关系,或者存在混淆和误解或欺骗的可能性。① 同时,《反淡化法案》对《兰哈姆法》第 43 条增加了一项新条款,即驰名商标所有人有权按照公平原则并按照法院认为合理的条件,请求对他人商业性使用该商标或商号的行为发布禁令,并得到本款规定的其他救济,前提是如果该使用行为是在该商标成为驰名商标之后,且导致该商标的显著性被淡化。

1. 本案中缺乏混淆可能性

在本案中,地区法院支持线索计算机公司,对于孩之宝公司的要求作出商标不侵权的简易判决,理由是没有明显的证据证明存在传统商标侵权必须具备的混淆的可能性。第一巡回法院关于实质性混淆提出了八个认定的参考因素:(1) 商标的近似度;(2) 商品或服务的近似度;(3) 当事人贸易渠道的关系;(4) 当事人广告宣传的关系;(5) 潜在购买者的类别;(6) 实际混淆的证据;(7) 被告采用商标的主观意图;(8) 原告商标的强度。

对于(1) 商标的近似度,法院认为,"如果与明确地表明来源的名称、标记或者其他记号一起使用,那么即使使用了近似的商标,也不太可能构成混淆"②。对于(2) 商品或服务的近似度,法院通过调查发现,孩之宝公司的商品是玩具和游戏,而线索计算机公司提供的是计算机咨询和互联网接入服务,两者的商品和服务并不相同或类似,互联网上孩之宝的商标"Clue(R)"所控制的所有业务与线索计算机公司的站点之间没有任何联系。③ 对于(3) 当事人贸易渠道的关系和(4) 当事人广告宣传的关系,线索计算机公司通过互联网管理其大部分业务,包括宣传其服务。而孩之宝公司在许多不同的论坛宣传 CLUE 游戏,包括促销商品目录、电视广告以及在其他孩之宝游戏的包装上推广,并通过零售商店和网点出售了很多的游戏副本。近年来,孩之宝公司也开始在互联网上进行其产品的宣传和销售,使得与线索计算机公司在广告宣传和贸易渠道的方式上有一些相同。然而,尽管线索计算机公司确实几乎所有的业务都在互联网上,但孩之宝公司的文件表明,互联网广告和销售在涉及 CLUE 游戏的业务中只占很小的部分。因此,尽管双方的产品在广告宣传和贸易渠道有部分相同,但主要占据了不同的渠道,法院并没有发现基于这个因素会存在混淆可能性。④ 对于(5) 潜在购买者的类别,孩之宝的潜在购买者可能是任何想买线索游戏的人,线索计算机

---

① 参见〔美〕苏珊·瑟拉德:《美国联邦商标反淡化法的立法与实践》,张今译,载《外国法译评》1998 年第 4 期。

② International Ass'n of Machinists v. Winship Green Nursing Ctr., 103 F.3d 196, 204.

③ See International Ass'n of Machinists v. Winship Green Nursing Ctr., 103 F.3d 196, 200—01 (1st Cir. 1996); Astra Pharm. Prods., Inc. v. Beckman Instruments, Inc., 718 F.2d 1201, 1207—08 (1st Cir. 1983).

④ See Pignons, 657 F.2d at 488—89 of Black Dog Tavern Co. v. Hall, 823 F. Supp. 48, 55—56.

公司的潜在购买者是寻求互联网和计算机咨询服务的人。这些人员可能是相同的一类广泛互联网用户,但也一定有很大一部分潜在购买者是不同的。在考虑潜在购买者是否会混淆这两种产品时,一般情况下,潜在购买者不可能足够清晰地了解一个游戏和计算机咨询服务之间的差异,而能够清晰了解的购买者只占孩之宝潜在购买者的很小一部分。对于(6)实际混淆的证据,自从线索计算机公司开始使用"clue.com"域名四年多以来,孩之宝公司只有一些零星的关于线索计算机公司网页和孩之宝商标之间的实际混淆证据。事实上,无法根据在四年中几个人表示会对线索计算机公司的网站和孩之宝公司的游戏产生混淆得出混淆可能性的结论,即仅仅是单独个体的混淆证明并不足以认定存在实际混淆,证明存在实际混淆的证据是非常薄弱的。混淆更可能是因为线索计算机公司使用了"clue.com"域名,导致孩之宝公司的消费者会意识到他们进入了错误的网页,从而通过搜索引擎找到正确的网页。法院的结论是,虽然搜索孩之宝的网站可能会导致不便,但仍然不足以引起实际混淆,缺乏合理和实际混淆的证据使得孩之宝公司难以证明混淆的可能性。对于(7)被告采用商标的主观意图,原告没有证据表明,线索计算机公司旨在其服务和孩之宝游戏的消费者中制造混淆。事实上,线索计算机公司的创始人知道该游戏的存在并不意味着意图从侵犯孩之宝商标中受益。[①] 同样,孩之宝公司用线索计算机公司选择一个"可疑的类似"标识来证明主观意图是没有说服力的。对于(8)商标的强度,法院认为商标的强度不是侵权的决定性因素,高强度的商标并不会减轻证明存在现实混淆可能性的举证责任。孩之宝公司的证据证明了两商标之间的近似度,但它没有充分的证据证明混淆的意图、共同的贸易渠道和广告宣传、共同的潜在购买者、类别产品的近似度以及实际的混淆。

2. 本案中缺乏淡化的可能性

《反淡化法案》是对驰名商标实行特别保护的一部法律,故而在本案中孩之宝公司依据《兰哈姆法》的适用规定和马萨诸塞州的反淡化法提出淡化侵害请求,就必须保证其"Clue(R)"商标为驰名商标。《反淡化法案》并未对驰名商标作出界定,而是提供了八个主要的非限制性因素作为判断依据。这些因素包括:(1)商标固有的或获得的显著性程度;(2)商标持续使用于该商品或服务的时间及范围;(3)商标广告宣传的时间和广泛度;(4)商标使用于贸易领域的地理范围;(5)使用该商标的商品或服务的贸易渠道;(6)该商标由于商标所有人和被请求发布禁令的特定人在贸易领域和贸易渠道上的使用而获得的知名度;(7)第三方使用相同或近似商标的性质和范围;(8)该商标是否已经根据1881

---

① See Ringling Bros.-Barnum v. Utah Div. of Travel Dev., 955 F. Supp. 605, 620 (E.D. Va. 1997), aff'd, 170 F.3d 449 (4th Cir. 1999).

年3月3日法律或1905年2月20日法律取得注册,或者已经在主注册簿上注册。① 对于上述八项非限制性因素的判断标准,《反淡化法案》并未作出具体的解释,所以法院也不清楚这些考虑因素适用的条件和方法。

本案中,法院认为孩之宝公司有责任证明:(1)享有驰名商标;(2)被告在商业过程中对商标进行商业性使用;(3)被告在原告的商标驰名之后使用商标;(4)被告的商标会淡化原告的驰名商标。② 而线索计算机公司对于(2)和(3)并没有异议,不论孩之宝公司的商标是否驰名,自己的确后于孩之宝公司使用,所以法院主要针对(1)和(4),即孩之宝公司的商标是否驰名以及线索计算机公司使用域名的行为是否会淡化商标的显著性进行了分析。

孩之宝公司已经使用"Clue(R)"商标很多年,花费了数百万美元宣传CLUE游戏,在美国和海外获得了普遍的认可。另外,"Clue(R)"商标在主簿登记册上显示登记于1950年,这是无可争议的,所有这些因素都有利于得出相关商标具有较高知名度的结论。然而,正如线索计算机公司指出的,"clue"是一个有许多含义的普通词汇,至少有一个法院已经表明不得通过持续使用一个作为普通词汇的商标来获得反淡化保护。③ 而本案中,被告使用"clue"的行为恰恰属于这种情形。原告商标拥有充分显著性从而满足商标保护的结论对于商标驰名并不是决定性的,认定驰名相比显著性需要更多有力的证据。④ 另外,线索计算机公司提供了大量非孩之宝公司的带有"clue"或其他近似词汇的商标,表明第三方使用相同或者近似商标已经严重损害了"Clue(R)"商标的显著性。同时,法院认为更具有说服力的是,对于由比较常见的名词组成的商标,第三方使用相同名词的情况,其他法院得出的结论是争议商标并不足够驰名来适用《反淡化法案》的保护。⑤ 更重要的是,第一巡回法院已经为地区法院在认定一个商标是否驰名以适用《反淡化法案》设定了很高的标准。在Lund案中,第一巡回法院指出法院在认定一个商标是否驰名时应当具备辨别能力和选择性,并有严格的声誉标准。⑥ 鉴于这种高标准,法院认为,孩之宝公司没有能够证明其已经被众多第三方使用过的商标是驰名的,从而获得反淡化保护。

最终,法院认定"Clue(R)"标志不是驰名商标,线索计算机公司使用该域

---

① 参见邓宏光:《美国联邦商标反淡化法的制定与修正》,载《电子知识产权》2007年第2期。
② See Avery Dennison Corp. v. Sumpton, 189 F. 3d 868, 1999 U. S. App. LEXIS 19954, 1999 WL 635767 (9th Cir. 1999).
③ See Polo Ralph Lauren L. P. v. Schuman, 1998 U. S. Dist. LEXIS 5907, 1998 WL 110059, at *12 (S.D. Tex. Feb. 9, 1998).
④ See Avery Dennison Corp., 189 F. 3d 868, 1999 WL 635767.
⑤ See Columbia, 964 F. Supp. at 750 and Sports Authority, Inc. v. Abercrombie, 965 F. Supp. 925, 941 (E.D. Mich. 1997).
⑥ See I. P. Lund Trading ApS v. Kohler Co., 163 F. 3d 27, 36 (1st Cir. 1998).

名的行为不可能损害或淡化孩之宝公司的标志,孩之宝公司不能获得禁令救济。① 综上所述,由于缺乏混淆可能性、丑化和淡化可能性,孩之宝公司的侵权请求被驳回。

2006 年的《联邦商标反淡化修正案》对认定驰名商标的标准重新作出了界定,将认定驰名商标的考虑因素进行精简。在判断一个商标是否享有被认可的程度时,法院可以考虑包括以下所列的所有相关因素:(1) 商标广告宣传的持续时间、广度和地域范围,是否由商标所有人或第三方进行广告宣传;(2) 商标持续使用于该商品或服务的数量和地域范围;(3) 商标被实际认可的程度;(4) 该商标是否已经根据 1881 年 3 月 3 日颁布的法律或 1905 年 2 月 20 日颁布的法律取得注册,或者已经在主注册簿上注册。②

(二) 淡化的证明标准

即使孩之宝公司能够证明其"Clue(R)"为驰名商标,也必须证明线索计算机公司使用"clue.com"的行为会淡化或损害其商标的显著性,进一步涉及淡化行为的证明标准问题。根据美国各州的反淡化法,一般只要证明存在淡化的可能性即可获得禁令救济,但《反淡化法案》的规定也并不清晰,以至于美国各巡回法院存在几种淡化的证明标准而没有一个统一的考量准则。美国第二巡回法院认为,要求证明实际的经济损失的数额是不正确的。③ 而第四巡回法院要求证明实际已经发生的淡化,而非引起淡化的可能性,这又与其他州法院的理解不一致。同时,其认为还需证明淡化行为使得驰名商标区别其商品或服务的能力被损害,从而降低其区分来源的功能。④

2006 年修订的《联邦商标反淡化修正案》明确了驰名商标反淡化的救济标准,只需要证明是淡化的可能性,而不要求证明有实际的淡化,即否定了上述第四巡回法院的观点。⑤ 修正后的《兰哈姆法》第 43 条(c)款第 2 项第(B)目和第(C)目规定了在判断在后商标是否可能导致驰名商标被淡化时应当考虑的六个因素为:(1) 两个商标的近似程度;(2) 驰名商标固有的或获得的显著性程度;(3) 驰名商标所有人独占性使用驰名商标的范围;(4) 驰名商标的知名度;(5) 建立在后商标与驰名商标之间联系的意图;(6) 商标之间的实际

---

① See generally I. P. Lund Trading ApS v. Kohler Co., 163 F. 3d 27 (1st Cir. 1998).
② See Trademark Dilution Revision Act of 2006, H. R. 683,109th Cong. (2006).转引自邓宏光:《美国联邦商标反淡化法的制定与修正》,载《电子知识产权》2007 年第 2 期。
③ See Nabisco, Inc. v. PF Brands, Inc 191 F. 3d 208, 223—24 (2d Cir. 1999).
④ See Ringling Bros.-Barnum v. Utah Div. of Travel Dev., 170 F. 3d 449, 458, 461 (4th Cir. 1999).
⑤ 修正后的《兰哈姆法》第 43 条第 3 款第 1 项规定:"根据公平原则,不管是否存在实际的或者可能的混淆,也不管是否存在实际的经济损失,具有固定或者获得显著性的驰名商标的所有人,应有权禁止任何人于该商标驰名后在商业上使用商标或商号,如果该使用行为可能由于弱化而淡化或者由于丑化而淡化该驰名商标。"

联系。

(三) 美国关于商标与域名冲突的解决机制

对驰名商标的保护,世界知识产权组织和各国的态度均是将保护力度扩大到网络环境中,即禁止抢注与驰名商标相同或近似的域名。美国1999年11月29日通过的《反域名抢注消费者保护法》对驰名商标和域名的冲突进行了规定,对于与驰名商标相同或近似的域名注册、交易和使用的行为,导致驰名商标淡化或损害的将承担民事责任。

对于非驰名商标和域名的冲突,如果允许商标权人阻止他人在先的域名注册无疑是对在先申请原则的突破,也扩大了非驰名商标所有人的权利范围,所以美国在实践中也遵循先到先得的原则。美国法院在2009年判决的B&J Enterprises,Ltd. v. Ken Giordano 一案①就很好地说明了美国的这一原则。在该案中,美国法院认为:"对于这种不具备驰名商标那样的显著性的商业标识,相关域名的使用应遵循先申请的原则。此外,被告也不存在主观上的恶意。"②

所以,对于不具备驰名商标那样显著性和知名度的商标而言,网络域名注册应遵循先到先得原则。由于在现实生活中商标的注册数量极其巨大,域名注册与商标注册又是通过不同的渠道,所以域名申请人很难去注意到不具有显著性和知名度的非驰名商标的注册,其完全有可能并不知晓与域名相同或近似的商标注册的存在。因此,若违反先到先得原则,规定域名申请人极大的注意和审查义务显然是不现实也不公平的。故在本案中,由于法院认定"Clue(R)"商标不构成驰名商标,孩之宝公司也不能适用《反域名抢注消费者保护法》认定线索计算机公司恶意抢注了其域名,也不会对其商标造成淡化或损害。

>> **启示**

对驰名商标的保护一直都是理论界讨论的核心内容之一,美国淡化理论及其规则是研究驰名商标保护的重要依据。美国《反淡化法案》针对《兰哈姆法》的条款逐渐修订,对于认定驰名商标的参考因素也不断完善。本案首先确认了适用《反淡化法案》的前提,即必须是具有固有的或获得的显著性的驰名商标,才能够获得淡化保护。同时,美国在判例中也逐步确认了淡化的证明标准,只需要证明是淡化的可能性,而不要求证明有实际的淡化。对于非驰名商标与域名的冲突,则采用先到先得的原则进行规制。

我国《商标法》和《驰名商标认定和保护规定》中同样有关于认定驰名商标

---

① See B&J Enterprises, Ltd. v. Ken Giordano, 329 Fed. Appx. 411 (4th Cir. 2009).
② 转引自李琳:《浅谈商标与域名冲突的解决——兼评两则美国案例》,载《科教文汇》2011年第10期。

的参考因素,而且也有淡化理论的相关司法解释,①但关于淡化的证明标准、适用条件等还没有非常详细的规定和解释。对于商标权与域名冲突的解决,我国《反不正当竞争法》则是以是否通过注册域名和使用域名实施不正当竞争行为来保护权利人的合法权益,同样也有其他的一些细则和办法。② 上述案件中美国法院在引用淡化理论的同时严格明确了保护驰名商标的要件,针对目前我国驰名商标异化及保护过度的问题,有必要修改和完善我国《商标法》认定驰名商标的参考因素,并进一步明确淡化理论的相关解释,实行混淆理论和淡化理论并行的双轨制。

(执笔人:过君栋)

---

① 最高人民法院2009年出台的《关于审理涉及驰名商标保护的民事纠纷案件应用法律若干问题的解释》第9条第2款规定:"减弱驰名商标的显著性、贬损驰名商标的市场声誉,或者不正当利用驰名商标的市场声誉的,属于《商标法》第13条第2款规定的'误导公众,致使该驰名商标注册人的利益可能受到损害'",实际上引入了商标反淡化理论。

② 《最高人民法院关于审理商标民事纠纷案件适用法律若干问题的解释》第1条规定:"……(三)将与他人注册商标相同或者近似的文字注册为域名,并且通过该域名进行相关商品交易的电子商务,容易使相关公众产生误认的。"

英国 INTEL 诉 CPM 驰名商标案

> **导读**

本案涉及侵犯在先商标的显著性和声誉问题。本案的主要法律问题是对《一号指令》中关于保护在先商标权商标声誉的第 4 条第 4 款(a)项、第 5 条第 2 款的解读。商标淡化会不当利用或损害在先商标的显著性或声誉,但欧共体法院认为,不需要通过证明存在混淆可能性来证明构成对相关商标的淡化;证明淡化存在的前提条件是必须有充分事实证明在后商标与在先商标之间有充分的联系,即在后商标应当或可能对消费者的经济行为具有影响。

一、案件事实

原告:Intel 公司

被告:CPM 公司

Intel 公司是文字商标"INTEL"的权利人,该商标在英国注册,由 INTEL 文字组成,其注册的产品或服务包括计算机和与计算机相关的产品或服务。在英国,INTEL 商标在微处理计算机产品(芯片及其边缘产品)和多媒体及其办公软件产品上享有极高的声誉,即使大部分终端用户并不自行购买 Intel 公司产品,但是 Intel 公司却能成功说服计算机制造商使用其标语"Intel Inside(内置 Intel 处理器)",此举使得 Intel 公司的商标具有极高声誉。CPM 公司是英国国内文字商标"INTELMARK"的权利人,该商标作为"Integrated Telephone Marketing"的缩写在英国注册,1997 年 1 月 31 日生效,注册的类别为 35 类别的"推销和电话推销服务商标"。

2003 年 10 月 31 日,Intel 公司提交了一份申请,请求宣告被告的注册商标 IN-TELMARK 无效。Intel 公司声称,该商标的使用会不当利用或损害了在先注册商标 INTEL 的显著性和声誉。该申请在 2006 年 2 月 1 日被听审官驳回。Intel 公司向英格兰和威尔士高级法院大法官法庭(知识产权)提起了上诉,法院 2006 年 7 月 26 日驳回了 Intel 公司的起诉。Intel 公司又向英格兰和威尔士上诉法院(民事庭)提起了上诉。Intel 公司庭前声称,《一号指令》第 4 条第 4 款(a)项和第 5 条第 2 款致力于保护权利人的商标声誉免于被淡化。依据通用汽车案件判决,[①]Intel 公

---

① See General Motors v. Yplon SA Case C-375/97〔1999〕ECR I-5421,〔1999〕All ER (EC) 865,〔2000〕RPC 572.

司提出,在先商标既是唯一的又具有独特的显著性,人为地将之用于另一种商品或服务会对之造成损害。另外,在在先商标唯一并具有广泛知名度的地区,必须一开始就停止这种侵害,否则随着持续性的侵害,这个商标将走向消亡。

针对《一号指令》第4条第4款(a)项、第5条第2款关于保护商标显著性和声誉的相关规定,法院认为,尽管"INTEL商标所享有的声誉足以使得普通公众在看到INTELMARK时会注意到INTEL,从而想起INTEL商标"[1],但要满足上述不当利用或损害在先商标的显著性或声誉的条件,仅仅想起在先商标并不足以建立在后商标与在先商标之间的联系。在后商标应当或可能对消费者的经济行为具有影响,并且此种损害必须是真实且有形的,仅仅是损害的可能性或断言有损害是远远不够的。

二、法院判决

(一)英国商标局

2003年10月31日,Intel公司依据《英国商标法》第47条第2款和第5条第3款向英国商标局提交了一份申请,请求宣告注册商标INTELMARK无效。Intel公司声称,该商标的使用会不公平地利用或损害了在先注册商标INTEL的显著性和声誉。

该申请在2006年2月1日被听审官驳回。[2]

(二)英格兰和威尔士高级法院大法官法庭(知识产权)

Intel公司向英格兰和威尔士高级法院大法官法庭(知识产权)提起了上诉。法院于2006年7月26日驳回起诉。[3]

(三)英格兰和威尔士上诉法院(民事庭)

Intel公司又向英格兰和威尔士上诉法院(民事庭)提起了上诉。Intel公司请求防止商标淡化,声称《一号指令》第4条第4款(a)项和第5条第2款致力于保护权利人的商标声誉免于被淡化。

英格兰和威尔士上诉法院(民事庭)决定中止诉讼程序,将问题交由欧共体法庭进行初步仲裁。

三、法律问题及分析

本案主要涉及对于"在不相同或类似的商品或服务上,不合理地利用或损害在先商标的显著性或声誉"的界定。《一号指令》第4条第2款对于在先商标

---

[1] On appeal (Patten J at 42, judgment of 26 July 2006, [2006] EWHC 1878 (Ch)).

[2] In the Trade Marks Registry (Hearing Officer Mr M Reynolds, decision of 1 February 2006).

[3] On appeal (Patten J, judgment of 26 July 2006, [2006] EWHC 1878 (Ch)).

作出了界定,在先商标是指申请日及可能援引的优先权日早于该商标申请日及可能援引的优先权日,而且属于以下类型的商标:共同体商标或某一成员国生效的国际注册商标或是在成员国已经成为《巴黎公约》第 6 条之二意义上的驰名商标。对于在先商标的保护,本案主要集中在《一号指令》第 4 条第 4 款(a)项和第 5 条第 2 款的解释上。在《欧洲共同体商标条例》中也有类似的规定。①

(一)"不合理地利用或损害商标的显著性或声誉"应是使消费者认为两个商标之间存在经济联系

《一号指令》第 4 条第 4 款(a)项规定:"成员国可以进一步规定商标在下列情形和限度内,驳回其注册,或如果已经注册,将可以被宣告无效:

(a)商标与第 2 款意义下的在先国内商标相同或近似;或者如果商标将要或已经注册在与在先商标注册的不相类似的商品或服务上,而此在先商标在相关成员国内享有一定声誉,并且在后商标没有正当理由的使用将会不合理地利用或损害在先商标的显著性或声誉。"

《一号指令》第 5 条第 2 款的侵权行为条款使用了相同用语,规定如下:

"2.任何成员国亦得规定商标所有人有权禁止任何第三方,未经许可在商业过程中,在与其共同体商标注册商品或服务不相类似的商品或服务上,使用与其相同或近似的商标,如果共同体商标在共同体内享有一定声誉,并且无正当理由地使用此商标会不合理地利用或损害商标的显著性或声誉。"

在本案中,法院阐明:首先,INTEL 是一个创造的单词,除了对于其识别的商品外没有任何意义,并且该商标是独一无二的,在被 Intel 公司使用前并未被使用在任何商品和服务上。同时,该商标在计算机和计算机相关商品上享有极高的声誉。其次,法院认为,虽然商标 INTEL 和 INTELMARK 近似,但是 INTELMARK 商标的使用并没有表明其和 Intel 公司有贸易往来。最后,法院认为,在英国和欧共体范围内,Intel 公司提供的印有或包含 INTEL 标记的商品(主要是计算机和计算机相关商品)和 INTERMARK 注册商标提供的服务是不相类似的。

从上述三点可以看出,法院认为,INTEL 商标能够适用《一号指令》反淡化条款的一些前提条件:(1)INTEL 商标具有显著性,并且在欧共体范围内的计算机领域中享有声誉;(2)INTEL 和 INTELMARK 近似;(3)两商标所涉及的商品或服务并不相同或类似。法院认为,INTEL 商标所享有的声誉足以使得普通公众在看到 INTELMARK 时会注意到 INTEL,从而想起 INTEL 商标。但并不是仅

---

① 《欧共体商标条例》的反淡化条款为第 9 条,其规定:"共同体商标应赋予商标所有人对该商标的专用权。商标所有人有权阻止所有第三方未经其同意在贸易过程中使用:……(c)与共同体商标相同或类似,但使用的商品或服务与共同体商标所保护的商品或服务不相类似的任何标志,如果共同体商标在共同体内享有声誉,但由于无正当理由使用该标志,会给商标的显著特征或声誉造成不当利用或损害的。"

仅想起一个具有一定声誉的在先商标就足以阻止在后商标的注册。如果被上诉人仅是在不相类似的商品或服务上使用一个商标,这一商标会使人仅仅想起一个具有一定声誉的注册商标,并不构成对此商标的侵权。法院认为,《一号指令》第5条第2款所指的保护并不以此为限制性条件,即并不限于具有一定声誉的商标和与另一标识之间有近似度,使得此领域的相关公众产生混淆的可能,而是只要具有一定声誉的商标和另一标识之间的近似度足以使得相关公众在两商标之间建立联系即可。简单来说,法院的观点是只要求两商标之间建立联系,而不要求产生混淆的可能性。

本案另一个关键点在于,对《一号指令》第4条第4款(a)项和第5条第2款规定的第二个条件——"不合理地利用或损害商标的显著性或声誉"应当如何进行解释?法院认为,在先商标的显著性和声誉越强,就越容易被认定为受到损害。即便在先商标权人能够证明:(1) 在先商标在特定类型的商品或服务上享有巨大声誉;(2) 如果在先商标的商品或服务与在后商标的商品或服务不相近似或有实质程度上的不相近似;(3) 在先商标对于任何商品或服务来说均是独一无二的(即有很强的显著性);(4) 接触在后商标时,普通消费者会想起在先商标,法院认为,仍然不足以证明《一号指令》第4条第4款(a)项和第5条第2款规定的"不合理地利用或损害商标的显著性或声誉",或者两商标之间存在充分联系。因为如果在先商标事实上的确具有很强的显著性或声誉,那么与之相同或近似的在后商标被用于不相近似的商品或服务上时,应当将普通消费者认定为一个合理明智的个体,它自身的显著性或声誉能够使得消费者仅仅是暂时地想起在先商标。另外,该条款中的显著性或声誉并不是指商标整体上的显著性或声誉,而仅仅是指在先商标所涉及的商品或服务上的显著性或声誉,即该特征是相对于其商品或服务的而非商标整体。

当然,法院也承认如果一个商标真的具有很强的显著性,而在后商标是相同或近似的,事实可能就不仅仅是使他人想起商标这么简单了,而可能会使消费者考虑在先商标人与在后商标人之间是否有经济联系,或者至少会考虑他们之间是否有某种联系(比如是否存在许可协议)。法院认为,本案证据表明的两商标之间的联系太过细微而不足以基于此授权 INTEL 商标在不相类似商品或服务上的权利。

(二) 为证明两商标之间存在联系、"不合理地利用或损害商标的显著性或声誉"所需要的参考因素

法院认为,在整体评价上述(一)中所提到的四点事实,认定两商标是否存在充分联系时,应当进一步考虑的因素是:(1) 在判定在后商标所涉及的商品或服务的性质时,普通消费者是否会考虑两个商标所有人之间存在经济联系;(2) 如果在后商标使用在其注册的特定商品或服务上,则在先商标对于自己注

册的商品或服务上的显著性或声誉是否真的有可能受到影响。另外,法院认为,为满足"不合理地利用或损害商标的显著性或声誉"所需要的是对现实情况的整体评价,仅仅对损害的一般性推测是不充分的。而在进行整体评价时,至少有以下几个要素要考虑:(1) 在特定商品或服务上使用在后商标后,在先商标在其另一特定商品或服务上的吸引力是否真的会受到影响;(2) 在后商标人在涉及的特定商品或服务上使用在后商标,是否有可能因为在先商标在其特定商品或服务上的声誉而获得真正的经济优势;(3) 如果在先商标是独一无二的,是否真的能够影响在后商标在不相类似的商品或服务上的使用;(4) 如果在后商标与在先商标是不相同的,将会对普通消费者产生什么影响,尤其是普通消费者是否仅仅想起在先商标;(5) 对于在先商标被使用在其商品或服务上,普通消费者的经济行为是否有可能受到影响;(6) 在先商标固有显著性如何;(7) 在先商标在其商品或服务上的声誉强度如何。法院并不试图总结出一系列的综合性排他因素,在整体评价中也可能需要参考其他更多因素,最终的考量结果是一个程度性问题。法院强调,损害或损害的可能性必须是真实且有形的,仅仅是损害的可能性或推断有损害是远远不够的,因为这会使商标权人处于过于垄断的地位。商标法是保护一个竞争的合理体系,而不是提供商标权人过分绝对的权利从而阻碍交易的发展。

(三) Intel 公司要求适用反淡化条款的理由

Intel 公司认为,INTELMARK 商标损害其 INTEL 商标的显著性及声誉是基于淡化理论。它援引了 Adidas-Salomon 诉 Fitness World 一案中 Jacobs 法官总结的观点:[1]《一号指令》第 5 条第 2 款的范围:淡化、退化和"搭便车"。该指令第 5 条第 2 款保护具有一定声誉的商标所有人,其有权禁止对相同或近似商标进行不合理地利用或损害其商标的显著性或声誉的使用。因此,在原则上禁止范围内有四种使用行为:(1) 不合理地利用商标显著性的使用;(2) 不合理地利用商标声誉的使用;(3) 损害商标显著性的使用;(4) 损害商标声誉的使用。

Intel 公司认为,损害商标显著性即是淡化通常所指的含义。淡化理论由 Schechter 首先提出,[2]其提倡对商标所有人损害的保护应不限于在相同或类似商品或服务上使用相同或近似商标。Schechter 将其所指的损害描述为对特定商标认知的逐渐丧失或消退以及公众对特定商标的认定。美国法院已经对商标所有人采取淡化理论保护有一段时间了,其亦对淡化一词增加了大量解释,并用以下术语描述淡化:淡化的本质即弱化商标的显著性,也即意味着其不能再使得公众立即想起在先注册或使用的商标了。相比之下,损害商标声誉的概念是指

---

[1] See Adidas-Salomon v. Fitness World Case C-408/01 [2004] FSR 21.
[2] See F. I. Schechter, The Rational Basis of Trademark Protection, 40 Harv. L. Rev. 813(1927).

商标的退化或丑化。Intel 公司引用了比荷卢法院著名的 Claeryn/Klarein 一案,[①]在该案中涉及两个相同发音的商标,用于荷兰酒的"Claeryn"和用于液体洗涤剂的"Klarein"。因为两个商标的近似,将会使消费者在喝"Claeryn"荷兰酒时想起"Klarein"的洗涤剂,从而认定"Klarein"商标侵犯"Claeryn"的商标权。不合理地利用商标的显著性或声誉的概念是指明显利用驰名商标"搭便车"的行为,或试图利用驰名商标的声誉进行交易。

法院认为,上述 Intel 公司援引的案件中争议商标所注册的商品与在先商标涉及的商品是相同的,与本案所要讨论的不相近似的商品或服务根本无关。基于此,法院才作出判决:"《一号指令》第 5 条第 2 款所指的保护不以此为限制性条件,即发现具有一定声誉的商标和标识之间有近似性,使得此领域的相关公众产生混淆的可能。只要具有一定声誉的标记和另一标识之间的近似程度足以使得相关公众在两商标之间建立联系即可",即并不一定要求存在混淆的可能性。

Intel 公司认为,如果在先商标是独一无二的,亦拥有较高的显著性,应当认为在任何其他商品或服务上使用此在先商标将会导致损害。其进一步指出,如果在先商标是独一无二的并且驰名,则从一开始就阻止对商标的削弱是很重要的,否则其将因多次的削弱行为而丧失该商标。

法院裁定,在本案中,没有证据表明普通消费者将会认为或推测两商标之间存在任何经济联系,证据表明的联系太过细微而不足以基于此授权商标权人在所有的商品或服务上进行垄断。

▶▶ 启示

美国和欧共体对于商标淡化保护的条件均要求商标必须先构成驰名商标,但对于驰名商标的认定标准不同。美国要求商标为所有消费者知悉,而欧共体认定时则考虑商标是否为相关领域或特定地区的消费者知悉。欧共体并没有像美国《联邦商标反淡化法》那样的正式立法来具体规定商标淡化保护的条款,而是通过判例总结构成驰名商标的一些参考因素。[②] 2006 年美国的《联邦商标反淡化修正案》对认定驰名商标的标准重新作出了界定,将认定驰名商标的考虑因素从七个精简到四个。[③] 而欧共体在通用汽车案件中阐述了商标构成驰名的

---

① See Benelux Court of Justice,1 Mark 1975,NJ 1975:472.
② 参见蔡晓东、王忠诚:《欧美反淡化法商标驰名认定标准》,载《河北法学》2013 年第 3 期。
③ 修正后的《兰哈姆法》第 43 条(c)款第 2 项第(A)目规定:"如果一个商标被合众国一般消费公众普遍视为商标所有人商品或服务的来源指示,该商标是驰名商标。在判断一个商标是否拥有所需的认知程度时,法院可以考虑包括以下所列的所有相关因素:(一)商标广告宣传的持续时间、广度和所及的地域范围,是否由商标所有人或第三方进行广告宣传;(二)商标持续使用于该商品或服务的数量和地域范围;(三)商标被实际认知的程度;(四)该商标是否已经根据 1881 年 3 月 3 日颁布的法律或 1905 年 2 月 20 日颁布的法律取得注册,或者已经在主注册簿上注册。"参见邓宏光:《美国联邦商标反淡化法的制定与修正》,载《电子知识产权》2007 年第 2 期。

构成要素。

美国于1995年制定了第一部《联邦商标反淡化法》,将淡化理论作为与混淆理论不同的立法基础相独立开来。自Audi-Med商标异议案开始,欧洲法院也先后多次重申混淆的可能性不是认定淡化的前提条件。根据我国《商标法》的有关规定和相关司法解释,对于驰名商标的反淡化保护却并未完全与混淆理论相区分开。①即反淡化保护的理论前提并不清晰。另外,我国《商标法》第14条规定:"认定驰名商标应当考虑下列因素:(一)相关公众对该商标的知晓程度;(二)该商标使用的持续时间;(三)该商标的任何宣传工作的持续时间、程度和地理范围;(四)该商标作为驰名商标受保护的记录;(五)该商标驰名的其他因素。"虽然本条具体规定了认定驰名商标的实质性认定标准,但对于驰名商标的认定因素仍需要补充和完善。② 实践中驰名商标淡化行为的多样化和复杂化,严重损害了驰名商标权人的利益,破坏了公正竞争的市场秩序。这些问题都亟待研究,上述案例对完善我国驰名商标的反淡化立法保护具有一定的借鉴意义。

(执笔人:过君栋)

---

① 由我国《商标法》第13条第2款的立法条文可见,"误导公众"是对驰名商标进行跨类保护的前提,而无论该行为是否跨类。以混淆、误认为前提,这就说明该规定是建立在混淆理论基础之上的。从立法渊源上看,《商标法》第13条是为了履行《巴黎公约》第6条之二和Trips协议第16条第3款有关驰名商标保护的义务而制定的。因此,该条与上述国际条约的保护原则是相互一致的。参见张冬梅、孙英伟:《淡化理论与驰名商标反淡化保护》,载《法制日报》2013年3月第12版。
② 《关于审理涉及驰名商标保护的民事纠纷案件应用法律若干问题的解释》第10条规定:"原告请求禁止被告在不相类似商品上使用与原告驰名的注册商标相同或者近似的商标或者企业名称的,人民法院应当根据案件具体情况,综合考虑以下因素后作出裁判:(一)该驰名商标的显著程度;(二)该驰名商标在使用被诉商标或者企业名称的商品的相关公众中的知晓程度;(三)使用驰名商标的商品与使用被诉商标或者企业名称的商品之间的关联程度;(四)其他相关因素。"

德国佳能诉米高梅驰名商标案

> **导读**

本案涉及的问题是在判断商标是否构成混淆可能性时,如何认定商品或服务的类似性。主要的焦点是对于《一号指令》第 4 条第 1 款(b)项中商品和服务类似性的判断标准,以及作出上述判断时,是否需要考虑《一号指令》第 4 条第 4 款(a)项中商标的显著性和声誉的问题。欧共体法院认为,如果公众对商品或服务的来源产生误解,就可能存在混淆。在判断两个商标所涉及的商品或服务的类似性时,在先商标的显著性和声誉应当被纳入考虑的范围。

一、案件事实

上诉人:CKK 公司

被上诉人:MGM 公司

1986 年 7 月 29 日,Pathe 公司(MGM 公司的前身)提交了一份注册文字商标"CANNON"的申请,涉及如下商品和服务:录制在录像带上的电影(电影录像盒式磁带);电影院及电视台用电影的制作、发行和放映。

CKK 公司认为其侵犯了自己的"Canon"商标权,"Canon"商标已经被注册,注册的商品和服务包括:定格电影和普通电影摄制及播放机;电视摄录设备,电视转播、接收及复制设备,包括电视录制及复制所使用的磁盘机和光盘机。

德国商标局初审员认为双方的商品和服务十分类似,因此拒绝注册"CANNON"商标,而复审员驳回了初审决定并以缺乏相似性为由撤销了 CKK 的异议。CKK 上诉到德国联邦专利法院,德国联邦专利法院认为,双方的商品和服务并不类似,并且其依据德国旧《商标法》的相关规定,认为 CKK 商标的声誉与所争议的对商品和服务类似性的评估无关。上诉于 1994 年 4 月 6 日被驳回。之后 CKK 又上诉到德国联邦高等法院。在上诉中 CKK 认为,联邦专利法院评估商品或服务的类似性的方法是不适当的。CKK 提出它的"Canon"商标是一个驰名商标,并且电影录像带和电视录像及复制设备在相同的销售点销售,所以两个商标各自的商品或服务是类似的,公众可能会发生混淆。

德国联邦高等法院认为,为了符合《一号指令》的规定,必须适用德国新《商标法》,因此有必要建立用于解释《一号指令》第 4 条第 1 款(b)项所指的"商标涉及的商品或服务的类似性"概念的标准。同时,法院还提出疑问,在评估两个商标涉及的商品或服务的类似性时,是否可以把在先商标的显著性和声誉纳入考虑的范围。基于这些考虑,联邦高等法院中止了诉讼,并提交欧共体法院进行初步裁定。

二、法院判决

1998年4月2日,欧共体法院作出初步裁定,认为为了驳回基于《一号指令》第4条第1款(b)项规定的商标注册,必须证明商标与在先商标相同或近似以及商标涉及的商品或服务相同或类似。

1998年9月29日,欧共体法院对上述问题作出判决,认为即使公众认为商品或服务的来源不同,仍有可能存在混淆的可能性。在判断两个商标所涉及的商品或服务的类似性是否足以造成混淆的可能时,在先商标的显著性和声誉应当被纳入考虑的范围。

三、法律问题及分析

(一)《一号指令》第4条第1款(b)项中商标"混淆"的含义

《一号指令》第4条第1款(b)项规定:"对注册商标的权利作如下规定:1.一个商标在以下所列的情况下不得注册或已经注册的可以宣布其无效:……(b)由于该商标与在先商标相同或近似,且两个商标所指定的商品或服务相同或类似,在公众意识中存在包括同在先商标产生联想的可能在内的混淆可能的;"而在解释《一号指令》第4条第1款(b)项有关的案件中,①法院引用过"在公众意识中存在,包括同在先商标产生联想的可能在内的混淆可能的"。法院认为,在以下三种情况中两商标间可能产生相互联系:(1)公众将商业标识同受争议的商标相混淆(可能是直接混淆);(2)当公众将商业标识所有人同其混淆的商标所有人相联系时(可能是间接混淆或联想);(3)尽管商业标识同商标不会造成混淆,但公众认为商业标识同商标近似,并且一看到该商业标识就会想起商标。因此,法院认为,有必要确定《一号指令》第4条第1款(b)项是否可以适用于不存在直接或间接的混淆,而在严格意义上可能产生联想的情况。法院认为,该条款的术语本身排除了其适用于不可能对公众造成混淆的情况,根据《一号指令》第4条第1款(b)项,仅仅由于两个商标近似的语义内容而可能使公众联想不足以作为判断存在混淆可能性的基础。

本案中,如果公众不认为"Canon"和"CANNON"商标之间有任何商业联系,那么就不可能发生《一号指令》第4条第1款(b)项中所谓的混淆。这方面应该

---

① See Case C-251/95 SABEL v. Puma, Rudolph Dassler Sport [1997] E.C.R. I-6191, [1998] R.P.C. 199.

注意的是,仅仅表明公众不会因为商品生产地或服务提供地而产生混淆是不够的。即使公众认识到商品或服务来源不同,也可能会相信两者之间有联系,认为其来自有经济联系的企业,那么也可能构成混淆。① 反之,当公众认为商品或服务的来源相同或来自有经济联系的企业的可能性不存在时,才不存在《一号指令》第 4 条第 1 款(b)项规定的混淆可能性。

所以,法院相当于排除了"Canon"和"CANNON"商标之间相似性考量对本案的影响,问题就转移到商品或服务的类似性是否会使得公众认为其指向的企业具有商业联系,因此必须对两商标涉及的商品或服务的类似性作出评估。

(二)在评估商标涉及的商品或服务是否类似时,能否把商标显著性和声誉纳入考虑范围

在考量商品或服务的类似性时,最主要的争议焦点在于商标的显著性,尤其是它的声誉,是否应当纳入考虑范围。换言之,同样的商品或服务涉及高显著性和声誉的商标时可能认定其是类似的,而涉及低显著性和声誉的商标时就可能否定商品或服务之间具有类似性。

所有商业标识要实现其作用时,必须具有显著性。一个缺乏任何显著性特征的商业标识,依照《一号指令》第 3 条第 1 款(b)项是不可以被注册的,如果被注册,也有可能被宣告无效。一个商业标识可能因为其举世闻名或者因为其本身不同寻常的特征而具有显著性。一个商标越著名或越不同寻常,就越有可能使顾客误以为其与标有相同或近似商标的商品或服务之间是有商业联系,从而产生混淆。正如法院在 SABEL 案的判决中所言:"在先商标越显著,产生混淆的可能性越大。"但不同的是,在 SABEL 案中至少有一些争议商标涉及的商品是相同的,所以问题是商品或服务是否有足够的类似性以至于引起混淆的可能。本案中原被告双方所持观点如下:

1. CKK 公司的观点

CKK 公司、法国政府和欧共体委员会一致认为商标的显著性程度与评估商品或服务的类似性有关。意大利政府认为,类似性是一种很模糊的概念,不能仅仅基于客观因素对其进行评估。他们提及了《一号指令》序言第十段:"……考虑到必须结合混淆的可能来解释类似的概念;考虑到混淆的可能构成保护的特殊条件,而其认定取决于多种因素,尤其取决于商标在市场上的认知程度,商标同使用或注册的标记可能产生的联想,商标与标记及商品或服务间类似的程度;

---

① See Case C-10/89 HAG GF (HAG II) [1990] E.C.R. I-3177 and Case C-251/95 SABEL v. Puma [1997] E.C.R. I-6191, [1998] R.P.C. 199. The following cases were referred to in the judgment of the Advocate General delivered on April 2, 1998: Case C-63/97 BMW v. Commission, hearing January 13, 1998. British Sugar plc v. James Robertson & Sons Ltd. [1996] R.P.C. 281 *119.

考虑到证实混淆的可能的手段,尤其是举证责任,属于各国的程序规则,本指令亦无意损害"。CKK 公司和法国政府认为,《一号指令》序言部分"尤其取决于商标在市场上的认知程度,商标同使用或注册的标记可能产生的联想,商标与标记及商品或服务间类似的程度"的叙述,说明了对商品或服务类似性的评估不是客观的。

2. MGM 公司的观点

MGM 公司和英国主张应对商品或服务的类似性进行客观、独立的评估(例如,评估的时候不考虑在先商标的显著性或声誉),认为《一号指令》序言第十段中并非支持全局性判断的做法,而仅仅意味着评估类似性应当考虑的是在公众混淆商品或服务时,是否会认为他们来自相同的商业来源,在评估类似性时,不应当考虑在先商标的声誉。

英国主张在商标注册阶段,对商品或服务类似性进行评估时把在先商标的声誉纳入考虑的范围,会对审查者增加负担,同时也会相对地延长注册程序,而大公司可能会谨慎地延迟注册程序。此外,MGM 公司主张,对商品或服务类似性的非客观评估会引起法律的不确定性。

3. 欧共体法院的观点

(1) 对《一号指令》序言第十段中"商标在市场上的认知度"的解释

在法院看来,解决争议的决定性考量因素是《一号指令》序言第十段"商标在市场上的认知度"的陈述,其清楚地表明:尽管商标在市场上的认知度在《一号指令》第 4 条第 1 款(b)项中没有特别提及,但是与认定商品或服务是否有足够的类似性以至于引起混淆可能性是有关的。

在 SABEL 案中也证实了这种观点。该案法官认为,应当对商标的混淆可能性作全局性的判断,把与个案相关的各种情况纳入考虑的范围。但事实上与本案又有区别,上述陈述的确是基于不同的背景作出的,法院当时考虑的问题是在争议商品明显相同的情况下,仅仅是概念上的类似性是否会造成混淆。

而 MGM 公司认为,《一号指令》序言第十段仅仅意味着评估类似性应当考虑的是在公众混淆商品或服务时,是否会认为他们来自相同的商业来源。对此法院认为,这个观点只有在评估商品或服务的类似性,序言说明可以把混淆纳入考虑的范围时方可成立,但是混淆的评估要素之一,即商标在市场上的认知度(如序言所述)不可能被纳入考虑范围内。所以,法院认为,MGM 公司的解释是不正确的,商标在市场上的认知度是指商标的显著程度,如该商标是否因其固有的显著性或者声誉而为公众所知。

(2) 延长注册程序的危害并不存在

由于要求考虑在先商标的声誉导致延长注册程序的问题,法院认为并没有 MGM 公司和英国政府认为地那么严重。法国政府在听证会上声明,以其经验看,这样的评估标准不会过分地延长和复杂化注册的程序。事实上,反而是出于合法确定性的目的,从而确保那些使用后可能会被异议的商标在最初就不被注册。在法院看来,《一号指令》序言第十段中指出在评估两个商标混淆的可能性时,即便不把商品和服务的类似性考虑在内,也要考虑商标的声誉。此外,商标注册机构有义务根据《集体商标法规》(与《一号指令》第4条第4款(a)项有相似条款),对已经使用多年的商标的声誉进行审查。根据《集体商标法规》第8条第5项,拥有声誉的在先商标的所有人在特定条件下,可以反对在与其不类似的商品或服务上注册相同或近似的商标。这意味着延长注册程序的危害并不如MGM公司和英国政府主张地那么严重。

(3) 对商品和服务类似性的评估标准——应当把商标显著性和声誉纳入考虑范围

德国联邦高等法院认为,商标为公众所熟知的程度应当纳入判断商品和服务类似性的考虑范围,对于商标显著性或声誉的要求应当受到充分的重视。而在评估商品或服务的类似性时,英国和法国政府的建议是颇为有益的。

根据英国政府的主张,在评估商品或服务的类似性时应考虑下列要素:(a) 各自商品或服务的用途;(b) 各自商品或服务的用户;(c) 商品或服务行为的自然属性;(d) 商品或服务进入市场的贸易途径;(e) 在消费者自主购物的情况下,商品被置于或可能被置于超级市场中,特别是它们是否被置于或可能被置于同一或不同的货架上;(f) 各自商品或服务相互竞争的程度。调查时就要考虑在商业中是如何分类商品的,如那些专门为企业工作的市场研究公司是否把商品或服务归为相同或不同的部门。① 尽管法院认为其提出的在评估商品或服务的类似性时应考虑的要素仍是不完整的,但总体来说应采用一种普通标准,即与商品或服务本身有关的要素;同时,在用客观要素来评估类似性时,并不排除把商标为公众所熟知的程度纳入评判的范围。法国政府同样认为,在评估商品或服务的类似性时所考虑的要素应包括商品或服务的性质、目的地和顾客、普通用途和一般的分销方式。

此外,根据判例法,在先商标的显著性越高,越有可能造成混淆。② 具有高度显著性的商标可能因为其本身或其在市场上拥有的声誉而比具有较低显著性的商标享有更大范围的保护。为了使商标在欧共体条约力图建立的公正的竞争机制下实现其功能,必须确保所有使用该商标的商品或服务处于为其质量负责的同一企业的控制之下。③

---

① See British Sugar Plc v. James Robertson & Sons Ltd. on May 23, 1996 ([1996] R.P.C. 281).
② See Case C-251/95 SABEL v. Puma [1997] E.C.R. I-6191, [1998] R.P.C. 199.
③ See Case C-10/89 HAG GF (HAG II) [1990] E.C.R. I-3711, paragraphs 14 and 13.

启示

本案中,欧共体法院结合相关驰名商标判例,从商标混淆可能性到商品或服务的类似性,并结合《一号指令》的立法意图,判定在评估商品或服务的类型时,应当将商品的显著性和声誉纳入考虑范围。

我国《商标法》第13条第3款规定,对于注册的驰名商标可给予在不相同或者不相类似商品上的跨类保护。其中规定的"误导公众,致使该驰名商标注册人的利益可能受到损害",不应简单地从一般商标侵权的市场混淆意义上进行理解,通常都涉及因误导相关公众而减弱驰名商标的显著性或者贬损其声誉。① 对于本案涉及的在不相类似的商品或服务上使用相同或近似的商标,我国也有相关司法解释的规定,②但仍需要在司法实践中通过结合具体案件情况,综合考量所有的相关因素进行裁判。

(执笔人:过君栋)

---

① 《最高人民法院关于审理涉及驰名商标保护的民事纠纷案件应用法律若干问题的解释》第9条第2款将此规定为足以使相关公众认为被诉商标与驰名商标具有相当程度的联系,而减弱驰名商标的显著性、贬损驰名商标的市场声誉,或者不正当利用驰名商标的市场声誉。

② 《最高人民法院关于审理涉及驰名商标保护的民事纠纷案件应用法律若干问题的解释》第10条规定:"原告请求禁止被告在不相似商品上使用与原告驰名的注册商标相同或者近似的商标或者企业名称的,人民法院应当根据案件具体情况,综合考虑以下因素后作出裁判:(一)该驰名商标的显著程度;(二)该驰名商标在使用被诉商标或者企业名称的商品的相关公众中的知晓程度;(三)使用驰名商标的商品与使用被诉商标或者企业名称的商品之间的关联程度;(四)其他相关因素"。

此外,《最高人民法院关于审理商标民事纠纷案件适用法律若干问题的解释》第11条规定:"商标法第五十二条第(一)项规定的类似商品,是指在功能、用途、生产部门、销售渠道、消费对象等方面相同,或相关公众一般认为其存在特定联系、容易造成混淆的商品。类似服务,是指在服务的目的、内容、对象等方面相同,或者相关公众一般认为存在特定联系、容易造成混淆的服务。商品与服务类似,是指商品和服务之间存在特定联系,容易使相关公众混淆。"

加拿大 JAGUAR(捷豹)驰名商标侵权案

≫ 导读

本案涉及驰名商标保护的问题。涉案的两个商标构成相似，其中一个商标是在国外注册并且在国际领域内驰名。本案主要的法律问题是对《加拿大商标和反不正当竞争法》第 17 条、第 18 条和第 22 条关于商标注册的法律效力以及保护商标的商誉相关规定的解释。

一、案件事实

上诉人(初审原告，以下简称"原告")：加拿大 Remo Imports 有限公司
被上诉人(初审被告，以下简称"被告")：英国捷豹汽车有限公司

原告加拿大 Remo Imports 有限公司于 1980 年在加拿大注册了一个"JAGUAR"商标，使用在包括皮箱在内的多种箱包商品上。被告英国捷豹汽车有限公司是英国一家豪华汽车公司。公司前身诞生于 1922 年，在 1935 年正式推出"JAGUAR"汽车。"JAGUAR"汽车始终以其优雅迷人的设计和卓越不凡的技术引领着豪华车市场的新潮流，成为代表时尚的奢华标志，并藉此在全球吸引了无数的追随者。20 世纪 80 年代中期，为满足"JAGUAR"品牌拥护者的需求，捷豹集团依靠其世界排名第 17 名的高知名度，引申出"JAGUAR"的系列产品：香水系列、皮件系列、服饰系列、休闲服系列、高尔夫系列、手表、眼镜、鞋类等。这些延伸产品不仅一如既往地延续了它的成熟稳重，且具有时尚休闲风格。严谨的工艺和独树一帜的风格为上流社会人士带来有如皇家般的享受，使其迅速风靡全球。被告的产品同样也在加拿大市场上销售。原告认为，自己对于经合法注册的"JAGUAR"商标在加拿大享有专有权，而被告在加拿大市场销售"JAGUAR"箱包系列产品导致了与自己产品之间的混淆。

诉讼请求：原告诉被告商标侵权并要求获得针对被告的禁令救济，诉称被告"JAGUAR"商号的使用以及作为商标的使用很可能在加拿大导致消费者对原告商标与被告商标之间的混淆，侵犯了其"JAGUAR"商标在加拿大的排他权。被告提起反诉并承认这种混淆的存在，且指出混淆是由于原告的行为而产生的，请求法院判决原告的注册商标无效并撤销，同时要求原告赔偿损害。

二、法院判决

（一）初审判决

初审法院判决:驳回原告对商标侵权和假冒提起的诉讼请求。同时,一审法院支持了被告对商标侵权和假冒的反诉并且判决禁止原告使用"JAGUAR"和跳跃的美洲虎图案商标,并撤销了原告的"JAGUAR"商标注册;被告的损害赔偿诉讼请求被驳回。

法律依据:《加拿大商标和反不正当竞争法》第6条第2款、第17条第1款、第18条、第22条。

（二）二审判决

加拿大联邦上诉法院判决:驳回原告的上诉,准予被告的交叉上诉。判决原告应该支付被告从一审判决之日起的损害赔偿和利益。

法律依据:《加拿大商标和反不正当竞争法》第17条、第18条。

三、法律问题及分析

在国内经合法注册的商标,经过数年的使用是否仍然会侵犯与其相同或近似的已在先使用的驰名商标的合法权益？何谓驰名商标？国际组织和各国立法对其鲜有明确的规定,在相关国家的立法中主要被表述为"广为知晓商标""众所周知商标""为公众所知晓的商标"等。有学者将其定义为:"驰名商标是指在市场上长期使用而享有较高声誉,并被广大公众所熟知的商标,是一个国际通用的法律术语。"[①]在加拿大的商标法中对驰名商标也没有明确的规定,但是相关的条款将其表述为"为公众所知晓的商标"。加拿大对驰名商标提供保护的法律依据主要体现在:《加拿大商标和反不正当竞争法》第17条[②]、第18条[③]和第22条[④]。

[①] 王莲峰:《商标法学》,北京大学出版社2007年版,第158页。
[②] 《加拿大商标和反不正当竞争法》第17条规定:(1) 除非其他人或其前任有义务证明在商标申请人的商标公告时仍未放弃混淆商标或商号,否则任何根据本法第37条公告的商标和注册商标均不得因为其他人或其前任的混淆商标或商号的在先使用或为公众知晓而被驳回、撤销、修正或认定为无效;(2) 无可争辩的注册在从商标注册日起五年后或从1954年7月1日开始,二者取其后者,如果不能证明注册商标的使用人在使用该商标时已知在先使用或为公众知晓的混淆商标或商号的存在,则任何注册商标不得因为上述(1)中规定的使用或在先为公众知晓而被驳回、撤销、修正或认定无效。
[③] 《加拿大商标和反不正当竞争法》第18条规定:(1) 在下列情形下,商标注册无效:(a) 该商标在注册时不具有可注册性;(b) 在该商标的注册效力被提出疑问时,该商标不具有显著性;(c) 该商标已被申请人放弃。根据本法第17条的规定,如果商标注册申请人不是有权获得该商标注册的人,则该商标注册也无效的。(2) 例外情形:若商标注册人或其前任在加拿大已使用该商标并使该商标在注册时具有显著性,则该商标的注册不能仅因未将证明其显著性的证据呈交给权力机关而被撤销。
[④] 《加拿大商标和反不正当竞争法》第22条规定:(1) 任何人不得以可能贬低他人商标信誉的方式使用他人的注册商标;(2) 对违反上述(1)中规定的商标使用人,法院可在告知其注册商标所有人对其使用行为已提起诉讼的同时,拒绝判决行为人赔偿注册商标所有人经济损失,也可允许被告继续销售其现存或在其控制下的附有该商标的商品。

其中第 22 条规定:任何人不得以可能贬低他人商标信誉的方式使用他人的注册商标。该条规定可以被理解为商标淡化理论[①]在加拿大立法中的体现。

（一）英国捷豹（JAGUAR）汽车有限公司的"JAGUAR"商标是否构成驰名商标

初审法官裁定到 1980 年为止，被告在汽车和箱包上的商标就已经驰名。初审法官的判决理由如下:相关证据表明,至少从 1980 年开始,涉案商标自然地从豪华汽车延伸或扩展到箱包商品,且被告的商标在 1991 年原告对被告提起诉讼时仍旧是驰名的,并且在今天也仍旧是驰名的。加拿大联邦上诉法院也认同了初审法院的这一裁定。

要享受法律对驰名商标的特别保护,一个商标必须被认定为驰名商标。根据《TRIPS 协定》第 16 条的规定,在判断商标是否驰名时,只需考虑相关公众对商标的认知程度。但是,各国的司法实践在判断商标驰名时,都会在《TRIPS 协定》的基础上增加考虑因素,主要包括以下几个因素:（1）在本国的地域范围内;（2）相关公众对该商标的认知度;（3）商标所有人对该商标的宣传和使用程度;（4）该商标享有较高的声誉。[②] 根据初审法院和联邦上诉法院的判决理由,可以看出加拿大法院在判断商标时也主要考虑了上述所列的几个因素。

（二）初审法官是否适用了错误的混淆标准

初审法院在审理原、被告的相同或类似的商品（大手提袋、书包和皮箱）之间是否存在混淆时认为,即使在过去没有发生混淆,但是否具有潜在可能性本身具有重要意义。即当混淆可能性在可能性的衡量上被证明存在时,混淆可能性就可以被认定,即使它实际上不存在。但是,初审法院在其判决书中提到的是"Possibility of Confusion"而不是"Likelihood of Confusion"。而根据加拿大的判例法,仅仅是"Possibility of Confusion"不足以判决一个商标无效。[③] 在这里,要阐明一下"Possibility of Confusion"与"Likelihood of Confusion"的意义和差异。就字典含义而言,"Likelihood"确实具有"可能""可能性"之意,但其在商标法上的意义却并非一般泛泛的可能性,而是特指具有很大现实性的可能性。[④] 正如美国判例所述:"Likelihood of Confusion"标准正好是"Possibility of Confusion（可能混

[①] 商标淡化理论的相关介绍详见本书《瑞士大卫杜夫驰名商标侵权案》一文。

[②] 参见冯晓青、胡少波:《中国驰名商标的认定和保护制度——兼论〈驰名商标认定和保护规定〉》,载《长沙电力学院学报（社会科学版）》2004 年第 1 期。

[③] See Veuve Clicquot Ponsardin Maison Fondée en 1772 v. Boutiques Cliquot Ltée. ,2006 SCC 23,49 C. P. R. (4th)401, at paragraph 37; Mattel, Inc. v. 3894207 Canada Inc. (2005), 38 C. P. R. (4th) 214 (F. C. A.); Carling O'Keefe Breweries of Canada Ltd. v. Anheuser-Busch, Inc. (1986), 10 C. P. R. (3d) 433 (F. C. A.).

[④] 参见彭学龙:《论"混淆可能性"——兼评〈中华人民共和国商标法修改草案〉（征求意见稿）》,载《法律科学》2008 年第 1 期。

淆)"与"Actual Confusion(实际混淆)"标准的折中。因为要证明可能混淆相当容易,而实际混淆的证明则十分困难。由此不难理解,"Likelihood"所代表的可能性界于"可能"与"现实(或必然)"之间。因此,原告认为初审法官在判断混淆可能性时适用了错误的标准。另外,初审法院还在其判决中确认了这样一个事实:当事人双方的客户是不同的,当事人双方产品所处的市场也不同。原告主要向低端用户,有时候也向中端零售商店销售其产品;而被告要么通过汽车经销商销售产品,要么不通过任何中介而直接向顾客销售产品。因此,原告抓住初审法院的这一论述,认为自己商标用在不同市场上时具有显著性,且不存在混淆。

上诉法院对此问题指出,初审法院在本案中适用判断混淆可能性的标准时,其陈述或表达是有错误的。但是,上诉法院同时也认为陈述的错误并不影响其实质的正确性。因为,在1991年原告提起诉讼与现在的上诉审判中,原告都承认在其商品上使用"JAGUAR"商标与被告在豪华汽车上使用"JAGUAR"商标存在实际混淆。同时考虑到被告商标属于驰名商标,其知名度非常高并且其适用范围已经延伸到其箱包系列产品,即使被告在1980年前没有在加拿大将"JAGUAR"商标用在皮箱上,但当时"JAGUAR"牌汽车已经世界闻名,"JAGUAR"商标的影响已经不限于汽车产品本身。因此,上诉法院认为,在原被告相同或类似的商品之间至少也存在混淆的可能性。同时,依据《加拿大商标和反不正当竞争法》第6条第5款的规定,[①]法院有权依据相关的法律事实对商标之间的混淆可能性作出自己的判断。所以,上诉法院认可初审法院的判决,认定原被告商标在箱包、大手提袋、书包等类似商品之间存在混淆可能性。

(三) 撤销原告的注册商标的法律依据

依据《加拿大商标和反不正当竞争法》第18条的规定,在加拿大只有在下列情形下,商标注册无效:(1)该商标在注册时不具有可注册性;(2)在该商标的注册效力被提出疑问时,该商标不具有显著性;(3)该商标已被申请人放弃。根据该法第17条的规定,如果商标注册申请人不是有权获得该商标注册的人,则该商标注册是无效的。同时,依据加拿大判例法,商标无效的非法定理由包括违反了信托义务,或因商标注册而进行了欺骗或实质性虚假陈述。初审法院以《加拿大商标和反不正当竞争法》第22条的规定为基础认为,原告的商品是在假冒被告商品的情形下对在先使用的驰名商标的商誉价值造成贬损,并导致对公众的欺骗,基于这两个理由认定原告的商标注册无效。因此,初审法院判决原告商标应当被撤销。

---

① 《加拿大商标和反不正当竞争法》第6条第5款规定:在决定商标或商号是否混淆时,注册员或法院应考虑以下因素:(a) 商标或商号的内在显著性及其为公众所知晓的程度;(b) 商标或商号被使用的时间;(c) 商品、服务或交易的性质;(d) 贸易的性质;(e) 商标或商号在外观、呼叫或暗示性方面的相似程度。

加拿大联邦上诉法院并不认可初审法院的判决理由。上诉法院认为,在假冒他人商品情形下对商誉价值的贬损与对公众的欺骗并非《加拿大商标和反不正当竞争法》第18条的无效理由,同时也不是判例法中的非法定无效理由。上诉法院指出,《加拿大商标和反不正当竞争法》第22条第1款规定了即使不存在混淆情形之下的救济突破了传统的商标混淆理论,通过商标反淡化理论可为享有商誉的商标提供更强的保护。本案中,被告可以原告对商标的使用行为足以唤起相关消费者对这两个商标之间的心理联系,而这种联系的产生可能贬损了被告商标的商誉,即对被告的商标造成淡化的结果为由,根据《加拿大商标和反不正当竞争法》第22条的规定请求获得侵权救济。但是,该救济规定并非撤销上诉人注册商标的理由。

同时,上诉法院依据对《加拿大商标和反不正当竞争法》第17条规定的解读,指出初审法院也错误地基于在先使用而撤销了原告的商标注册。《加拿大商标和反不正当竞争法》第17条第1款的规定涉及基于注册人以外的第三人的在先使用从而撤销一个注册商标。但是,第17条第2款为第三人的这项权利附加了一个时间限制。当这个撤销诉讼是在注册之日起五年之后开始的,第三人就丧失了基于在先使用而撤销商标注册的权利。除非在先使用人能够证明商标在后使用人在使用该商标时已知在先使用或为公众知晓的混淆商标或商号的存在。而在本案中初审法院已经认定当事人双方在诉讼程序开始之前都不知晓对方的存在,并且双方所提供的证据本身也无法证明其知晓对方的存在。因此,在先使用人在五年时效期届满后已经丧失了该权利,初审法院不能基于在先使用而撤销原告的商标注册。

根据上文,法院裁定被告用于汽车、箱包以及其他产品之上的"JAGUAR"商标在1980年、1990年直至今天在国内或国际上都是驰名的,且有证据证明原告的商标和商品与被告自1991年使用至今的商标和商品之间存在混淆的可能性。因此,上诉法院认为,原告商标的注册效力被质疑时不具有显著性的特征,应依据《加拿大商标和反不正当竞争法》第18条的规定撤销原告的商标注册。所以,初审法院判决原告的商标注册无效且应被撤销是正确的,但是其判决理由是错误的。同时,初审法院不能判决原告的商标注册自始无效,而应判决原告的商标注册自初审法院判决其商标无效并颁布之日(2006年1月16日)起无效。

(四)被告的损害赔偿的计算方法

初审法院虽然判决原告的商标注册无效,英国"JAGUAR"汽车的商誉价值潜在地受到了贬损以及其商标遭到侵犯并被假冒,并颁布了禁令,但是初审法院并不支持被告的反诉中要求原告赔偿损害的诉讼请求。初审法院认为,由于当事人双方在其各自层面上均未主张其于诉讼开始之前有意识地或直接知晓对方的存在,且原告与被告在各自不同的领域内进行经营活动,因此,没有任何一方应对过去的行为承担责任,也没有任何一方过去在经济上遭受了损害,不能证明存在任何金钱损害。所以,原告无须支付被告的损害赔偿或惩罚性赔偿。但是,初审法院认为,将来损害还是可能会产生。可以看出,初审法院不愿意对过去所发生的行为授予损害赔偿,但其为将来的损害赔偿问题留下了方便之门。

被告认为,法官不能根据双方在各自不同的领域进行经营活动来判定过去不存在损害赔偿。被告辩称,法官既然认定原告的商标使用是假冒商品的行为,并对其商誉造成贬损,就应该同时认定损害的存在。同时,被告还指出,由于认定原告的商标自始无效(法官认定原告的商标无效,且从来就是不可注册的),法官应判决原告对过去的行为承担经济上的责任。

上诉法院从被告的驰名商标的商誉价值毁损问题和其过去的损害两个方面对损害赔偿问题进行分析。关于被告的商誉价值毁损问题,初审法官根据《加拿大商标和反不正当竞争法》第22条推定原告将商标使用在行李包之上的行为很有可能贬损被告注册使用在美洲虎汽车之上"JAGUAR"商标的商誉价值。但是,上诉法院认为,商誉贬损造成的损害结果是不能被推定的,而必须通过证据进行证明。因此,上诉法院认为,由于被告未尽到自己的举证责任,对于其提出的因商誉贬损遭到的损害赔偿要求不予支持。

关于被告的商标过去发生的损害,被告以初审法官正确地认定原告的商标自始无效为由,认为其商标在过去已经发生了实际损害,应该得到损害赔偿。但是,上诉法院并不认同这一观点。上诉法院认为,在本案中,直到2006年被法官宣告无效并被撤销,原告一直都有合法有效的注册商标。在商标注册时,原告没有进行任何虚假陈述,初审法官也并没有认定上诉人有恶意行为。因此,原告在其商标注册之时至被初审法官宣告无效并被撤销,其有权获得《加拿大商标和反不正当竞争法》所赋予的权利。但是,正如初审法院在其判决中指出的那样,这样的情形在未来可能就大不相同了,即原告的商标在其被撤销后还继续使用的时候就会对被告的商标造成损害。因此,上诉法院认为,由于原告在法官的判决公布之后仍然继续销售自己的商品,被告有权获得因此而导致的损害赔偿或利益损失,计算损害赔偿或利益损失的时间节点为2006年1月16日。

》》 启示

该案对在国内已注册的商标,是否侵犯在国外注册的且在国际领域内享有声誉的驰名商标所有人的合法权益这一法律问题进行了分析。本案的法官认为,驰名商标的影响要超出其所使用的商品本身,如果他人将该商标使用在其他商品上,那么,法官应当立足整体判断后者的行为是否会侵害驰名商标,而不能局限在其他商品的范围内,判断其行为是否会侵犯驰名商标所有人的权利。即使双方商标使用的商品不同,无权使用人的行为同样会减少、削弱驰名商标在商品上的显著性和所享有的商誉。

  在世界经济一体化的趋势下,驰名商标的淡化问题越来越突出。从我国的相关立法规定分析,虽然立法在一定程度上体现了淡化理论,但商标法没有明确提出淡化的概念,而且也没有专门明确驰名商标反淡化保护的条款。与驰名商标淡化有关的纠纷都适用《商标法》和《反不正当竞争法》的有关规定,局限性很大。这也造成国内法院在审理类似案件时,对于商标侵权判决所适用的标准混乱。因此,应加快国内商标淡化的立法进程,明确法院在审理类似案件时所应适用的标准以及应考虑的因素。

(执笔人:吴志滔)

瑞士 DAVIDOFF 驰名商标侵权案

>> **导读**

本案涉及驰名商标保护的问题，主要讨论欧盟商标反淡化理论的适用问题。本案主要的法律问题是《一号指令》第 4 条第 4 款(a)项的理解及使用，以及第 5 条第 2 款关于商标反淡化理论的规定的解释。

一、案件事实

原告：Davidoff & Cie SA and Zino Davidoff SA（合称"Davidoff"）

被告：Gofkid 公司（简称"Gofkid"）

Davidoff（即大卫杜夫）是瑞士的两个相关公司，"Davidoff"是其国际注册的商标，表现为一个手写体加下划线的图形商标。该注册商标在德国分别于 1982 年 1 月 28 日和 1989 年 8 月生效，涵盖尼斯分类表中第 14 类和第 34 类商品。第 14 类是"贵重金属及其合金以及不属别类的贵重金属或者镀有贵重金属的物品；珠宝首饰、宝石；钟表以及计时仪器"。第 34 类是"烟草；烟具；火柴"。Davidoff 使用相关商标销售的主要产品包括男士化妆品、白兰地酒、领带、眼镜、雪茄、小雪茄和香烟及相关产品、烟斗和烟斗用烟草及相关产品，以及皮草。Davidoff 是一个世界闻名的国际品牌，中国消费者非常熟知的"神秘水"香水系列就出自 Davidoff 的化妆品。在奢侈品领域中，Davidoff 享有非常高的声誉。

Gofkid 是一家香港公司，拥有一个在德国注册的图形商标，有效期始于 1991 年，由英文"Durffee"构成，但是没有下划线，前面加上两个大写字母 D——稍小的 D 嵌在大 D 的右上角——采用更加简单的字体，但字体与原告注册商标中的字体稍有不同。注册的范围同样是第 14 类和第 34 类商品。被告使用相关商标销售的商品包括贵金属及其合金以及贵金属制品、贵金属合金和镀贵金属产品、手工制作和装饰性的物品、餐具(不包括扁平的餐具)、中心装饰品、烟灰缸、雪茄及香烟用品、雪茄烟嘴和香烟嘴、珠宝首饰、银质和金质物品、宝石、手表和计时工具。

Davidoff 认为，"Durffee"商标故意用近似字体来盗用声誉，尤其是名称里的大写"D"和两个"ff"，而且由于带有"Durffee"商标销售的商品价格较低且品质较差，对其商誉造成很大的损害。因此，Davidoff 首先对申请在德国专利商标局注册的"Durffee"提出异议。但是，由于 1993 年 2 月 17 日和 1995 年 8 月 28 日

异议被驳回,它在1996年向法院提起诉讼。二者的商标如下图所示:

诉讼请求: 原告请求法院判令 Gofkid 停止使用"Durffee"商标,并且撤销被告的商标注册或者宣告其无效。

二、法院判决

(一) 初审及上诉审法院判决

在第一审和上诉审过程中,两个法院均认为涉案的两个商标不存在混淆的可能性,因此判决 Gofkid 不构成侵权。

法律依据:《一号指令》第4条第1款[①]、第5条第1款[②]。

(二) 再审判决

德国联邦最高法院根据欧共体法院的裁决意见,判定被告构成侵权。联邦最高法院认为,《一号指令》第4条第4款(a)项和第5条第2款可解释为授权成员国对具有一定声誉的商标提供特殊保护,防止与注册商标相同或者近似的在后商标或标志将被或已被用于与注册商标覆盖范围相同或类似的商品或服务上。因此,认定被告在相同或近似的商品上使用与原告享有商誉的商标近似的商标或标志构成对原告商标的侵权行为。

法律依据:《一号指令》第4条第4款(a)项以及第5条第2款。

[①] 《一号指令》第4条第1款规定:与在先权利冲突有关的驳回或无效的补充理由是:一个商标在以下所列的情况下不得注册或已经注册的可以宣布其无效:(a) 该商标与在先商标相同,且申请或注册的商品或服务与在先商标受保护商品或服务相同;(b) 由于该商标与在先商标相同或近似,且两个商标所指定的商品或服务相同或相似,在公众意识中存在包括同在先商标产生联想的可能在内的混淆可能。

[②] 《一号指令》第5条第1款规定:注册商标赋予其所有人以独占权。所有人有权禁止任何第三人未经其同意,在商业中:(a) 在与其注册的商品或服务相同的商品或服务上,使用与其商标或服务相同的标记;(b) 由于一标记与相同或相似且商标和标记所覆盖的商品或服务相同或相似,如果在公众意识中存在包括同在先商标产生联想的可能在内的混淆可能时,使用该标记。

三、法律问题及分析

传统的商标法对商标的保护主要依据商标混淆理论,即防止消费者对商品或服务的来源产生混淆,同时保护商品或服务提供者的利益。但是,随着驰名商标的发展,由于驰名商标在市场上享有很高的知名度且为公众所熟知,因此第三人使用与驰名商标近似的标志时,很难导致相关公众产生混淆。在这种情况下,仅仅依据商标混淆理论很难为驰名商标提供全面的保护。① 因此,一些国家在混淆理论之外,开始采用商标反淡化理论作为商标保护的补充。商标淡化是指由于使用在非类似商品或服务上的在后标志与在先的驰名商标相同或近似,使消费者在两商标之间产生联想,并导致在先商标的显著性丧失或严重削弱的现象。与传统的混淆理论不同,商标淡化的成立不以消费者在两商标之间产生混淆为前提。

欧盟对于商标反淡化理论的立场主要体现在《一号指令》第4条第3款②、第4条第4款(a)项③和第5条第2款④的规定上。《一号指令》的这三条明确规定,如在先商标是享有声誉商标,在并不类似商品或服务上注册或使用与之相同或近似的商标(或标记),如果会不公平地利用在先商标的显著性或声誉,或者对其显著性或声誉造成损害,在先商标所有人有权阻止在后商标的注册或申请撤销其注册,或阻止其使用。可以看出,欧盟商标反淡化理论的相关规定主要为在市场上享有声誉的驰名商标提供更为广泛的保护,即在不存在混淆可能性时,为享有商誉的驰名商标提供保护,保护驰名商标的显著性不会受到丑化和弱化。

本案中需要分析的法律问题就是,《一号指令》第4条第4款(a)项以及第5条第2款是否适用于在相同或类似的商品或服务上使用与驰名商标近似的标志的情况,主要涉及欧盟商标反淡化理论的适用范围的讨论。案件涉及对《一号指令》第4条第4款(a)、(b)项以及第5条第1款、第2款规定的法律适用和解释问题。

---

① 参见王迁:《知识产权法教程》,中国人民大学出版社2009年版,第505页。
② 《一号指令》第4条第3款规定:一个商标如果与一个第2款意义上的在先共同体商标相同或者近似,且将要或已经注册在与该在先共同体商标注册的商品或服务不相类似的商品或服务上,如果该在先共同体商标在共同体内享有声誉,而在后商标无正当理由的使用可能不公平地利用在先商标的显著性或声誉,或者对在先商标的显著性或声誉造成损害,则该商标也不应注册或已经注册的应宣布其无效。
③ 《一号指令》第4条第4款(a)项规定:一个成员国此外可以在下列情形和限度内,规定驳回一个商标的注册或已经注册的宣布其无效:该商标如果与在先国家商标相同或相似,并在同在先商标注册的商品或服务不相似的商品或服务上将要或已经注册,如果该在先商标在该成员国享有声誉,且在后商标的使用无正当理由从在先商标的显著性或声誉中获利或对它们造成损害的。
④ 《一号指令》第5条第2款规定:任一成员国也可以规定所有人有权禁止任何第三人未经其同意,在商业中在与其商标注册的商品或服务不相似的商品或服务上使用一标记,如果该标记与其商标相同或相似,且其商标在该成员国享有声誉,而该标记的使用无正当理由从其商标的显著性或声誉中获利或对它们造成损害的。

（一）原被告双方的商标是否近似，是否有混淆的可能性

原告认为，被告使用的 Durffee 商标和原告的 Davidoff 商标之间存在混淆的可能性。被告使用与原告的 Davidoff 商标描述方法相近的字体以及字母"D"和"ff"，故意利用 Davidoff 商标的高知名度价值，并在商品广告中使用。被告使用 Durffee 商标的行为损害了 Davidoff 商标的良好声誉。但是，在第一审和上诉审过程中，原告的诉讼均未取得成功。第一审和上诉审法院均认为原被告双方的商标并不近似，没有产生混淆的可能性，因而也就不存在损害商誉的行为。可以看出，第一审和上诉审法院都是以商标混淆理论为基础对本案进行审理。但是，联邦最高法院却对此观点进行了否定。联邦最高法院认为，原被告双方的商标显然是近似的，但是事实方面需要进一步查明以便正确判断它们之间是否有混淆的可能性。因为根据《一号指令》第 4 条第 1 款和第 5 条第 1 款，仅考虑两个商标是否近似是远远不够的，还要以两个商标能够产生混淆可能性为前提。在诉讼程序中，联邦最高法院认为，原告有可能提供证据证明原被告双方的商标产生了混淆可能性，但是这种举证比较困难。因此，联邦最高法院从另一个角度出发，认为原告作为在市场上享有声誉的商标的所有人可能拥有一种在《一号指令》第 5 条第 2 款下保护其商标显著性和声誉的合法利益。

（二）《一号指令》第 4 条第 4 款（a）项以及第 5 条第 2 款的适用与解释

如上所述，联邦最高法院从另一个角度出发，认为原告作为在市场上享有声誉的商标所有人可能拥有一种在《一号指令》第 5 条第 2 款下保护其商标显著性和声誉的合法利益。联邦最高法院在此突破了商标混淆理论，以商标反淡化理论为基础，对《一号指令》第 4 条和第 5 条的规定进行解释。《一号指令》第 4 条第 4 款（a）项以及第 5 条第 2 款在因为商标缺乏近似性以及商品缺乏类似性而导致没有混淆可能性的情况下可能允许授予保护，并在《一号指令》第 5 条第 2 款的规定下赋予驰名商标跨类保护。因此，原告要想在本案中胜诉，就只能以商标淡化为基础，即只能依赖《一号指令》第 4 条第 4 款（a）项和第 5 条第 2 款。但是，适用上述条款会产生一个问题。根据上述条款的措词，已明确将其适用范围限定在非类似商品或服务上（跨类保护），而本案发生争议的两个商标却用在相同和类似的商品上。在这种情况下，是否还适用商标反淡化理论？为此，联邦最高法院中止了程序，寻求欧共体法院对下列问题的初步裁决：《一号指令》第 4 条第 4 款（a）项以及第 5 条第 2 款的规定，是否可被解释为（并且在何种情况下恰当适用）同样授予各成员国为享有声誉的商标提供更加广泛的保护，防止在后商标被用于或者将用于与在先注册商标相同或者类似的商品或者服务？

对于上述问题存在两种截然不同的观点：

第一，Davidoff、葡萄牙政府和欧盟委员会认为，对于这个问题必须作肯定回答，其立场是对于《一号指令》第 4 条第 4 款（a）项和第 5 条第 2 款所赋予享有

声誉的商标对不相类似商品的特别保护必须适用于相同或者类似的商品。他们认为,欧共体法院也倾向于认为,《一号指令》第 4 条第 4 款(a)项以及第 5 条第 2 款因其允许享有声誉的商标有权阻止近似商标或者标志在与其注册商标范围不相类似的商品上使用,在商品类似时就必须更加允许这样的保护,这是一种理所当然的推理结果。

第二,Gofkid 和英国政府则认为,对于这个问题必须作出否定回答,因为这个问题的答案必须与欧盟委员会立法规定和目的相一致。另外,在《一号指令》第 4 条第 1 款(b)项和第 5 条第 1 款(b)项中已经赋予享有声誉的商标以充分的保护。同时,根据判例法,尤其是案件 Case C-251/95 SABEL① 和案件 C-39/97 Canon② 表明,享有声誉的商标更容易发生混淆的可能性。也就是说,涉案的两个商标如果并无混淆,其在后使用的商标就不构成侵权。同时,Gofkid 和英国政府抓住所涉规定的文字措辞的一个漏洞进行辩解。他们认为,该条款的措辞明显具有限定性并且既无必要也无人要求扩大目前授予的保护。《一号指令》第 4 条第 4 款(a)项和第 5 条第 2 款明确涉及用于与商标注册范围不相类似的商品或者服务上的标志或者商标,没有例如"即便"或者"包含"的任何条件。在导言也没有显示任何规定应当理解为包含类似商品或者服务的意图。

欧盟总检察长 Jacobs 也反对将扩大的保护适用到相同或类似商品上,其同意英国政府的辩解。他指出,既然立法机关故意对此不作规定,未规定《一号指令》第 4 条第 4 款(a)项和第 5 条第 2 款适用于相同或类似商品,就表明立法机关的意图仍是将混淆作为通常的保护标准。还应记住,在没有额外保护的情况下,不诚实的经营者通常是在非类似商品上利用驰名商标的声誉;而在类似商品上则很难做到既利用驰名商标的声誉又不引起混淆。他也认为,法院没有必要去讨论哪一种商标保护理论更可取,作这种分析是立法机关的事。既然《一号指令》的措辞非常明确,即第 4 条第 4 款(a)项和第 5 条第 2 款只适用于非类似商品,就没有充分的理由作出与这种明确的含义不同的解释。同时,根据法院的判例,如 Sabel、Canon、Marca Mode 等,可以看出声誉商标已受到比普通商标更宽的保护。如果再对第 4 条第 4 款(a)项和第 5 条第 2 款作扩大的解释,将会使《一号指令》所提供的保护的界限与标准变得模糊。

欧共体法院并没有采纳 Jacobs 检察长的意见。欧共体法院认为,对于这个问题必须依据《一号指令》第 5 条第 2 款来单独审查,但最后审查的解释将应用于《一号指令》第 4 条第 4 款(a)项并作适当的修正。但是,《一号指令》第 5 条

---

① See SABEL v. Puma (C-251/95), November 11, 1997: [1997] E.C.R. I-6191; [1998] 1 C.M.L.R. 445.

② See Canon Kabushiki Kaisha v. Metro-Goldwyn Mayer (C-39/97), September 29, 1998: [1998] E.C.R. I-5507; [1999] 1 C.M.L.R. 77.

第 2 款必须不能仅从其字面意思上进行解释,应该根据整个体系以及通过立法目的来解释。值得注意的是,与《一号指令》第 5 条第 1 款的规定不同,《一号指令》第 5 条第 2 款并没有强制要求成员国在国内法中为驰名商标提供跨类保护,它仅仅是允许成员国提供这样的保护。当成员国开始提供这样的保护时,具有声誉的商标将可以从《一号指令》第 5 条第 1 款和第 5 条第 2 款中受益。因为《一号指令》第 5 条第 2 款允许给予具有一定声誉的商标比在《一号指令》第 5 条第 1 款所赋予的保护更强的保护。对于享有声誉的商标不仅仅要保护其识别功能,同时也要注重保护其广告宣传功能,防止第三人傍驰名商标的声誉来进行营利活动,并对驰名商标所有人的利益造成损害。[①] 因此,欧共体法院认为,将该条款解释为对具有一定声誉的商标提供特殊的保护时,标志用于相同或类似商品或服务时,却比用于不类似商品或服务所提供的保护更少是不合理和不合逻辑的。

虽然从措辞上看,这些条款限定仅在相关商品或者服务没有类似性时才适用,但是这种解释可能受到质疑——似乎当涉案商品不类似时比类似时阻止不正当利用驰名商标更重要。与此相应的,在判断是否存在混淆的可能性时,商标之间一个较低程度的近似性将被商品的较高程度的类似性所弥补,反之亦然。正如前所述,在市场享有声誉的商标为相关公众所熟知,第三人在相同或类似的商品或服务上不正当地使用与该驰名商标近似的标志时,引起相关公众混淆的可能性是比较低的。此时,如果仅仅是按字面意思解释《一号指令》第 5 条第 2 款的规定,那么在这种情况下的驰名商标将无法受到法律的保护。对该条的解释不能导致这样一种结果,即声誉商标在相同或类似商品或服务上所受到的保护,比在非类似商品或服务上受到的保护更少,至少应受到一样多的保护。因此,欧共体法院认为,当一个标志用于相同或类似商品或服务,具有一定声誉的商标必须享受的保护至少应延伸至与用于不同商品或服务上的商标所提供的保护相同。同时,法院也否定了 Sabel、Canon、Marca Mode 等若干判例已为声誉商标在相同或类似商品上提供了充分保护的说法,认为在不存在混淆可能性的情况下,声誉商标的所有人无法依赖其他条款保护其商标的显著性或声誉免受损害。欧共体法院因而裁定对德国联邦最高法院提出的上述问题作出肯定的回答。

》 启示

本案对驰名商标反淡化理论的适用范围是否仅限于不类似的商品或服务上这一法律问题进行了分析。由于驰名商标凝集了较高的商誉,其不同于普通商

[①] 参见杜颖:《商标淡化理论及其应用》,载《法学研究》2007 年第 6 期,第 3 页。

标,因此,世界上大多数国家都以商标反淡化理论为基础为驰名商标提供更广泛的保护。即第三人使用与驰名商标近似的标志时,不管是不是在相同或类似的商品上使用,即使不可能导致消费者产生混淆,只要可能对驰名商标的识别功能或广告宣传功能造成损害,该使用行为就应为法律所禁止。我国商标淡化侵权的立法仍将"容易误导公众"和"可能欺骗公众或者对公众造成误解"作为商标淡化侵权的构成要件。可以看出,我国商标淡化侵权的立法还是没有脱离传统的商标混淆理论,无法为驰名商标提供更为广泛的保护。因此,本案对于我国在《商标法》修改中引入和完善商标淡化理论具有借鉴意义。

(执笔人:吴志滔)

欧盟通用公司声誉商标保护案[①]

▶▶ 导读

本案分析的是在《一号指令》第5条第2款中具备声誉的商标中"声誉"的含义。具体来说,我们可以从两个角度理解"声誉",一是驰名商标和有良好声誉的商标的区分保护;二是确认声誉商标时的地域范围划分问题。其中,对于《比荷卢商标法》第13条和《一号指令》第5条第2款、《巴黎公约》第6条之二以及《TRIPS协定》第16条的理解是分析上述问题的法律依据。

一、案件事实

原告:通用汽车公司

被告:Yplon SA 公司

在比荷卢经济联盟内,通用汽车公司是商标"Chevy"的权利人,该商标于1971年10月18日在比利时、荷兰、卢森堡经济联盟商标局进行了商标注册。该商标的注册号为70263,注册于汽车等运载工具上。如今,该商标的使用更为具体化,被用于标注小型汽车和相关类似车辆。本案的被告 Yplon SA(简称"Yplon")也使用商标"Chevy",但并非标记于汽车类产品上,而是用于除污剂、除臭剂等一系列清洁类产品上。从1988年开始,Yplon 注册并正常使用该商标,使用地区包括比利时、荷兰、卢森堡经济联盟内和一些其他国家。

在比利时法院审判前,通用汽车公司提交了一份初始申请,基于《比荷卢商标法》第13条 A 款第2项的规定,请求禁止 Yplon 公司使用商标"Chevy",否则要对其进行经济上的赔偿。

Yplon 公司在国内诉讼程序中提出了反诉,请求法院因为停用而撤销通用汽车公司的商标并且判令通用公司为其令人困扰和无聊的行为向其赔偿。Yplon 公司声称,通用汽车公司在申请注册后三年内未在比荷卢经济联盟使用其商标又在其后持续五年未使用。但通用汽车公司提交文件证明其使用了该商标。

诉讼请求:通用汽车公司请求法院禁止 Yplon 公司使用"Chevy"商标。

[①] "声誉商标"是欧共体相关法律中独有的概念,其在外延上大致与驰名商标相同,但也存在一定差别。具体差异参见下文分析。

二、法院判决

（一）初审判决

比利时特别商业法庭判决：Yplon 公司侵犯了通用公司"Chevy"商标权。通用公司的"Chevy"商标在相关公众中享有知名度并且在比荷卢经济联盟的大部分地区拥有相当市场份额，应该获得相应的保护。

法律依据：《比荷卢商标法》第 13 条 A 款第 2 项。

（二）终审判决

欧共体法院判决：Yplon 公司侵犯了通用公司"Chevy"商标权。

法律依据：《比荷卢商标法》第 13 条 A 款第 2 项、修改后的《比荷卢商标法》第 13 条 A 款第 1 项 c 点、《一号指令》第 5 条第 2 款。①

三、法律问题及分析

本案是关于声誉商标中的"声誉"如何理解的问题，驰名商标与声誉商标的保护有何不同，具备声誉的商标中的"声誉"需要多广的辐射范围。对于《一号指令》第 5 条第 2 款、《比荷卢商标法》第 13 条、《巴黎条约》第 6 条的理解将贯穿始终。

1995 年 12 月 28 日，原告通用汽车公司向图尔奈商事法庭申请强制令，禁止 Yplon 公司使用商标"Chevy"标记于除污剂和其他清洁类产品上。其案件的法律依据是在 1996 年 1 月 1 日之前适用的《比荷卢商标法》第 13 条 A 款第 2 项和在其之后修改过的第 13 条 A 款第 1 项 c 点。修改前的《比荷卢商标法》第 13 条 A 款第 1 项规定赋予商标权利人商标专用权，禁止以下行为：（1）在相同或类似的商品或服务上使用与其注册商标相同或近似的标志；（2）其他任何在经济流通中无正当理由使用与其注册商标相同或近似之标志，并可能损害商标所有人利益之行为。比荷卢经济联盟为贯彻《一号指令》而对本国商标法进行了修订，修订后的《比荷卢商标法》自 1996 年 1 月 1 日开始施行，该法第 13 条 A 款第 1 项 c 点规定：商标所有人有权禁止他人在经济流通中无正当理由地使用与在比荷卢经济联盟的国家中有声誉的商标相同或者近似的标志，并将其用于不类似的商品服务上，这种使用会导致不公平地利用或损害商标的显著性特征或声誉。根据新法条，商标"Chevy"是具有声誉的商标。Yplon 公司的答辩理由中最为重要的一点是，通用汽车公司并不能证明在《比荷卢商标法》的含义下，

---

① 《一号指令》第 5 条第 2 款规定：一个成员国可以规定商标的所有权人有权禁止第三者在非类似的商品或服务上使用相同或类似的标记，条件是商标在该成员国内享有声誉，而且在没有正当理由情况下使用该商标会导致不公平地利用或损害了该商标的显著性特征或者声誉。

其商标在比荷卢经济联盟内具有声誉。特别商事审理委员会认为,案件的审判需要对商标具有声誉这一定义作清晰的说明并且确定该种声誉必须在整个比荷卢经济联盟内具备还是仅需要在部分地区具备,但是比荷卢经济联盟法律没有对具备声誉的商标中的"声誉"给出确定的含义,厘清声誉的概念和范围是摆在欧共体法庭法官面前的棘手问题。

欧盟法院经过对一系列案件的审理确立了对声誉商标的保护原则,欧盟对具有知名度商标进行特别保护的前提条件包括:(1) 在先商标具备知名度。(2) 两个商标存在联系。(3) 在后商标的使用利用了不正当优势。(4) 在后的使用造成损害。作为第(3)项的选择性要求,(3)或(4) 满足其一就足够了。当"该商标确认商品或服务来源于其注册和使用的所有人之能力因为在后商标的出现导致了身份的分散和削弱了公众对在先商标的印象时",对具有知名度商标的显著特征的损害就发生了。(5) 使用缺乏正当理由。第三方"无法合理地避免使用商标"或有"具体的权利使用该标志"的情形存在正当理由。[①]

欧洲对驰名商标的保护经历了从《巴黎公约》、《TRIPS 协定》、《关于驰名商标保护规定的联合建议》到《一号指令》及《共同体商标条例》的发展过程。《巴黎公约》第 6 条之二规定了对驰名商标的保护,它的主要贡献包括突破了在特定地域内依注册原则而取得商标权的限制即未注册的驰名商标权人享有禁止他人使用的权利,为驰名商标权人规定了较长的提出撤销请求的最低期限等。《TRIPS 协定》第 16 条将对驰名商标的保护进一步推进,保护领域从商品拓展至服务,从单类保护到驰名商标的跨类保护,明确认定驰名商标所需的具体条件等。《关于驰名商标保护规定的联合建议》的意义在于,其提出在认定驰名商标时可以考虑"与该商标相关的价值",将驰名的范围明确限定在相关公众的领域内,将未注册商标纳入驰名商标的保护范围内等。《一号指令》第 4、5 条及《共同体商标条例》第 8、9 条从商标注册、撤销、使用、声誉损害及不正当竞争等角度进一步细化和强化了对驰名商标的保护。《一号指令》扩大了对享有声誉商标的保护,对恶意注册特别加以防范。《共同体商标条例》更多的内容是借鉴《一号指令》的规定和精神,二者都基于淡化理论[②]对享有声誉的商标进行保护。[③]

1. 解读具备声誉的商标中的"声誉"的内涵

检察长 Jacobs 指出,图尔奈商事法庭需要界定在一国之内具有影响力的商

---

① See Giulio Enrico Sironi, Protection of Trademark Rights, http://www.vanzettieassociati.it/, visited on 2013-4-30.

② 商标淡化是指未经权利人许可,将与驰名商标相同或相似的文字、图形及其组合在其他不相同或不相似的商品或服务上使用,从而减少、削弱该驰名商标的识别性和显著性,损害、玷污其商誉的行为。商标淡化突破了传统的商标混淆理论,将着眼点放在驰名商标所蕴涵的商业价值不被他人所侵蚀和分享的层面上。于是,禁止他人在非相同商品上使用驰名商标成了反淡化的重要组成部分。

③ 参见奚玉峰:《驰名商标的法律保护研究》,中国政法大学 2007 年硕士学位论文。

标的概念,同时协调《一号指令》第 4 条第 4 款第 1 项、第 5 条第 2 款和各国的商标法。《一号指令》并未尝试解释具备良好的声誉的商标的概念,但是从《一号指令》本身看,驰名商标和具有一定声誉的商标还存在区别。

《一号指令》被纳入《欧盟条约》第 100a 项之下,它的目的不是"全面协调成员国商标法",而是致力于"使各国直接影响商品流通的条文近似一致"[①]。《一号指令》对商标提供了三种不同程度的保护。第一,商标的所有权人有权禁止在相同或近似的商品或服务上使用与其在先注册商标相同的商标(《一号指令》第 5 条第 1 款第 1 项)。第二,如果商标所有权人所要求禁止的标记与其在先注册商标是相同或者相似的,并且其标记的相关产品和服务是相同或相似的,只有存在使公众混淆的可能性时,在先商标的所有权人才能够禁止(《一号指令》第 5 条第 1 款第 2 项)。第三,一个成员国可以规定商标的所有权人有权防止第三者在非类似的商品或服务上使用相同或类似的标记,条件是该商标在其成员国内享有声誉。同时,在没有正当理由下使用该商标会导致不公平地利用或损害了该商标的显著性特征或者声誉。依照《一号指令》第 5 条第 2 款,成员国可以规定在先注册商标的权利人在这种情形下,禁止任意第三方在未经其许可的情形下使用该商标。

在本案中,争议的焦点是"具有声誉的商标"中的"声誉"。需要注意的是,与《一号指令》第 5 条第 1 款(b)项相比较之下,《一号指令》第 5 条第 2 款不要求产生混淆的可能,虽然《一号指令》第 5 条第 2 款的依据是《比荷卢商标法》第 13 条 A 款第 2 项,但依然存在一些重要的区别。第一,只有对"具有声誉"的商标才提供该保护;第二,只有对不相似的产品或服务才提供该保护;第三,指令阐明了提供该保护所针对的类型。这是《一号指令》第 5 条第 2 款的几点关键特征。

本案关注的焦点被锁定为《一号指令》第 4 条第 2 款(a)项、第 5 条第 2 款中的"具有声誉的商标"和在《巴黎公约》第 6 条两次提及的"驰名商标"这两者之间的关系。[②] 驰名商标在《一号指令》第 4 条第 2 款(d)项中曾提及。通用汽车公司、比利时政府、荷兰政府和委员会认为,在《一号指令》中商标必须具有"声誉"这一条件弱于"众所周知"这一条件,这也是 1995 年世界知识产权组织

---

① 《一号指令》序言第三部分。
② 《巴黎公约》第 6 条之二规定:(1) 本联盟各国承诺,如本国法律允许,应依职权,或依有关当事人的请求,对商标注册或使用国主管机关认为在该国已经属于有权享受本公约利益的人所有而驰名,并且用于相同或类似商品的商标构成复制、仿制或翻译,易于产生混淆的商标,拒绝或取消注册,并禁止使用。这些规定在商标的主要部分构成对上述驰名商标的复制或仿制易于产生混淆时,也应运用。(2) 自注册之日起至少五年的期间内,应允许提出取消这种商标的请求。本联盟各国可以规定一个期间,在这期间内必须提出禁止使用的请求。(3) 对于恶意取得注册或使用的商标提出取消注册或禁止使用的请求,不应规定时间限制。

记录中对驰名商标的认知。为了明确驰名商标与具有声誉的商标这两个定义之间的关系,要了解《巴黎公约》和《TRIPS协定》中保护驰名商标的条件和意图。《巴黎公约》第6条两次提到保护驰名商标,禁止在相同或类似的商品或服务上注册和使用"复制、仿制或翻译,易于造成混淆的商标"。该项权利被《TRIPS协定》第16条第3款扩大到非类似的产品和服务上,其认为这种使用会"使其标记的产品和服务与驰名商标所标记的产品或服务产生某种联系,使他人获利,使驰名商标的权利人由于这种使用受到损害"。这些条款为驰名商标提供特殊保护,目的是保护其在尚未注册的国家免于被利用,《巴黎公约》和《TRIPS协定》对驰名商标的保护是一种扩展至对未注册商标的一种特殊保护。因此,要被认定为驰名商标,从该保护中受益需要满足较高的条件,《一号指令》第5条第2款所指的有声誉的商标没有必要具备这样高的标准。《巴黎公约》第6条中的驰名商标有一个量化的表述,而《一号指令》第4条第4款(a)项和第5条第2款中提到"声誉需要质化的评判标准"①。《简明牛津字典》将声誉定义为:"(1)被广为传颂和众所周知的一个人的品质和商品的质量……(2)一种被认为优秀的形态,卓越的,高尚的……(3)荣誉、名气或者臭名昭著的"。不管商标具有声誉是一个量化的还是质化的概念,还是两者都要考虑,都可以得出结论:虽然驰名商标未有明确的定义,但商标具有的声誉不要求具备驰名商标所具有的知名度。

  接下来提出的问题是,判断一个商标具有声誉有无具体的评判标准。无疑,如果要给具有声誉的商标下定义,则该商标必须要被相关部门的公众所知晓,是否必须详尽地表述成为具有声誉的商标所必须具备的条件,这一点是值得商榷的。Yplon公司提出,有名的商标要从其良好声誉中获利要满足以下两个条件:第一,处在争议中的两类产品所面向的公众都要知晓该商标——本案中的两类商品是汽车和清洁产品;第二,在先注册商标必须具有一定声誉,这样顾客看到争议的商标,会立马联想到在先注册的商标,并且在两者间建立某种联系。

  法国政府强调,给声誉下一个笼统的定义很难,法院应该坚持个案认定而不是试图寻找认定的标准从而一劳永逸。例如,将相关公众知晓特定商标的具体比例数作为判断商标是否具有声誉的标准,显然,这样的做法不合时宜。同时,法院必须采取一系列手段来评估商标是否具有声誉。比如在相关部门公众中该商标的知名度和可识别度;该标记使用的持续时间、范围和地域;为推广该商标所付出的多少。因此,国内法院必须在每一案件中全面考虑,无合理地授权使用有争议的商标会不会公平地利用和损害商标的显著性特征和声誉。以上规定适

---

  ① 《一号指令》第4条第4款(a)项规定:任何成员国需要进一步规定商标不被允许注册和即使注册也被宣告无效的情形:在与已注册商标不相类似的商品或服务上使用与其相同或者近似的标志,并且在先注册的商标在成员国内享有声誉,没有正当理由地在后使用将攫取不正当竞争的优势或者有损于在先商标的显著性和良好声誉。

当地应用,会保证有声誉的商标且无论所具备的声誉是否足够,都不会被给予过度的保护。英国政府提出关键问题是使用在后商标是否无合适的理由并且是否会导致不公平地利用和损害在先商标的显著性特征和声誉,这个问题的答案依赖于对全局的考虑,特别是商标的内在显著性特征和其享有声誉的程度、两争议商标间的相似性程度、其所标记的产品或服务间的区别。对具备声誉的所有商标都应提供保护并且依据其所具有的声誉的程度制定限定性条件,只有有证据证明实质损害的才提供保护。

是否在先注册商标被两争议商标所标记的商品或服务所面向的公众广泛知晓,这需要具体分析是否在先注册商标具备足够的声誉使公众将之与争议中的在后注册商标联系起来。一旦认定在先注册商标具有声誉,其具备的声誉的程度决定了依照《一号指令》第 5 条第 2 款对之提供保护的程度。在《一号指令》第 5 条第 2 款的范围内,与第 5 条第 1 款不同,保护商标不被注册用于非类似商品或服务,首要的条件是在先注册商标在相关公众中具有一定的知名度。只有商标在相关公众中具有足够的知名度,当面对在后注册商标时,尽管使用在非同类商品和服务上,也有可能在两个商标间建立某种联系,则在先注册商标因此受到损害。

相关公众是已经获得声誉的在先商标所关注的公众,这依赖于商品或服务设定的市场,有可能面向的是一般公众也可能是某类特定化的公众,比如某一特定部门的贸易商们。我们既不能从《一号指令》第 5 条第 2 款的条文中也不能从《一号指令》的精神中推断出具有声誉的商标需要多少比例的公众所知晓。商标标记的产品或服务多面向一般公众,对该商标有足够多的知晓,则认定商标存在足够的知名度。在判断该条件是否被满足时,法院必须考虑与案件相关的所有因素,特别是商标面向的市场、范围、地域、持续使用的时间及其在推广中的投资规模。

在对以上问题的回答中可得出结论,《一号指令》第 5 条第 2 款中所说的商标具有声誉被解释为被相关部门的公众所实质知晓,但是不需达到《巴黎公约》中所说的驰名商标的知名度。

2. 要在整个比荷卢经济联盟内具备声誉还是仅仅在其部分地区具备

通用汽车公司称,注册商标具备《一号指令》第 5 条第 2 款所称的声誉,即该商标必须被相关公众所知晓,但并不需要达到驰名商标所被知晓的程度。通用汽车公司进一步提出,商标足以被认为在成员国的部分领域内具有声誉,则要求在该国的部分公众或地区内具有声誉。Yplon 公司答辩称:商标所标记的面向公众的商品或服务,被认为具备《一号指令》第 5 条第 2 款所述的具备某种声誉,则要求被大部分公众所知晓。被讨论中的商标具有的声誉应该在成员国的整个领土内存在,在本案中,至少要在比荷卢经济联盟内的某个国家具备。

比利时政府提出商标具有声誉应该被灵活地解释并且在具有声誉的商标和驰名商标间存在着程度上的区别。在比荷卢经济联盟三国中的任一单独的国家具有声誉都等同于在比荷卢的全部领土内具有声誉。法国政府提出,法院不应僵化对《一号指令》第5条第2款所述的商标的声誉的判断标准。一旦认定在先注册商标具有声誉,其具备的声誉的程度决定了依照《一号指令》第5条第2款对之提供保护的程度。地域上,商标在比荷卢经济联盟的任一国家具备声誉则足够。荷兰政府提出,只要在其商标所面向的公众中具有声誉则足以认定该商标具有声誉。知晓的程度并不能从抽象的条文中得知,必须通过全面的考察是否该商标用在不相似的产品上也会对在先注册商标造成损害来确定。该商标不需要被整个成员国所知晓,即在比荷卢经济联盟这一案件中,不需要在联盟整个领土内有名。英国政府认为,在法律上,并不需要在一个成员国的整个领土内具有声誉,尤其是对仅在成员国领土内部分地区有声誉的商标。在委员会提出的意见中,只要在比荷卢经济联盟内的一部分地区具有声誉,即可认定该商标具有声誉,并且商标在部分地区具有声誉能够得到与在整个联盟内具有声誉同样的保护。如果商标在成员国内具有声誉,就要求在成员国内的有效地区具有声誉。因此,要足以认定商标在比荷卢经济联盟内的部分地区具有声誉,则只要在联盟内的某个国家的部分地区具有声誉即可。这是唯一可识别出文化上和语言上差异的方法,因此一个商标可能具有地区性的声誉,比如在比利时的部分讲荷兰语的地区。

地域上,要满足《一号指令》第5条第2款的条件,即在成员国具有声誉。在共同体法律条款没有规定的情况下,我们不能要求具有声誉的商标的影响力遍及所有成员国的地域范围,只要其为有实质意义的地区即可。从商标在比荷卢经济联盟商标局注册成功之日起,比荷卢经济联盟地区被视为一个成员国的地域范围,因为《一号指令》第1条指出,在比荷卢经济联盟注册视为在成员国内获得了注册。①《一号指令》第5条第2款的适用因此也可被视作在比荷卢经济联盟内获得声誉。基于同样的原因,具备以上条件可被视为在成员国内具有声誉,比荷卢经济联盟的商标不能因此被要求在全联盟内具有声誉。只要求在联盟内的有实质意义的地区具有声誉即可,该地区也可只在联盟的一个国家。如果在调查的最后,法院决定认定具有声誉的条件存在需要满足公众和领域的双重标准,则法院必须继续调查基于《一号指令》第5条第2款的第二个条件,无合理理由地使用会使在先商标的哪些方面受到损害。被认定的商标具备越强

---

① 《一号指令》第1条规定,指令适用于任何获得注册的商品或服务上的标志,在一个成员国申请注册的单独商标、联合商标、集体商标或者证明商标,亦不管其是在比荷卢经济联盟商标局申请商标注册还是提交国际申请,在每一个成员国都具有法律效力。

的显著性特征和声誉,则越易于让法院相信其遭受了某种损害。

最后的结论,为了获得对非同类商品或服务上商标的扩大保护,注册商标必须足够被其所面向的相关公众所知晓。在比荷卢经济联盟领域内,必须被其联盟内其面向的足够的相关公众所知晓,也可只在联盟的某个国家的部分地区被广泛认知。

》》启示

本案讨论了对声誉的理解,有声誉的商标和驰名商标相比应该获得不同程度的保护。在我国,有驰名商标、声誉商标、著名商标、中国名牌等不同称谓,其保护的法律依据、认定主体、认定标准、保护程度各不相同又存在着模糊之处。例如,2012年年底全国人大常委会一读公布的《商标法修正案(草案)》第14条规定,驰名商标应当在商标注册、评审、管理等行政处理程序和商标民事纠纷诉讼程序中,根据案件当事人的请求进行认定。商标局和商评委认定驰名商标遵循行政裁定程序,人民法院认定驰名商标遵循民事审判程序,且商标局和商评委的认定不是终局裁定,仍要接受司法监督。[①] 关于著名商标的认定,大部分省市制定了相应办法,需要相关企业主动申请。中国品牌的评价机构是中国名牌战略推进委员会,由国家质检总局监督和管理,根据《中国名牌产品管理办法》规定的相关条件进行审核。[②] 而对于知名商标,《反不正当竞争法》第5条第2款规定,擅自使用知名商品特有的名称、包装、装潢,或者使用与知名商品近似的名称、包装、装潢,造成和他人的知名商品相混淆,使购买者误认为是该知名商品的,构成不正当竞争行为。

各个称谓虽有不同,但存在交叉,关键是给予每一种类型的商标怎样程度的保护。通用案就是围绕"Well-known Marks(驰名商标)"和"Marks with a Repulation(具有声誉的商标)"展开的,虽然驰名商标未有明确的定义,但商标具有的声誉不要求具备驰名商标所具有的知名度。判断一个商标具有声誉需要具体的评判标准。判决指出,声誉商标从该商标声誉中获利要满足以下两个条件:第一,处在争议中的两类产品所面向的公众都要知晓该商标;第二,在先注册商标必须具有一定声誉,这样顾客看到争议的商标,会立即联想到在先注册的商标,并且在两者间建立某种联系。我国现阶段立法和实务中并没有声誉商标的概念,但是著名商标、知名商标等在一定程度上都属于是具备声誉的标志。

加强商标保护的力度是我国市场经济发展的需要,但是过多的称谓会导致保护的混乱,造成消费者的盲目追随,最终有损我国的品牌战略和企业的长远发

---

① 参见《商标法(修订草案征求意见稿)》第14条。
② 参见《中国名牌产品管理办法》第5、6、7条。

展。提高认定的标准,减少认定的数量,明确认定的类型应属当下之实务。在认定及保护驰名商标、著名商标的过程中,需要明确驰名与著名的界限,驰名应该获得更高的保护,著名商标应该获得相比于一般注册商标更高的保护,司法认定、个案认定应该是坚持的原则。

(执笔人:曲彤彤)

商标侵权案件

美国 DAN TANA'S 餐厅商标侵权案混淆可能性的判定

> **导读**
>
> 本案主要涉及如何判断两个相似商标之间是否存在混淆可能性以及如何考量其判定因素的问题。其中,焦点的法律问题在于对《兰哈姆法》第43条(a)款关于混淆可能性规定的解释。

一、案件事实

原告:Dan Tana

被告:Great Concepts 有限公司和 Dantanna's CNN Center

原告 Dan Tana 于 1964 年在加利福尼亚州的西好莱坞开设了意大利风格的餐厅——Dan Tana's。该餐厅以温馨浪漫的环境吸引着好莱坞的名人和业内人士。媒体曾将 Dan Tana's 餐厅称为"好莱坞的传奇热点"以及终极的"低酒精聚会场所",而且该餐厅曾登上大量的报纸、杂志和书籍。"Dan Tana's"这个名字在 20 世纪 70 年代获得了很高的知名度。虽然原告的餐厅享有盛名,但直到 2005 年 6 月它才试图去专利商标局注册"Dan Tana's"这个名称,这时距离它开设该餐厅已经有 41 年了。专利商标局于 2005 年 12 月驳回了其申请,理由是在原告申请的餐厅服务类别上已经有"Dantanna's"这个注册商标。而 Dantanna's 餐厅是一家以海浪和草地为主题的高档体育餐厅,提供现代的美国食品。被告于 2003 年在亚特兰大开设了头两家 Dantanna's 餐厅,2003 年 6 月申请了联邦商标注册,并在 2005 年 3 月获得了"Dantanna's"这一名称的联邦商标注册,称首次使用的时间为 2003 年 9 月 30 日。原告认为,其商标虽没有注册,但由于该商标已具备识别特定商品或服务的功能,因此以在先使用主张自己享有普通法上的商标权,被告在其亚特兰大经营的餐厅上使用并注册"Dantanna's"非法侵犯了该权利。

诉讼请求:原告 Dan Tana 认为,被告违反了《兰哈姆法》第43条(a)款关于商标混淆可能性的规定,请求法院判决被告商标侵权。

二、法院判决

（一）初审判决

佐治亚州地区法院判决：不构成侵权。根据《兰哈姆法》第43条(a)款，原告需要证明混淆的可能性，但根据混淆可能性的判定因素进行考察，本案中原告所提出的证据在法律上无法证明存在混淆的可能性。

（二）二审判决

佐治亚州上诉法院判决：不构成侵权。由于原告没有能提供充分的证据，就原被告的商标之间存在混淆的可能性提出实质上的问题，故而维持原判。

法律依据：《兰哈姆法》第43条(a)款。

三、法律问题及分析

本案涉及的主要问题是被告是否对原告的商标构成侵权，判断的核心要素在于两个相似商标之间是否导致混淆的可能。案件从初审到二审，涉及的核心法律条文为《兰哈姆法》第43条(a)款的规定。

《兰哈姆法》第43条(a)款规定："（1）任何人在商业中，在任何商品或服务上或与之有关方面，或在商品的容器上，使用任何文字、名词、名称、符号或图形，或其组合，或任何虚假的产地标记，对事实的虚假的或误导性描述，或对事实的虚假的或误导性表示，（A）可能引起混淆，或导致误认或欺骗，使人误以为其与他人有附属、联系或联合关系，或者误认为其商品或服务或商业活动来源于他人、由他人赞助或同意，或者（B）在商业广告中，错误表示其本人或他人的商品或服务或商业活动的性质、特征、质量或原产地，该人在任何人认为这种行为已经或可能使其蒙受损害而提起的民事诉讼中，应负有责任。"要初步证明存在第43条(a)款规定的商标侵权的案件，原告必须证明："第一，其就涉案的标识或者名称拥有商标权；第二，被告使用了与其相同或者混淆性相似的标识或者名称，导致消费者可能对两者产生混淆。"[1]然而，在本案中被告承认了原告商标的有效性，而仅就原告商标侵权主张的第二个要素——两个标识之间混淆的可能性提出了异议。因此，法院推定原告就"Dan Tana's"这一名称拥有有效的普通法商标权，转而讨论原告根据《兰哈姆法》提出的诉求的第二个因素，即混淆的可能性。

如前文所述，根据原告的诉讼请求，对被告商标是否构成侵权，其判定的前提要素是原被告两家餐厅的商标是否存在混淆的可能性。商标法上的混淆，只要存在混淆的可能性就构成侵权，并非需要证明真实混淆的存在。这是因为即

---

[1] Lone Star Steakhouse & Saloon, Inc. v. Longhorn Steaks, Inc., 106 F. 3d 355, 358 (11th Cir. 1997).

使没有发生真正的混淆,消费者也会误以为原被告双方提供的是同一种商品或服务或者双方的商品或服务上有某种联系,这将可能误导、欺骗消费者。从违法预防的角度,具有混淆可能性就会认定被告的行为具有违法性,会侵害消费者的利益,构成侵权。

(一) 对混淆可能性的判定因素

在评价两个商标之间是否存在混淆的可能性时,法院采用了多要素的判断标准,对以下七个要素进行评判:第一,诉称被侵权商标的强度;第二,诉称侵权商标与被侵权商标之间的相似程度;第三,带有两个商标的商品或者服务之间的相似程度;第四,两者所采用的销售方式之间的相似程度,如其销售途径和消费者群体;第五,广告方式之间的相似程度;第六,被诉侵权者是否具有利用竞争者商誉的意图;第七,在消费者群体中是否存在实际混淆以及实际混淆的程度。这七个要素中任何一个都不具有决定性,需要综合考虑,而综合考虑也并非几个因素的简单叠加,必须权衡各因素对混淆认定的比重有多大,是否具有实质性的影响。事实上,某个因素的认定结果会对其他特定因素的认定结果产生影响,而总体认定结果与各个因素的认定结果之间也会产生交互影响,少数几个核心因素就能决定认定结果进而制约其他因素的作用,个别具有很高权重之因素的认定结果对总体认定结果的影响力甚至会超出其他所有因素的总和。①

1. 对商标强度以及商标相似程度的评判

商标强度即商标的显著性,如果一个商标能够防止消费者在选购时发生混淆,那么这个商标在某种程度上必须是可识别的并且与其他商标相区别。② 法院将显著性分为四类,按照强度由弱到强,分别为:"第一类:通用标识,说明了商品或者服务的本质属性;第二类:描述性标识,表明商品或者服务的特征或质量;第三类:暗示性标识,说明商品或者服务的特征,且需要消费者通过一定的想象才能理解其所描述的含义;第四类:任意性或者臆造性标识,与产品或者服务之间没有联系,是显著性最强的商标类别。"③在上述四类商标中,通用标识一般不能获得商标保护,无法根据《兰哈姆法》被注册为商标;第三类暗示性标识以及第四类任意性或臆造型标识被视为具有内在显著性,因为其内在属性可以用来区分商品的特定来源,通常可以获得商标保护;而对于描述性标识来说,虽然其没有内在的显著性,但可以通过获得"第二含义"而拥有足够的显著性以获得商标保护。如何判断描述性标识是否获得第二含义,美国法院给出了以下评判

---

① 参见彭学龙:《论"混淆可能性"——兼评〈中华人民共和国商标法修改草稿〉(征求意见稿)》,载《法律科学(西北政法大学学报)》2008年第1期。
② 参见〔美〕米勒、戴维斯:《知识产权法:专利、商标和著作权》(第三版),法律出版社2004年版,第164页。
③ Gift of Learning Found., Inc. v. TGC, Inc., 329 F.3d 792, 797—98 (11th Cir. 2003).

依据:"如果在消费公众脑海中,一个名字的首要含义不是商品而是制造者,那么这个名字就获得了第二含义"[①]。也就是说,一个具有描述性标识在商品或服务上经长期使用或宣传推广后,消费者已逐渐将其与特定的商品或服务相联系,而不仅只是在描述商品或服务时,该描述性标识便具有第二含义。

本案中,原告主张因为其商标来源于其全名,而不是单独的名或者姓,所以这是一个具有内在显著性的强商标。但是,法院对此并不认同:虽然有些全名确实是独一无二的,但大多数的全名由不同团体和不同市场上的无数个人所有。名字,包括姓和名,被视为描述性术语,因此要求就名字获得联邦商标权的人必须证明该名字已经获得了第二含义。[②] Dan Tana's 餐厅是以原告的姓名命名的,所以仅仅是一个描述性标识,其强度取决于其第二含义的证明。

在评判第二含义时,需要考虑以下四个要素:(1) 名字所使用的时间和性质;(2) 对该名字的广告和促销活动的性质和范围;(3) 权利人在其名字和其营业之间有意识地建立联系的努力;(4) 公众实际的认知程度和该名字指代权利人的产品或者服务的程度。[③] 考虑到原告持续在西好莱坞的同一社区使用同一商标长达40年,而且有其在好莱坞的重要出版物获得了报道的证据,Dan Tana's 可能在洛杉矶已经获得了第二含义。然而,这里需要进一步讨论的是原告的商标是否在洛杉矶以外有足够的强度,使得对在亚特兰大的 Danntanna's 餐厅的消费者也会产生混淆的可能性。对此,法院认为,原告并没有在全国范围内,至少没有在亚特兰大进行广告宣传,即使原告的餐厅名称曾出现于全国性的出版物中,但这并不必然构成原告努力在全国公众的脑海中将它的名字 Dan Tana's 和其餐厅有意识地联系起来的书面证据。

由于原告没能证明"Dan Tana's"这个名字具有了全国范围的第二含义,也就不足以证明其就餐厅服务业拥有一个强显著性的商标而导致亚特兰大的消费者具有混淆的可能性。故原告的商标并不满足第一个要素,即不是具有强显著性的商标。考虑到侵权诉讼中原告的商标是个显著性较弱的商标,即使原被告的商标之间具有相似性也几乎不能为原告证明混淆的可能性加分。这是因为,对于没有获得第二含义的描述性商标,任何一名商事主体都可以用它来对自己生产或销售的产品或服务的质量、特征、成分进行描述,以商标近似来判断是否有导致混淆的可能根本没有意义。故不满足第二要素,即商标的相似程度。

2. 对商品或服务的相似程度以及销售方式的相似程度的评判

尽管双方标识字面相似,但各自产品和服务的对比是重要的证据。两家餐

[①] Welding Servs., Inc. v. Forman, 509 F.3d 1351, 1358 (11th Cir. 2007).
[②] See Perini Corp. v. Perini Constr., Inc., 915 F.2d 121, 125 (4th Cir. 1990); 815 Tonawanda St. Corp. v. Fay's Drug Co., Inc., 842 F.2d 643, 648 (2d Cir. 1988).
[③] See Welding Servs., 509 F.3d at 1358.

厅唯一明显的共同之处在于它们都是供应肉和鱼的高级餐厅,可是所提供的商品和服务明显不相似,证明消费者不可能混淆两家餐厅。Dan Tana's 餐厅是一家老式的意大利餐厅,其氛围是舒适、亲密、浪漫的,专为好莱坞的精英提供服务。而与此相对的,亚特兰大的 Dantanna's 餐厅是一家高级的运动餐厅,针对体育迷,提供美式菜肴。从上述描写中可知,双方餐厅之间的明显不同也证明了其消费者是不同的,这也是双方实际销售方式不同的反映。

3. 对广告方式的相似程度的评判

双方对各自的餐厅的宣传方式也有所差异。原告承认,除了维持一个网站以外,其仅依赖免费的宣传活动推广其餐厅。相反,被告既维持网站,又在各种体育活动以及地方和全国性的出版物上购买广告。因此,双方在宣传渠道上唯一的相似之处是它们都在互联网上经营网站。但这一相似之处反而排除了混淆,因为两个网站是独立的,相互区别,证明存在两家完全没有关系的商业实体。

4. 对实际混淆程度的评判

消费者群体中的实际混淆在判断混淆的可能性时是最具说服力的证据。在庭审过程中,原告提供的唯一关于实际混淆的证据是 Kenneth McGuire 的一份证词。他是好莱坞的居民,同时也是 Dan Tana's 餐厅的客人。他声称他去亚特兰大时选择在 Dantanna's 餐厅消费,因为这两家餐厅有相似的名字,这使得他相信两家餐厅之间有关联。McGuire 作证说,一进入餐厅,他就讶异于亚特兰大的 Dantanna's 餐厅的招牌和装修,这些跟好莱坞的 Dan Tana's 餐厅非常接近,使得他更相信两家餐厅之间有联系。考虑到有书面证据证明两家餐厅的内部装修、菜单和氛围明显不相似,所以法院认定 McGuire 的证词不可信,因此不具有什么价值。①

从案件看,原告的证据是微不足道的。在考虑实际混淆时,我们不仅要探究它是否存在,还要探究实际混淆的程度。不能因为零星的顾客询问两家餐厅之间是否有关联就推定在消费公众中存在实际的混淆。认定实际混淆的案子需要更多更确凿的证据,如提供证据证明因双方的名字混淆而多次致使他人向错误的一方开具发票;②一方的销售商因混淆错误地询问造成混淆的一方所提供的服务等。③

5. 对是否具有利用竞争者商誉意图的评判

本案中原告坚称,被告采用"Dantanna's"这个名称前就知道 Dan Tana's 餐厅,因为被告餐厅的管理者 Clapp 之前在洛杉矶生活过并且在洛杉矶就职于餐

---

① See 10A Charles Alan Wright, Arthur R. Miller, & Mary Kay Kane, Federal Practice and Procedure § 2727 (3d ed. 2008).
② See Alliance Metals, 222 F.3d at 908.
③ See Conagra, 743 F.2d at 1515.

饮业。虽然根据这个事实可以推论出在加利福尼亚的时候 Clapp 可能见到过 Dan Tana's 餐厅,但这并不能驳倒被告提供的证明其"Dantanna's"商标有一个独立的清白的来源的证据。被告称,"Dantanna's"来源于 Clapp 的两个孩子,Daniel 和 Anna 的名字。Daniel 简称"Dan",将两个名字用"+"号连起来,而"+"号最后变成了字母"t"。同时,Clapp 作证说他直到 2003 年才知道原告的餐厅,这时他已经为餐厅选好了名字并且开始了注册程序。除了原告坚称这个故事是伪造的以外,Clapp 的书面和口头证词没有被任何实际的证据推翻。由上可以看出,原告不能证明被告有令人信服的动机在亚特兰大的餐厅上使用原告的名字,也没有证据证明原告的商标在亚特兰大有第二含义,两家餐厅之间没有竞争关系,而且两家餐厅在食品服务市场中的专营部分也完全不同。最后,若真如被告所称,其将自行创设的名字作为商标,也很难认定故意侵权。

(二)地域因素被纳入混淆可能性的判定因素

上述七个要素作为混淆可能性的评判标准也不是排他的,在具体的案件中,法院可以根据案件事实增加新的考量因素。在本案中,法院就考虑了一个特殊的因素,即双方的经营场所在地理位置上相距甚远。法院认为,与获得了注册的商标不同,未注册的商标受保护的范围与其被知晓的范围应当是一致的,因此,如果根据未注册的商标权提起商标侵权诉讼,双方经营场所相距甚远这一因素应当是要特别加以考虑的。

上文根据混淆可能性的第一个要素判定原告商标强度的同时,已经探讨了地域问题的相关性。正如一个描述性商标获得第二含义表明了显著性强度,商标使用在地域上的相离性可能与对混淆可能性的探讨相关。因为原告希望证明与亚特兰大的一家餐厅之间有混淆的可能性,而原告的餐厅在西好莱坞地区使用商标的事实使法院无法判定该商标存在全国性的第二含义,这使原告只能拥有一个显著性较弱的商标,不可能在亚特兰大导致混淆的可能性。

如果原告仅有一个普通法上的商标权,那么将地域作为考量因素就显得十分重要,因为普通法上的商标权所获得的保护范围仅仅与其被知晓以及其经营的地域范围共存。而注册商标的权利人则享有在全国市场使用其商标的权利,联邦注册使得注册人获得了禁止他人使用导致混淆的相似商标的权利。因此,正如本案的情况一样,根据《兰哈姆法》提起诉讼的原告,如果称自己根据第 43 条(a)款享有普通法上的商标权,能够对抗注册商标,那么就有责任证明其通过在特定地域的实际使用获得了使用该商标的权利。[①] 同时,根据《兰哈姆法》第 7 条的规定,注册构成了注册人在全国范围内使用该商标的推定,所以只有注册之前的实际使用可以产生普通法上的商标权。因此,联邦注册实际上具有了冻

---

① See Emergency One, Inc. v. Am. Fire Eagle Engine Co., 332 F.3d 264, 269 (4th Cir. 2003).

结在先使用人行使商标权的效果,阻止使用人超出现有地域范围扩大其权利。①

相应地,因为被告注册商标时,原告还仅在一处经营 Dan Tana's 餐厅,原告对"Dan Tana's"这个名字的商标权仅限于洛杉矶市场。另外,被告仅在亚特兰大地区经营餐厅,且其他市场的消费者都不知道双方的餐厅。因此,目前双方的餐厅在相互远离的市场共存,根据这样的事实,证明了较小的混淆的可能性。

(三)本案在商标侵权争议上的归纳

将混淆的可能性作为一个整体考虑,除了在最初的名字方面的相似和双方都提供餐饮服务的事实之外,双方餐厅之间存在混淆的可能性的证据微乎其微。判定混淆可能性的要素经衡量都倾向于反映不存在混淆的可能性,甚至一些要素明显地反映出极低的混淆可能性,比如两家餐厅的菜肴和氛围明显不同;没有实质上的证据证明宣传渠道方面的混淆。又鉴于两家餐厅之间实际混淆的证据也是微不足道的,法院并没有认定被告故意使用原告的商标经营。此外,考虑到目前双方使用的市场之间在地理上有非常大的差距,产生混淆的可能性几乎没有。总之,原告没能提出足够的证据,可以据此认定在原被告的商标之间存在混淆的可能性。

综合上述七个要素,可以概括出判断混淆可能性的一般步骤:首先,从外观角度来判断两个商标是否具有相似性,即视觉效果上是否给人以相似感,但如果商标本身不具有内在显著性,那么此因素则不在考量范围内。其次,深入分析双方的服务、宣传、行销等方面的相似程度。再次,判定是否存在真正的混淆,消费者是否在实际上陷入了混淆,如果有混淆,达到了怎样的程度。最后,若没有产生实际混淆,那么结合商标的显著性、商标的独创性、商标的历史发展过程、被告的主观意图、消费者的范围等因素,来判断是否会造成一般消费者或者相关公众对产品来源产生误认或者认为两个商标之下的产品来源存在着某种联系。② 可见,对于混淆可能性的界定,需要对多重因素进行整合,在判断过程中需认知到每个判定因素都是相互联系的,不能将之独立割裂开。同时,对近似商标进行比对时,法院应以普通消费者的角度考虑,双方商标是否会导致混淆的可能。

》 启示

本案主要阐述了美国司法实践中如何判定两个商标之间是否有导致混淆的可能性,有哪些判定因素,以及怎样通过对各种因素的衡量判定混淆可能性的存在。从美国的判例看,判断混淆可能性的因素并非一成不变,而是可以根据不同

---

① See Allard Enters., Inc. v. Advanced Programming Res., Inc., 249 F. 3d 564, 572 (6th Cir. 2001).

② 参见董新中:《"混淆可能性":商标侵权判断之标准》,载《太原师范学院学报(社会科学版)》2012年第5期,第28—34页。

的案件,法官可通过自由裁量权来确定某几个要素作为该案混淆可能性的主要判定因素,可以说这些要素是极具针对性的。在本案中,除了一般会考量的商标、服务、广告方式、销售方式的相似程度以及在消费者群体中的实际混淆等传统判定因素外,因本案涉及美国普通法上对未注册商标的保护,法院还特别考量了地域因素。将恒定的判定因素与变量的判定因素相结合,这种具有弹性的衡量使得判定商标侵权更趋于合理化。

在2013年8月30日修改后的《商标法》的商标侵权的判断标准方面,明确规定了混淆的可能性。具体体现在该法第57条第2项未经商标注册人的许可,在同一种商品上使用与其注册商标相同的商标的,或者在类似商品上使用与其他的商标相同或近似的商标,容易导致混淆的。以上规定虽然为混淆可能性的界定填补了立法上的空白,但是所规定的内容是比较笼统、概括的。纵观本案中美国法院提出对混淆可能性的判断要素,长期的判例实践使这些要素具备了内在逻辑,部分因素已相对固定化。从这个角度看,借鉴美国混淆可能性的判定因素,对于进一步细化和完善我国的《商标法》规定的"混淆可能性"有着重要的意义。

(执笔人:居佳)

美国 TAVERN ON THE GREEN 商标侵权及撤销案①

>> **导读**

本案涉及主要的法律问题是不可争议商标及其例外情况,以及在先权利的保护问题。适用美国《兰哈姆法》第 14 条、第 15 条和第 33 条的规定。在美国,允许在商标侵权诉讼中处理商标权的效力问题,以致撤销相应的商标。而在中国是不允许的,中国需要通过行政程序撤销相应的商标。本案中,原告通过不可争议的商标的例外情况撤销了被告的商标,维护了自身权利。

一、案件事实

原告:纽约市政府(以下简称"纽约市")

被告:Tavern on the Green, L. P., and LeRoy Adventures, Inc.

纽约市拥有坐落于中央公园内近西 67 街的一处房产,该房产自 1934 年就被称作"Tavern on the Green",并于同年被改造为餐厅开始经营。到 1973 年,该餐厅已经享有很高的声誉和知名度。1973 年 12 月 20 日,纽约市与被告签订了关于将"TAVERN-ON-THE-GREEN"作为"餐厅和歌舞表演场所"经营的有期限的许可协议。1973 年协议在 1976 年 7 月 8 日进行了修正(1976 年修正案),经过修正的版本有效期到 1985 年。1973 年协议将授予被告的权利描述为"许可",且在序言中说道:"公园管理方希望为公众提供某种食宿服务和设施,而被许可人希望经营并维持上述服务和设施。"1973 年协议还确立了经营该场所方面的一系列权利和义务。例如,聘用的经理人必须经过纽约市的认可;必须有大量训练有素的服务人员;服务员必须着纽约市批准的制服。

1985 年 5 月 16 日,纽约市与被告签订了一份新的协议(1985 年协议)。1985 年协议是一份"许可协议",序言中的用语与 1973 年协议类似。但与 1973 年协议不同的是,1985 年协议中没有允许被许可人改变许可场所的名字的条款。和 1973 年协议一样,1985 年协议在场所经营方面规定了一系列的权利和义务。例如,纽约市有管理经营的时间和方式的权利;纽约市有随时检查的权利;为招徕顾客而使用的标识和其他手段需要经过纽约市的批准;被告保证销售的食品纯净且有良好的质量;纽约市在许多情况下保留终止许可的权利,包括经

---

① 本案是在商标侵权诉讼中撤销了相应的商标。

营状况令人不满意。纽约市经常以信件和派代表前往的方式行使这些权利,管理经营时间以及可以在"Tavern on the Green"举行的活动。

1978年8月,Warner LeRoy代表合资企业①向美国专利商标局(PTO)申请在餐厅服务上注册"Tavern on the Green"。该申请声称,在商业中首次使用的时间为1976年8月31日,且LeRoy进一步称:"他相信上述合资企业是寻求注册的商标的所有人,在其认知的范围内没有其他个人、公司、企业或者组织有权在商业中使用上述商标或与其相似足以导致混淆、错误或者欺骗的可能或一致的标识。"LeRoy未向PTO披露1973年协议,也没有告知纽约市其申请将"Tavern on the Green"作为商标注册。PTO批准了对该商标进行公告,并于1981年2月17日颁发了公告通知。在没有收到异议的情况下,1981年5月12日"Tavern on the Green"获准注册为服务商标。1986年,被告向PTO提交了一份声明宣誓称该商标自获得许可以来已经连续使用超过五年。PTO接受了这份誓词,该餐厅服务商标因此成了不可争议商标。

诉讼请求:纽约市根据纽约州法律寻求在中央公园的餐厅上使用"Tavern on the Green"这一名称的在先权利,并判决其在餐厅服务上对"Tavern on the Green"这个名字有排他权;纽约市试图以欺诈和虚假暗示与机构之间的联系为理由撤销被告在餐厅服务上的商标注册。

二、法院判决

法院认定,纽约市就"Tavern on the Green"这一名称享有在先权利,批准纽约市提出的动议,因欺诈而撤销了被告的服务商标。

法律依据:美国《兰哈姆法》第14条、第15条和第33条的规定。

三、法律问题及分析

本案主要涉及不可争议的商标及其撤销问题。

在美国,商标的注册只有联邦一级的注册,不存在州一级的商标注册。依据《兰哈姆法》的规定,申请人可以就已经使用的商标申请注册。在这里,申请人是否就已经使用的商标申请联邦的注册,与商标权的获得无关。因为,当商标所有人采纳并在商业中使用了某一商标时,就已经依据普通法自动获得了商标所有权。就普通法来说,商标权的获得与注册或其他行政程序无关。联邦的注册虽然与商标权利的获得无关,但商标所有人却可以由注册而获得一些额外的好

---

① 该合资企业由被告LeRoy Adventures, Inc.和Hardwicke's Tavern L. P.组成。1986年,合资企业将该商标的利益转让给被告LeRoy Adventures, Inc.,而LeRoy Adventures, Inc.1997年又将这些权利转让给被告Tavern on the Green, L. P.

处。例如,依据《兰哈姆法》第 15 条①,商标在获准注册五年以后,除了在某些法定的情况下,权利人享有"不可争议的权利",即他的权利不受他人的挑战,②但也有例外情况,如法定的可以撤销不可争议的商标的情形主要表现为:侵犯他人的在先权利、欺诈以及虚假暗示与机构之间的联系等。这些规定在《兰哈姆法》第 14 条③和第 33 条④中。

(一) 被告"不可争议"的餐厅服务商标

被告主张根据《兰哈姆法》第 15 条,其商标是"不可争议"的,而且其有权称其对该餐厅服务商标有排他性的权利,有权要求获得禁令禁止纽约市使用"Tavern on the Green"作为商号。由于被告提交了证明称其已经连续使用该餐厅服务商标长于五年,该商标应该是不可争议的,除非可以适用法定的例外。

纽约市主张本案可以适用三项不可争议性的法定例外。首先,纽约市主张被告的餐厅服务商标侵犯了纽约市根据纽约州法律对"Tavern on the Green"这一商业名称享有的在先权利。其次,纽约市主张被告服务商标注册的取得采取了欺诈的方式,而这一点是《兰哈姆法》第 14 条第 3 款规定的撤销的理由。最

---

① 《兰哈姆法》第 15 条规定:(在某些条件下使用标章之权利所具之对抗效力)注册后五年间继续在商业上使用注册标章于指定之商品或服务上且现仍在使用者,除具有本法第 14 条第 3 及 5 项规定之事由而得申请撤销外,或除使用在主要注册簿之注册标章,会侵害于该标章依本法注册公告以前即已继续使用并取得依任何州或领域之法律所赋予使用权利之其他标章或商号名称外,其使用该注册标章于商品或服务之权利具有对抗力,但须具备下列之条件:……。

② 参见李明德:《美国知识产权法》,法律出版社 2003 年版,第 291—292 页。

③ 《兰哈姆法》第 14 条规定:(注册之撤销)任何人认为依本法或 1881 年 3 月 3 日之法律或 1905 年 2 月 20 日之法律将标章注册于主要注册簿上,致受有损害或将有受损害之虞,并符合下列规定者,得检具理由,缴交规费申请撤销该注册:……(3) 注册之标章,已成为一部或全部商品或服务之普通名称,或已被放弃,抑或其注册因以欺诈之方法而取得或违反本法有关注册之第 4 条,第 2 条(a)、(b)或(c)项之规定,或违反旧法有关注册之类似禁止规定,或注册标章因注册人或经其允许之人之使用,其方式足使使用该标章之商品或服务之出处发生混淆误认者,其撤销申请得于任何日予提出。如注册之标章成为部分商品或服务之普通名称,较其注册时所指定使用之商品或服务范围为小,则仅可申请撤销就该部分商品或服务之注册,不得仅因该标章亦为一特殊商品或服务之名称或可供识别该特殊商品或服务,即谓该注册标章为该商品或服务之普通名称,于决定该注册标章是否已成为使用该标章之商品或服务之普通名称,应就使用注册标章对相关大众之主要意义而非购买者之动机而定。……(5) 如证明标章注册人(A) 对于证明标章之使用未为监督或未能适法地行使监督使用该标章之权限;或(B) 从事于使用该证明标章之商品或服务之制造或销售;(C) 允许使用证明标章作证明以外之使用;或(D) 差别地拒绝证明合乎该标章所证明之规格或条件者之商品或服务者,则任何时日均得提出申请。但联邦贸易委员会亦得依据本条第 3 及 5 项所列举之理由,申请撤销依本法登记于主要注册簿之注册标章。此时不须缴付规定费用。

④ 《兰哈姆法》第 33 条规定:……(b) 标章具对抗力之决定性证据及抗辩使用注册标章之权利依本法第 15 条之规定已具有对抗效力者,其注册得为证明注册之标章为有效且经注册,及其注册人有于商业上使用注册标章之专用权之决定性证据。前述决定性证据应有关于商业上排他地使用标章于依第 15 条所提出宣誓书所指定之商品及服务上之权利,或使用标章于依第 9 条所提出之延展申请书所指定之商品及服务上之专用权,如所列之商品或服务项目较少者,则依该申请书以决定,其范围则依注册证上之限制或宣誓书或延展申请书所载而定。前述关于使用注册标章之决定性证据得用以证明依第 32 条定义之侵害但下列之抗辩或瑕疵得推翻之。(1) 因诈欺取得注册或有对抗效力之使用标章权利者。……(3) 注册人或与其有密切关系者或经其许可之人,以使注册标章指定之商品或服务之来源发生错误之表示方法,使用注册标章者。

后,纽约市声称该餐厅服务商标错误地暗示了与机构的联系,这一点是《兰哈姆法》第14条第3款和第2条(a)款①规定的撤销的理由。

(二)纽约市的抗辩

1. 纽约市对在先权利的主张

为了证明纽约市对"Tavern on the Green"的商业名称有在先权利,无可争议的事实必须证明纽约市根据纽约州法律已经通过在被告1981年获得注册之前的连续使用获得了一项有效的权利。②

(1) 纽约市的在先使用

第二巡回上诉法院已经指出:"纽约州反不正当竞争法包括了对未注册商业名称或者商标的侵权主张。"③为了证明对商业名称拥有可保护的权利,纽约市必须提供不可争议的事实证明被告不正当地试图利用他人在该商业名称中所创造的商誉。④ 在关于Fraunces Tavern这一名称的争议中,纽约上诉法院认为场所的出租人在18世纪以来就以该名字闻名,其对该名字享有的权利优先于承租人注册的服务商标,因为没有出租人的同意,承租人根本不可能开始使用这个名字。⑤ 租约要求承租人以Fraunces Tavern Restaurant的名字经营,除非出租人以书面形式同意其使用其他名字,并且规定在租约到期后承租人无权继续使用该名称。⑥ 因此,虽然承租人在出租场所经营餐厅多年并向PTO申请在餐厅服务上注册了"Fraunces Tavern"服务商标,法院认定出租人享有长久以来与出租场所相联系的名称的在先权利。⑦

纽约市提供了压倒性的证据,证明其对中央公园的餐厅的名字享有在先权利。与Norden Restaurant Corp.案中的许可协议一样,关于被告在坐落于中央公

---

① 《兰哈姆法》第2条规定:(得注册于主要注册簿之商标)若申请人使用商标足使其使用于指定之商品时能与他人之商品相区别者,除有下列情形外,不得因商标之性质而拒绝其注册于主要注册簿:(a) 该商标之内容包含不道德、欺罔或诽谤之情事或由该等事项所组成者,或诋毁现在尚生存之人或已死亡之人、机构、信仰或国家象征,或使人对上述人事引起错误之联想、轻蔑或妨害其名誉者。……

② See 15 U.S.C. § 1065; Cuban Cigar Brands N.V. v. Upmann Int'l, Inc., 457 F. Supp. 109), 1100 & n. 43 (S.D.N.Y. 1978) (Weinfeld, J.);("要落入本条规定的例外的范围,一方必须证明(1) 其对商标的使用必须早于相对商标的注册和公告;且(2) 开始后使用必须是连续的。")(See Casual Corner Assocs., Inc. v. Casual Stores of Nev., Inc., 493 F.2d 709 (9th Cir. 1974)).

③ 815 Tonawanda St. Corp. v. Fay's Drug Co., Inc., 842 F.2d 643, 649 (2d Cir. 1988).

④ Ibid. See also Allied Maint. Corp. v. Allied Mech. Trades, Inc., 42 N.Y.2d 538, 542 & n. 2, 399 N.Y.S.2d 628, 369 N.E.2d 1162 (1977).

⑤ See Norden Rest. Corp. v. Sons of the Revol. in the State of N.Y., 51 N.Y.2d 518, 522—23, 434 N.Y.S.2d 967, 415 N.E.2d 956 (1980), cert. denied, 454 U.S. 825, 102 S.Ct. 115, 70 L.Ed.2d 100 (1981).

⑥ Ibid.

⑦ 这与纽约州的传统观点一致,即一个公共建筑的名字的权利和商誉与该建筑共存。See e.g. Shubert v. Columbia Pictures Corp., 189 Misc. 734, 739, 72 N.Y.S.2d 851 (N.Y. Sup. Ct. 1947). ("一个公共建筑的商誉,如戏院和旅馆,与该建筑共存,且该商誉随着建筑的出租传递给承租人,即使是首先使用人也不能隔开这种传递。"), aff'd, 274 A.D. 751, 80 N.Y.S.2d 724 (1st Dep't 1948).

园的名为"Tavern on the Green"的地方经营餐厅的1973年协议要求被告在获得了纽约市的同意后才可以改变餐厅的名字。1973年协议也含有关于纽约市对餐厅进行监督的规定,而且1976年修正案要求纽约市考虑被告使得"Tavern on the Green"更加成功的贡献而作出后续的许可。该协议中没有任何关于被告使用"Tavern on the Green"这一名称的权利的具体规定,但是这本身与协议承认纽约市对餐厅及其名字享有权利并不矛盾。证据表明纽约市在被告使用并注册前三十五年多就建立了该餐厅。纽约市对名字以及每任经营者进行选择,为确保该餐厅的成功作出了巨大投入,因此在公众心目中,"Tavern on the Green"这个名字是与坐落于纽约中央公园由纽约市所有的建筑紧密关联的。

被告以第九巡回上诉法院对Department of Parks v. Bazaar del Mundo Inc.案①的判决为依据。但是,Bazaar案并没有根据纽约州法讨论在先权利的问题,而且该案的事实明显与本案不同。最重要的是,主张对"Casa de Pico"和"Casa de Bandini"两个名字在餐厅服务上享有在先权利的加利福尼亚州在1971年与Bazaar del Mundo签订协议经营墨西哥风格的购物广场之前,仅仅在其以这两个名字命名的历史建筑上使用了这两个名字,用于商铺和旅游推广。② 1981年,双方执行了一个补充协议,该协议要求Bazaar del Mundo建立"Casa de Pico"和"Casa de Bandini"餐厅。③ 但是,当时Bazaar del Mundo已经用这两个名字经营餐厅了。④ 加利福尼亚州之前没有将其建筑用作餐厅,且协议只在被许可人用这些名字建立了餐厅之后才提到"Casa de Pico"和"Casa de Bandini"餐厅。

因为无可争议的事实证明纽约市从1934年起就在纽约中央公园内建立并持续经营了以"Tavern on the Green"为名字的餐厅,根据纽约州法律纽约市对该名字享有可保护的利益。

(2) 纽约市的连续使用

无可争议的事实同样表明在被告注册餐厅服务商标前很长时间纽约市就开始了连续的使用。⑤ 法院已经认定连续使用要求未经重要中断的持续性使用。⑥ 纽约市于1934年建立了"Tavern on the Green"餐厅,这点不存在争议。无可争议的证据也表明该餐厅自此以后就一直经营,除了为了翻新进行的几次临时性歇业。最近一次翻新从1974年持续到1976年,在被告许可期限的开始。被告

---

① See Department of Parks and Recreation v. Bazaar del Mundo Inc., 448 F.3d 1118(9th Cir. 2006).
② Ibid., 448 F.3d at 1121—22.
③ Ibid.
④ Ibid.
⑤ See 15 U.S.C. § 1065.
⑥ See Pilates, Inc., 120 F. Supp. 2d at 311—12(citing Dial-A-Mattress Operating Corp. v. Mattress Madness, Inc., 841 F. Supp. 1339, 1354 (E.D.N.Y.1994)). See also Cuban Cigar Brands, 457 F. Supp. at 1100 & n. 43.

主张歇业翻新打断了纽约市的连续使用。但是，被告没能举出任何一个案例认为为翻新而临时性关闭打断对商业名称的连续使用。翻新通常表明有继续经营的意图，这一点在1973年协议中通过考虑将翻新从前一任被许可人转到被告也可以得到证明。纽约市已经确立了连续使用，早在被告于1981年注册该商标之前三十五年之多。因此，对纽约市而言，被告餐厅服务上的商标注册并不是不可争议的。根据纽约州法，纽约市对其中央公园内的历史性餐厅所使用的"Tavern on the Green"的名字享有在先权利。

2. 被告在商标申请过程中存在欺诈

对纽约市提出的以欺诈为由撤销被告服务商标注册的动议，双方都要求获得即席判决。欺诈的证明标准是明确并具有说服力的证据。①

撤销申请要获得批准，纽约市必须证明虚假陈述"表明了'误导PTO的故意意图'"，并且"是重大事实方面的——会影响PTO对该申请的处理"。② 申请人向PTO作出的承诺必须反映毫不含糊的坦诚。③ 在商标申请中故意忽略关于他人使用所申请商标的权利方面的某些信息可以作为撤销该商标的理由。④

纽约市主张LeRoy在餐厅服务上注册"Tavern on the Green"的申请中包含故意的虚假陈述和遗漏。该申请主张该商标首次使用至少在1976年8月31日（申请书中的宣誓内容第1页）。但是，LeRoy未向PTO披露1973年协议。LeRoy是1973年协议的签署人。该协议将对被告的授权描述为许可，要求在获得纽约市许可的条件下才能更改餐厅的名称，并含有允许纽约市监督经营的条款。

事实证明，通过1973年协议LeRoy明知纽约市有使用该名称的权利，并且知道他的合资企业仅仅是一个被许可人，有从前任经营者处接手的经营权。LeRoy也知道原告首先在商业上在中央公园67号街附近的餐厅上使用"Tavern on the Green"的名字要远远早于被告获得许可的时间。因此，LeRoy故意在注册申请中虚假陈述了首次使用的时间。从事实中可以进一步推论，LeRoy试图通过声称其认为他的合资企业拥有该商标且在其认知的范围内没有其他个人、公司、企业或者组织有权在商业中使用上述商标而误导PTO。这些虚假陈述，以及LeRoy未能披露1973年协议直接导致了LeRoy获得了注册的权利，其目的在于影响PTO对申请的处理。无可争议的事实表明，LeRoy在PTO面前没有做到毫

---

① See Ushodaya Enters., Ltd. v. V. R. S. Int'l, Inc., 63 F. Supp. 2d 329, 335 (S. D. N. Y. 1999).
② See Orient Express Trading Co., Ltd. v. Federated Dep't Stores, Inc., 842 F. 2d 650, 653 (2d Cir. 1988) (citations omitted).
③ Ibid.
④ See Angel Flight of Ga., Inc. v. Angel Flight Am., Inc., 522 F. 3d 1200, 1210—11 (11th Cir. 2008) (故意不披露他人使用相同或近似商标的权利可能构成重大的疏漏而成为撤销商标的理由)。

不含糊的坦诚,而是故意进行了虚假陈述,并忽略了影响 PTO 进行商标注册的决定的信息。因此,无可争议的事实证明了 LeRoy 在其作为"Tavern on the Green"的被许可人的地位方面故意试图误导 PTO,因而其餐厅服务商标必须被撤销。

启示

该案涉及商标侵权诉讼中的撤销问题。在美国,联邦注册商标经过连续五年的使用后,就成为不可争议商标,但是也有例外情况,比如侵犯他人的在先权利、欺诈以及虚假暗示与机构之间的联系等。在这些情况下,权利人主张撤销该商标没有时间限制。本案中,原告就是通过上述几种情况撤销了被告的不可争议的商标。中国也有不可争议商标的制度,主要规定在第三次修改后的《商标法》第 45 条中,要成为不可争议商标,需要注册满五年,若是该商标侵犯了他人的在先权利等,商标所有人或利害关系人五年内可以请求商标评审委员会宣告该注册商标无效。对恶意注册的,驰名商标所有人不受五年的时间限制。与美国不同的是,中国是注册经过五年,美国是经过连续五年的使用;同时,在中国经过五年之后,只有驰名商标所有人对恶意注册的不受五年的时间限制,而美国只要注册人有欺诈等恶意,权利人可以随时主张撤销该商标,没有时间限制。

要撤销一个注册商标,美国允许在商标侵权诉讼中处理商标权的效力问题,依据是《兰哈姆法》第 37 条[①];在中国则是不允许的。在中国,如果注册无效的请求发生在商标侵权纠纷案件中,受理法院并不对商标权效力进行审查,请求人应当另向商标评审机构请求撤销涉案注册商标。[②] 这需要经过行政程序。这是两国商标法在撤销程序方面的重要差别。在完善中国的商标立法中,也可考虑在诉讼中解决商标的效力问题,这样既可以减轻维权人的诉讼负担,又可以提高诉讼效率。

(执笔人:袁珊)

[①] 《兰哈姆法》第 37 条规定:任何有关商标注册之诉讼,法院得决定诉讼之一造关于注册之权限,命令撤销其注册之全部或一部,恢复已被撤销注册之商标,或修正注册簿上所载有关注册之情事。经法院认证之裁判和命令应发给局长,局长需依命令于专利商标局记录上为适当之登记并受法院监督。

[②] 参见吴汉东主编:《知识产权法》,中国政法大学出版社 2009 年版,第 295 页。

英国 WAGAMAMA 商标侵权和假冒案

>> **导读**

本案是一起注册商标侵权和假冒的诉讼案件。主要的法律问题是"与商标相联系的可能性"的认定问题。本案中,法院通过最终审查,认定被告存在商标侵权和假冒,原告胜诉。适用的法律是1994年《英国商标法》第10条第1、2款。

一、案件事实

原告:WAGAMAMA Ltd

被告:City Centre Restaurants Plc and Another

原告 WAGAMAMA 有限公司,拥有并经营着一家名为 WAGAMAMA 的餐馆,同时拥有三个注册商标。每个商标都是由 WAGAMAMA 组成,分别登记在第32、33和42类商品和服务上,并涵盖了餐馆服务、车上饮食服务、啤酒、酒精类和非酒精类饮料、矿泉水。此案没有涉及具体商品的注册范围,也没有涉及注册的有效性。

常务董事 Alan Takwai Yau 拥有原告公司的绝大多数股份。他从香港来英国,决定开设一家融合日本料理和西方健康餐饮理念的餐馆。这家餐馆物美价廉。1992年4月,WAGAMAMA 餐馆在伦敦 WC1 地区 Streatham 大街开业了。它被 Yau 先生称为日式面馆。餐馆装饰很简约,内部有朴素的长桌以及长椅供顾客就餐。

餐馆取名字过程如下:1989年 Yau 先生的姐姐有一个日本室友,Yau 先生不懂日语,但日本来宾使用过"WAGAMAMA"这个词,他记住了它,并在后来发现是自私、任性的意思,他认为这个词适合他的餐馆。WAGAMAMA 这个词对绝大多数英国人没有意义,双方当事人对此没有异议。WAGAMAMA 非常成功。原告很少打广告,三年仅花了 24,000 英镑,但餐馆仍声名远扬。餐馆受到大量的媒体报道,且大多是正面的。它曾被刊登在诸多不同的出版物上,包括 *Homes & Gardens*、*Evening Standard Magazine*、*The Times*、*London Student*、*City Limits*、*Time Out*、*The Daily Telegraph*、*Tatler*、*Cosmopolitan*、*The Independent*、*The Guardian*、*The Sunday Times* 等等。WAGAMAMA 在一些电视节目中也作过专题。餐馆还被授予了许多荣誉,包括1992年的"The Independent Restaurant of the Year"以及1993年的"The Time Out Budget Meal of the Year"。顾客愿意排到大街上,等待长达半个小时以获得空位,WAGAMAMA 的成功可见一斑。

原告还于 1994 年 11 月出版了名为"WAGAMAMA:The Way of the Noodle"的书籍,当中大约七千本不仅卖给全英国的人,还卖给来自欧洲或其他更远地方的人。原告还出售印有餐馆名字的 T 恤衫,每周能卖出大约一百件。毫无疑问,原告对"WAGAMAMA"标志拥有非凡的声誉,至少经营价廉的日式面馆是这样。有了第一家餐馆的巨大成功,位于伦敦市中心的第二家更大的分店也在筹备中。"WAGAMAMA"的声誉不仅吸引了顾客,也引来了商人,一些人请求加盟特许经营。

被告同样从事餐馆经营,被告或其全资子公司经营了许多连锁餐馆。这些餐馆以如下商号运作:Adams Rib、Filling Stations、Nacho's Mexican Restaurants、Garfunkel's Restaurants、Chiquito's Mexican Restaurants、Caffe Uno and Deep Pan Pizza。截止到 1993 年 12 月 31 日,被告公开的账册上有超过九千五百万英镑的营业额以及一千二百五十万英镑的税前盈利。它准备在 1994 年开设 10 家新餐馆,直至未来几年后达到每年新开 20 家。

1993 年后期,被告决定发展另一个品牌的连锁餐馆。用被告证人的话形容,这是一个拥有印度装饰和食物的美国主题餐馆。代表原告的 Fysh 先生这样描述,最近一位富裕慈善的美国人曾参观过一家印度式服务的主题俱乐部,而这家餐馆的装饰风格就能产生类似的氛围。最终以"RAJAMAMA"作为连锁餐馆的名字,第一家餐馆于 1995 年 4 月底开张。

被告餐馆开张的报道约于 1995 年 4 月 7 日出现在媒体上。4 月 18 日,原告诉前的信函寄出,4 月 21 日遭到被告的拒绝后,原告在 4 月 26 日提交了一份单方面救济申请。令状在同一天发布。原告还提交了一份寻求临时充分救济的动议通知。然而,看见被告的证据并意识到对损失将承担交叉承诺的风险后,原告不再追求该救济,转而寻求快速审理。包括对证人交叉质证的庭审发生在七月中旬。当审理开始时,被告的餐馆运行了不到三个月。法庭上没有证据证明它目前吸引了多少顾客,以及它可能已经实施的广告的范围。令状发布的时候,被告使用的名字是"RAJAMAMA"。然而,由于开始此诉讼且回应临时救济的申请,被告决定改变餐馆的招牌和菜单,因此其现在的商标名变为"RAJA MAMA's",被告打算继续使用这个名字。

诉讼请求:原告认为,无论被告使用"RAJAMAMA"还是"RAJA MAMA's",都构成对注册商标的侵权以及假冒。

二、法院判决

法院认定,以混淆的可能性为基础的商标侵权和假冒已确立。原告胜诉。

法律依据:1994 年《英国商标法》第 10 条第 1、2 款。

三、法律问题及分析

本案的争议焦点是"与商标相联系的可能性"的认定问题。传统侵权认为联系的可能性包括来源的联系,而比荷卢经济联盟国认为联系的可能性包括来源的联系与非来源的联系。原告据此认为,1988 年《一号指令》中的"联系的可能性"即按照比荷卢三国的法律规定包括来源的联系与非来源的联系。本案中法官通过分析,认为英国商标法中的联系的可能性只包括来源的联系,而 1988 年《一号指令》也并未明确规定联系的可能性包括来源的联系与非来源的联系。原告获胜是基于传统侵权即混淆的可能性。

(一)商标侵权

法院认为,既然原告提出的关于解释的观点都是不可接受的,那就需要从首要原则出发来处理《一号指令》和 1994 年《英国商标法》。

商标的传统功能是鉴别商品或服务的来源。在 Deutsche Renault AG v. Audi AG 案[①]中,法院已将商标的基本功能扩大到关于来源的联想。该案中法院指出,商标权的主旨在于保护商标所有者免遭混淆的风险,如禁止第三人非法利用商标所有者的商品的声誉。[②]

《一号指令》第 5 条和 1994 年《英国商标法》第 10 条第 2 款存在两种可能的解释。商标权利人针对涉嫌侵权者的权利可能被限制于传统侵权,这种侵权包括来源的联系,或者遵循比荷卢三国的立法路线,不仅涵盖传统侵权,还包括非来源的里纳西。法官认为,第一种解释更应该被采信。如果接受了侵权的广义范围,《一号指令》及 1994 年《英国商标法》将创立一种不涉及商标权利人的贸易而仅在于商标本身的崭新垄断模式。这种垄断将会过度保护商标权。在《一号指令》(或 1994 年《英国商标法》)的法条中,法官没有发现任何内容可以使他形成这就是其目的的推定。相反,《一号指令》的序言似乎指向了相反的方向,因为它规定"注册商标提供的保护,是保证商标作为来源的象征"。这种商标权的扩张也不存在商业上的正当性。将与商标联系的可能性扩张到非来源的联系,这样做会大大地扩大商标权利,从而大大地限制商人的竞争自由,法官认为,这种扩展应该是被清晰、明确地规定。事实上,因为没有使用这样清晰、明确的措辞,应当认为《一号指令》及 1994 年《英国商标法》的条款和传统侵权范围是一致的。因此,法院不能在此问题上遵循比荷卢三国法院采用的立法路线。如果原告要在其商标侵权案件中胜诉,它必须基于传统侵权即混淆的可能性。

---

① See [1995] F. S. R. 738.
② See Centrafarm v. Winthrop and HAG II.

关于被告是否构成侵权,正如上面指出的,诉讼开始时,被告正在使用"RAJAMAMA"的标志。临时救济申请提交之后,被告改为使用"RAJA MAMA's"。原告认为,两种标志都侵犯了其权利。被告则认为都不侵权,退一步说即使"RAJAMAMA"侵权,"RAJA MAMA's"也不侵权。

Jacob 法官陈述了法院基于《英国商标法》第 10 条应采用的认定侵权的方法:①

《英国商标法》第 10 条以原告的商标正在被使用或即将开始使用为前提。法院需假定,原告的商标是在注册范围内正常、合理地在商品上使用,然后评估被告使用其标志方式所产生的混淆的可能性,去除外部的附加因素和情况,比照两个标志。

法官采用了其自己对商标的评估,包括商标的特质、发音、外观或意义。尽管侵权问题最终由法官作出决定,但在评定商标时他必须考虑商标对消费者产生的效果。消费者的想法也是不同的。因此,法院有时会听取证人的证词,证人会帮助他评定特定市场上解读商标的不同方法以及商标的视觉、语音效果。考虑侵权时,也需记住不完全记忆理论对特定目标市场中部分成员可能产生的影响。

此案中被告作出了让步,同意原告的商标完全是臆造的,对市场的所有人都是无意义的。尽管商标中包含了字母"MAMA",但对大多数人来说,它并不一定表达了"妈妈"的概念。被告没有提出别的建议,只是认为它是一个具有内部发音节奏的奇怪的单词。被告认为其商标,特别是"RAJA MAMA's",传达了一个描述性的意思。字母"RAJA"意指"统治"——这是印度语,"MAMA"传达了母亲或美国的内涵。此外,被告认为,因为当看见商标时就会认为其商标是由可识别的两部分组成,所以它很自然地被理解为两个单词,至少"RAJA MAMA's"是这样的。因为被告的两个版本的商标都传达了一个意思,所以原告和被告的商标所传达的理念是不同。法官也注意到了商标的第一个音节的不同,在 Kerly《商标与商号的法律》(第 12 版)第十七章第二节中建议,当判定商标相似时,第一个音节尤其重要。被告引用 Coca Cola of Canada v. Pepsi Cola of Canada 案②,使法官注意到,Coca Cola 在阻止 Pepsi Cola 商标的使用时失败了,因为只是"COLA"这个贸易中常用的词相似。所以,被告辩称,原告与被告的商标间实质相似的只是"MAMA"这个也在贸易中常见的词。

法官考虑了被告提出的所有观点。本案中商标使用于价廉的餐馆服务中。在这里,不完全记忆理论可能发挥重要作用。此外,原告的商标是完全无意义

---

① See Origins Natural Resources Inc. v. Origin Clothing Limited [1995] F.S.R. 280.
② Coca Cola of Canada v. Pepsi Cola of Canada(1942) 59 R.P.C. 127.

的,这意味着不完全记忆更可能发生。尽管一些消费者可能认为被告的商标由两部分组成,且每个部分都具有某种意思,但法官认为,大部分消费者不会那样去分析它。对他们来说,它只是另一个臆造的商标。尽管当并列比较原告和被告的商标时很容易区分,但这不是侵权问题的决定性因素。正如枢密院表达的:①

商标无疑是一个视觉图案,但根据公认的规则,确定其本质特征不能只靠视觉观察。既然单词能构成部分甚至整个商标,那么不考虑这些单词的读音或意义是不可能的。在这类案件中,要求任何顾客以自己的标准对两个商标进行对比来寻找两者之间细微的差异,是无法证明两个商标之间不存在混淆的,因为在这种情况下不存在这种所谓的标准。遵循这两点会更有帮助:大多数人不能靠眼睛精确记录视觉细节;商标是靠一般印象或一些重要细节记忆的,而非靠视觉精确记住整个商标。于是法官得出结论,被告的两种标志都和原告的注册商标相似,在使用中,部分公众有可能产生实质性的混淆:由于"不完全记忆",一些公众会认为是同一个商标,一些会认为两个商标有某种联系,如一个是另一个的子品牌,②或者两个来源相同。因此认定,原告就商标侵权的问题胜诉,被告存在商标侵权。

(二) 假冒

诉讼中,如果原告想要就假冒的诉讼请求胜诉,原告必须证明存在引起实质损失可能的虚假陈述。像假冒诉讼中的通常情况那样,原告让一些公众出庭证明混淆是可能存在的。原告的律师打电话给每一个证人,要他们作出快速反应,当听到一家叫"RAJAMAMA"的餐馆最近在伦敦开张时,第一印象是什么。他们的回答如下:

  Perry 先生:我的第一印象,"RAJAMAMA"肯定是"WAGAMAMA"的一家分店。
  Cowell 先生:我对此的反应,它听上去像是印度版的"WAGAMAMA"餐馆。
  Leighton 小姐:[两家餐馆不存在联系]我十分惊讶。两家餐馆的名字是如此相似,似乎暗示了它们存在某种联系。
  ……

剩下的证人也大都认为"RAJAMAMA"和"WAGAMAMA"存在某种联系。

包括各个证人的陈述,这些证据得到证人席的确认,没有被反驳,也没有在交叉质证时被扣押。法官认为,不管被告的商标是"RAJAMAMA"还是"RAJA

---

① See de Cordova v. Vick Chemical Co. (1951) 68 R.P.C. 103 at 106.
② See "Rus"/"Sanrus" case.

MAMA's"、"RAJAMAMA"没有实质意义,且与"WAGAMAMA"十分相似。因此,由于原告的很多生意来自口头推荐,很明显会存在混淆的可能,不完全记忆也十分明显。此外,即使潜在的顾客注意到了"RAJA",并猜想其意指印度,许多人也很可能会认为这是一家由原告开设的印度餐馆,或者与原告经营的餐馆有联系。以这种能造成混淆的联想提起的假冒之诉已经被确认了许多年。①

被告仍认为不存在假冒,因为没有证据表明原告由于可能的混淆而遭受了什么明显的损失。他说,两家餐馆针对的顾客、食物价格都是不同的,去过原告餐馆的人如果去被告的餐馆,他不会认为他是在原告的餐馆吃饭。不可否认,两个餐馆外观明显不同。同时,他说两家餐馆相距甚远,这可以将混淆的可能降到最低。

对此法官并不赞同。顾客与价格的不同点无法用事实证明,即使能证明也不能改变其对此问题的结论。原告餐馆的声誉远远超出了 Streatham 大街的周边范围。另外,这种生意大部分靠口头推荐。即使有人在各种出版物上看到过这家餐馆,也可能在一两个月后不能准确回忆其名字。由于这类推荐而去被告餐馆的人们可能不知道他们搞错了地方。很多情况下,他们没去过"WAGAMAMA",因此不会意识到,如果他们去了原告的餐馆,是不会得到这种印度食物和美国 Pzazz 的异国组合的。出于同样的原因,如果消费者或餐馆评论家得出这样的结论:这种异国组合不能令人满意,那么原告也会受损。这就是在 Ewing 案中 Warrington L. 法官为什么称:原告证明了,被告使用的名字会误导与原告有生意往来的人相信,被告的商行是原告的分支,或与原告的商行有联系。诱使人们相信其商行是被傍商行的分支,这会在各方面给被傍商行造成损失。傍名牌的人所出售商品的质量、所从事的买卖、享有的声誉或其他东西——所有这些会严重损害被傍商家的利益。被告造成的这种损害可能发生了。

法官认为,本案中,原告受这种损害的风险确实存在。目前原告享有很高的声誉。原告的不断成功依赖于通过提供新奇、整洁、不同的美食体验来维持其声誉。如果被错误地与美国化的咖喱餐馆联系在一起,不可能估算出对原告造成的损害。所以,法官认为原告存在严重损失的风险,最后认定假冒的指控成立。

>> **启示**

该案对商标侵权与假冒进行了分析,分析的重点是联系的可能性的认定问题。原告认为,联系的可能性包括来源的联系与非来源的联系,而法官通过分析

---

① See Ewing v. Buttercup Margarine Company (1917) 34 R.P.C. 232.

之后得出,在英国,联系的可能性只包括来源的联系才是合适的,否则将不当地扩大商标保护的范围,限制正常的商业竞争。案件中原告基于传统的侵权(即混淆的可能性)和假冒胜诉。我国 2013 年 8 月 30 日修改后的《商标法》第 57 条第 2 项引入了"混淆可能性"作为认定商标侵权的判定标准。这样既便于我国的司法操作,又能与国际的通用做法接轨。

(执笔人:袁珊)

德国阿迪达斯商标侵权案中混淆标准的认定

▶ 导读

本案的重点在于商标侵权时混淆标准的认定问题,其中涉及的问题包括认定商标侵权是直接混淆的可能性还是联系的可能性(间接混淆)、商标之间的相似性与混淆可能性的关系问题。本案讨论的法律依据是《一号指令》第5条第1款(b)项①和第2款②、《比荷卢商标法》第13条第1款。③

一、案件事实

原告:阿迪达斯公司、阿迪达斯比荷卢BV公司

被告:马卡公司

阿迪达斯公司是根据比荷卢法注册生效的三条纹商标的所有者,其商标注册于运动服和与服装相关的运动产品上,该商标被普遍承认属于阿迪达斯,并且三条纹不被视为只拥有纯粹的装饰功能。阿迪达斯比荷卢BV公司是阿迪达斯公司在比荷卢成员国的特许持有人,这两家公司,以下统称为"阿迪达斯"。马卡体育服装销售一种标有两条平行条纹的服饰,同时也销售另外一种白色和橙色相间的T恤,其前胸有三条纵向的黑色平行条纹,还有一个猫吃鱼的图案和TIM的字样。

1996年6月26日,阿迪达斯向Breda地方法院申请针对马卡公司行为的临时救济,阿迪达斯声称马卡公司侵犯其三条纹商标,并要求禁止马卡公司今后在比荷卢经济联盟内使用三条或两条纹的标志。Breda地方法院法官颁布限制马

---

① 《一号指令》第5条第1款(b)项规定,注册商标所有人享有商标的在先排他权利。该所有权人应有权阻止所有第三方没有获得他同意的在交易过程中使用:
(1) 任何与已经注册在相同商品或服务上使用相同商标的标记;
(2) 任何标志,由于其在相同或者类似商品或服务上使用与其商标相同或者类似的标志,存在着对部分公众的混淆的可能性,其中包括商标与标志产生联系的可能性。
② 《一号指令》第5条第2款规定,一个成员国可以规定商标的所有权人有权禁止第三者在非类似的商品或服务上使用相同或类似的标记,条件是商标在该成员国内享有声誉,而且在没有正当理由情况下使用该商标会导致不公平地利用或损害了该商标的显著性特征或者声誉。
③ 《比荷卢商标法》第13条(A)(1)(b)和(c)款,其目的是在《一号指令》第5条第1、2款的条件下适用,规定条在不损害任何普通管辖的民事赔偿责任法的适用的前提下,商标所有权人应有权反对:
(b) 在贸易过程中,任何商标或相似的标志在已经注册商标的相同或者相似的产品上的使用,都会引起部分消费者的混淆;
(c) 在贸易过程中,没有充分理由,任何在比荷卢国家内享有盛誉的商标或者商品上的类似标志,这些标志未经注册,未经允许的使用会攫取不公平竞争的优势,同时有损于商标的显著性或者声誉。

卡在其中服饰及 TIM T 恤上使用三条或两条纹图案或其他任何与阿迪达斯相似的标志的口头命令。1997 年 4 月,Gerechtshof Hertogenbosch 地区上诉法院维持原判。1997 年 5 月,马卡上诉至最高法院。在此之前,其在法庭上辩称,根据对萨贝尔案①的判决,要确定商标侵权,仅仅证明确实存在联系的可能性是不够的。根据《一号指令》第 5 条第 1 款(b)项,必须证明其对公众具有混淆可能性。霍格拉德高等法院决定中止诉讼并提出争议问题以期初步裁决。

诉讼请求:阿迪达斯申请针对马卡公司行为的临时救济,要求判定马卡公司侵犯其三条纹商标,并要求禁止马卡公司今后在比荷卢经济联盟内使用三条或两条纹的标志。

二、法院判决

(一) 初审判决

Rechbankte Breda 地方法院判定马卡侵权并颁布限制马卡公司在其服饰及 TIM T 恤上使用三条或两条纹图案或其他任何与阿迪达斯相似的标志的口头命令。

法律依据:《比荷卢商标法》第 13 条第 1 款第 2 项。

(二) 二审判决

霍格拉德地区上诉法院维持原判。

法律依据:《比荷卢商标法》第 13 条第 1 款第 2 项。

(三) 三审判决

最高法院中止审理。

法律依据:《一号指令》第 5 条第 1、2 款。

(四) 终审判决

比荷卢公平法庭判决马卡公司侵犯阿迪达斯公司三条纹商标专用权。

法律依据:《一号指令》第 4 条第 1 款(b)项②及第 5 条第 1、2 款。

三、法律问题及分析

本案是关于商标侵权认定时如何适用《一号指令》第 5 条的问题,具体说来,判断侵权的标准是实际混淆的存在还是存在混淆的可能性即可,抑或是有证据证明相关消费者产生联系就足以认定侵权。《一号指令》第 5 条第 1、2 款分

---

① See Sabel BV v. Puma AG and Another (C-251/95):[1997] E.C.R. I-6191;[1998] 1 C.M.L. R. 445.

② 《一号指令》第 4 条第 1 款(b)项规定,以下情况商标将不被注册,即使注册也将宣告无效:第三人在与注册商标相同或者类似的商品或服务上使用相同或者近似的标志,造成相关公众混淆的可能性,包括联想可能性的出现。

别从不同角度对商标进行保护,第5条第1款保护的是一般的注册商标,防止第三人在相同或者类似商品上使用相同或者近似的标志,存在混淆可能性是侵权判断的标准,产生联系的可能也包含其中;第2款注重对有知名度的商标进行保护,保护的范围扩展至不相同或不相类似的商品或服务上,也没有要求造成相关公众的混淆。

《欧共体商标条例》引言第7段规定:"鉴于保护欧共体商标尤其在与保障商标作为来源的指示……商标混淆的可能性构成了商标获得保护的特别条件"。我们可以从引言第7段的阐述中得出商标混淆的可能性是为欧共体商标法中商标侵权的判断标准的结论。①《一号指令》将在相同商品或服务上使用相同商标的行为直接认定为商标侵权行为,该规定似乎不要求被诉侵权人的使用行为存在导致混淆的可能性,实际上,该规定进一步肯定了在相同商品或服务上使用相同标志导致混淆可能性的出现,并且欧盟法院在实际审判的案例中将其作为推定混淆的一种情况。②

关于联系理论,其标准比较灵活,包括三种情况:(1)公众混淆了标记与商标;(2)公众认为标记的所有人与商标的所有人之间有联系并发生了混淆;(3)公众在看到标记时唤起了对商标的记忆,认为两者比较接近但还不到混淆的地步。可见,联系理论与混淆理论相比,它除可以包含直接混淆和间接混淆外,还包括消费者看见某标记虽不会发生混淆的结果,但可唤起与某在先商标的这种纯粹的联系。《一号指令》第5条第1款在规定认定标准时明确提到联系的可能,但遗憾的是联系的可能是作为混淆的可能补充考虑的因素,这种联系理论就从属于混淆理论,无法发挥其应有的作用。1992年修订的《比荷卢商标法》则完全抛弃了混淆理论,明确将是否有产生联系的可能作为判断侵权的唯一标准。

1.《一号指令》第5条第1款(b)项的适用范围

本案涉及《一号指令》第5条第1款(b)项,该条与第4条意思在本质上是相同的,都是为了保护注册商标持有人对抗使用了与其相同或近似商标可能导致部分公众混淆可能性(包括联系可能性)的相对人。受保护的商标需要具备强烈的显著性,其显著性源于自身经营或者公众的青睐,第三人未经商标权人的同意不得在相同或者相似商品或服务上使用相同或者近似的标志,两个标志十分相似,容易使相关公众产生联系。那么,《一号指令》第5条第1款(b)项应该怎样理解呢?商标所有人享有的排他权是其有权阻止他人的使用,条件是该商标具备显著性同时存在公众因为标志间的相似产生联系从而混淆的可能。

---

① 参见邓宏光:《论商标侵权的判断标准——兼论〈中华人民共和国商标法〉第52条的修改》,载《法商研究》2010年第1期。

② 参见王玉:《论商标侵权认定中的混淆理论》,华东政法大学2008年硕士论文。

2. 联系可能性能否直接推导出混淆可能性

检察长 Jacobs 认为,《一号指令》第 4 条第 1 款(b)项保护注册商标持有人,而不保护在相同或相似的商品或服务上使用与注册商标相同或相类似的商标从而可能导致一部分公众产生混淆可能性的第三人,并且这种混淆可能性包括了将两者间相联系的可能性。法院指出,依据《一号指令》第 4 条第 1 款(b)项的文义,联系可能性的概念不能等同于混淆可能性,其只是对混淆可能性概念范围的界定,并且这部分《一号指令》条款本身就不包括在部分公众不存在混淆可能性时适用的情况。

荷兰最高法院在先期禁令中谈到,《一号指令》第 5 条第 1 款(b)项应该这样理解,一个具有突出显著性的商标,存在造成混淆的联想的可能,商标所有人就拥有阻止他人使用该商标的排他权。这也涉及法律的实施问题,在《一号指令》实施之前,根据《比荷卢商标法》的规定,商标权利人可以禁止任何人在相同或相似产品上使用与其相同或相似的商标。因此,只要能证明商标间存在相似性就足够了。而与其他成员国的立场不同,比荷卢法并不要求存在混淆的风险,也没有明确提及联系的可能性。这一概念是由比荷卢法院在 1983 年的"联盟/联盟索勒尔"案①的判决中产生的,随后在其根据《一号指令》进行的修改中得到反映:《比荷卢商标法》第 13 条 A 款第 1 项 b 点在修改后规定,商标所有人有权禁止在商业上使用与其注册商标相同或类似的标志,或在相似产品上使用可能引起公众联系危险性的标志。

1997 年 4 月,Hertogenbosch 地区上诉法院的判决认为:第一,对马卡的服装的总体印象是其确实可能导致大部分公众将其与三条纹商标联系起来;第二,TIM T 恤上的三条纹图案确实可能导致家长将其与阿迪达斯的三条纹商标联系起来,因为这种 T 恤是设计给八岁以内的孩子穿的,而这个年龄段的孩子的服装大都由其父母采购;第三,阿迪达斯的商标是众所周知的。

最高法院认为,基于其他因素我们能够合理地推断出混淆的风险不能被排除,联想的风险足以支持禁令决定。由于语义或者其他部分相似从而导致混淆的可能性不被排除的时候,联想可能性就足够了。最高法院认为,如果萨贝尔案的解释是正确的,撤销地区上诉法院的判决也是没有道理的。这是因为,一方面,马卡的标志很容易让人联想到阿迪达斯的商标;另一方面,法院发现阿迪达斯商标人人皆知。根据调查,地区上诉法院认为的造成混淆的联想可能性不被排除,加之对《一号指令》第 5 条第 1 款(b)项的解释,事实上可以支持阿迪达斯提出的禁令救济的要求。

---

① See Case A 82/5, judgment of 20 May 1983, Henri Jullien BV v. Verschuere Norbert, Jurisprudence of the Benelux Court of Justice 1983, p. 36.

比荷卢法院观点如下:在萨贝尔案中,根据《一号指令》第4条第1款(b)项的目的法庭被问到是否存在混淆的可能,公众很容易在商标和传达相似思想的标志之间建立联系。该案中,首先是绑定的彪马的标志,然后是绑定的猎豹的标志,两者并不存在混淆情况。在早于《一号指令》的德国法下,简单的联系可能不足以影响商标登记,这意味着必须满足直接混淆的条件。进一步的问题是,是否《一号指令》扩大了保护范围,如同比荷卢经济联盟的法律,产生联系就足够认定侵权。比利时、卢森堡和荷兰政府声称联系的可能性包含在《一号指令》条款的要求中,这与《比荷卢商标法》第13A条的规定一致,它们在界定商标排他权的范围时都采纳了商标相近似的概念,而不是混淆可能性的理论。

综上所述,联系的可能性可能出现于以下三种情况:(1)在公众对注册商标与第三人使用的标志产生混淆的情况下(直接混淆的可能性);(2)使公众对在先标志和第三人的商标之间产生联系并有可能混淆(间接混淆或联系的可能性);(3)公众认为此标志和注册商标是相似的,并且一想到这个标志就会与注册商标相联系,虽然这两个商标不会造成相关公众混淆(间接联系的可能性)。

《一号指令》第4条第1款(b)项的适用范围是在两个相同或者近似的标志运用于相同的产品或者服务上,造成了部分公众的混淆,包括与在先商标进行联系的可能。联系可能性的概念,不是替代混淆的可能性,但可以从这一措辞界定其范围。本条的规定排除了没有造成部分公众混淆可能的适用。《一号指令》序言第10段指出,混淆可能性的适用"取决于许多因素,特别是商标在市场上的认可度,与已登记或被使用的商标之间的联系,相同商品服务上的商标间的相似程度"。对于混淆的可能性,必须全面又充分地考虑各种与案件有关的具体情况。此外,国际公约的缔约地区和/或加入的成员国都不支持商标保护仅仅基于联系的观点。虽然《一号指令》最终强调,其条款必须是完全与《巴黎公约》相一致,但混淆为公约提供了重要的参考。

3. 商标间的相似程度与混淆可能性的关系

考虑到案件的特殊情况,尤其是在先商标的显著性情况、商标和标志不论是放在一起比对还是分开来或是一般的情况下,需要从视觉、听觉、概念含义上进行比较。判决是基于这样的想法,一个标志很可能与在先商标存在联系,公众在两者之间建立联系,这对于在先商标来说是不公平的,它会给人误导两者存在相同或者相关的来源,很有可能两者并不会造成消费者的混淆。通常相似的标志映入脑海片刻,我们就会想到记忆中的商标,将两者的联系会使我们对在先商标的良好印象转嫁到相似商标之上并且淡化消费者心中在先商标与商品的联系。相似标志的视觉、听觉、概念上的相似分析必须是基于消费者脑海中的标志的印象,包括显著性和主要组成部分。《一号指令》第4条第1款(b)项的含义,存在造成相关公众混淆的可能性,这表明一般消费者对这类商品或服务上的商标的认知在认定混淆可能性时起到了决定性的作用。普通消费者一般把一个标记认知作为一个整体,不分析其各项细节,从这个角度看,越是具有显著性的在先标志,就会越可能出现混淆。因此,两个概念相似的商标使用了相似内容的图像可能会引起混淆,前提条件在先前商标具有特别显著特征,显著性源于自身经营或者因为它享有的公众声誉。但是,在一些情况下,例如,如果先前商标并非是众所周知的,并且图像的内容不能让人印象深刻,那么仅凭这两个标志是概念上类似不足以认定混淆可能性的存在。

启示

  本案讨论的关键是判定商标侵权时如何具体适用混淆标准,混淆标准有广义和狭义的理解,广义即认定商标侵权时相关公众的联系即可能构成侵权,而狭义的理解是只有在相关公众直接混淆的情况下才认定侵权。判断商标侵权时,存在直接混淆还是存在使相关公众产生联想(间接混淆),相互之间的界限是模糊的,需要从商标的显著性、商标标识和商品或者服务的近似程度、相关公众的经验水平和注意力程度、实际混淆的证据,以及行为人的主观意图等方面搜集大量的证据证明。证据越充分越有利于商标侵权的认定,这对法官的专业素质也提出了较高的要求。

(执笔人:曲彤彤)

网络商标侵权案件

美国 TIFFANY 商标网络侵权案

>> **导读**

本案涉及网络服务商在未经商标权人许可的情况下使用商标以及销售侵权产品的行为应当负何种责任的问题。本案的主要法律问题是《兰哈姆法》第 32 条关于判定商标直接侵权的适用以及 Inwood 规则关于判定商标间接侵权时的适用。

一、案件事实

上诉人：Tiffany 公司

被上诉人：eBay 公司

原告 Tiffany 公司是一家著名的珠宝商，而被告 eBay 公司则是一家提供网络市场服务的公司。eBay 为它的注册用户提供虚拟的店铺出售商品，同时从每件商品成交的售价中提取部分比例作为提供服务的利润。eBay 知道它提供的网络市场可能会给网络侵权提供可乘之机，所以，eBay 公司开发了反假冒引擎以及采用 VeRO 系统①和 NOCI 系统②来控制相关侵权产品的销售。如果相关权利人或者公众发出举报通知，eBay 会及时删除侵权产品的产品目录以及停止侵权产品的相关交易。从 2000 年起，Tiffany 公司开始将 Tiffany 商品只通过 Tiffany 官方零售店、专卖店以及官方网站进行销售，希望借此来控制 Tiffany 假货的销售。但在 2004 年，Tiffany 发现很多 Tiffany 假货在 eBay 上进行交易，同时 eBay 为在它网站上销售的 Tiffany 作宣传时使用了 Tiffany 商标。其中在 2004 年和 2005 年，在 eBay 网站上销售的 Tiffany 产品中，Tiffany 调查发现分别有 73.1% 和 75.5% 的 Tiffany 产品是假货。Tiffany 认为 eBay 在其网站上宣传时使用 Tiffany 商标，没有很好地控制 Tiffany 侵权产品的销售，未尽到相关注意义务，要求法院判定 eBay 承担侵权责任、商标淡化以及虚假广告宣传的责任。

---

① VeRO 即 Verified Rights Owner，是一个专为权利人提供"通知并移除"的系统。
② NOCI 即 Notice Of Claimed Infringement Form，是一种通知侵权的形式系统。

诉讼请求:(1) eBay 对 Tiffany 商标的使用构成对 Tiffany 商标的直接侵权;(2) eBay 对其网站上销售的侵权 Tiffany 产品构成商标间接侵权;(3) eBay 使得 Tiffany 的商标淡化;(4) eBay 对于其网站上发布的广告对 Tiffany 构成虚假广告。

二、法院判决

地区法院一审判决:原告 Tiffany 所有诉讼请求均不获支持。

第二巡回法院判决:支持一审法院的部分判决,对于 Tiffany 要求 eBay 承担商标侵权、商标间接侵权以及商标淡化责任的诉讼请求不予支持,对于 Tiffany 虚假广告的诉讼请求发回一审法院重审。①

三、法律问题及分析

本文所讨论的主要法律问题是在美国的法律体系之下,网络提供商在何种情形下应当承担侵权责任。在美国,商标侵权的判断标准体系一般是基于《兰哈姆法》中所体现的防止消费者混淆的立法目的建立起来的,认为通过使用商标而让相关公众对商品来源产生混淆,即为商标侵权的基本行为。在网络环境下,判断商标侵权的行为可能会与日常生活中判断商标侵权有细微的差别,特别是由于有网络服务商的存在,它的地位和一般侵权人有着明显的差别,但是它还是不能逃出法案建立的体系之外。本案中 Tiffany 公司对于 eBay 的行为提出了四项诉讼请求,以下进行逐项的分析和评述。

(一) eBay 的行为是否构成直接的商标侵权

eBay 有两种行为被 Tiffany 认为直接侵犯了 Tiffany 的商标权:一是 eBay 在其网站上使用 Tiffany 的商标来说明 eBay 网站上参与了带有该商标的商品的销售;二是 eBay 向搜索引擎网站购买 Tiffany 关键字以及链接以指向 eBay 网站的商品销售者。Tiffany 诉称 eBay 的行为违反了《兰哈姆法》第 32 条第 1 款第 1 项的内容,该条规定:在商标和专利委员会注册的标志的所有人对于未经所有人许可而使用商标的其他人可以提起民事诉讼并要求承担直接侵权责任。

对于《兰哈姆法》第 32 条第 1 款第 1 项的直接侵权的适用,法院认为应当分两部分看:首先,应当看涉案的标志是否给予保护,再看第三人的使用是否可能导致消费者混淆商品的来源。Tiffany 作为世界著名的珠宝商,旗下有多个注册商标,Tiffany 商标也是其中之一。eBay 对于 Tiffany 商标为注册商标应当受到法律保护这一点没有任何的异议。其次,第三人的使用是否可能导致消费者混淆商品的来源。法院认为,eBay 的两种行为都是对 Tiffany 商标的指示性使用,即

---

① 发回重审后,地区法院基于证据不足,依旧没有支持 Tiffany 关于虚假广告的请求。

被告使用原告的商标来识别原告的商品,只要被告的产品没有混淆的可能性或没有暗示与商标权利人之间有归属关系,这样的使用便是指示性使用,是合理使用的一种。① 法院认为,eBay 使用商标是合法的,eBay 对于 Tiffany 商标的使用只是用来精确描述 Tiffany 正品(二手正品)在 eBay 网站上的许诺销售行为,而不是用来暗示 Tiffany 附属于 eBay 或者许可 eBay 通过 eBay 网站销售它的产品。另外,Tiffany 从 2004 年开始维护 eBay 上"About me"的网页,并在该网页中进一步解释称 Tiffany 正品只通过 Tiffany 的官方零售店、专卖店以及官网进行销售,从侧面也否定了它与 eBay 之间的关系。只要买家阅读了该网页,就不会混淆 eBay 上的 Tiffany 产品与来自 Tiffany 商标所有人的产品的来源。所以,具体到本案当中,eBay 的两种行为都不会使得消费者混淆 eBay 上的 Tiffany 产品与 Tiffany 商标所有人的产品的来源,即不符合《兰哈姆法》第 32 条第 1 款第 1 项下所建立起来的判定直接商标侵权的规则,即 eBay 对 Tiffany 商标作为描述手段的使用不构成对商标的直接侵权。

(二) eBay 的行为是否构成间接的商标侵权

商标间接侵权的相关理论和原则来源于普通法的侵权法中。最直接的规则来源是最高法院在 Inwood 一案②中所总结归纳出来的商标间接侵权标准。根据该案,归纳出来的规则是:如果生产商或经销商故意诱导他人去侵犯商标权或者如果生产商或经销商继续提供它的产品给那些知道或者有理由知道与从事商标侵权有关行为的人时,构成间接侵权,生产商或者经销商将基于间接侵权对产生的任何损害均承担责任。该规则亦称"Inwood 标准"。

在本案的一审过程中,eBay 对于是否适用 Inwood 标准提出异议,认为 Inwood 标准中只是规范了产品的制造商和销售商的责任,而 eBay 并不是产品的制造商和销售商,只是服务的提供商,故不适用 Inwood 标准。但是,一审法院采纳了第九巡回法院的解释,认为 Inwood 标准亦适用于那些能够充分控制侵权产品的服务商。③ eBay 保留了产品目录和产品的交易,所以属于能够实质性控制侵权产品的服务商,可以适用 Inwood 标准。在上诉过程中,eBay 没有对能否适用 Inwood 标准提出异议,上诉法院就推定认定 eBay 的行为适用 Inwood 标准。

本案一审的焦点在于 eBay 所提供的服务网站被销售假 Tiffany 的销售商所利用时,在 Inwood 标准下是否构成间接侵权,负有间接侵权责任。在 Inwood 标准下判断服务商间接侵权有两种模式,一是服务商故意误导他人侵犯商标权,二是服务商知道或有理由知道有人利用其服务从事商标侵权活动而继续为侵权人

---

① See New Kids on the Block v. News Am Publ'g, Inc., 971 F. 2d 302 (9th Cir. 1992).
② See Inwood Laboratories, Inc. v. Ives Laboratories, Inc., 456 U.S. 844, 102 S. Ct. 2182, 72 L. Ed. 2d 606 (1982).
③ See Lockheed Martin Corp. v. Network Solutions, Inc., 194 F.3d 980, 984 (9th Cir. 1999).

提供这些服务。Tiffany 认为 eBay 的行为符合第二种侵权模式。但是,一审法院没有支持 Tiffany 的主张。一审法院认为,eBay 在发现侵权产品时,没有继续保留该产品目录,而是通过删除、警告销售者和购买者,指导购买者不要购买争议产品,并返还从该争议产品上获取的利益,制止继续侵权行为。一审法院认为,eBay 的上述行为不符合 Inwood 标准确定的第二种行为模式,不应对 Tiffany 商标负有间接侵权责任。

一审法院同时对 Inwood 标准下的"知道或应当知道"给予了相关解释。Tiffany认为,通过众多的 NOCIs 以及消费者的投诉信和在 Tiffany 的购买程序中所得到的数据,能够证明 eBay 知道在其提供的网络服务平台上有假冒 Tiffany 产品销售,并符合 Inwood 标准下的"知道或应当知道"的条件。一审法院没有同意 Tiffany 的观点,认为 eBay 知道销售者在它的网站上销售假货,但这只是一种概括的认识。这样概括的知道是不能让 eBay 承担赔偿责任的。法院根据Inwood标准的表述,认为对于证明间接责任中的"知道"具有很高的证明义务,不能随意扩张商标间接侵权,因为这将导致侵权中一些问题存在不确定性,这是违反法律的稳定性原则的。如果要求 eBay 承担责任,Tiffany 需要举出 eBay 知道或者应当知道的具体的侵权行为存在,但对此 Tiffany 没有提出充足的证据。所以,一审法院不支持 Tiffany 主张销售侵权产品的常识来要求 eBay 承担间接侵权责任。

在上诉过程中,Tiffany 主张一审法院对于区别概括意义上的知道和明确知道具体的侵权行为的观点是错误的,认为只要对潜在侵权有认知而未采取行动就应该承担商标间接侵权责任。但是,上诉法院认为,要求承担间接侵权责任需要服务商有超过常识的认知或者有理由相信它的服务被用于销售假冒商品,即需要确切知道一些产品是侵权的,而非概括意义上的知道。同时,法院认为Tiffany对于 Inwood 标准的理解过于广泛。的确,Inwood 规则中有"知道或者应当知道"这一概括性概念,但是该概念应当作限缩的解释。在最高法院的 Sony 一案[1]中,法院认为,如果被告所制造和销售的产品既能够用于侵权,也可以用于根本不侵权的其他用途,则需要对服务提供商应具有的知悉程度进行衡量。虽然 Inwood 标准在商标间接侵权和版权间接侵权的适用中有所不同,但是当Inwood 标准适用于 Sony 一案时,索尼公司也许知道(概括意义上的)它的产品会被用于侵犯他人版权,但如果 Sony 没有知道某些特定的个人从事侵权行为(指导具体的侵权事实),则对于 Sony 构成侵权的认定为证据不足,不构成侵权。应用到本案中,即 Tiffany 的请求信和购买程序结论并不能让 eBay 确定其

---

[1] See Sony Corp. of America v. Universal City Studios, Inc. ,464 U. S. 417, 104 S. Ct. 774,78 L. Ed. 2d 574(1984)。

网站上特定的 Tiffany 商标的侵权人并为其提供服务,虽然 eBay 知道某些侵权人正在通过它的服务进行侵权行为,但是由于 Tiffany 不能证明 eBay 为 eBay 自己所知道或者有理由知道正在为侵权行为的人提供服务,所以不能认定 eBay 构成间接侵权。

然而,由于 Inwood 标准的解释过于限缩,法院为了平衡双方的利益和责任,提出了故意视而不见的责任标准。故意视而不见的标准的确认来源于 Hard Rock Café 案[1],即是个人对于坏事故意不履行调查义务。如果一方合理地预期第三方侵权,并知道了侵权行为的存在,那么需要调查该侵权行为,而非无视该侵权行为,否则将等同视为确切知道,并承担间接侵权责任。具体到本案中,eBay 公司的收益主要来源于销售的比例份额,这导致了 eBay 公司对于销售业绩十分看重,如果有侵权产品通过它的网站销售,那么它的销售份额就会下降,将影响 eBay 的收益。eBay 作为一个理性的营利法人,影响其收益的行为自然不会视而不见。根据 Fonovisa 案[2]中提出的,服务提供商不能忽视它的经营者公然的商标侵权,否则应当承担间接侵权责任。eBay 在此处则比一般服务商做得多,因为 eBay 采取了通知移除规则,并且对侵权销售者进行了警告甚至冻结其账号的处理,通过这些处理,eBay 旨在打击在 eBay 网站上销售的假货以及其他侵权行为。所以,二审法院支持了一审法院的判决,认为 eBay 没有构成视而不见,不应当承担任何的间接侵权责任。

(三) eBay 的行为是否应当承担商标淡化的责任

美国商标的淡化有两种形式,一种是通过模糊使用来淡化商标,另一种是通过丑化驰名商标来淡化商标。通过模糊使用来淡化商标是指通过相似的商标或者交易名称的使用,来破坏驰名商标的显著性。联邦法院没有穷尽地列举了六个判定通过模糊而到达淡化商标的考虑因素:(1) 交易名称或者标志和驰名商标之间的相似度;(2) 驰名商标获得显著性的程度;(3) 驰名商标人实质性的排他使用范围;(4) 驰名商标获得承认的程度;(5) 交易名称或标志的使用者是否要与驰名商标产生联系;(6) 交易名称或者标志是否和驰名商标产生了实质性联系。通过丑化驰名商标来淡化商标是指使用的交易名称或标志与驰名商标相似而破坏了驰名商标的商誉。这类淡化商标的手段一般出现在当驰名商标与产品质量有密切关系时,被控人通过在相似商标上描述不适当的内容来让人对产品的质量产生劣质的想法,破坏原有驰名商标的商誉。

具体到本案中,Tiffany 认为,eBay 网站销售 Tiffany 的侵权产品,降低了 Tiffany 商品的价值,对 Tiffany 的商标造成了损害,构成了商标的淡化,虽然 eBay

---

[1] See Hard Rock Café, 955 F.2d at 1149.
[2] See Fonovisa, 76 F.3d at 265.

没有亲自参与侵权产品的销售,但是也应当承当间接商标淡化的责任。一审法院认为 Tiffany 的主张得不到支持。首先,依据《反淡化法案》之规定,在美国只有对驰名商标的淡化才能构成商标淡化。此处 Tiffany 系属驰名商标,这一点得以满足,但法院认为 eBay 从没有使用 Tiffany 商标来创造自己的产品和 Tiffany 产品之间的关联,eBay 使用商标作为广告只是为了指示在其网站上有二手 Tiffany 正品的销售,所以 eBay 的行为不符合通过模糊商标使用来淡化商标的构成要件。其次,eBay 从来没有使用 Tiffany 的商标或与其相近似的标志来用于自己的产品之上,没有破坏产品的质量保证,也没有证据证明,一般人在看到 eBay 上的 Tiffany 商标时会产生与 Tiffany 原来品质保证不同的想法。所以,eBay 的行为也不构成通过丑化驰名商标的方式来淡化商标。在上诉过程中,Tiffany 没有对此进行上诉,法院则认定 Tiffany 放弃对该问题的上诉。

(四) eBay 的行为是否构成虚假广告

虚假广告在美国的法理来源是《兰哈姆法》第 43 条,该条(a)项规定禁止任何人在商业广告或者推广中虚假陈述产品、服务或者商业活动的性质、特征、质量以及地理来源。经过对这条规定的发展,后来认为只要有以下两种情况中一项出现时,就认为是构成了虚假广告:第一种情况是所争议的广告从字面上看就是虚假的;第二种情况是所争议的广告从字面上说可能不是完全虚假,但是仍然有可能误导或者混淆消费者。在第一种情况下,法院判断广告是不是虚假广告采用的是"必要隐含的虚假"原则,即要求在联系上下文分析广告内容时该文字所表达的意思。在第二种情况下,法院判断广告是不是虚假广告需要通过外在的证据来证明虚假广告所指向的商业竞争者会误导或混淆消费者。在这种情况下,广告的文字内容可能不是虚假的,但是该广告却误导和混淆了消费者,使得消费者看到广告后有了错误的认识。但是在此种情况下,对于消费者的误导以及混淆必须有外部的证据来支持虚假内容的事实。①

本案中,Tiffany 提供了 eBay 在其网站上销售 Tiffany 产品所进行广告的证据,提供了各种指向 eBay 销售店铺中的广告和链接。eBay 对于在其网站上销售 Tiffany 产品通常为假货的事实有当然的认知。基于此认为 eBay 为其网站上销售的 Tiffany 做广告并且销售的产品多是侵权产品,eBay 应当对此负有虚假广告的责任。

一审法院认为,Tiffany 所提供的证据不能证明所争议的广告是完全虚假的,因为 eBay 即便有 Tiffany 的侵权产品在其上销售,但 Tiffany 的正品亦在 eBay 上销售,该广告可以视为为 Tiffany 正品所作的推广。所以,eBay 不构成第一种情况下的虚假广告。法院同时进一步认为 eBay 也不符合第二种情况下的虚假广

---

① See Time Warner Cable, 467 F.3d at 153.

告。第一,eBay 在广告中对 Tiffany 商标的使用是合理使用,是受到保护的,正如一般商场对于商场内有参与带有该产品销售的指示性使用一样。第二,对于支持虚假广告需要确切的认知,即要求 eBay 对于特定的侵权产品有认知,但本案中 Tiffany 没有足够的证据支持上述结论。第三,法院认为虚假广告的责任是第三方卖家的,而非由 eBay 来承担。但上诉法院不同意 eBay 的广告没有误导或者混淆消费者,判决就该问题发回重审。不过,在重审过程中,Tiffany 由于没有充足的证据证明 eBay 的广告有误导或者混淆消费者的作用,依旧判定 eBay 不承担虚假广告的责任。

》》启示

该案涉及的是在美国法律体系下的网络提供商的侵权责任承担。与欧盟的网络服务商的责任承担相比,美国和欧盟都在判定直接侵权时适用指示性合理使用判定网络服务商不构成直接侵权的规则,但在判定网络服务商间接侵权时,欧盟所适用的《电子商务指令》中服务商的规则忽视了服务商诱导侵权的情形,缩小了服务商承担侵权责任的范围,似有欠缺,而在这方面,美国考虑到了服务商的性质及服务商的主观心态并适用 Inwood 标准以及平衡双方利益的视而不见规则,显得更为科学合理。对于我国而言,判定网络服务商直接侵权时,我国并没有直接的法律依据,而在判定网络服务商的间接侵权责任时,《侵权责任法》第 36 条的规定依稀可以看到 Inwood 标准的影子,可以补充商标法的部分不足,但仍待进一步完善。

(执笔人:周晓锋)

法国欧莱雅商标网络侵权案

>> **导读**

　　本案是欧盟法律体系下的商标网络侵权的典型案件，涉及网络交易平台服务商的商标侵权判定及侵权责任问题。本案判决中分别适用了《一号指令》第5条关于商标权利赋予和第7条关于权利用尽的规定，《共同体商标条例》第9条关于共同体商标权利赋予和第13条关于共同体商标权利用尽的规定，以及《电子商务指令》第14条关于宿主服务的规定和《知识产权执法指令》第11条关于禁止令的规定。

一、案件事实

　　原告：欧莱雅及其子公司（Lancôme parfums et beauté & Cie SNC, Laboratoire Garnier & Cie and L'Oréal（UK）Ltd.）

　　被告：eBay 和其子公司（eBay International AG, eBay Europe SARL and eBay（UK）Ltd.），以及七个自然人（Mr Potts, Ms Ratchford, Ms Ormsby, Mr Clarke, Ms Clarke, Mr Fox and Ms Bi）

　　欧莱雅是一家法国公司，旗下有多种受商标法保护的产品，欧莱雅品牌享誉世界。eBay 公司是一家经营网络电子市场的公司，它的主要业务是为网络卖家提供虚拟店铺供其销售商品以及为买家提供商品关键字搜索功能。本案涉及的案情是，eBay 公司所经营的电子市场为网络卖家提供了虚拟店铺服务，并购买网络搜索服务的关键词，在关键词中也包含了一些驰名商标，其中包括了欧莱雅的商标。当买家在搜索引擎中键入关键词的时候，搜索引擎下会出现与商品对应的商标的一条广告和一个连接到 eBay 相关店铺的链接。欧莱雅公司通过搜索和链接发现这些店铺内销售的很多商品是侵犯商标权的商品以及一些试用品，或者是一些并不打算出售于欧共体市场内的商品，基于此，欧莱雅向法院提起诉讼，要求 eBay 的店主承担侵权责任，eBay 承担侵权责任和间接侵权责任。

　　诉讼请求：原告诉被告侵权，诉称被告的行为是在未得到原告的许可之下，销售侵犯原告商标权的商品，eBay 公司作为第三方在其所经营的电子市场中销售被告的侵权商品构成侵权。原告同时向法院申请禁令并要求 eBay 公司承担相应的商标侵权责任。

二、法院判决

　　（1）英国高等法院判决：英国高等法院虽然对于部分事实和程序进行了认

定,但由于一些法律条文需要欧盟法院的解释而没有进行最终的判决。

(2) 欧洲法院的判决:驳回原告的诉讼请求,认定 eBay 不侵权,但欧莱雅公司有权要求禁止 eBay 销售欧莱雅的试用商品或者原来并不打算在欧洲经济区内销售的产品。

法律依据:《一号指令》第 5 条和第 7 条、《共同体商标条例》第 9 条和第 13 条、《电子商务指令》第 14 条和《知识产权执法指令》第 11 条。

三、法律问题及分析

本案是关于商标网络侵权的认定和责任承担问题。在欧盟,商标的网络侵权以商标的一般侵权为基础,以对商标的使用并产生混淆为前提,而对于服务商,则是依据《电子商务指令》第 14 条内容中服务商的主观方面来认定它的间接侵权行为以及责任。同时,在服务商没有具体侵权责任的情况下,欧盟法院可以给予服务商以禁止令来防止将来的侵权,但由于在该情形下,服务商没有现实的侵权行为,所以在适用禁止令的时候应当严格适用。

本案中被告有两类,一类是网络服务商 eBay,另一类是网络参与者,即店铺的店主。现对于这两类被告的行为和责任进行分析与评述。

(一) eBay 和店主的商标使用是否构成《一号指令》第 5 条第 1、2 款中的商标使用

《一号指令》第 5 条第 1 款是关于第三方未经许可使用商标,第 2 款是关于在交易中使用商标。本案中,涉及的当事人包括作为使用者的个人和作为电子市场经营者的 eBay。所以,对于《一号指令》第 5 条第 1、2 款中的使用在本案中应当分两方面来讨论。

在 eBay 上开设商铺的卖家,未经商标权人同意出售带有商标权利人受到保护的商标的商品,且该商标的使用是在相同或者相近似的商品上区别商品的来源,这符合《一号指令》第 5 条第 2 款中在交易中使用商标,所以在本案中,作为出售仿冒或者冒牌欧莱雅产品的卖家对于欧莱雅商标应当承担侵权责任。

从网络服务上的角度而言,本案分为两个部分:一是 eBay 在购买关键字后,在搜索引擎中搜索出的欧莱雅关键字广告是否属于《一号指令》第 5 条中的使用;二是在 eBay 自己的网站上出现欧莱雅商标的行为是否属于《一号指令》第 5 条中的使用。[①] 在第一种情况下,欧盟的先例 Google France v. Google 案[②]中,法院认为:网络广告服务提供商存储与商标一致的标志作为关键字,且以该关键字

[①] 参见韩赤风、李树建、张德双:《中外知识产权法经典案例评析》,法律出版社 2011 年版,第 64—65 页。

[②] See Google France SARL v. Louis Vuitton Malletier SA [2010] E.C.R. I-02417,[2010] R.P.C. 19, ECJ.

为基础展示广告,该种使用不是属于《一号指令》第 5 条意义上的使用。法院进一步认为,在 Google France v. Google 案中所适用的《一号指令》第 5 条第 1 款须被解释为:如果广告不能使一般的网络用户或者用户轻易地认为在广告中的服务和产品是来源于商标权人或者与商标权人相关的经济体时,则商标权人有权禁止在相同或相近似的产品或者服务上未经许可投放与其商标相一致的关键字为基础的广告。

本案中 eBay 与 Google 一样是网络服务提供者,但是 eBay 不提供网络广告服务而只是经营电子市场,该电子市场的功能是以系统用户向他人销售上传产品目录中的产品为基础的。eBay 也有自己的搜索系统,但是该系统的搜索范围仅仅是系统储存的商品列表。eBay 在本案中购买了与商标相同的标志为关键字,该关键字出现在了 eBay 搜索结果的广告链接中。法国、波兰、葡萄牙认为,eBay 购买并使用关键字的目的是宣传自己的服务,虽然该服务和商标所注册的保护服务及产品的范围不同,但是 eBay 在选择与注册商标相同的关键字时,本身就为网站上出售的商品做了广告,即点击广告链接,用户会直接连接到与注册商标相同或者相似的服务或产品的销售网页,所以 eBay 在相关商品上使用了标志。欧莱雅也持相同的观点。但是,英国政府却认为:这些标志与提供的实际的物品之间有很大的差距,一般消费者不会将市场经营者在广告链接中使用的标志和之后具有该标识的物品联系起来。如果普通消费者将市场经营者使用的标志仅仅视为一个通向独立销售的非来源于市场经营者的产品链接,商标的区别功能没有得到破坏或者淡化,那么这样的使用不能被视为落入《一号指令》第 5 条第 1 款中第三方使用商标的范围。

法院认为,商标使用的功能之一是区别产品或者服务来源或者区分产品或服务。这意味着用以区分相关产品或服务为目的的使用亦可视为商标的使用。从这个角度看,市场经营者如果使用与商标一致的标志区分通过使用其服务获得的产品以及非通过使用其服务可以获得的产品,那么市场经营者也是在商品上使用商标。在先例 Google France v. Google 案中得到的结论是:在大多数情况下,网络用户使用商标名称作为搜索项时是旨在寻找带有该商标的商品或者服务的相关信息以及出售信息。如果在搜索产生的结果旁边出现的是提供商标权人竞争者的产品或服务的链接,网络用户会认为这些产品链接提供的是商标权人的产品或服务的替代品,这种情况下构成竞争者在产品上或服务上使用商标。这一结果亦适用于相关广告链接归属于为销售不属于商标权人提供的商品提供服务的电子市场经营者。故法院认为市场经营者对于商标的使用在本质上不同于产品销售的使用,但是这并不妨碍市场经营者在其广告中使用与商标相同的标志构成对该商标的使用行为。

但根据《一号指令》第 5 条的内容,要市场经营者承担侵权责任,还要求证明使用行为可能或者已经影响商标的功能。如果搜索得到的广告和商标相似，使得一般认知或者合理注意义务的网络使用者不能区分或难以区分广告中的产品或服务的来源是否与商标权人有关时，市场经营者才需承担责任。商标的主要功能是区分商品的来源。在 eBay 这样的电子市场下，商标来源功能如果说受到损害，亦是由于在 eBay 网页上的目录中出现了与商标相同或相近似的标志而对来源功能产生了影响。但是，这些标志并不是 eBay 使用的，而是电子市场参与者即店铺卖家使用而产生对来源功能的损害，所以不应当由 eBay 承担侵权责任。同时，商标除了来源功能外，还有质量保障功能和投资功能。eBay 的店主未经商标权人同意在 eBay 网页上使用商标，损害商标的名誉以及破坏商标内在的质量保证，这些都是 eBay 店主的行为而不是 eBay 的行为。除相关国内法有间接责任的理由外，不能将 eBay 店主的责任转嫁给 eBay 来承担。

在第二种情况下，eBay 在自己的网页上使用了欧莱雅的商标，这种行为是否应当禁止？答案应当是否定的。电子和传统商务中，服务商都会在广告中使用商标告知公众其参与了带有该商标商品的销售。况且网络中间商对于相关交易的控制机制更少，对于网络中间商而言，确保每一件销售商品都是没有权利瑕疵的是不可能的。同时，如果要求对《一号指令》中的使用承担责任，得使用商标的商品和服务与被保护商标的商品和服务相同或相近似且对商标功能已经或可能产生影响。eBay 使用欧莱雅商标，告知公众其参与了带有该商标的商品的销售，这属于指示性的使用商标，并不会对商标的功能产生影响。

（二） eBay 行为的责任免除是否符合《电子商务指令》第 14 条第 1 款中市场经营者责任免除

在 Google France v. Google 案中，法院认为 Google 所提供的宿主服务[①]，对于数据的保存是持中立的。但是，本案中 eBay 却通过优化相关信息促进了相关商品的许诺销售，即被认为经营者在控制数据方面采取了积极的措施，而不是保持中立。不过，它对商户的帮助和鼓励并不是对侵权商铺的保护和纵容，而是在不确切知晓侵权的情况下对电子商场在合理范围内的管理和经营。

法院认为，免责活动的范围是在《电子商务指令》第 14 条中明确规定的，即对违法活动、违法信息不知情或者一旦知晓或获得相关信息，就马上移除或者阻止他人获得此种信息，只有落入了该范围内的行为才是可以免除商标侵权责任的。如果经营者做了不属于免责内容的行为，则其所承担的损失和其他经济补偿需要依靠国内法的条文和原则来确定。当市场参与者已经做了一些违法行为时，市场经营者对与未来的侵权的责任承担，由《电子商务指令》第 14 条第 1 款 (b) 项中"通知删除"原则来规制，即市场经营者应当在得知相关侵权信息通知

---

① 宿主服务是指网络服务提供商为经营者提供信息存储，并向经营者收取费用的服务。

后,删除或禁止进入具有该违法侵权行为信息的网页或产品。同时,"通知删除"原则不得侵犯言论自由以及在成员国内已经建立起来的程序。然而,言论自由也不能成为允许侵犯知识产权的合法事由,知识产权应当受到与言论自由同等的保护,所以,权利所有人在电子商业中行使权利时不能侵犯那些无辜的电子市场使用者的权利。《电子商务指令》第14条第1款中不能免责的前提是实际知情,实际知情分为两方面:第一,实际知情是应当有确切的证据证明经营者是知情的,而不是仅仅假设或者怀疑,并且实际知情应当是过去或者现在知情而不是只将来可能是实际知情,所以在商标侵权中,电子市场经营者要承担责任须被证明该违法活动已经为其所知晓或正在为该不法活动时被其所知晓。第二,实际知情不包括经过分析的信息,因为经营者没有理由去怀疑在其经营场所内有违法行为的发生。所以,实际知情是经营者通过外部的告知或者自身自动审查发现的对具体侵权行为的认知,否则将不能视为实际知情。基于《电子商务指令》第14条的内容,eBay在实际知情的情况下,如果继续让侵权行为发生或者扩大,则eBay有承担侵权责任的义务,否则eBay的责任将被免除。

(三)eBay的行为是否符合《知识产权执法指令》第11条针对中间人禁令的规定

eBay认为基于《知识产权执法指令》第11条的内容,只能给予特定的个人禁令禁止其做某些行为,而不包括电子市场的经营者,因为经营者没有侵权。但是,其他各方,包括法院都认为禁令可以给予电子市场经营者用以阻止未来侵权。不过,以请求禁令的方式来救济,该救济方法应当是具有足够的劝阻作用,且禁令也不能在保护商标侵权的同时给合法的交易增加壁垒。

《知识产权执法指令》的核心条文在第二章,该章条文中提到为阻止侵权而提供合适的手段,这类手段是可以同时适用于侵权者和中间商的。《知识产权执法指令》第11条第一句规定禁令可以给予知识产权的侵权人,该条第三句规定禁令也可以适用于为第三方侵犯知识产权提供相关服务的中间商。虽然禁令的中间商的范围没有明确确定,但是将第11条作为一个整体,中间商禁止活动的范围应当是和自然人获得禁令后禁止活动的范围相一致。对于禁令,成员国司法机关的司法裁决是侵权人侵犯知识产权,禁令的内容是禁止继续侵权。从这些司法裁决中可以看出,禁止令不仅禁止了现在的侵权的影响,对于将来继续侵权也给予了制止。

对于中间商的禁令,法院认为应当具有有效性和劝阻性的功能,但是不应当具有比例性。因为法院没有从《知识产权执法指令》中看出任何要求中间商的禁止令不仅要阻止继续侵权的特殊行为,还要阻止相同或相似的重复侵权行为的内容的规定,如果这种要求在国内法中是有规定的,那么就像给中间商增加了本来不要求中间商承担的监督义务,仅适用于该国国内。法院认为,合适的禁令的限制应当符合双重要求,即侵权人多次侵权以及多次被侵权的商标为同一商标时,才能要求中间商有监督义务。因此,具体到本案中,eBay 符合监督义务的承担标准,商标权人欧莱雅应该得到禁令要求中间商 eBay 阻止欧莱雅使用者对欧莱雅商标继续或重复侵权行为。

(四) 店主出售非卖品是否构成《一号指令》第 7 条第 1 款和《欧洲共同体商标条例》第 13 条第 1 款中的产品投放市场

如果将免费的香水或者化妆品样品以及分装瓶给了经授权的经销商,这些商品不是用来销售,那么在这样的情况下,是否构成《一号指令》第 7 条第 1 款和《欧洲共同体商标条例》第 13 条第 1 款中所提到的"投放市场"?

欧盟法院曾经有 Coty Prestige Lancaster Group 案①的判例,该判例所涉及的问题与本案的问题相同,认为如果香水样品以不转移所有权并附带禁止销售的要求,让消费者对产品进行试用,提供给与商标权人有合同义务的中间商,同时商标权人又可以随时回收这些产品,这些产品除了带有"展示"和"非卖品"的字样外和正常提供给中间商销售的产品没有明显的差别,如果没有其他相反的证据,在这种情况下推定商标权人默认不同意将这些产品投入市场。而通常标有"非卖"和"非独立销售"字样的样品和分装瓶的商品不是用来销售的,它们只是商标权人免费提供给消费者试用的。所以,在上述情况下,那些试用产品不能被视为投入市场。故对于通过合法手段获得的试用产品或者分瓶装不能适用权利用尽原则,商标权人仍有权制止销售者销售试用品或者分瓶装的小样。所以,在本案中,店主即便是欧莱雅产品的经销商,在 eBay 上销售非卖品的样品时,由于该产品不认为是投放于市场,商标权尚未用尽,所以欧莱雅有权禁止该类产品的销售并要求店主承担商标权的侵权责任。

(五) 店主销售已投放市场的商品是否符合《一号指令》第 7 条第 2 款和《欧洲共同体商标条例》第 13 条第 2 款中已投入市场商品的进一步商业化

在欧盟法院 Boehringer Ingelheimthe 案②中,除了重新包装的产品外观对原商标和原商标权利人的声誉造成损害,或包装外观不合适导致损害商标的声誉或使相关具有联系的质量和信任的形象被贬损导致商标价值受损外,商标权利人不可以合法地反对药品类产品进一步商业化。

根据上述判例,可以初步认为投放市场后,带有商标的产品的情况发生了变化或受到了损害,依据《一号指令》第 7 条第 2 款,商标权人有法定理由反对该商品的进一步商业化。本案中,eBay 的用户将合法的欧莱雅产品的包装去除后

---

① See Coty Prestige Lancaster Group GmbH v. Marktplaats BV and Kijiji GmbH [2010] E. C. R. I-02417,[2009] E. T. M. R. 60,ECJ.

② See Boehringer Ingelheinm KG v. Swingward Ltd("Boehringer II") [2007] E. C. R. I-3391,[2007] E. T. M. R. 71,ECJ.

销售,但对于像欧莱雅这样的奢侈化的香水和化妆品,委员会认为,依据《一号指令》第 7 条第 2 款的内容,其外包装基于包装涉及的独特性而被认为是产品的一部分,所以未经商标权人同意拆除香水和化妆品这类产品的包装可以构成商标权人反对产品进一步商业化的法定事由。

但法院认为,不应当对《一号指令》第 7 条第 2 款作上述解释。首先,因为该条项下主要是权利用尽的规则,对于商标权人通过商品实现商标价值之后又反对相关商品进一步商业化行为应当作限缩解释。其次,并不是所有的化妆品都是奢侈品,存在拆除外包装但并不影响指示商品或质量的功能的情况。法院认为,对移除包装的产品商标权人是否有合法事由禁止其进一步商业化需要进行个案分析。虽然遵守化妆品指令或所有其他关于产品安全或消费者保护的欧盟规定本质上都可以保护商标,但商标商誉的损害并不是因为销售不带包装盒的商品,而是在销售商品的时候,包装上缺少了欧盟法律所要求的商标的详细信息。所以,法院认为,商标本身不是《欧共体化妆品指令》保护的对象,正如法官指出的,品牌产品的进一步商业化如果不符合指令的要求,商标的商誉就会受到严重的影响,那么商标权人就可以基于《一号指令》第 7 条第 2 款的规定享有阻止其产品进一步商业化的权利。

在防止进一步商业化中,出售不带包装盒的化妆品从而导致商品形象实际或潜在地受到损害进而损害商标的声誉,这一点是推定的,即不应当由权利人举证证明。由于《一号指令》第 5 条第 1 款(a)项对于相同商标的使用或未经授权在相同或相似商品上使用相同标识,商标权利人可以获得绝对保护,虽然仍然需要商标权人证明第三人的行为构成商标侵权的各个要素,但对于损害的结果则是无须举证的,所以,在商业活动中销售或许诺销售化妆品时去除产品包装,可以推定为实际或潜在地损害了产品的形象继而损害了商标的声誉,应当由销售人而非商标权人举证证明没有损害商标的声誉。及于本案之中,欧莱雅有权要求销售人即 eBay 的用户承担侵权责任,停止销售相关产品。

>> 启示

该案是在欧盟法律体系下,对电子市场经营者在搜索引擎中使用商标标识和市场使用者未经商标权人同意而使用商标是否构成商标侵权这一法律问题进行的分析。法官认为,中间商在其广告上使用商标权人的商标构成对商标的使用,但该使用是合理的指示性使用,不应承担侵权责任。同时,对于出现在 eBay 网站的销售页上的商标使用乃市场使用者的使用而非 eBay 的使用,故 eBay 网站对于销售该商品的行为不构成侵权,但商标权人有权在不妨碍合法交易的基础上申请禁令防止将来侵权并在通知 eBay 时,eBay 负有删除义务,否则对于扩大部分 eBay 应当承担侵权责任。店主销售"非卖品"等不转移所有权的商品则不视为销售,不符合权利用尽原则,仍然应当承担侵权责任。相比于我国商标法中的网络侵权,欧盟法院的解释是比较完善的。我国对于网络侵权中服务提供商的责任问题的认定,可以根据《侵权责任法》第36条关于要求网络服务商承担间接侵权责任的规定。2013年8月30日全国人大常委会公布的修改后的《商标法》第57条第6项增加了故意为侵犯他人商标专用权行为提供便利条件,帮助他人实施侵犯商标专用权行为的,可以认定为侵犯商标专用权。其中明确指出了帮助侵犯商标专用权的主观是故意,即排除了网络服务提供商不知情时,他人在其网站上使用商标的行为,与《一号指令》中的"确实知情"在本质上有异曲同工之妙。

(执笔人:周晓锋)

商标侵权惩罚性赔偿案件

美国 COOPER 公司商标侵权案惩罚性赔偿的适用

>> 导读

本案①涉及商标侵权中的惩罚性赔偿的适用及其数额的确定。美国联邦商标法中没有对惩罚性赔偿的明确规定，这就会涉及惩罚性赔偿的合宪性及法官的自由裁量权问题。通过本案的分析，可以对美国商标侵权案中的惩罚性赔偿有进一步的了解。

一、案件事实

上诉人（被告）：Cooper 公司

被上诉人（原告）：Leatherman 公司

本案双方当事人是具有竞争关系的工具制造商。被上诉人（原告）Leatherman 公司在 1980 年推出了其掌上求生工具（PST）。上诉法院将其描述为"巧妙的多功能口袋工具，它对经典的'瑞士军刀'在许多方面进行了改进。这些改进包括但不限于，展开时几乎是一般的全尺寸钳子的折叠钳子……Leatherman 显然在很大程度上开发并主导了多功能口袋工具（大部分都与 PST 相似）的市场。"

1995 年，上诉人（被告人）Cooper 公司决定涉及并销售一款有竞争性的多功能工具。Cooper 计划复制 PST 的基本功能并添加一些自己的特点，并以 ToolZall 的名字出售，Cooper 希望可以得到多功能工具市场 5% 的份额。首次设计出来的 ToolZall 与 PST 实质上完全一致，但最终为了诉讼的目的进行了修改。

1996 年 8 月，在芝加哥全国五金展上，Cooper 首次展示了 ToolZall。在展会上，其使用的照片海报、包装、广告材料中声称是一个全新的 ToolZall，但在实质上是改良的 PST。制备这些材料的时候，ToolZall 尚未被制造，Cooper 的雇员就通过磨掉 PST 手柄和钳子上的 Leatherman 商标并代以 ToolZall 上独特的紧固件，制造了一个 ToolZall 的实物模型。至少其中一张照片被重新修饰来移除

---

① See Cooper Industries, Inc. v. Leatherman Tool Group, Inc., 532 U. S. 424(2001).

Leatherman 商标的弯曲压痕。这些照片不仅使用在这次吸引了超过 70000 人的展会上,还被使用在 Cooper 在全国各地的销售队伍的营销材料和产品目录中。Cooper 还将经过润色的 PST 素描图分发给其国际销售代表。

在展会后不久,Leatherman 起诉,主张 Cooper 侵犯商业外观、不正当竞争和虚假广告。地区法院在 1996 年 12 月发布初步禁令,禁止 Cooper 销售 ToolZall 和在其广告中使用修改的 PST 的图片。Cooper 从市场上撤回原 ToolZall,并开发一种使用塑料图层把手的不同于 PST 的模型。在 1996 年 11 月,它已提前发出通知向其销售人员召回所有含有 PST 图片的宣传材料,但是它直到 1997 年 4 月才试图收回已经发给客户的材料。因此,违规宣传材料直到 1997 年还不断出现在目录和广告中。

在 1997 年 10 月进行的审判后,陪审团的裁决回答了几个特殊的质询。关于依据《兰哈姆法》侵权索赔方面,陪审团发现 Leatherman 在 PST 的整体外观上拥有商标权,最初的 ToolZall 侵犯了该权利,但没有对 Leatherman 造成损害。然后,法院认定,修改后的 ToolZall 没有侵犯 Leatherman 在 PST 上的商标专用权。对于虚假广告索赔方面,法院认定 Cooper 存在冒充行为、虚假广告和不正当竞争行为,并评估赔偿总额五万美元。对于 Leatherman 是否有明确且令人信服的证据证明 Cooper 在有从事虚假广告或假冒中对非常不合理的损害风险存在恶意,并对 Leatherman 的权利有意识的淡漠,法院作出了肯定回答。

根据陪审团指示,法院确定了"Leatherman 应当获得惩罚性赔偿金额"。最后陪审团确定为 450 万美元。

陪审团裁决后,地区法院经过考虑拒绝了该裁决,认为根据 BMW of North America, Inc. v. Gore 案①,该惩罚性赔偿是"过度"的。

二、法院判决

地区法院:

(1) 认定 Cooper 存在假冒、不正当竞争和虚假广告的行为,并支付五万美金损害赔偿金;

(2) 将惩罚性赔偿(450 万美金)的 60% 交给俄勒冈州刑事伤害赔偿账户;

(3) 永久性地禁止 Cooper 在全美或其指定的 22 个国家销售其最初的 ToolZall 产品。

联邦巡回上诉法院:

上诉法院发出了两份意见。在其公开发表的意见中,它撤销了禁令。因为它认为 PST 的整体外观具有显著的特点,而这些特点的组合具有功能性,因而

---

① See 517 U.S. 559, 116 S. Ct. 1589, 134 L. Ed. 2d 809.

不受商标法的保护。因此,即使 Cooper 曾刻意地复制 PST,该行为也是合法的。

在未发表的意见中,上诉法院肯定了惩罚性赔偿的裁决。首先它否定了 Cooper 的说法,即俄勒冈州宪法被解释为禁止对言论侵权行为施加惩罚性赔偿的意见。然后又审查了地区法院认定该赔偿是"和比例的、公平的,考虑到了行为的性质、主观故意以及赔偿数额的威慑性",并得出结论:"该赔偿没有损害 Cooper 根据联邦宪法享有的正当程序权。"法院指出,Cooper 使用 PST 的照片不会"对 Leatherman 或者顾客造成与传统假冒行为相同的潜在危害"。但是,上诉法院也没有纵容假冒行为,它认为"通过使用 Leatherman 的产品,比等待自己的产品准备好更便宜、更容易、更快地获得一个'模型',至少给 Cooper 以不正当的优势"。因此,上诉法院总结:"地区法院没有在拒绝减少惩罚性赔偿数额时滥用其自由裁量权。"

因此,上诉法院撤销了禁令,维持了损害赔偿金与惩罚性赔偿金的判决。

三、法律问题及分析

惩罚性赔偿(Punitive Damages)是一种重要的损害赔偿方式,或是对补偿性损害赔偿的一种重要补充,它时常用以表明法律或陪审团对被告蓄意的、严重的或野蛮的侵权行为的否定性评价。[①] 惩罚性赔偿是英美法系中普通法上的一种法律救济措施,主要针对那些恶意的、在道德上具有可非难性的行为而实施的。一般认为,现代意义上的惩罚性赔偿制度,起源于 1763 年的 Huckle v. Money 一案,英国法官 Lord Camden 在判决中运用了这一制度。但是,惩罚性赔偿制度最终在美国得到了更快地发展,目前除了路易斯安那、马萨诸塞、内布拉斯加和华盛顿四个州外,各州均已采纳了这一制度,惩罚性损害赔偿金制度已经成为美国各种法律中一项非常牢固的制度,其他英美法系国家多借鉴英美两国。[②]

(一) 美国法中惩罚性赔偿责任的一般理论

在美国,惩罚性赔偿责任的构成要件一般包括如下几项:(1) 主观要件。根据美国的一些判例,只有在行为人的行为是故意的、恶意的,或者行为人具有严重疏忽行为、明显不考虑他人的安全和重大过失的行为,知道或意识带损害的高度危险行为时,行为人才应当承担惩罚性赔偿的责任。例如,在 Cooper 案中,陪审团认定有明确且令人信服的证据证明 Cooper 在有从事虚假广告或假冒中对非常不合理的损害风险存在恶意,并对 Leatherman 的权利有意识地淡漠,由此作出惩罚性赔偿的裁决。(2) 行为具有不法性和反社会性。由于惩罚性赔偿的

[①] 参见〔英〕戴维·M. 沃克《牛津法律大辞典》,邓正来等译,光明日报出版社 1988 年版。
[②] 参见汤涵、杨悦:《国外惩罚性赔偿制度之比较》(上),载《中国医药报》2008 年 12 月 6 日第 6 版。

功能上的特点,其一般不适用于那些轻微的违反注意义务的行为。惩罚性赔偿主要适用在具有不法性和道德上应受谴责的行为,比如故意对他人实施暴力行为,滥用权利等。这些行为超过社会容忍的限度,需要对行为人进行制裁,并遏制不法行为的再次发生。(3) 损害后果。在适用惩罚性赔偿时,美国大多数法院认为,受害人首先必须证明已经发生了实际损害,而且这种损害是被告的行为造成的。也有一些法院认为原告只要证明被告违反了法定义务即可。因此,对于损害后果是不是惩罚性赔偿的构成要件在美国尚未达成共识,各地法院的做法不同。(4) 以补偿性赔偿为基础。适用惩罚性赔偿必须以根据实际损害判定的补偿性赔偿为基础,不能在没有补偿性赔偿的情况下直接判给惩罚性赔偿。如在 Wyatt Technology Corporation v. Tim Smithson 案[1]中,上诉法院虽然承认被告确实存在主观上的恶意,但仍撤销了地方法院的惩罚性赔偿判决,理由是地方法院在没有判给任何补偿性赔偿的情况下直接判给了惩罚性赔偿。上诉法院说明"惩罚性赔偿通常限于一个以补偿性赔偿数额为基础的数值"。可见,在美国惩罚性赔偿的判定需要以补偿性赔偿为基础。

对于惩罚性赔偿的功能,一般认为具有三方面的功能:(1) 补偿功能。惩罚性赔偿常常是在补偿性赔偿制度不能对受害人提供充分的补救的情况下适用的。[2] 由于精神损害赔偿以及人身伤害赔偿中计算损害的困难性,导致仅靠补偿性赔偿无法使受害人得到充分而公平的赔偿,这是早期的普通法采用惩罚性赔偿的原因。(2) 制裁功能。惩罚性赔偿针对的是具有恶意的不法行为,这种惩罚与补偿性损害赔偿所体现的制裁功能是不同的。补偿性赔偿是对受害者受到的损害的一种填平。对于不法行为实施者而言,这更像是一种等价交换,对其自身而言并没有带来任何损害。而通过惩罚性赔偿,使不法行为者为其不法行为付出惨重代价,才能真正使之记取教训,不敢再实施不法行为。(3) 威慑功能。惩罚性赔偿制度不仅能使不法行为实施者不敢再犯,同时也会对社会一般人产生威慑作用。David Partlett 曾说,威慑与单个人的责任没有联系,威慑是指确定一个样板,使他人从该样本中吸取教训从而不再从事此行为。[3]

在美国,惩罚性赔偿被广泛地应用于侵权和违约领域中。此外,随着社会的发展,新型侵权类型层出不穷,与此相对应的,惩罚性赔偿的适用范围也在不断地扩大。惩罚性赔偿在知识产权领域的适用也得到了广泛的关注。

(二) 惩罚性赔偿额度的确定

惩罚性赔偿的功能虽然定位于惩罚与威慑,甚至在一定程度上的"类刑罚

---

[1] See 345 Fed. Appx. 236; 2009 U. S. App. LEXIS 19319,345 Fed. Appx. 236; 2009 U. S. App. LEXIS 19319.

[2] 参见王利明:《美国惩罚性赔偿制度研究》,载《比较法研究》2003 年第 5 期。

[3] See David F. Partlett, Punitive Damages: Legal Hot Zones, 56 La. L. Rev. 781, 797(1996).

性",但是如若数额不受限制,惩罚性赔偿将会变质,完全演变成公众与不良厂商之间的一场博弈;惩罚性赔偿的目的并不是要使一些人一夜成为"暴发户",而另外一部分人却失去工作。[①] 因此,需要对惩罚性赔偿的数额进行限制,主要的做法有以下几种:

1. 适用比例原则(the Ratio Rule)

惩罚性赔偿数额应当与补偿性赔偿损害数额之间保持某种合理的比例关系,前者不应比后者高出太多。

这一原则是由美国最高法院在 BMW 案中首次采用的。在该案中,最高法院提出了判断惩罚性赔偿额度的三个标准:(1) 被告方应负责任的程度;(2) 原告实际遭受损害或潜在损失与惩罚性赔偿金额之间的差距;(3) 陪审团决定的惩罚性赔偿金额与类似案件中的惩罚性赔偿金额的差距。

尽管美国最高法院在 BMW 案中提出了三个判断标准,但是没有规定一个明确的比值。这在具体适用时仍然会产生很多争议,于是最高法院在 State Farm Mutual Automobile Ins. Co. v. Campbell 案[②]中完善了比例原则,明确了惩罚性赔偿不应超过补偿性赔偿的十倍,但是在某些特殊情况下,惩罚性赔偿可以超出这个比例。

2. 对惩罚性赔偿的最高数额作出限制

对于最高数额的限制,主要有以下几种立法例:一是以补偿性的赔偿金为基数,规定不得超过补偿性赔偿金的若干倍。如佛罗里达州规定,原告如提出明确的证据以证明惩罚性赔偿金额不会过高,则最高金额可以达到填补性赔偿金额的三倍。二是直接规定具体的最高数额。如维吉尼亚州规定,惩罚性赔偿金不得超过 35 万美元。三是既规定不得超过惩罚性赔偿金的最高数额,也规定以补偿性的赔偿金为基数不得超过补偿性赔偿金的若干倍。例如,德州规定不得超过两倍财产上的损害额或 25 万美元,加上低于 75 万美元的非财产上的损害赔偿。[③]

3. 强制将惩罚性赔偿金的一部分分配给州政府

惩罚性赔偿虽然也有一定的补偿性作用,但是其数额通常都会远远超过原告所受的实际损失。这也导致有一部分学者认为,如果将惩罚性赔偿全部给予原告,从某种意义上而言是一种不当得利。因此,有观点认为应当将全部或者部分的赔偿额交给政府。例如,犹他州规定,惩罚性赔偿超过两万美元的,其中的

---

① 参见李春香:《惩罚性赔偿适用中的几个重要问题》,《社科纵横(新理论版)》2013 年 3 月,第 124 页。
② See 538 U.S. 408,2003.
③ 参见王利明:《美国惩罚性赔偿制度研究》,载《比较法研究》2003 年第 5 期。

50%归州政府财政部门。① 在 Cooper 案中,地区法院的判决将惩罚性赔偿(450万美金)的60%交给俄勒冈州刑事伤害赔偿账户,也体现了这一观点。

(三) 惩罚性赔偿在商标法中的适用

美国《兰哈姆法》第35条规定:"侵犯任何已在专利商标局注册并享有权利之商标或违反本法第43条(a)项所规定之情形者,得依本法提起民事诉讼,原告得依本法第29条、第32条及衡平法原则下就下列情形请求赔偿损害:(1) 被告所获之利润,(2) 原告所遭受之损害,和(3) 诉讼费用。法院可依据其所请求,评估其所获利益及所受损害或于法院指挥下委由他人评估因此原因而生之利益或损害,为预估此利益,原告需要证明被告之销售量;而被告则必须证明所有其所主张之成本产生之原因或其所主张应扣除之一切要件。在评估损害时,法院依情况可为超过经认定之实际发生损害的数额之判决,但此数额不可大于实际所发生损害之三倍。如果法院发现根据其利润而得之损害赔偿数额不正确或超过时,法院可自行根据此案的情况决定为法院所认为公平数额之判决。上述数额将视为赔偿而非惩罚。法院于特殊场合亦得判定合理之律师费赔偿给胜诉之一方。"根据上述规定,法院判决的赔偿数额应视为赔偿而不是惩罚,也就是说,美国的联邦法律中没有对于惩罚性赔偿的明确规定。

但是,由于商标侵权行为也属于一般的侵权行为的一种,那么适用于一般侵权的惩罚性赔偿在一定情况下也可以适用于商标侵权。在司法实践中,法院也已经多次对商标侵权行为判决惩罚性赔偿,Cooper案即是很好的例子。

而商标侵权案件呈现的特点是"侵权容易维权难"。具体来说,商标权的客体是智力成果,其在同一时间可以存在于不同的空间内,也可以由多个主体共同利用,无法通过占有的方式实现自我保护。而智力成果的无形性又导致一般情况下权利人无法立即知晓其权利被侵权,侵权行为具有极强的隐蔽性。而商标侵权案件的取证困难、诉讼成本高等特点也导致维权的难度很高。这些情况导致在很多情况下仅仅靠补偿性赔偿不能对侵权人产生真正的制裁作用,侵权行为常常会反复发生。有时甚至极有可能不足以对权利人的损害进行补偿。因此,在商标侵权案件中适用惩罚性赔偿是必要也是可行的。

(四) 惩罚性赔偿的合理性问题

众所周知,美国是世界范围内惩罚性赔偿制度最为发达的国家,也同样是该领域争议最多、最广泛、最悠久的国家,其理论界与司法实务界都存在着许多争议。

1. 惩罚性赔偿是否符合正当程序

美国许多学者认为,惩罚性赔偿是违反正当程序的。在诉讼中,很多被控侵

---

① See Utah Code Ann. 78-18-1(3)(1992).

权的当事人也以此作为抗辩理由,在 Cooper 案中 Cooper 公司便提出来这一抗辩理由。它的理由是,根据《美国宪法》第十四修正案规定,任何人不经正当程序不得被剥夺生命、财产。而惩罚性赔偿的适用及数额完全由陪审团决定,这可能会掺杂了陪审团成员的主观因素。同时,由于民事责任是一种以补偿性质为主的法律责任,如果在其中增加具有制裁功能和威慑功能的惩罚性补偿责任,这违背了私法的补偿性质,模糊了私法与公法之间的界限。

但是,从美国最高法院的判决看,并不认为惩罚性赔偿的适用违反了正当程序。在 Cooper 案中,法院明确惩罚性赔偿没有损害 Cooper 根据联邦宪法所享有的正当程序权利,但是最高法院还是指出:尽管各州拥有决定刑事罚金和惩罚性赔偿的宽泛裁量权,但《美国宪法》第十四修正案正当程序条款给予了此种裁量权的实体限制。

2. 过重罚金条款(Excessive Fines Clause)争议

《美国宪法》第八修正案规定:"不得要求过多的保释金,不得处以过重的罚金,不得施加残酷和非常的惩罚。"该条款涉及罚金的内容被称为过重罚金条款,其所称的罚金一般被认为是指刑事责任中的罚金,因此似乎与作为民事责任的惩罚性赔偿没有关系。但是,由于美国惩罚性赔偿案件中陪审团裁决的赔偿额越来越大,有时甚至达到了补偿性赔偿额的数百倍。这使得被告寻找各种理由来为自己抗辩,而过重罚金条款也成了他们的选择之一。

1989 年的 Browning-Ferris Indus., Inc. v. Kelco Disposal, Inc. 案[①]中,最高法院对这个问题作出全面的讨论与判断:第八修正案的过重罚款条款不适用于民事诉讼中的惩罚性赔偿。法院考察了第八修正案的历史渊源与立法者本意,指出:立法者制定该条款的本意是限制新政府的权利,而未关注私人之间的赔偿。

启示

我国现行《商标法》第 56 条规定:"侵犯商标专用权的赔偿数额,为侵权人在侵权期间因侵权所获得的利益,或者被侵权人在被侵权期间因被侵权所受到的损失,包括被侵权人为制止侵权行为所支付的合理开支。前款所称侵权人因侵权所得利益,或者被侵权人因被侵权所受损失难以确定的,由人民法院根据侵权行为的情节判决给予五十万元以下的赔偿。"据此可知,我国在商标侵权损害赔偿中,适用的是补偿性赔偿。补偿性赔偿要求以被害人的实际损害为限,但是社会现实中出现了越来越多的商标侵权现象,表明单纯的补偿性赔偿已经无法对侵权人及他人产生威慑作用。全国人大常委会在 2013 年 8 月 30 日公布的

---

① See 492 U.S. 257 (1989).

《商标法》中引入了惩罚性赔偿制度,规定:"侵犯商标专用权的赔偿数额,按照权利人因被侵权所受到的实际损失确定;实际损失难以确定的,可以按照侵权人因侵权所获得的利益确定;权利人的损失或侵权人获得的利益难以确定的,参照该商标许可使用费的倍数合理确定。对恶意侵犯商标专用权,情节严重的,可以在按照上述办法确定数额的一倍以上三倍以下确定赔偿数额……"这一修改顺应了社会和司法实践的需要,但在具体适用及操作中,还有很多问题值得研究。值得一提的是,本案中惩罚性赔偿数额的60%被强制分配给了俄勒冈州刑事伤害赔偿账户,这种机制在我国是否适用值得讨论。美国的惩罚性赔偿制度相对来说已经较为成熟和发达,其中有许多做法还是值得我们借鉴参考的。

(执笔人:俞珲珲)

美国 TEXAS 商标侵权案中惩罚性赔偿的构成要件

▶▶ 导读

该案件①涉及商标侵权案中惩罚性赔偿的构成要件，主要是其主观要件及其证明。根据《兰哈姆法》第 35 条(b)款，惩罚性赔偿适用的主观要件必须是恶意、邪恶的动机或者对他人权利的漠不关心。

一、案件事实

被上诉人(原告)：ARTCRAFT 新奇玩具公司
上诉人(被告)：BAXTER LANE 公司

BAXTER LANE 公司生产和销售一系列通常被称为"Texas brag items"的新奇产品。BAXTER LANE 公司已销售这些产品二十多年并且相当成功，目前已雇用六名全职售货员销售多达六百件新奇物品。原告 ARTCRAFT 新奇玩具公司于 1973 年开始生产和销售两个"Texas brag"的产品：标有"Texas Fly Swatter"的超大苍蝇拍和标有"Texas Housefly"的超大苍蝇模型。这些产品也取得了成功。事实上，ARTCRAFT 新奇玩具公司已经售出了超过五十万个苍蝇拍和超过十五万个苍蝇模型，销售网点遍布全国各地，但主要集中在得克萨斯州。ARTCRAFT 新奇玩具公司随后申请并获得注册商标"Texas Fly Swatter"和"Texas Housefly"。

大约有六年的时间，原告与被告一直维持着良好的业务关系，即被告购买和分销原告商标为"Texas Fly Swatter"和"Texas Housefly"的产品。在此期间，被告大约售出十万套原告的产品。在 1978 年年底到 1979 年年初，BAXTER LANE 公司决定结束其与原告之间的合作关系，并开始生产自己的新奇苍蝇拍和苍蝇模型。BAXTER LANE 公司指示其生产商精确地复制了原告的产品。

BAXTER LANE 公司开始销售其自己的产品之后，ARTCRAFT 新奇玩具公司发布声明，认为 BAXTER LANE 公司的这两种产品侵犯了其商标权。但是，BAXTER LANE 公司仍继续出售其产品。随后 ARTCRAFT 新奇玩具公司根据普通法和《兰哈姆法》提起商标侵权诉讼。

在诉讼中，BAXTER LANE 公司提出了在先使用抗辩。BAXTER LANE 公司

---

① See 685 F.2d 988.

提交证据认为其先将单词"Texas"与超大新奇产品结合在一起。BAXTER LANE 公司想利用证据证明其在先使用了 ARTCRAFT 新奇玩具公司的商标，因此原告的诉讼请求无效。法院拒绝了这一抗辩理由。

法院认为，商标当然不是一个以肉眼可见的方式存在的权利，而是源于团体将其标志使用在其销售的商品而产生的商誉中。根据 McLean v. Fleming 案①，如果所有权人拥有或者控制其公开销售的货物，则他有权将商标独家使用在其产品上，将其产品的特定生产或质量与其他的区别开来。因此，从严格意义上说，BAXTER LANE 公司只有在曾经使用过的"Texas"特定商品上拥有商标权，而不是原告首先销售的苍蝇拍和苍蝇模型。另外，BAXTER LANE 公司还可以提出"业务扩张"原则（"Expansion of Business" Doctrine）②进行抗辩。但在本案中该原则不得适用，因为，虽然 BAXTER LANE 公司在一定的时间段中有权利扩张其商标到新"Texas brag"的项目，但是它无权允许他人将该商标使用在新产品上，进而声称这些商品上的商标权是属于自己的。同时，在它开始制造和出售新奇苍蝇拍和苍蝇模型而使其标志进入一个新的领域之前，已经有新的使用者在该领域使用与其相似或相同的标志，BAXTER LANE 公司虽然知情却没有采取积极措施主张其权利从而保护其商标在新的领域的扩张。BAXTER LANE 公司因此无法将"业务扩张"原则作为其侵权的抗辩理由。

BAXTER LANE 公司的描述性抗辩理由也被法院拒绝。根据 Soweco, Inc. v. Shell Oil Co. 一案③，如果原告的商标仅仅是描述性的，原告不能要求它作为独家权利。描述术语确定物品或服务的特性或质量，例如，它的颜色、气味、功能、尺寸或配料。原告的商标将"Texas"与超大产品组合，它不是描述该商品来自"Texas"。相反，该标志是一种暗示，是想说明商品中的某些特质以及要求消费者运用想象力对这些产品的性质作出一个结论。换句话说，暗示消费者，特大型产品是"Texas"。因此，原告的商标得到了适当的保护，BAXTER LANE 公司的描述性的证据是不相关的。

同时，陪审团还认定原告的超大苍蝇拍和苍蝇模型的设计足够用以表明产品的来源。BAXTER LANE 公司对陪审团独创性认定的唯一反对是，其证据表明原告的苍蝇拍、苍蝇模型不仅是由原告在出售。原告显然允许销售其产品时不表明其商标，以及标记另一家企业的名称进行销售。法院同意，这些销售往往削弱了原告的诉讼请求。然而，法院不认为 BAXTER LANE 公司已经承担了其

---

① See 96 U.S. 245, 252, 24 L. Ed. 828, 831 (1877).

② See Standard Brands v. Smidler, 151 F.2d 34, 37(2d Cir. 1945): "法律赋予给商标权人的保护，并不仅仅局限于使用该商标的货物，而是延伸到使用相同的标志进行销售会导致购买的公众以为产品来自同一来源的情况。"该原则的目的是防止买家对由商标确定的商品来源的混淆。

③ See 617 F.2d 1178, 1183—84 (5th Cir. 1980).

证明陪审团认定独特性是错误的举证责任。"只有在没有充足的证据支持判决的情况下才会出现可逆的错误"①。在这里,有足够的证据来支持独特性的认定。至少可以说,苍蝇拍和苍蝇模型具有独特性。此外,原告已经售出了庞大数量的产品,足以让陪审团来推断原告具有作为单一来源的市场身份。BAXTER LANE 公司用没有原告商标的销售作为反驳这一推论的非决定性证据。它没有提交任何有关未标记销售数量的证据,以及少量的以第三方的名字销售的薄弱证据。与原告使用自己商标的广泛销售相比,这些证据不能推翻陪审团对独特性的认定。尽管存在 BAXTER LANE 公司相当薄弱的证据,但仍然有有说服力的证据用来支持陪审团的认定。

二、法院判决

地区法院:

(1)被告的行为侵犯了原告的商标权,应赔偿原告实际赔偿金、惩罚性赔偿金和律师费。

(2)禁止被告进一步销售或分销超大苍蝇拍和超大苍蝇模型,并销毁所有用于制造产品的模具。

上诉法院:

上诉法院维持了地区法院的判决,理由如下:

首先,被告虽然在先使用了"Texas",但是其在原告开始用其商标前没有将业务范围扩展到相关领域,而且在原告使用其商标后也没有采取一定的措施进行制止。也就是说,被告的行为已经不能构成在先使用抗辩。其次,被告和原告一度建立过合作关系,被告帮助原告销售其产品。也就是说,被告明确地知道了原告已经在使用相关的商标,这种合作关系维持了长达六年,之后被告才开始在相关领域进行制造和销售,显而易见,其主观上是明知的。最后,被告声称该商标应被认定为无效,因为由原告提交的宣誓书违反了《兰哈姆法》第 8 条和第 15 条的规定。但是,被告并没有及时将这些法定弃权和欺诈作为抗辩。它在这些问题上没有要求特殊质询,而且它不反对地方法院的不包含这类质询的陪审团费用。直到后期提交请求陪审团指示和部分简易判决的动议时被告才提及了这些问题,且直到当天当事人休庭和陪审团开始审议的几个小时后,这些文件才被提交且直到第二天早晨才被正式收到,此时陪审团已经作出了裁决。

因此,上诉法院维持了地区法院的判决。

---

① Byrd v. Hunt Tool Shipyards,Inc.,650 F.2d 44,48(5th Cir. 1981).

三、法律问题及分析

本案中双方的争议焦点在于被告是否存在恶意,是否需要适用惩罚性赔偿。这就涉及了惩罚性赔偿的构成要件及其证明。

(一)惩罚性赔偿的主观要件

惩罚性赔偿针对的是那些具有恶意的、道德上具有非难性的行为而实施的,因此其在主观上的要求自然也比适用补偿性赔偿的要求更高。一般的疏忽是无法适用惩罚性赔偿的,必须是超过单纯的疏忽、错误等。根据美国的相关判例,只有行为人的主观状态是故意、恶意或者具有恶劣的动机、毫不关心和不尊重他人的权利,或者重大过失时才可以适用。

目前美国有46个州在沿袭普通法传统,承认惩罚性赔偿金制度,但对于何时判决惩罚性赔偿,各州要求条件不一,可分为四类:(1)有14个州要求被告行为具有恶意而伤害被害人;(2)有23个州要求被告行为不必基于恶意,但须被告有意漠不关心、鲁莽而轻率地不尊重他人权利;(3)有8个州仅要求被告具有重大过失即可判决惩罚性赔偿金,亦即被告对于可能造成他人损害的结果,显然未予注意;(4)麻州与路易斯安那州规定,仅在特定法令规定惩罚性赔偿金时,始得为惩罚性赔偿金之判决。① 结合《兰哈姆法》第35条的相关规定,惩罚性赔偿的主观要件一般包括以下几种:

1. 故意(Intent)。在美国法上,根据行为人对其行为本身的态度,可以分为有意行为(Willfulness)和任性行为(Wantonness)。前者一般是行为人主观上积极追求,后者则不一定是积极追求而是放任其发生。根据行为人对损害结果的态度,可以分为故意伤害(Intent to Injury)和有意识地漠视他人的安全(Conscious Disregard of Safety of Other)。

2. 恶意(Malice)。"恶意"一词一般具有两种意思,一种是指某种事实,即坏的愿望、恶毒仇恨、为了害人而害人;另一种是指某一必然造成他人损害的行为。通常侵权法中仅在前一种意义上使用该词。② 也就是说,恶意不仅要求行为人具有从事不法行为的故意,同时还要求行为人具有道德上应受到谴责的不良目的,是一种比故意要求更高的心理状态。

恶意可以分为事实上(Actual)的恶意和法律上(Legal)的恶意。事实上的恶意是指当事人凭借某种事实状态期望发生或者故意损害他人权益的意思表示。如某人无法律依据而占有他人财物;案件证人故意歪曲事实真相等。事实上的恶意与法律上的恶意不同,前者是基于某种事实状态而为恶意行为,后者是

---

① 参见陈聪富:《美国法上之惩罚性赔偿金制度》,载《法学论丛》2002年第5期。
② 参见《美国侵权法重述》(第二次)第8A条。

借助某种法律关系而产生恶行为。有些州要求惩罚性赔偿必须是基于事实上的恶意,也有些州认为仅具有法律上的恶意也可以判决惩罚性赔偿。

3. 毫不关心和不尊重他人的权利。美国国会1982年制定的《产品责任法》[The Product Liability Act, (1982) Sec. 13(a)(1)]规定,如果有明确的令人信服的证据证明损害是由于毫不顾及可能因产品遭受损害的人的安全,就具有一种漠不关心、置之不理的状态。也有一些州的法院认为,如果行为人的行为严重违反了注意义务,即推定其轻率地不顾或漠视他人的安全。①

4. 重大过失(Gross Negligence)。重大过失是指主观上不希望其行为导致他人损害的行为人,事实上意识到或能够意识到其行为可能会对他人的生命、财产或其他权益带来极端危险,仍然执意要从事该种行为或不作为,在极不合理的程度上违反了人际交往中应有的注意义务,未采取任何人在任何情形都会采取的措施,以至于事实上给他人的权益造成了严重损害的风险。

重大过失与一般过失存在着明显的区别:

第一,重大过失中行为人对自己行为的过失在一定程度上是有认识的,也就是说,在很大程度上是可以预防和避免的,其道德苛责难性更强。重大过失不仅仅是一时的轻率或短暂的欠考虑、不注意或判断错误,因此,它不仅是指行为人缺乏一般注意义务,还意味着对一般注意义务的完全背离,对他人的权利或安全极不顾及。而一般过失通常是无意识的过失,只是因其没有达到法律的标准,这种过失很难避免,很难从道德上对其加以责难。

第二,重大过失的判断标准是"极不合理地违反注意义务",是指行为人给他人制造了一种带来严重损害的高度危险,这种"极不合理"的判断需要考虑一系列的因素,如风险巨大、预防成本非常低、损害发生的可能性极高等,这些因素的认定需要法官在具体的案例中根据具体情况进行分析。而一般过失的判断标准是"合理人的注意义务"标准,这一标准具有所属社会阶层或所从事职业的一般能力和胜任程度。也就是说,一般过失责任只要求我们每一个人按照社区中最平常的方式作为或不作为,只要大家怎么做,我也怎么做就足够了。判断一般过失时作为参考对象的是善良管理人,是指行为人在管理他人事物时,不是站在一般普通人的立场,而是要站在具有相当知识的经验人的立场上所应有的注意义务。

在本案中,法院认为,BAXTER LANE公司曾经与原告建立过商业合作关系,合作关系长达六年之久,合作的主要内容就是对原告使用涉案商标的产品进行销售。被告在与原告结束合同关系之后,立刻就投入到相关产品的生产和销售中,还指示生产商对原告的产品进行模仿。这些事实都表明被告是在明知原

---

① 参见王利明:《惩罚性赔偿制度研究》,载《比较法研究》2003年第5期,第9页。

告享有相关商标的所有权的情况下,还故意对其进行抄袭和模仿。这种主观状态完全符合《兰哈姆法》第 35 条(b)款的规定,即明知商标或标志是仿冒的,还故意在销售、许诺销售或提供商品或服务中使用商标和标志。也就是说,被告的主观状态符合了《兰哈姆法》对惩罚性赔偿主观状态的要求,存在明知和故意。

(二) 存在实际损害

在美国,一般认为惩罚性赔偿本身不构成独立的诉因,要获得惩罚性赔偿,必须要有可以支持惩罚性赔偿请求的诉因,而可以作为独立诉因的是原告受到的损害。也就是说,在适用惩罚性赔偿时,受害人必须首先证明已经发生了实际损害,而且这种损害是被告的行为造成的。换言之,惩罚性赔偿必须以根据实际损害判定的补偿性赔偿为基础。如 Wyatt Technology Corporation v. Tim Smithson 案①中,上诉法院虽然承认有足够的证据证明被告的"实际的恶意",但仍撤销了地方法院判给的 10000 美元的惩罚性赔偿,理由是地方法院在没有判给任何补偿性赔偿的情况下直接判给了惩罚性赔偿。上诉法院指出,惩罚性赔偿通常限于一个以补偿性赔偿数额为基础的数值。可见,在美国惩罚性赔偿的判定需要以补偿性赔偿为基础。

在本案中,地区法院也是在先判决实际性赔偿的基础上,再加以惩罚性赔偿。

(三) 特定范围的不法行为

被告承担惩罚性赔偿责任,必须是实施了某些特定范围的不法行为。这里所说的特定的不法行为,是指根据制定法规定或者判例法可以适用惩罚性赔偿的不法行为。② 制定法规定的不法行为,如侵犯商业秘密的行为,这些行为及相应的惩罚由法律直接规定,难以一一列举。判例法上的不法行为是指根据判例应当适用惩罚性赔偿的不法行为,在美国的判例法中主要包括以下几种类型:

1. 侵权行为。纵观侵权责任发展的整体趋势,可以发现损害补偿功能在其理论中占据了主导地位。随着社会的不断发展,我们可以发现通过确立侵权责任使受害人得到补偿性赔偿,并不能起到有效的威慑和抑制侵权行为的作用。这种变化的产生有很多方面的原因,其中一个很重要的原因是现代责任保险制度的出现。责任保险是商业保险的一种形式,它是以保险客户的法律赔偿风险为承保对象的一类保险。尽管责任保险中承保人的赔款是支付给被保险人的,但这种赔款实质上是对被保险人之外的受害方即第三方的补偿。也就是说,责任保险是讲个人责任在一定限度被推向社会,使受害人的损失由更多

---

① See 345 Fed. Appx. 236.
② 参见金福海:《惩罚性赔偿制度研究》,法律出版社 2008 年版,第 118 页。

人承担。虽然一方面这可以使受害人的赔偿获得更多的保障,但另一方面它也稀释了责任人的补偿责任,从某种程度上降低了其侵权所需付出的成本。这就使得补偿性赔偿的遏制作用降低。为了避免这一现象,将惩罚性赔偿适用到侵权行为中,是很有必要的。当然,由于惩罚性赔偿具有强烈的制裁性,因此必须是较为严重的侵权行为或者具有高度的道德可责难性的行为才能适用惩罚性赔偿。

2. 违反合同行为。由于合同行为是双方之间的行为,一般即使违反了,也不会产生高度的道德可责难性,而且合同是以意思自治为基础的,当事人之外的第三方的过多干涉将会阻碍意思自治的实现,因此一般不适用惩罚性赔偿。但是,一些特殊的违反合同的行为可以适用惩罚性赔偿,如恶意的违约、合同中的欺诈等。美国司法部的研究显示,惩罚性赔偿在合同领域中的适用甚至要超过其在侵权领域中的适用。

(四)惩罚性赔偿的证明标准

在讨论惩罚性赔偿的证明标准之前,首先要明确惩罚性赔偿的性质。根据功利主义的威慑论,不管民法还是刑法,都是威慑不法行为的一种手段。这两者的威慑是统一的,不同之处只在于威慑的手段和威慑的效果上。康德的道义论认为民法的目的是赔偿,刑法的目的是惩罚。那么惩罚性赔偿就是两者之间的连接点,因为惩罚性赔偿适用于民法之中,但其主要的功能之一却是惩罚。换言之,惩罚性赔偿的性质是兼具民法与刑法的功能。

在证明标准方面,民事责任适用的是优势证据规则,而刑事责任适用的是排除合理怀疑规则。那么惩罚性赔偿应当适用何种证明标准?

惩罚性赔偿应当适用明确而令人信服的标准。之所以选择这个标准,首先,这个标准能反映惩罚性赔偿中间性的诉求。[①] 一般认为,优势证据标准是指证据须表明行为人实施违法行为的概率在50%以上,排除合理怀疑标准表明行为实施违法行为的概率在95%以上,明确而令人信服的证明标准则是在75%以上。因为惩罚性赔偿的严厉程度在民事责任与刑事责任之间,那么其证明标准显然也应当具有中间性。

≫ 启示

英美法上的惩罚性赔偿兼具有补偿性赔偿的补偿功能与刑事责任的制裁和抑制功能,在抑制侵权行为方面具有独特的适用效果。在商标法中设立惩罚性赔偿制度,从而对传统补偿性赔偿进行修正和补充,可以充分调动受害人维权的积极性,更加有力地打击商标侵权行为,扭转侵权与救济难以平衡的局面,从而

---

① 参见杨春然:《惩罚性赔偿的证明标准》,载《证据科学》2012年第4期,第445页。

有效地保护权利人的合法权益,尽可能地实现实质正义。我国在 2013 年 8 月 30 日公布的修改后的《商标法》中已经引入了惩罚性赔偿规定,但如何适用还需要进一步研究,如恶意的界定等。本案中,法院对主观要件作了详细而明确的分析,可以为我国惩罚性赔偿条款的适用提供参考。

(执笔人:俞珲珲)

商标权的限制

美国 ATLANTIS 赌场商标在先使用权案

>> 导读

本案涉及地处不同区域的两家赌场对同一商标主张权利,美国法院对商标在先使用的判定因素进行解释的法律问题,其中的焦点在于对《兰哈姆法》第2条、第33条的理解。

一、案件事实

原告(反诉被告):Kerzner International Limited 和 Kerzner International Resorts,Inc.(以下简称"Kerzner")

被告(反诉原告):Monarch Casino & Resort,Inc. 和 Golden Road Motor Inn,Inc.(以下简称"Monarch")

Atlantis 商标首先由 Atlantis Lodge,Inc. 于 1994 年 10 月 11 日注册在旅馆服务上。Lodge 自 1963 年 6 月起就在北卡罗来纳旅馆服务上使用 Atlantis 商标。本案的根源在于 Lodge 将 Atlantis 商标分别授权给了 Kerzner 和 Monarch 使用。

Monarch 从 1992 年开始在餐厅、酒吧、休息室和夜总会服务上使用 Atlantis 商标,而并没有使用在旅馆或者赌场服务上。1996 年 2 月 3 日,Monarch 与 Logde 就 Atlantis 商标的使用签订了协议,该协议授权 Monarch 在度假赌场中的旅馆服务上使用 Atlantis 商标,而该旅馆之前使用的是 Clarion 商标。同年 4 月,Monarch 采用了"Atlantis 度假赌场"的名字。1997 年 7 月,Monarch 对"Atlantis 度假赌场"在赌场服务业上获得了内华达州的注册,并进行了多次续展。但是,Monarch 没有对 Atlantis 商标在赌场服务上申请联邦注册。

1994 年 10 月 13 日,Kerzner 与 Lodge 签订许可协议,在其位于巴哈马的度假赌场上使用 Atlantis 商标,并可以在美国范围内进行广告宣传。1994 年,Kerzner 开始使用 Atlantis 商标,用这个名字宣传其度假赌场的重新开幕。宣传活动开始于 1994 年 10 月,而实际的重新开业是在 1994 年 12 月。1997 年 2 月,Kerzner 通过向美国专利商标局(PTO)提交"意图使用"的证明申请,在包括赌场服务的多类上申请 Atlantis 商标的联邦注册。之后 Kerzner 提交了使用的声明,称首次使用的日期为 1994 年 10 月。Kerzner 因此获得了注册。

本案原被告双方各自计划扩张其业务,这种扩张在拉斯维加斯产生了冲突。他们都认为,对方在拉斯维加斯用 Atlantis 商标建立度假赌场侵犯了各自的商标权。

诉讼请求:

原告(反诉被告)Kerzner 请求法院根据《兰哈姆法》第 32 条第 1 款、第 43 条 A 款和普通法作出 Monarch 构成商标侵权的宣告性判决。

反诉原告(被告)Monarch 请求法院,第一,作出宣告判决承认 Monarch 就赌场服务类别上已经获得了 Atlantis 这一标识的普通法上的权利,不构成商标侵权;第二,撤销 Kerzner 错误获得的注册。

二、法院判决

在本案中,法院主要针对反诉原告、被告 Monarch 提出的非涉及实质性争议的诉讼请求作出了即席判决①。至于被告是否构成商标侵权,法院认为这涉及实质性争议,未在即席判决作出认定。

内华达州地区法院:

(1) 驳回 Monarch 关于对其在美国范围内在赌场服务上首先使用了 Atlantis 商标并要求获得部分即席判决的动议;

(2) 驳回 Monarch 关于 Kerzner 未在美国的商业中使用 Atlantis 商标提供赌场服务因而没有资格提起诉讼,要求部分即席判决的动议。

三、法律问题及分析

本案是即席判决案例,对于具有实质性争议的内容,即原被告双方究竟谁首先使用了 Altantis 商标,法院未在即席判决中作出判决。虽然法院没有对原被告双方谁在先使用 Altantis 商标下定论,但在分析是否适用即席判决的过程中,法院对商标的在先使用权利进行了阐释,结合案例考量了时间因素、地域因素以及判例中地域原则的例外。同时,法院就本案非实质性争议的内容进行了判决。事实上,Kerzner 是否享有在先权利取决于其是否构成美国司法判例中地域原则的例外,但这一不确定因素并不妨碍法院就被告提出的、承认其首次使用 Altantis 赌场商标作出即席判决,也不妨碍法院对原告诉讼资格的认定。

(一)关于商标在先使用权利之简述

在美国,商标权的取得通常有两种途径,一种是通过注册取得商标权,另一

---

① 即席判决,美国的一种司法制度,指对重要的案件事实并不存在真正的争议,在审前阶段,根据当事人的申请,法官直接将案件作为纯法律问题加以处理的一种便捷、快速的判决方式。

种是通过使用取得商标权。通过使用取得商标权,是指商标即使尚未经过注册,只要其已经在商业活动中用于识别某种商品或服务,商标使用者也能取得商标权。① 早期的商标保护一般以使用为基础,而后产生了以注册为原则的商标取得制度。

美国按照使用先后确定商标权归属的制度一直沿用至今。这种在先使用权利体现于《兰哈姆法》第 2 条的规定中:"在商业中并存合法使用而使之有权使用的商标可以准予并存注册。"产生并存注册的必要条件是,在后申请人对其商标的商业使用必须先于在先注册申请人或者注册人在美国专利商标局提出商标申请之日,否则不存在并存注册。同时,《兰哈姆法》第 33 条(b)款第 6 项规定,在先使用可以作为商标诉讼侵权的抗辩理由,其成立条件是:"(1) 由一方当事人使用的被指控为侵权的商标是不知道注册人在先使用的情况下采用的;(2) 被指控为侵权的商标是在按照第 7 条规定确立的推定使用日期或在法律规定的注册商标公告日之前使用的;(3) 被指控为侵权的商标一直由该当事人或与其合法利益关系的人连续使用;(4) 在所述连续在先使用能得到证实的地区继续使用该商标。"美国给予先用权人的救济非常得力,主要体现于:第一,经营者即使没有申请联邦注册,只要使用商标在先,仍然可在原范围内继续使用商标并对抗他人;第二,不但承认在先使用人可以有条件地继续使用,而且可以有条件地予以并存注册;第三,没有在字面上就在先使用人的主观状态作出规定,更注重在使用后果上要求不会造成混淆、误认或者欺骗;第四,根据《兰哈姆法》第 14 条,经过使用取得的商标专用权和其他在先权利者,有权撤销在后注册的相同或者近似商标或禁止在后相同或近似商标的使用。

美国在商标权取得制度中保留了经过在先使用取得商标专用权这一途径,与之相较,大陆法系的日本、瑞士、意大利和我国台湾地区采用商标取得的注册原则。为了较公平地解决使用在先商标和注册在后商标的权利争端,平衡商标注册人和在先使用人的利益,在注册原则的前提下,大陆法系学者提出了"商标先用权"这一概念。由于商标的基本功能是通过使用来实现的,通过使用产生识别功能并累积商誉和知名度,而注册本身只是一种对权利的确认,因此,立法者不能仅仅以他人申请注册在先为由来对抗他人在先使用商标的事实和权利,进而否定在先使用人的利益。② 试想若没有明确规定先用权制度,将容易诱发商标抢注行为,激励市场主体的不正当竞争,违反民法的诚实信用原则。最直观地看,无论是美国的在先权利还是注册原则下的先用权制度都保护了使用人对

---

① 参见王迁:《知识产权法教程(第二版)》,中国人民大学出版社 2009 年版,第 396 页。
② 参见王莲峰:《论对善意在先使用商标的保护——以"杜家鸡"商标侵权案为视角》,载《法学》2011 年第 12 期。

在先商标的持续使用而赢得的商誉，不至于因注册商标的出现而使其商誉归于无效；同时，其终极目的在于保护消费者的利益，最终促进社会经济的发展。

（二）美国法院判断商标在先使用的考量因素

本案中，Monarch 提交了一份动议，要求法院认定其在美国范围内赌场服务上首先使用了 Atlantis 商标，并要求获得即席判决。在 Monarch 的动议中，涉及商标法的两个基本原则：先用原则和地域原则。所谓先用原则，就是"先使用，先获得权利"的原则，即商标权来源于"在商业中较早使用一个标识"①。但是，美国商标的在先使用"通常取决于在美国的首先使用，而非世界其他地方的首先使用，在其他国家的在先使用通常并不能获得在先权利"②。以下分析本案在遵循先用原则时所考虑的因素：

1. 双方首次使用的时间

Monarch 主张，其在赌场服务上使用 Atlantis 商标可以追溯到 1992 年，即它开始在其餐饮服务上使用该商标时。这个日期远早于 Kerzner 开始在巴哈马使用 Atlantis 商标的时间，更不用说在美国的使用。根据"相关商品"及"自然扩张"原则，在一项商品或服务上使用一个商标也可以在另一个紧密联系的商品或者服务上优先使用该商标。③ Monarch 在这里的观点是，至少在内华达州，可以合理地预期到在餐饮服务上使用的商标可以扩张到赌场服务上。

但是，没有先例支持 Monarch 的主张，即认为餐饮服务和赌场服务是紧密关联的。相反，至少有一个法院明确驳回了一个非常类似的观点，认为旅馆服务与赌场服务不是紧密关联的。④ 对此 Monarch 辩称判例的事实不同而不应当被考虑，理由是内华达赌博市场的特殊性。但是，即使在内华达州，大部分的餐厅、酒吧、高级酒吧和夜总会也没有将其业务扩大到赌场。虽然这种扩张是有先例的，但是在内华达州 270 家收入超过 100 万美元的赌场中，Monarch 的专家只能指出其中的 6 家是由餐厅扩大成的。餐馆扩大经营范围到赌场的比例显然非常小。因此，法院认定餐饮服务和赌场服务并不紧密关联，即使在内华达州也一样。1996 年 4 月，Monarch 实际开始在赌场服务上使用 Atlantis 商标的时候才是其首次在赌场服务上使用 Atlantis 商标的日期。

Kerzner 称其首次在赌场服务上使用 Atlantis 商标的时间是 1994 年 10 月，当时它开始为其赌场的重新开业做广告宣传。Kerzner 直到 1994 年 12 月才开

---

① Grupo Gigante SA de CV v. Dallo & Co., Inc., 391 F.3d 1088, 1093 (9th Cir. 2004).
② Sengoku Works Ltd. v. RMC Int'l, Ltd., 96 F.3d 1217, 1219 (9th Cir. 1996).
③ See Brookfield Commc'ns, Inc. v. W. Coast Entm't Corp., 174 F.3d 1036, 1051 (9th Cir. 1999); Carni-val Brand Seafood Co. v. Carnival Brands, Inc., 187 F.3d 1307, 1310 (11th Cir. 1999).
④ See Planet Hollywood (Region IV), Inc. v. Hollywood Casino Corp., 80 F. Supp. 2d 815, 881 (N. D. Ill. 1999).

始实际在赌场服务上使用 Atlantis 商标,而非仅仅用于广告宣传。然而,在本案中并不需要分析 Kerzner 的宣传活动能否获得商标权。Kerzner 首先使用的日期是 1994 年 10 月还是 1994 年 12 月,这两个首次使用日期之间的差别对要判决的问题而言并不重要,所以法院就基于较后的那个日期进行分析。

从时间角度看,Monarch 首次在赌场服务上使用 Atlantis 商标的时间是 1996 年 4 月,而根据法院的认定,Kernzer 首先使用日期是 1994 年 12 月,似乎原告在先使用了该标志,但 Monarch 提出了地域原则作为抗辩。

2. 地域原则及其例外

Monarch 主张,即使 Kerzner 从 1994 年 12 月开始在赌场服务上使用 Atlantis 商标,而 Monarch 仅仅在 1996 年 4 月开始采用,Monarch 根据地域原则依然可以获胜。Kerzner 的"Atlantis,天堂岛"位于巴哈马,而 Kerzner 在美国没有经营任何类型的设施。因此,Monarch 主张,根据地域原则,Kerzner 在美国不是赌场服务上的 Atlantis 商标的先用人。

对此,Kerzner 提出了三个主张作为反驳。首先,根据 Penta Hotels 案[①]的推理,虽然 Kerzner 拥有和经营的赌场在美国之外,但是 Kerzner 用 Atlantis 商标经营的赌场的整体影响是在美国范围之内的,这种使用也可以产生商标权。其次,Kerzner 引用 International Bancorp 案[②]的判例,用以说明在美国宣传或者出售某项服务,并且在海外向美国公民提供这项服务,足以在美国获得商标权。最后,Kerzner 还引用了 Grupo Gigante 案[③],用以说明 Kerzner 对 Atlantis 商标的使用构成了著名或知名外国商标对地域原则的例外。根据上述任何一项理论,Kerzner 都主张,Monarch 在 1996 年 4 月首次在赌场服务上使用 Atlantis 晚于自己,不能获得先用权。

Kerzner 引用上述三个案例来支持自己的主张是否妥当,需要一一进行分析:

(1) Kerzner 对 Penta Hotels 案的引用是否恰当

一个服务商标要成为《兰哈姆法》保护的商标,必须"商业性使用"。《兰哈姆法》对"商业中的使用"的界定是"如果服务的销售或者宣传中使用或者展示了商标,且该服务是在商业中提供的,或者该服务在美国的多个州提供,或者在美国或者一个其他国家提供,且提供该服务的人从事与该服务相关的商业活动"[④]。在 Penta Hotels 案中,法院认为:"通过在美国的办公机构实施商业服务

---

① See Penta Hotels Ltd. v. Penta Tours, 9 U.S.P.Q.2d 1081, 1094 (D. Conn. Sep. 30, 1988).
② See International Bancorp, LLC v. Societe des Bains de Mer et du Cercle des Etrangers a Monaco, 329 F.3d 359 (4th Cir. 2003).
③ See Grupo Gigante, 391 F.3d at 1088.
④ 《兰哈姆法》第 45 条。

中不可分割的一部分也可以构成《兰哈姆法》中的在州际贸易中'使用'商标,即使该服务的实体在美国以外提供。"①正如案件事实中所提到的,Kerzner 并不在美国经营赌场。但是,Kerzner 主张,其在美国的经营包括"接受赌场食客的预定、赌场服务的销售、赌场积分兑换和赌场旅游接待的预约"等,这些也是 Kerzner 在美国经营的一部分。故而 Kerzner 认为,这些用 Atlantis 商标开展的活动是提供赌场服务的一部分,构成美国《兰哈姆法》中的"商业中的使用"。

法院认为,Kerzner 引用 Penta Hotels 案是错误的。在 Penta Hotels 案中,旅馆服务整体的一部分加上在美国实际提供旅馆房间结合起来被认定为构成《兰哈姆法》的"商业中的使用"。而 Kerzner 所称的构成赌场服务整体的许多服务,诸如"接受赌场食客的预定、赌场服务的销售、赌场积分兑换和赌场旅游接待的预约"等似乎更像是旅馆服务不可分割的一部分,而不是与赌场紧密相关的服务,比如赌场结算、赌场金库和赌场借贷等。

法院认为,Kerzner 所称的用 Atlantis 商标在美国开展的活动本身并不与赌场服务密切联系,不能构成在美国赌场服务业上的商业使用。

(2) Kerzner 对 International Bancorp 案的引用是否恰当

International Bancorp 案判定,一家向美国公民提供赌场服务的蒙特利尔赌场,在使用一个未注册的商标经营赌场的同时,又用该商标在美国对这些服务进行宣传,符合了《兰哈姆法》上的"商业中的使用"的要求。其理由如下:第一,赌场用该商标在美国销售并宣传其服务;第二,蒙特利尔的赌场向美国公民提供这些服务。②

由此 Kerzner 主张,根据 International Bancorp 案,它在巴哈马的赌场上使用 Atlantis 商标并向美国人提供服务,且在美国用该商标对这些服务进行宣传构成了在商业中使用 Atlantis 商标。所以,Kerzner 已经取得了在先权利。

然而,International Bancorp 案不是有约束力的先例,法院承认有 International Bancorp 案的存在,但是明确拒绝采纳其推理。这是因为该案是美国第四巡回法院判决的先例,而本案是属于美国第九巡回法院的管辖范围,第九巡回法院认为 International Bancorp 案的多数意见对《兰哈姆法》的解读存在争议。因此,Kerzner 基于 International Bancorp 案的主张没有说服力。

(3) Kerzner 对 Grupo Gigante 案的引用是否合理

与 International Bancorp 案一样,Grupo Gigante 案提出了地域原则的一个例外,该例外虽然饱受争议,却是第九巡回法院的判例,是有约束力的先例。故

---

① Penta Hotels, 9 U.S.P.Q. 2d at 1094.
② See International Bancorp, LLC v. Societe des Bains de Mer et du Cercle des Etrangers a Monaco, 329 F. 3d 359 (4th Cir. 2003).

Kerzner 又主张,根据 Grupo Gigante 案,它有权获得商标保护。

在 Grupo Gigante 案中法院认定对地域原则存在着著名商标(Famous Trademark)的例外。该例外的基本思想是:"即使在其他国家使用商标的人,有时——如果其商标足够知名——也能在本国获得商标专用权。"[1]之所以存在著名商标的例外,是因为在国外享有著名商标的公司对消费者混淆和欺诈承担特别大的风险。比如侵权人故意复制国外著名商标,那么国内的消费者很可能误认为他们在向与国外使用该商标的同一公司消费。确定一个商标是否适用著名商标例外有两步分析过程:第一,确定该商标是否获得了在美国商标侵权案中所需要的认知程度,即商标是否具有较强显著性;第二,如果这个商标此前没有在美国市场使用过,法院必须通过优势证据认定在美国相关市场中有实质比例的消费者熟悉该商标,美国相关市场是指被告使用被控侵权商标的地域范围。如果原告在国外使用的商标于被告开始使用前在美国已经达到了著名的程度,就可以使用地域原则的例外。因此,相关的日期应当是 1996 年 4 月,当 Monarch 开始在赌场服务上使用 Atlantis 商标时,该日期后产生的证据则不能成为消费者认知程度的有效证据。如 Grupo Gigante 案,在取证调查过程中,受访者不仅被问到了他们是否认识原告的商标,而且被问到了在他们的记忆中首次听到这个商标是在什么时候。[2] 可以认定,就商标的显著性而言,本案的涉案商标 Atlantis 是任意的,其使用于赌场或者旅馆服务上的时候不具有任何描述的意义,因此,该商标具有内在的显著性。所以,分析的重点在于第二个条件,即 Kerzner 使用于赌场服务的 Altantis 商标是否为实质性比例的消费者所知晓。

实质性比例的消费者如何定义是比较困难的,该比例不能单纯从数字上判断,认为没有超过半数就未到达实质性的要求。对此,法院借鉴了在判断描述性标志是否具有显著性时"第二含义"中的相关事实,确定了一系列相关因素:调查证据;直接消费者的证言;商标使用的排他性、方式和时间;广告的量和广告的方式;销量和消费者的数量;市场中的突出地位;被告故意复制的证明。[3] 其中,调查证据通常是对消费者的认知程度和联系最具有说服力的证据,但这不是必须的。[4] 本案中 Kerzner 提供了一份调查证据证明其赌场商标被实质性比例的消费者所认知,不过这份证据存在着瑕疵。

Kerzner 出具了一份专家报告,是有关于消费者对 Kerzner 以 Atlantis 经营度

---

[1] Grupo Gigante SA de CV v. Dallo & Co., Inc., 119 F. Supp. 2d 1083, 1091 (C. D. Cal. 2000).

[2] See Grupo Gigante, 119 F. Supp. 2d at 1093.

[3] See Filipino Yellow Pages, Inc. v. Asian Journal Publ'ns, Inc., 198 F. 3d 1143, 1151 (9th Cir. 1999).

[4] See Comm. for Idaho's High Desert v. Yost, 92 F. 3d 814, 822 (9th Cir. 1996); Levi Strauss & Co. v. Blue Bell, Inc., 778 F. 2d 1352, 1358 (9th Cir. 1985).

假赌场的知晓程度的调查。根据 Grupo Gigante 案，相关的地理范围是被告使用被控侵权商标的地理范围。因此，拉斯维加斯的消费者认知程度是一个更加相关的衡量指标。报告称，在拉斯维加斯的受访者中有 57.6% 的人知道巴哈马的 Atlantis 度假赌场，57.6% 的消费者认知率足以认定该商标是著名的或者驰名的。但是，该调查是 2007 年进行的，与 Grupo Gigante 案中讨论的调查不同，访问者并没有问受访者他们是何时首次听说外国使用人的商标的，而仅仅测算了调查当时消费者的认知程度。这对于 Kerzner 的商标是否著名没有证明价值，因为这个问题的相关时间是 1996 年 4 月，Monarch 开始使用 Atlantis 商标时。

除去调查证据这一相关因素，法院还从广告的方式和广告的量这一因素来考量 Kerzner 使用 Atlantis 作为赌场商标的消费者知晓程度。从案件事实中可知，为了让度假赌场吸引美国消费者的注意，Kerzner 开展了大量的推广活动，宣传活动包括了全国性媒体上的广告。可以合理地推断，这种宣传渗透到了拉斯维加斯的市场。如果之后在法庭审理过程中陪审团认为，Kerzner 开展全国性的重要宣传活动的证据，以及结合 1994 年 12 月的重新开业相关的媒体报道，这些构成了消费者熟悉程度的间接证据，那么，根据 Grupo Gigante 案中的著名商标的例外，Kerzner 可以在美国赌场服务上获得 Atlantis 商标的先用权。

因上述问题涉及实质性争议，法院并没有对之作出即席判决，但可以确定的是，如果 Kerzner 的商标获得了著名商标的地位，那么 Kerzner 就有在著名商标上拥有权利的资格，就好像拥有商标或者对商标有合法利益的当事人一样，其具有诉讼资格。故而在即席判决中，法院驳回了 Monarch 关于 Kerzner 未在美国的商业中使用 Atlantis 商标提供赌场服务因而没有资格提起诉讼，要求即席判决的动议。也因为不能够确定 Kerzner 是否享有先用权，法院驳回了 Monarch 关于对其在美国范围内在赌场服务上首先使用了 Atlantis 商标并要求获得即席判决的动议。

▶ 启示

本案例分析了美国法院对在先使用商标的判断因素，考虑了时间、地域以及地域原则的例外等因素。其中，根据 Grupo Gigante 案而确立的国外著名商标例外是一大特色。该例外的基本思想是："即使在其他国家使用商标的人，有时——如果其商标足够知名——也能在本国获得商标专用权。"这是对商标地域原则的突破，同时也是有深远意义的，即国外著名商标存在着巨大混淆可能性的风险，若其对国内也有紧密相关的服务，那么对之进行保护也是必要的。但这种例外是否适合应用于中国的司法实践中，还需要慎重考虑。即使是在美国，对该判例形成的规则也争议颇大，并非所有的法院都遵循该判例，故而中国对此规则的借鉴仍需斟酌。

中国采用商标取得注册原则,在该原则下,与美国在先权利相类似的制度是商标先用权制度。2013年8月30日全国人大常委会公布的修改后的《商标法》第59条第3款明确了商标先用权的地位:"商标注册人申请商标注册前,他人已经在同一种商品或者类似商品上先于商标注册人使用与注册商标相同或者近似并有一定影响的商标的,注册商标专用权人无权禁止该使用人在原使用范围内继续使用该商标,但可以要求其附加适当区别标识。"该条款的增加赋予了普通未注册商标在先使用人立法上的保护,这在商标先用权制度上具有很大的进步。当然,先用权的行使仍然需要注意其构成要件及行使范围和原则:第一,就地域和范围上,有一定知名度的商标的在先使用权人仅在原使用范围内继续使用商标,不能肆意扩大范围;第二,在先使用人应尽量避免改变商标,使之与注册商标更相似;第三,从行使方式而言,为了保护消费者利益,防止消费者发生对商品或者服务来源的混淆,商标注册人有权要求在先使用人在使用其商标时加上适当的标志以有别于注册商标。但是,加上适当标识所形成的区别不要求使在先使用的商标与注册商标达到互不近似的程度。①

(执笔人:居佳)

---

① 参见齐云峰:《在先使用:论对商标使用人权利的保护制度》,载《云南财贸学院学报(社会科学版)》2004年第3期。

美国 CHARTREUSE 商标地理名称合理使用案

≫ 导读

本案涉及两个法律问题：一是具有地理意义的名称能否注册为有效的商标，即地理名称的可注册性；二是被告使用该地理名称能否构成商标合理使用。本案涉及《兰哈姆法》第 2 条(f)款①规定的关于"获得显著性可以注册的商标"和第 33 条(b)款第 4 项②规定的关于"商标合理使用"的解释和适用。

一、案件事实

申诉人(上诉人、原告)：Baglin 及众僧侣

被申诉人(被上诉人、被告)：Cusenier 公司

在 1903 年之前的几百年，卡尔特僧侣们占据了法国境内临近佛瓦隆属于伊泽尔郡的 Chartreuse 修道院作为他们的原住地。在那里，他们用一种秘密流程酿制烈酒。起初只是在当地出售，到了 1850 年左右，这种商品被广泛地销售，并以"Chartreuse"之名闻名于世界。僧侣最初在修道院里面酿制烈酒，后来在附近的 Fourvoirie 酿制。在国内和国外，这种烈酒都以其独特的瓶子形状、铭刻于瓶身上的"Liqueur Fabriquee a la Gde. Chartreuse"、复制的签名"L. Garnier"、被刻在瓶底玻璃上的"Chartreuse Gde"以及它的徽章、球形、十字架和七星符号被广泛知晓。1876 年，两个商标在法国专利局登记注册并于 1884 年再次进行了登记。一个商标包含了"Chartreuse"一词和 L. Garnier 的签名复制件，一个商标是"Chartreuse"的字符状形式以及两个商标的组合。

1901 年 7 月 1 日，法国颁布法国联合法令，按照法律程序遣散修道院，没收修道院的所有财产，并拒绝继续授予修道院商标权。僧侣们离开原住地，在西班牙的塔拉戈纳建造了一家工厂，从法国进口草本植物，按照秘方，继续酿制烈酒。

法国清算人 Henri Lecouturier 雇用了一位经验丰富的蒸馏酒制造人和化学助手，在 Fourvoirie 着手试验酿制烈酒，以求在口味上尽可能地接近著名的"Chartreuse"酒，最终他成功地将他的产品用原来的名称推向市场。1904 年 10 月 25 日，他在美国的代理人发布公告，声称他已经被授权独家代理美国和加拿大地区的"Chartreuse"烈酒，并分授权 Cusenier 公司销售该烈酒，他声称："Char-

---

① 即《兰哈姆法》第 2 条可以获得主注册簿注册的商标；并存注册(f)款。
② 即《兰哈姆法》第 33 条不可争议性；抗辩(b)款第 4 项。

treuse 修道院的商品没有任何改变,贴有和以前一样的标签,保证其真实性以及原产地是 Chartreuse 修道院。"

清算人的酒被运到美国并在这里销售,使用与前面描述相同的瓶子和僧侣们以前使用的标记和符号,两者之间几乎没有差别。

与此同时,僧侣们为自己的烈酒设计了一个新的名称,突出使用了"Peres Chartreux"一词。新的标识标明"Liqueur Fabriquee a Tarragone par les Peres Chartreux"并伴有陈述:"这酒是唯一和法国 Chartreuse 修道院产的 Chartreuse 酒一样的酒,由被驱逐的僧侣完全依照秘方酿制"。除了使用新标识销售烈酒,他们还运了一小批贴有旧标签的货物到美国销售。

这起诉讼针对被告是因为在美国其代表了清算人。之前,清算人将他获得的财产和他一直在处理的业务出售给了一家被誉为"Compagnie Fermiere de la Grande Chartreuse"的公司,该公司继续在 Fourvoirie 生产烈酒并销售,在美国被告代理该公司销售烈酒。

诉讼请求:请求法院认定 Cusenier 公司构成商标侵权和不正当竞争。

二、法院判决

(一)初审判决

巡回法院判决:被告构成商标侵权和不正当竞争。在巡回法院的最终听证会上,判定在烈酒上使用的"Chartreuse"的字符状形式商标,以及包含"Chartreuse"一词和 L. Garnier 签名复制件的商标,"如原告所述,构成良好和有效的商品商标,并且在美国,已经是归属于卡尔特的僧侣或神父们(Peres Chartreux)

的独占排他财产。原告在美国仍然享有将涉诉商标的全部或其中一个运用到其酿制的烈酒或者甜酒中的权利"。根据进一步裁定,被告被认定侵犯商标权和构成不正当竞争,同时还载有一个永久禁令。

法律依据:《兰哈姆法》第2条(f)款。

(二) 二审判决

第二巡回上诉法院判决:确认了初审判决但对禁令作出了一些修改。被告可以合理使用商标的一种形式,并且不应因为使用商标的这种形式被处罚。

法律依据:《兰哈姆法》第2条(f)款、第33条(b)款(4)项。

(三) 复审

美国最高法院判决:推翻上诉法院的判决,发回重审。禁令中的修改部分应该被删除,限制对"Chartreuse"一词在销售非僧侣酿制的烈酒上的使用。①

法律依据:《兰哈姆法》第2条(f)款、第33条(b)款(4)项。

三、法律问题及分析

该案中需要分析的法律问题是:第一,对于涉及的商品名称、商标,卡尔特的僧侣在他们从法国的修道院被驱逐之前是否享有有效的商标权,即地理名称能否获得商标注册;第二,Cusenier公司使用卡尔特僧侣的商标能否构成商标合理使用。

(一) "Chartreuse"这一地理名称能否获得注册

《兰哈姆法》第2条(f)款规定:除本款(a)、(b)、(c)、(d)、(e)(3)以及(e)(5)项明确规定排除的,本章的任何规定,都不能阻止显著标识申请人、经营商品的申请人已经使用的标记获得注册,如果能够证明,申请人在主张标记已经获得显著性之日前,已经在其经营的商品上基本进行排他且连续使用标记五年的,或进行与其商品相关使用的,专利商标局局长可以将其视为初步证据,证明标记已经具有显著性。如果申请人在商品上使用标记或进行与商品相关的使用,主要具有地理欺骗性描述意义,但在1993年12月8日前,对于申请人经营的商品标记已经获得显著性,则本规定不能阻止标记的注册。②

被告声称:"'Chartreuse'字样构成一个有效的商标"是错误的。第一,"Chartreuse"是一个区域名称;第二,该酒所具有的特质是由于某些地域优势,是该地区内种植的草药的原因;第三,即使"Chartreuse"被用于和僧侣生产的烈酒相联系,但是"Chartreuse"仍然只是对地区的一种描述。因此,就这个词来说,这个问题最多只涉及不正当竞争。

---

① 其中包括作为销售非僧侣酿制的烈酒的名称、描述或不能和僧侣的产品明显区分开来的产品。
② 参见杜颖译:《美国商标法》,知识产权出版社2013年版,第8页。

美国最高法院认为,只具有地理意义的名称不能被排他地授权为商标,这是无可争议的。"本质是因为它们不能指出商品的来源或所有权。它们只能指出生产地而不是生产者,如果赋予它们排他权,这种排他权将会导致恶性垄断。"①但是,这种原则在这里并不适用,因为"Chartreuse"一词已经具有了能够指示商品来源的第二含义。那些僧侣以其11世纪在法国的定居地"Chartreuse"为该酒命名,那么"Chartreuse"就是该酒独有的标识。"Chartreuse"一词用于僧侣们世世代代生产销售的烈酒,不能被认为是仅仅具有地理意义的名词,而应该被认为是已经具有排他意义的、专指卡尔特僧侣们在他们的修道院酿制的烈酒。至于它所含有的地理意义,也不仅仅指一个地区,而是指僧侣在其全部任期内有居留权的修道院。

僧侣们在 Chartreuse 修道院酿制烈酒时,如果同时另一个人在 Fourviorie 建立了一个工厂也酿制烈酒,他当然不能在烈酒上贴上"Chartreuse"或者"Grande Chartreuse"或者"Gde. Chartreuse"这些地理名称,因为消费者会认为这就是指由僧侣酿制的烈酒,而不是对其他人在这个国家的某个地方酿制的烈酒的地理描述,即使僧侣们自愿离开修道院并继续在其他地方酿制烈酒,也将是同样的情况。"为了验证这个结论,我们假设,僧侣们已经把他们的酿制地点转移到另一个修道院或者是另一栋建筑中,或者卖了酒厂并离开了 La Grande Chartreuse 地区,但仍继续以同样的方式酿制烈酒,那么,任何人只要买了僧侣在 Fourvoirie 的酒厂的旧址就可以把在那里酿制的烈酒叫做'Chartreuse'并以这个名字将酒投入英国市场吗?毫无疑问是不可以的。"②"Chartreuse 一词是以 Garnier 神父为代表的宗教团体酿制的烈酒的名称,不仅是等同于全称的缩写,还含有更多的意思,因为它同时表明了制造商(the Chartreux)的名字、产品名称、生产的企业是 Chartreux 团体,最后的制造地点是 La Grande Chartreuse 修道院。"③所以,最后的结论就是这个名称是僧侣们的专属财产。

综上,美国最高法院认为,"Chartreuse"这一地理名称能够注册为商标,这个注册商标是有效的。在注册陈述中,说明了该商标实际上是组合使用的。比如,在玻璃瓶上的标志中包含"Gde. Chartreuse"字样和球形、十字架、七星,这无疑是有效的商标。另外,一个贴在瓶上的包含宗教标志和 L. Garnier 签名复制件的商标也是同样有效的。由此断定:到僧侣们被驱逐出修道院为止,僧侣都有权保护商标,防止商标权被侵犯以及不正当竞争,商标是他们的专有财产。

---

① Canal Company v. Clark, 13 Wall. p. 324. See also Columbia Mill Company v. Alcorn, 150 U.S. 460; Elgin National Watch Company v. Illinois Watch Company, 179 U.S. 665.
② Rey v. Lecouturier, [1908] 2 Ch. 715, p. 726.
③ Le Pere Louis Garnier v. Paul Garnier, 17 Annales, p. 259.

(二) Cusenier 公司的行为是否构成商标合理使用

《兰哈姆法》第 33 条 (b) 款 (4) 项规定了"商标合理使用"。为了满足商标合理使用的要求，被告应证明其同时符合三个条件：第一，被告的使用是为了描述自己的商品或服务；第二，被告的使用是善意的、合理的；第三，该使用是描述性的而非商标意义上的使用。"Chartreuse"一词已经通过长时间的使用获得了显著性，成为了卡尔特僧侣们酿制的烈酒的独特商标，其标识产品来源的第二含义受到商标权的保护，但是其表示地名的第一含义仍属于公有领域，他人使用其第一含义来描述自己产品的原产地是不为法律所禁止的。本案中，清算人和买受人法国公司，在 Fourvoirie 地区合法地生产、销售他们的产品，他们的确有权去表明他们是在什么地区、什么环境下进行生产的。如果这份陈述是公正的，就不会误导消费者，也不会利用之前僧侣们制造烈酒所产生的声誉，那么清算人和买受人法国公司未被禁止陈述事实，因为这属于对地理名称商标的合理使用，即使该地理名称已经注册为商标，它属于公有领域的地理含义仍不能受到商标法的保护，商标法不能禁止他人对地理名称、地理意义的使用。

基于这种考虑，巡回上诉法院修改了初审法院的禁令——如果被告"清楚地区分自己生产的烈酒和原告酿制的烈酒"，它就可以使用"Chartreuse"一词——上诉法院提供给被告一种使用方式，只要明确区分于僧侣们的烈酒，被告被允许使用"Chartreuse"一词用于名称或对其烈酒的描述。但是，对于这种修改，最高法院认为是不正确的。第一，清算人和买受人法国公司对自己生产的烈酒的描述是"Chartreuse 修道院的商品没有任何改变，贴有和以前一样的标签，保证其真实性以及原产地是 Chartreuse 修道院"，这种语言表述会导致消费者误认为清算人和买受人法国公司的产品就是享誉世界的"Chartreuse"酒；第二，清算人的酒被运到美国销售，使用的是僧侣们以前使用过的标记、符号、瓶子形状，两者之间几乎没有差别。从这两点看，绝对不可能推断这种使用是非商标意义上、善意的使用。

判断对地理名称的使用是否构成"商标合理使用"，只要判断被告的使用是否是对商标第一含义的使用。本案中，"Chartreuse"的第一含义是地理名称，指法国的一个地区，第二含义是指代卡尔特僧侣们生产的烈酒。那么被告是仅仅想要指出自己的产品是产自"Chartreuse"地区，还是想要利用僧侣酿制的烈酒所产生的声誉，通过模仿的方式来混淆消费者？答案是不言而喻的。因此，美国最高法院认为，无论是法国公司还是被告，都不能将"Chartreuse"一词用于烈酒上，或是以任何形式指代僧侣制造的烈酒。

美国最高法院认为：在僧侣离开之后，在 Fourvoirie 生产的烈酒使用了僧侣们的商标和瓶子，考虑到被告的这些行为，判决其恶意侵权和不正当竞争是正确的，关于禁止侵权和模仿的禁令也是适当的。

》》启示

  只具有地理意义的名称不能被注册为商标,但是,如果该地理名称具备了表明商品来源的功能,就可以注册为商标。地理名称注册成为商标后,将受到商标法的保护,但是其属于公共领域内的地理意义不能被商标法所保护。本案中,判断对地理名称使用是地理意义上的使用还是商标意义上的使用,美国最高法院考虑了使用者的目的与使用的方式,如果仅仅为了表明产品的生产地,未突出使用,那么这种使用构成对地理名称商标的合理使用,但是,如果是为了利用地理名称商标的声誉,突出使用商标,则应当认定其恶意侵权。

  在《商标法》第三次修改中,我国将地理名称商标的合理使用问题明确写入修改后的《商标法》第59条:"注册商标中含有的本商品的通用名称、图形、型号,或者直接表示商品的质量、主要原料、功能、用途、重量、数量及其他特点,或者含有的地名,注册商标专用权人无权禁止他人正当使用。"[1]但是,对于判断地理名称商标的使用是不是第一含义的使用问题,我国《商标法》尚未有明确规定,本案涉及的商标合理使用的构成要件、美国最高法院对地理名称商标使用目的和使用方式的考量,值得我国在完善地理名称商标合理使用时借鉴。

(执笔人:张莎莎)

---

[1] 原规定于《商标法实施条例》第49条。

美国 MICRO COLORS 叙述性商标合理使用案

>> **导读**

本案涉及对商标的描述性合理使用及其构成要件问题。当他人符合商标的合理使用规定时,使用商标不构成侵权,且无须举证不存在混淆的可能性。其法律问题是对《兰哈姆法》第 33 条(b)款(4)项①规定的关于"商标合理使用抗辩"的解释以及适用。

一、案件事实

申诉人(被上诉人、被告):KP Permanent Make-up 公司

被申诉人(上诉人、原告):Lasting Impression 公司

在化妆品行业,被申诉人 Lasting Impression 公司和申诉人 KP Permanent Make-up 公司一直都使用一个词或两个词,即单数或复数的"Micro Color"。1990 年,申诉人 KP Permanent Make-up 公司就开始在颜料瓶上使用一个单词的变体——"Microcolor"。1991 年,申诉人 KP Permanent Make-up 公司持续散发包含该词的广告传单。1992 年,被申诉人 Lasting Impression 公司将一个在绿色条分隔的黑色正方形内、由白色字母组成的"Micro Colors"图形注册为商标。② 1999 年,该商标取得"不可争议"(Incontestable)的资格。③

2000 年 1 月,当被申诉人 Lasting Impression 公司要求申诉人 KP Permanent Make-up 公司停止使用"Microcolor"一词时,申诉人 KP Permanent Make-up 公司起诉寻求救济,请求法院裁决其没有侵犯原告的商标权并有权继续使用"Microcolor"。被申诉人 Lasting Impression 公司反诉申诉人 KP Permanent Make-up 公司侵犯其商标权,申诉人 KP Permanent Make-up 公司以《兰哈姆法》第 33 条(b)款(4)项的规定提出合理使用的抗辩。被申诉人 Lasting Impression 公司承认申诉人 KP Permanent Make-up 公司使用"Microcolor"是为了描述商品而不是作为商标使用。④

诉讼请求:申诉人请求法院作出有利于自己的简易判决,认定自己的合理使

---

① 《兰哈姆法》第 33 条不可争议性;抗辩(b)(4)。
② See 15 U.S.C. § 1051.
③ See 15 U.S.C. § 1065.
④ See No. 01-56055 (CA9), p.8.

用抗辩成立,可以继续使用"Microcolor"。被申诉人请求法院判决申诉人侵犯其商标专用权,禁止申诉人继续使用"Microcolor"。

二、法院判决

(一) 初审判决

地区法院判决:不侵权。① 申诉人 KP Permanent Make-up 公司的使用构成合理使用。

法律依据:《兰哈姆法》第 33 条(b)款(4)项。

(二) 二审判决

第九巡回上诉法院判决:侵权。② 法院认为不存在混淆的可能性是商标合理使用抗辩的构成要件,申诉人 KP Permanent Make-up 公司提出商标合理使用抗辩,则有义务否定消费者混淆的可能性,即承担证明不存在混淆可能性的举证责任。

法律依据:《兰哈姆法》第 32 条、第 33 条(b)款(4)项。

(三) 美国最高法院判决

第九巡回上诉法院错误地要求 KP Permanent Make-up 公司承担证明不存在混淆可能性的责任。③ 不存在混淆的可能性不是商标合理使用抗辩的构成要件,一定程度的混淆可能性不能否定合理使用的抗辩。

法律依据:《兰哈姆法》第 32 条、第 33 条(b)款(4)项。

三、法律问题及分析

该案中需要分析的法律问题是:不存在混淆可能性是不是商标合理使用抗辩的构成要件,申诉人使用"Microcolor"来描述自己的产品是否构成商标合理使用之抗辩。案件从一审、二审到复审,涉及对《兰哈姆法》第 32 条款、第 33 条(b)款(4)项规定的法律适用和解释问题。

(一) 对《兰哈姆法》第 33 条(b)款(4)项关于"商标合理使用抗辩"规定的解释和适用

商标合理使用是指在一定条件下,使用他人的注册商标,不视为侵犯商标权的一种行为,是一种重要的侵权抗辩事由。④ 商标合理使用的立法目的在于商标的注册人或持有者不能将某一描述性的短语作为其独占使用的权利加以限

---

① See No. SA CV 00-276-GLT (EEx) (May 16, [＊＊547] 2001), pp. 8—9, App. to Pet. for Cert. 29a—30a.
② See 328 F.3d 1061 (2003).
③ See 328 F.3d 1061.
④ 参见王莲峰:《商标法》,清华大学出版社 2008 年版,第 170 页。

定,从而剥夺他人对其商品进行准确描述的权利。由于商标法允许叙述性短语在获得"第二含义"的情况下成为商标,为商标权利人专用,这势必将限制他人使用原本属于公共领域的短语的权利,因此从原则上讲,如果他人在"第一含义"上叙述性地使用他人商标,商标权利人无权阻止。

《兰哈姆法》第33条(b)款(4)项规定了"商标合理使用抗辩",注册商标权受限于下述抗辩或权利瑕疵主张:使用名称、用语或图案,不是商标使用,而是在当事人自己的经营中使用其姓名,或使用与其密切有关系者的姓名,或者对用语或图案的使用仅仅是正当且善意地描述当事人的商品或服务,或说明其产地的。① 为了满足商标合理使用的要求,被告应证明其同时符合以下三个条件:第一,被告的使用是为了描述自己的商品或服务;第二,被告的使用是善意的、合理的;第三,该使用是描述性的而非商标意义上的使用。

地区法院认为,申诉人 KP Permanent Make-up 公司使用"Microcolor"仅仅是为了描述商品而不是作为商标使用,申诉人的行为是善意的、诚实的、合理的使用,因为毫无争议的事实是:申诉人 KP Permanent Make-up 公司在被申诉人 Lasting Impression 公司取得注册商标权之前已经持续使用了"Microcolor"一段时间,申诉人的使用构成合理使用,抗辩成立,符合《兰哈姆法》第33条(b)款(4)项的规定,作出了有利于申诉人的简易裁决。

(二)不存在混淆的可能性是不是商标合理使用抗辩的构成要件

第九巡回上诉法院推翻了一审的判决,认为:不存在混淆的可能性是商标合理使用抗辩的构成要件,地区法院没有深入研究消费者对申诉人商品来源产生混淆的可能性就认定商标合理使用抗辩的成立是不正确的,申诉人 KP Permanent Make-up 公司在主张商标合理使用之抗辩时,没有否定混淆可能性之存在,因此该抗辩不成立。

美国最高法院推翻了上诉法院的判决,认为:要申诉人 KP Permanent Make-up 公司承担侵权责任,需要证明申诉人侵权并且申诉人的抗辩不成立,②两者缺一不可。也就是说,只要这两个要件有一个不能被满足,申诉人就不需要承担侵权责任,所以可以推出,只要申诉人的抗辩成立,申诉人就不需要承担侵权责任。而商标合理使用抗辩是否成立又取决于合理使用抗辩的构成要件,即不存在混淆的可能性是不是商标合理使用抗辩的构成要件。如果是,则申诉人需要证明不存在混淆的可能性;如果不是,则申诉人不需要证明不存在混淆的可能性。美国最高法院认为:不存在混淆的可能性不是商标合理使用抗辩的构成要件,所以

---

① 参见《美国商标法》,杜颖译,知识产权出版社2013年版,第40页。
② 证明侵权需要原告提出表面证据证明存在混淆的可能性,提出抗辩则要由被告证明自己符合抗辩的构成要件。

申诉人不需要证明不存在混淆的可能性。

注册商标权人有禁止其他模仿者在商业中"可能造成混淆,或造成错误,或欺骗任何人地使用其商标"并提起民事诉讼的权利。① 虽然《兰哈姆法》第33条(b)款规定注册商标人有对商标的排他使用权,但是要在商标侵权诉讼中胜诉,取决于认定侵权的证据,需要一个事实证明被告的实际做法可能在消费者的心目中产生对货物或服务来源的混淆。② 因此,商标权人要求法院判决对不可争议的商标侵权成立时必须提交消费者混淆可能性的表面证据。在适用《兰哈姆法》第33条(b)款(4)项时,商标权人要承担证明混淆可能性存在的举证责任,即使是对于不可争议的商标,这一点也必须被牢记。

美国国会在制定《兰哈姆法》第33条(b)款(4)项合理使用条款时没有提及混淆的可能性。国会依据《兰哈姆法》第32条要求商标权人证明使用者的行为可能使消费者对商品来源产生"混淆、错误或欺诈",如果又依据第33条(b)款(4)项合理使用条款要求使用者去否定混淆,显然是不合理的。③ 国会没有提到使用者的举证责任很显然并不是疏忽,而是因为商标局背后的众议院小组委员会明确地拒绝了把不存在混淆的可能性作为合理使用抗辩的构成要件。

被申诉人 Lasting Impression 公司认为,《兰哈姆法》第33条(b)款(4)项合理使用条款是从不正当竞争法发展来的、间接包含混淆可能性测试的条款,④ 申诉人 KP Permanent Make-up 公司的行为有使消费者对商品来源产生混淆的可能性,申诉人的商标合理使用抗辩不能成立。

美国最高法院不认为 Lasting Impression 公司的意见有针对性,而是认为:虽然被申诉人声称申诉人侵权,并提供了一些证明混淆可能性的表面证据,但是存在混淆不能绝对地排除商标合理使用抗辩。即使在有些案例中,将混淆可能性作为商标合理使用抗辩的判断标准之一,对混淆可能性的评估也决不能成为单独的考虑因素,或是要求使用者完全独立地否定混淆可能性。混淆可能性仅仅是判断申诉人是否构成商标合理使用抗辩的考虑因素之一,一定程度的混淆可能性并不能排除合理使用抗辩。

美国最高法院认为草率地认定《兰哈姆法》第33条(b)款(4)项中的争议因素是多余的、毫无意义的并应将之废弃,不仅会造成人们的高度怀疑,并且该争论的前提是错误的:被申诉人 Lasting Impression 公司的假设——不可争议的商

---

① See 15 U.S.C. § 32(1)(a).
② See Two Pesos, Inc. v. Taco Cabana, Inc., [＊＊＊449] 505 U.S. 763, 780, [＊＊548] 120 L. Ed. 2d 615, 112 S. Ct. 2753 (1992) (Stevens, J., concurring); Lone Star Steakhouse & Saloon, Inc. v. Alpha of Virginia, Inc., 43 F.3d 922, 935 (CA4 1995).
③ See Russello v. United States, 464 U.S. 16, 23, 78 L. Ed. 2d 17, 104 S. Ct. 296.
④ See Baglin v. Cusenier Co., 221 U.S. 580, 55 L. Ed. 863, 31 S. Ct. 669, 1911 Dec. Comm'r Pat. 552.

标权人在1988年以前无须证明混淆可能性——是错误的。① 不可争议的商标权人必须证明行为的混淆可能性,1988年商标法修改前,大多数的法院认为,虽然不可争议者获批了"注册商标独家使用权"的推定,但这并没有减轻其对混淆可能性的证明负担。本案中,应由被申诉人 Lasting Impression 公司证明存在消费者混淆的可能性。

由于证明可能出现混淆的责任在于申诉人,并且合理使用的被申诉人没有独立的需要去证明混淆的不可能,这表明了一定程度的混淆可能性与合理使用并不冲突。从和此案相似的很多案件中可以看出,普通法容忍了对部分消费者一定程度的混淆,一个最初是描述性的词语被用作商标,不是为了通过对该词语第一次的简单使用而获得关于该描述性词语的完全的垄断权。② 《兰哈姆法》采取了类似的宽大处理,因为没有章程有规定要剥夺商业者使用描述性的文字的迹象。"如果有任何混淆的事实,这只能是申诉人必须接受的风险,因为它使用了一个众所周知的描述性词语作为其产品的标记。"③ 只有描述性词语获得了第二含义作为商标申请人产品的显著性,④ 注册人才得到了并非描述性词语最初的、描述性意义上的而是只与商标权人产品相联系的第二含义上的排他权利。⑤ 即注册而获得的排他性不能对抗最初的使用或描述,而只能保护商标权人商品的潜在含义的联系。

因此,美国最高法院认为,不存在混淆可能性不是商标合理使用抗辩的构成要件,仅仅存在混淆风险,并不能排除合理使用的情况。即使在一些有可能混淆的事实中,合理使用也是可能出现的,因为一直没有规定只要达到了何种评估消费者混淆的程度,就应排除合理使用。所以,申诉人 KP Permanent Make-up 公司的使用即使造成了一定程度的消费者混淆,也不能否认其合理使用抗辩之成立。

---

① See Beer Nuts, Inc. v. Clover Club Foods Co., 805 F.2d 920, 924—925 (CA10 1986)(不可争议的商标权人必须证明行为的混淆可能性);United States Jaycees v. Philadelphia Jaycees, 639 F.2d 134, 137, n. 3 (CA3 1981)("不可争议[不]排除有必要的混淆可能性表现……");5 J. McCarthy, Trademarks and Unfair Competition § 32:154, pp.32—247 (4th ed. 2004)("1988年商标法修改前,大多数的法院认为,虽然不可争议者获批了'注册商标独家使用权'的推定,但这并没有减轻混淆可能性注册的证明负担")。

② See Canal Co. v. Clark, 13 Wall., at 323—324, 327, 20 L. Ed. 581。

③ Cosmetically Sealed Industries, Inc. v. Chesebrough-Pond's USA Co., 125 F.3d at 30. See also Park 'N Fly, Inc. v. Dollar Park & Fly, Inc., 469 U.S. 189, 201, 83 L. Ed. 2d 582, 105 S. Ct. 658 (1985)(《兰哈姆法注》意到了一种保障措施,防止商业垄断的语言);Car-Freshner Corp. v. S. C. Johnson & Son, Inc., 70 F.3d 267, 269 (CA2 1995)(指出"保护社会公众使用文字或图像的最初的描述性含义的重要性")。

④ See 15 U.S.C. § 1052(f)。

⑤ See 2 McCarthy, supra, § 11:45 (商标法在给予法律保护时的唯一意图,是在保护描述性使用的同时,禁止第二含义之侵权)。

▶▶ 启示

该案对《兰哈姆法》中合理使用条款的适用进行了分析。诚信、合理地描述性使用他人已注册的商标，虽然可能造成一定程度上的混淆，但是仍可以构成合理使用，不会造成商标侵权。换言之，不存在混淆可能性不应当被认为是商标合理使用抗辩的构成要件。

在商标合理使用构成要件方面，中国借鉴了美国的标准，2006年北京高院发布的《北京市高级人民法院关于审理商标民事纠纷案件若干问题的解答》(以下简称《解答》)废止了2004年的《解答》，[①]重新规定了商标合理使用的构成要件：第一，使用出于善意；第二，不是作为商标使用；第三，使用只是为了自己商品的说明或者描述自己的商品。北京高院通过2006年的《解答》明确排除了"不存在混淆可能性"作为商标合理使用抗辩的构成要件，但是这一规则还未被《商标法》所明文规定，因此需要进一步完善"商标合理使用"规定，将其上升到《商标法》的层面。

（执笔人：张莎莎）

[①] 2004年北京高院发布的《北京市高级人民法院关于审理商标民事纠纷案件若干问题的解答》中规定了商标合理使用的构成要件：第一，使用出于善意；第二，不是作为商标使用；第三，使用只是为了说明或者描述自己的商品或者服务；第四，使用不会造成相关公众的混淆、误认。

芬兰 GILLETTE(吉列)商标指示性合理使用案

>> 导读

本案涉及商标的指示性合理使用问题,即在商品配件上为了必要地说明其产品用途,未经许可使用他人商标是否构成侵权。其法律问题是对《一号指令》第 6 条第 1 款(c)项①规定的解释。

一、案件事实

原告:吉列(芬兰)公司

被告:芬兰 LA-Laboratories 公司

美国的吉列公司是 GILLETTE and SENSOR 商标的专用权人,而且该商标也在芬兰获得注册,使用在包括剃须刀在内的多种商品上。位于芬兰的分公司 Gillette Group Finland Oy(两个公司共同组成了吉列公司)在芬兰享有吉列商标的专用权。在芬兰,吉列公司在市场推出了多款剃须产品,包括了由手柄和可替换刀片组成的剃须刀,而对其中可替换的刀片也单独出售。芬兰的 LA-Laboratories 公司(以下简称"LA 公司")也在芬兰市场出售由手柄和可单独出售的可替换刀片组成的同类剃须产品。LA 公司曾在其刀片产品上标注 PARASON FLEXOR 商标,在其包装上附有红色的提示语:"此刀片可在 PARASON FLEXOR 手柄和所有 GILLETTE SENSOR 手柄上使用。"LA 公司并未取得许可授权或有其他协议授权允许其使用吉列的商标。

诉讼请求:原告诉被告商标侵权,诉称被告的行为造成了消费者对于原被告双方产品的联想,或者至少给了消费者这样一种印象,即原告授权被告使用 GILLETTE and SENSOR 商标。

二、法院判决

(一)初审判决

赫尔辛基地区法院判决被告构成侵权。LA 公司不得以案件所涉的有争议的方式继续使用吉列的商标,并且从其包装上去除对吉列商标的使用,在芬兰销

---

① 《一号指令》第 6 条第 1 款规定:"商标专有权人有权阻止第三方在商贸中使用其商标,……(c)对商标明确而必要地指示商品或者服务的用途,尤其是商品的备件或者配件;可认为对商标的使用符合工商业活动的诚信惯例。"

毁其包装上所附的提示条,并向吉列赔偿损失。

法律依据:《芬兰商标法》第 4 条第 1 款①和第 2 款②。

(二) 二审判决

赫尔辛基上诉法院判决被告不侵权。LA 公司对吉列注册商标的使用行为符合《芬兰商标法》第 4 条第 2 款的规定,属于被允许的使用。

法律依据:《芬兰商标法》第 4 条第 1 款和第 2 款。

(三) 三审判决

欧共体法院判决被告不侵权。

法律依据:《一号指令》第 6 条第 1 款(c)项。

三、法律问题及分析

从商标法理论上看,该案中需要分析的法律问题是,为了必要地说明产品用途而未经许可在自己生产的同类产品上使用了他人注册商标的行为是否属于"合理使用",能否被认定为商标侵权的抗辩。案件从初审、二审到三审,涉及对《芬兰商标法》第 4 条第 1、2 款的规定以及对《一号指令》第 6 条第 1 款(c)项规定的法律适用和解释问题。

(一) 对《芬兰商标法》第 4 条第 1、2 款规定的适用问题

赫尔辛基地区法院认为,依照《一号指令》第 6 条第 1 款对《芬兰商标法》第 4 条第 1、2 款的例外规定要进行严格解释,此例外规定不适用于主要商品而仅仅适用于商品的配件和备件等。手柄和刀片都是剃须刀的主要部分,因而都不适用此例外规定。此案并不构成《芬兰商标法》第 4 条第 2 款的例外规定。因此,依据《芬兰商标法》第 4 条第 1 款,LA 公司对涉案商标在 Parason Flexor 的剃须刀片第 2 款包装上的使用侵害了吉列公司的商标专用权。法院判决 LA 公司不得以案件所涉的有争议的方式继续使用吉列的商标,并且从其包装上去除对吉列商标的使用,在芬兰撕毁其包装上所附的提示条,并向吉列赔偿损失。

赫尔辛基上诉法院全盘推翻了地区法院的判决。上诉法院认为,Parason Flexor 剃须刀片的包装明显地印有 PARASON and FLEXOR 商标,明确地标明了商品来源,而对 GILLETTE and SENSOR 商标却是以小字号的字体印于其刀片包装所附的提示条上。此行为不能被认为是不当利用了他人商标所代表的商誉,

---

① 该款规定:"本法第 1 到 3 条规定的对于标志享有的权利,即除专有权人外,其他任何人不得在商业活动中在广告、商业文件或其他地方在其商品或包装上使用注册商标造成混淆可能,包括口头方式使用"。

② 该款规定:"如果把可用于第三方商品的配件、备件之类的商品投放市场,并且以一定方式提及第三方商品的商标,容易使消费者产生此商品来源于商标专有权人的标志或者商标专用权人已授权此类商品使用其商标时,这种使用应被认定为未授权的使用。"

或者导致了相关的不同商标权人之间具有某种商业上的联系。已经拥有吉列剃须刀手柄的消费者通过其提示条得知其手柄不仅可以使用吉列的刀片,也可以适用 Parason Flexor 的刀片。刀片属于《芬兰商标法》第 4 条第 2 款规定的备件。上诉法院判决,LA 公司对吉列注册商标的使用行为符合《芬兰商标法》第 4 条第 2 款的规定,属于被允许的使用。

(二)《一号指令》第 6 条第 1 款(c)项规定的目的

商标的本质功能是区分商品的来源。若此功能被适当保护,商标权人定能防止第三方未被授权的商标使用所导致的消费者混淆,以及将特定的商品和注册商标人联系起来。《一号指令》第 5 条第 1 款赋予了商标权人排他的专有使用商标的权利。然而,此权利并非不受限制。《一号指令》第 6 条规定,在一定情况下,注册商标可以被合法地用在商标权人的商品之外的商品上,当对商标的使用是必要地用来指示其商品的用途,并且符合工商业诚信惯例,此使用行为被认为是合法的。可以说,《一号指令》第 5 条和第 6 条对商标专用权的限制是为了平衡商标权人利用其商标实现其保证商品来源和其他经营者有充分的渠道进入市场的利益冲突,以使其他利益方也能够进入市场促进商品自由流通。

(三)《一号指令》第 6 条第 1 款(c)项中"明确而必要地指示商品或者服务的用途"的适用

在各方对法院的陈述中,所涉各方对使用他人商标必须是"必要的"这一点持两种截然不同的态度:

1. 英国政府建议,如果对商标的使用是以一种有效并准确的方式来告知潜在消费者该产品的用途,则条件应被视为满足。英国政府认为,本条款的目的在于促进公平竞争,而对条件过于严格的解释将削弱该条款的效力。根据英国的观点,如果"对他人商标的使用必须是必要的"这一条件被理解为只有在找不到其他向潜在消费者传达关于产品用途的信息的方式时才满足,那么现实中该规定可能永远不能适用。实际上,除了使用他人的商标外,每种情况下都可以想出其他的方式来标明商品的用途,如通过一张图片或者对与其兼容的产品的技术性描述。芬兰政府及国会也持相同观点,认为考虑使用第三人商标的商品的潜在消费者的特征同样重要。交流的"必要"根据产品是针对最终消费者还是针对其他商业用途的不同而不同。仅仅在后一种情况下技术性细节才能充分地传达关于产品用途的信息,因此,该情况下没有必要使用他人的商标。然而,对于一般消费者来说,没有商标将很难了解一种产品的用途,除非有普遍知晓的并能使一般消费者很容易地了解争议产品的用途的技术标准。

2. 吉列公司则持完全相反的观点,其对争议中的条件主张一个严格的、专门的经济解释。吉列公司认为,只有当使用他人的商标是唯一一种能借以销售其产品以维持其经济利益的方式时,这种使用才能被认为是"必要的"。吉列认为,LA 公司的刀片不仅符合吉列手柄的用途,也同样符合其自身手柄的用途,而且实际上在听证会过程中也出现了其他的手柄同样适用此刀片。根据吉列的观点,LA 公司的刀片即使没有在其包装上附加也同样适用于吉列生产的手柄的描述,可以进入市场销售。如果 LA 公司的刀片并未提到吉列的商标从而无法对其商品用途加以描述的话,事情就不一样了。因为那样的话,刀片就没有需求,而且也就没有了交易的可能性。但此案并非是那种情况,考虑到 LA 自己也生产把手,吉列坚持认为,如果禁止吉列商标在 LA 刀片的包装上使用,它的刀片也不会被完全拒绝于市场之外。

接受吉列建议的解决方案并不困难,它要求根据《一号指令》第 6 条第 1 款(c)项的字面含义来处理此案,此条规定要求对他人商标的使用并非是"有效的"而是"必要的",而且不需要说明这两者是同义的。这似乎与指令相关规定的最终生效文本以及国会的最初建议是一脉相承的。① 即便如此,问题在于是通过对规定当中某一个单独的词汇的语义分析来处理相关问题,还是用一种更全面的方法对规定所涉及的范围、含义及其所追求的目的作更为完整的考量。更具体地说,问题是:作为指令的基础目的,对商标的保护完全出于对商标权人保护的必要,因此吉列认为,必须有严格的经济上的必要性的限制,才允许其他产品进入市场。或者说,《一号指令》第 6 条第 1 款对例外情况的规定,是考虑其他需要的重要性的一种妥协。事实上,此规定也对其他价值和利益敞开大门,而在其中并未明确地表达出来,但从更广泛的角度无法回避这些利益,这些在上述判决的引文中都提到了。法院把《一号指令》第 6 条第 1 款表述为:"协调和平衡商标保护的基础利益和在一般市场中、在所建立和维护的彻底竞争的体系中以保证商标实现其价值和功能的方式促进商品自由流通,自由提供服务的利益。"因此,这是协调两种不同利益的问题,两者都致力于确保一个公平的竞争体系,并且最终确保消费者可以从大量可替换产品中选择的权利。换句话说,这意味着《一号指令》不仅保护商标所有人的经济利益,还通过允许消费者既知晓产品来源又从两种能够满足相同需要的产品之间的竞争中得享利益来确保消费者的选择权。

然而,由于《一号指令》第 6 条第 1 款规定的例外情况旨在平衡这些不同的利益,从上文提到要从一个更全面的规定分析的前提而论,并不能简单地靠规定文本中的某一词汇的字面含义来给予其中某种利益优势,而不考虑其他利益。因为根据法院的意见,此条规定的目的就是要协调各种利益。同时,这种协调是

---

① 国会的最初建议稿认为,"三方均可为说明其配件或者备件的用途的目的而合法征用第三方的商标"。最终的规定版本,在措辞上使用了更多的限制性语言,规定"当这一使用在必要地说明其产品用途时才是被允许的"。

必要的,也是有可能的,其中一个重要的证据就是在法院判决 BMW 案中找到了市场中存在不同的利益需求的协调问题。① 在 BMW 案中,汽车维修厂的所有人并非 BMW 公司的一部分,他从事 BMW 车的维修工作,并且在广告中描述"专修 BMWs"。BMW 认为这一行为并非《一号指令》第 6 条第 1 款(c)项规定的例外情形,因此应当被认定为侵犯了 BMW 的商标专用权。由于经营者不生产任何汽车,因此在不具有任何商标权的情况下,可以从事一定的商业经营活动,对 BMW 商标的使用,并不满足此规定"必要的"要求。但这种对规定条件的理解,和吉列案件并不同,它并不符合法院的取向。由于考虑到修理厂所有人的业务是否具有商业可行性,法院仅仅将重点集中在向其潜在消费者提供最可能完全的信息的需要上。使用 BMW 商标是为了识别提供该服务的商品,并且这种使用是标明服务的目的所必要的。如果一个独立的商业人从事 BMW 车的维修和修理或者事实上是这方面的一个专家,此时,不使用 BMW 商标,这一事实实际上将不可能被传达给他的消费者。

法院采纳了 Jacobs 检察官在上述案件中的观点,②他认为,这种情况下的问题在于事实上一个上述情况下的经营者"有权对他所提供的服务性质加以描述"。他进一步指出:"禁止商标的该种使用是对第三人自由的一种不合理限制。"该案中对此条件的理解似乎不如吉列一案严格:只要对他人商标的使用是唯一能有效地扩大潜在购买者所能购买的商品范围的方法,就符合了合法使用的条件。如果将这个解释放到现在这个案子中,可由此得出结论,由于吉列的商标没有用在 LA 的刀片包装上,消费者不会因为这些产品适合吉列的刀柄而可能产生误解,并因此否定掉他们购买的决定。因此,根据《一号指令》的意思,如果只有一种手段能提供这种信息,对吉列商标的这种使用应被认为是"必要的"。法院很自然地决定了问题所在,即确定如果在 LA 刀片包装上没有提到吉列的商标,潜在的购买者能够通过其他途径有效地认识到此刀片也可以用在吉列刀片上,那么对吉列商标的使用就并非必要。举例来说,如果什么样的手柄适用什么样的刀片是顾客们都知道的技术标准,那么对吉列商标的使用可能并不是必要的。

在描述上述方法时必须承认,它不仅完全符合吉列提出的一般属性的客观情况(商标权人保护的不应有的削弱),而且也造成对此规定适用的一个很大的灰色地带。但如果从《一号指令》第 6 条第 1 款的规定中继续把必要性这一规

---

① 在 BMW 案中,法院事实上并未协调对商标专用权人的保护和在竞争最大化和提供完全的信息之中保护消费者的利益。

② 在 1998 年 4 月 2 日递交的意见中,Jacobs 拒绝了这个"不切实际"的主张,即这修车厂的主人倘若提供维修并没有指明任何明确的汽车商标的需要,他说:"如果(他)事实上是专门研究维护和修理宝马汽车的,若不使用宝马的标志的话,他就很难有效传达给他的顾客这个信息。"

定单独拿出来讨论的话,这一结果很难避免,最终将导致对这一规定相关词语的语义的争议。如果认为对必要性的考察并不代表对此规定的完整认识,但事实上这两方面的考虑是分不开的而且是密切联系的,那么关于对他人商标使用方式是否必要就成了另外一个问题(如符合工商业惯例)。换言之,事实上对这一条件的解释是一个单独的问题,但这一问题和一个基本的不能割裂开来看待的规定有关,而这种割裂开来看问题的方式并未认识到在不同规定之间的直接联系,因此,这将影响到对每一个规定的诠释。这一灰色地带似乎是对必要性进行评价的必然结果,而这一问题可在检验案件情形和对商标的使用方式的阶段加以解决,正如《一号指令》第6条第1款所描述的那样。另外,用这种方式有可能符合对于因必要性条件欠缺严谨理解所致的商标权损害赔偿的正当关切。对必要性的理解越欠缺严谨,对商标使用方式的审查就越严格。同时,正是在该审查更加严格的基础上,实际的商标使用方式的必要性的条件才能被更好地评估,而且这种由于抽象规定而产生的怀疑可能被消除。

  法院并未依照对规定的独立和体系化的解释而处理问题,即首先检验对第三方商标使用行为的程度是达到"必要的",然后判断这一使用行为是否符合工商业诚信惯例。法院却采取了单一的方法,把重心更多地放在了遵守工商业诚信惯例,而非是否符合"必要的"条件,前提是行为极力避免导致其商品与他们商品的来源混淆因此保护了商标权人。所以,只有满足上述条件时,法院才应当对第三个问题进行回答,认为对他人商标的使用是必要地说明其商品的用途,而这一使用是唯一能向消费者提供其产品使用完整信息的方式。

  (四)《一号指令》第6条第1款(c)项中"商品的备件或者配件"的理解

  在商品上合法使用他人商标要满足的其中一个条件是:这种使用必须是用来说明其商品用途,而非指示其商品来源。从这个方面看,使用他人商标说明其商品用途而并未包含任何涉及商品来源的问题,似乎在所有商品或者服务上都存在这个问题。当然,该争议对于那些必须与通常只能通过其商标进行辨认的主产品相结合使用的附件和零部件来说更容易出现。以英国政府引用的例子为例,消费者仅仅会想到排气管或专为大众Polo系列设计的脚踏车齿杆。但是,同样的情况也会出现在两个能够一起使用但其中一个并非另一个的附件或零部件的产品上。还是从英国政府得到的提示,我们可以考虑由A公司生产的计算机和由B公司生产的彼此兼容的操作系统的例子。由于每个产品都单独享有自己的权利,因此它们既非附件也非零部件。然而在每一种情况下,生产者都有权告知公众其产品能使其他人的产品实现其用途。

  根据当前考虑的条件,没有产品或服务被预先排除在《一号指令》第6条第1款(c)项规定的范围之外。因此,无论争议中的产品是主产品还是附件或零部件,如果对他人商标的使用是为了标明其用途而且是必要的,则该条件应被视为满足。从争议规定的字面看,在配件和备件之前,还有"特别"一词。可以认为,对商标专用权的限制也适用于并非作为配件和备件部分的商品,而且正如委员会意见所指出的,此规定的初衷明确地排除了这种可能性,但之后在这方面又有修正。① 正如英国政府指出的,此规定提出不仅是商品也包括服务的用途说明,因此该规定很难被理解为包含了商品的备件或者是配件。从《一号指令》第6条第1款的目的看,对商品属于主产品还是备件抑或配件的分类并不是首要条件,因为在所有案件中最基本的因素是对他人的商标使用是否必要地为了说明商品或者服务的用途,而并未导致其商品来源的混淆。但如果是这样的话,从目的上看,法院确定认定商品属于主要产品并且把它与备件和配件区分开来的标准,就没有必要了。

从《一号指令》第6条第1款适用的目的看,所有需要确定的问题在于对他人商标的使用是否必要地说明其商品或者服务的用途并且未产生商品来源的混淆,因而对使用行为合法性的评价标准,也就不因商品是主要产品还是备件或者配件而有所不同。

(五) 评估行为是否符合工商业活动的诚信惯例时应当考虑的因素

根据《一号指令》第6条第1款,对他人商标的使用应当符合工商业惯例。

根据法院判例,诚信惯例的条件包括,明确表示在涉及商标权人合法利益时采取公平行为的义务。即使如此,这一规定仍然需要确定此义务的范围,而此范围在《一号指令》中并未规定。法院解释到,第三方"不得以导致他人产生此使用者与商标权人有某种商业联系的印象的方式使用他人商标,尤其是在两者之间存在某种特殊关系的情况下"。同时,一方使用第三方的商标不得"不正当地利用其商标显著性或者商誉的优势"。尤其是如果潜在的购买者被引导从而相信在商标权人和提供商品一方之间存在商业上的联系时,这种利用是不正当的。这一推理涉及《一号指令》第7条第2款,法院认为这一考量也应比照适用第6条第1款的规定。

但和审理法院态度一样,英国政府和国会认为,不仅在判例法中具有可以参考的指导性结论,欧共体有关误导性广告和比较广告的指令规定也有一定的指导意义。《一号指令》第13条到15条规定,依照《一号指令》第5条商标专用权人所拥有的排他性权利在第三方符合《误导性广告指令》②规定的条件而使用时,并不构成侵权。如果通过使用第三方商标传递信息根据误导性广告和比较

---

① 《一号指令》建议稿第5条由理事会1980年11月25日提出,其中规定:"商标权赋予于专用权人附上第三方在商业活动中使用……(e) 对用于说明其商品备件或配件用途的使用……"([1980] O. J. C351/1.)

② 欧洲议会与欧盟理事会1997年10月6日第97/55/EC号指令,该指令是对第84/450/EEC号指令的修订(关于统一各成员国针对误导性广告的法律,法规以及行政规定),简称《误导性广告指令》。

广告的规定的目的是合法的,就可认为符合了《一号指令》第 6 条第 1 款规定的诚信惯例。事实上,修订 1984 年 9 月 19 日通过的《误导性广告指令》第 3 条(a)项(1997 年 10 月 6 日通过的《误导性广告指令》第 1 条第 4 款)规定的条件在法院涉及的判例中并无不同。这些情况包括未导致广告者与竞争者市场地位混淆的情况(规定在(d)项中)以及广告并未不正当地利用竞争者商誉的情况(规定在(g)项中)。因此,从上述所引判例和《一号指令》84/450 的相关规定中可以明确,使用第三方商标,导致潜在消费者对商品来源发生混淆是非法的。具体而言,潜在的购买者不得被误导从而相信该商品与商标权人相关,因此与其商品具有相同的品质。

然而,芬兰和英国政府都认为,一方在其产品上使用他人的商标,并不必然表示其与第三方的产品具有相同的品质。在 BMW 案中,法院最终认为经营者希望"为其经营借用质量的光环"而对使用第三方商标的行为是合法的。然而,如上所述,此案在某种程度上涉及对宝马车的维修业务。此经营者业务的对象是合法载有宝马标志的汽车。维修商从其业务对象上所取得的"质量光环"不是非法的,因为这只反映了一个事实,即他有能力来修理宝马车,而宝马车的质量是由宝马商标可以作为保证的。

在本案中,形成对比的是,当刀片被用于吉列剃须刀的信息传达到时,LA 的刀片生产流程已经完成了。因此,事实上是这两个产品是兼容的,即不会令消费者对于 LA 刀片的判断产生任何影响。然而,如果对商标的使用导致消费者认为两个类型的刀片的质量是一样的,那么结论将不得不依从在诚实的现实实践中没有遇见到的情形。因此,芬兰法院要判断,在 LA 公司的刀片包装上对吉列商标的使用是否主要目的在于向潜在的购买者传达 LA 的刀片也能用在吉列的剃须刀上,因为其刀片也和吉列的剃须刀匹配,或者这一行为也暗示了 LA 的刀片与吉列的产品具有相同的技术特点,因此和吉列的刀片具有相同的品质。芬兰法院为此目的所采取的检验措施包括全面地评估与此案相关的所有要素。依照《一号指令》第 5 条第 1 款的规定,法院认为,决定商标权人所享有的商标专用权的范围,与混淆可能性的评估方式有关。由于对于符合诚信惯例的判断,不论是否更加广泛,都将影响到商标专用权的范围,似乎法院所做的是否符合规定条件的评估也必须遵守上述标准。①

基于此,经营者使用了第三方的商标,并未导致消费者误认为其与商标权人有某种商业上的联系,而且并未不当利用商标权人的显著性或者商誉,那他的行

---

① 要注意一个基本问题,在法院认为"应当考虑所发布的广告的完整的表述"时,法院采取了相同的方法判断《一号指令》84/450 所规定的条件是否满足。See Case C-112/99 Toshiba Europe [2001] E. C. R. I-7945,[60]。

为就符合工商业诚信惯例。经营者也销售其产品,并且在其产品上使用了第三方的商标,这并不必然意味着这一行为代表其产品与其所使用的商标权人的商品具有相同的品质。因此,必须在全面考虑相关因素的基础上对经营者此种行为进行评价。

》 启示

  为了必要地说明产品用途,在产品备件或者配件上使用他人在同类产品上使用的注册商标,虽然未经许可,但只要符合了工商业诚信惯例,被允许使用,不构成侵权。这一规定属于商标法理论上的"合理使用",也可进一步表述为指示性合理使用。该案依据《芬兰商标法》和《一号指令》中的相关规定,进一步分析了商标在指示性合理使用的情形下应具备的相应条件。指示性合理使用和叙述性合理使用共同构成了完整的商标合理使用制度。尽管我国《商标法》在第三次修改后,在第59条第1款中规定了合理使用条款,但缺乏指示性合理使用的内容,有待进一步完善该条款。

(执笔人:叶赞葆)

美国 PANDORA 商标侵权案中怠于行使权利的抗辩

》 导读

本案是一起商标侵权纠纷案件。案中原告对被告提起了初步禁令的动议，法官在对相应的条件进行审查之后，考虑被告的"默许"和"怠于行使权利"的抗辩，驳回了原告初步禁令的动议，适用的法条是美国《兰哈姆法》第33条、第34条。

一、案件事实

原告：Pandora Jewelers 1995, Inc.

被告：Pandora Jewelry, LLC

原告是销售各种珠宝的珠宝商，在 Deerfield Beach 拥有一家珠宝店。被告是一个国际珠宝设计和制造企业，最初以批发的方式向独立的珠宝店出售产品，但最近开始在南佛罗里达开设零售店。

原告自 1976 年起就用 PANDORA 的商标经营其珠宝店。它提供所有的珠宝零售服务，包括珠宝的估价、修理、清洁、寄售及定制。原告在其店铺、网站、产品包装，以及地方性报纸、杂志和电影院的广告上展示了 PANDORA 商标，在电视、广播、广告牌和横幅广告上使用该商标，也通过直接的邮件、电子邮件和明信片展示该商标。原告每年的广告预算为 15 万美元，在发行地区包括 Miami-Dade、Broward 和 Palm Beach 等县的四份地方性报纸上推广其品牌，这些报纸的发行量约为 140 万。原告年销售商品和服务的收入约为 250 万，包括店铺销售和网站销售。在 30 年的时间内，原告于珠宝零售方面在社区中获得了声誉，Sun Sentinel——一份在 Broward 县发行量为 50 万的报纸，票选原告为 2002 年 North Broward 的最佳珠宝店。

被告是一家丹麦公司的附属公司，以 PANDORA 的商标生产并向世界各地的零售商销售其珠宝。在 PANDORA 的品牌下，被告拥有多个系列产品，其中最著名的是其魅力珠宝系列，消费者可以通过选择不同的手工艺宝石和珠子添加在 PANDORA 品牌的手链和项链上设计自己的珠宝。被告的批发销量从 2003 年的约 276.5 万美元增加到了 2008 年的 1.55 亿美元以上。被告首次进入美国市场是在 2003 年，以批发的方式向零售商出售 PANDORA 品牌的珠宝。此后，被告开始了积极的全国性推广活动，推广活动的预算从 2005 年的 230 万美元增加到了 2009 年的 3320 万美元。

2004 年,原告以批发的价格购买被告的珠宝,以较高的零售价出售,并在其店铺和网站上突出宣传被告的珠宝。原被告保持这种关系达四年半。2008 年,被告开始自行经营独立的零售商店。这些商店仅销售被告的珠宝产品,只强调被告的品牌。① 这些店铺被称作概念店,由第三方被许可人经营。在动议提起之时,被告在美国已经授权经营了 35 家概念店,其中三家开设在佛罗里达,并计划在 Palm Beach、Boca Raton、Aventura 和 Miami 开设其他的南佛罗里达店。而南佛罗里达的店铺就是本案的争议焦点。2009 年 5 月,在得知被告用 PANDORA 的商标在南佛罗里达开设零售珠宝店并看到越来越多的消费者对产品的来源产生混淆后,原告终止了与被告的业务关系。

诉讼请求:2009 年 9 月,原告以不正当竞争、商标侵权等为由对被告提起诉讼。一个月后,原告提起了初步禁令的动议,要求禁止被告用 PANDORA 的名字在 Miami-Dade、Broward 和 Palm Beach 等县开设珠宝零售店。

二、法院判决

法院认为,由于针对原告的怠于行使权利的抗辩成立,因此,判决驳回原告初步禁令的动议。

法律依据:美国《兰哈姆法》第 33 条和第 34 条。

三、法律问题及分析

本案主要涉及对原告的初步禁令的审查。原告对被告提起了初步禁令的动议,被告提出了相应的抗辩即默许和怠于行使权利。

美国的禁令制度来源于英国的"衡平法"。直到 19 世纪中叶,美国各州仍然适用英国殖民时期的普通法院与衡平法院并立的二元体制诉讼程序。由于这两种诉讼程序在技术上错综复杂,只有法律专业人士才能理解其中的精妙,这与美国人的民主观念不符。1848 年,以纽约州为代表,其他州也均逐步废弃了普通法与衡平法之间对诉讼程序制度的区别,使两者合并得以在同一法院执行。但即便如此,在现今的美国民事诉讼程序中,"普通法诉讼"与"衡平法诉讼"的区分仍然存在。"禁令"便是从衡平法中发展而来的最主要的一种救济方式,在普通法束手无策的制止侵权行为方面尤其有用。②

美国的禁令救济有:中间禁令和永久禁令。其中,中间禁令又包括临时限制令和初步禁令。临时限制令适用于诉讼前的阶段,初步禁令适用于诉讼程序启

---

① 此外,被告还开设了一些"店中店",这些空间位于多品牌的百货商场,销售被告的珠宝产品。
② 参见张茂:《美国国际民事诉讼法》,中国政法大学出版社 1999 年版,第 3 页。

动之后至判决之前。有关禁令的规定在美国《兰哈姆法》第34条。① 本案中,原告是在起诉之后提起的禁令,因此是初步禁令。

在他人所提出的侵权诉讼中,被告可以有一系列的抗辩,证明自己的行为没有侵权,这些抗辩主要有合理使用、滑稽模仿、商标权无效、默许和怠于行使权利等。本案主要涉及的是默许和怠于行使权利的抗辩。这两种抗辩是基于衡平原则,由于商标所有人在实施自己权利中的错误行为,如拖延、误导等。默许是指商标权人默认他人的侵权行为或对此种行为长时间不采取任何行动。一般说来,怠于行使权利由两个要素构成:一是商标所有人不合理地拖延实施自己的权利,另一个是被控侵权人会因为相关的制裁措施而受到损害。② 有关默许和怠于行使权利的抗辩规定在美国《兰哈姆法》第33条。③

本案要发布初步禁令,禁止被告用PANDORA的名字开设并经营珠宝店,原告必须证明在实体上原告有胜诉的可能性。

根据《兰哈姆法》的规定,要获得商标侵权诉讼的胜利,原告必须证明:第一,对该标识,它已经取得了可实施的商标权;第二,被告对该标识的使用可能在消费者中产生混淆。④ 即使这两个要素都满足了,原告的主张也可能被默许或者怠于行使权利等抗辩驳回。⑤

本案中,原告在珠宝零售服务上对PANDORA商标获得了可执行的商标权,这是没有疑问的,法官重点分析了被告的积极抗辩是否可能驳倒原告的诉求。

被告主张了默许和怠于行使权利等积极抗辩。这些抗辩都要求原告不合理地推迟提起商标侵权诉讼。原告主张,它在2009年被告开始侵权使用的几个月内就提交了起诉书,在提起诉讼方面不存在不合理的迟延。原告上述理论的基

---

① 美国《兰哈姆法》第34条规定:(a) 依据本法取得民事诉讼审判之权法院,应遵从衡平法之原则,且于法院认为合理之条件下,得决定发出禁制令,以阻止在专利商标局注册之标章注册人权利受损或违反第43条(a)项之行为。此项禁制令,得包括命令被告在禁制令送达之日起30日内或法院准予延展之期间内,向法院提出及向原告送达详细记遵从禁制令所采取各项措施之宣誓书。联邦地方法院于通知被告并经讯问后所发出之禁制令,得送达联邦境内应遵从禁制令之当事人,而发生效力,其如违背命令,可由决定禁制令之法院或被告所在此之其他有管辖权之美国地方法院处以蔑视法庭罪或其他之处理。

② 参见李明德:《美国知识产权法》,法律出版社2003年版,第321页。

③ 美国《兰哈姆法》第33条规定:(a) 主要注册簿之注册系排他的使用商标权之表见证据及抗辩……(b) 标章具对抗力之决定性证据及抗辩……(1) 因诈欺取得注册或有对抗效力之使用标章权利者。……(8) 衡平法上之原则诸如时效消灭,禁反言,侵权默认等均适用。

④ 因为原告的普通法和联邦法商标侵权主张是类似的,在本判决中,法官只分析联邦法上的诉求。See Investacorp, Inc. v. Arabian Inv. Banking Corp. E. C. , 931 F. 2d 1519, 1521 (11th Cir. 1991)(用联邦法上的侵权主张分析作为衡量佛罗里达普通法上侵权主张的标准);Conagra, Inc. v. Singleton, 743 F. 2d 1508, 1512 (11th Cir. 1984)(拒绝对州普通法侵权主张进行独立的分析,因为它与联邦法侵权主张相似)。

⑤ See 15 U. S. C. § 1115 (2006); Freedom Sav. & Loan Ass'n v. Way, 583 F. Supp. 544, 552 (M. D. Fla. 1984)。

础是被告目前的使用(在其自己的零售商店内销售 PANDORA 品牌的珠宝)与被告之前的使用(向独立的零售商店销售 PANDORA 品牌的珠宝)是不同的。原告解释道,它不反对被告之前在南佛罗里达对 PANDORA 商标的使用,这种使用至少在 2004 年就开始了。如果之前被告只是一个隐形的批发商,使用原告的商标,而后来作为一个零售商进入珠宝销售市场,提供与原告相同的服务,那么原告的上述主张还有一定的可信度。但实际情况并非如此。

2003 年起,即使作为批发商,被告在珠宝消费市场中也广为人知。它积极地宣传自己,消费者会将其珠宝产品与 PANDORA 品牌相联系,而不是与某个授权经销商联系。例如,被告与授权经销商的广告项目允许零售商用来自被告的大量资金支持为其自己的商店制作广告牌,但是这些广告必须突出被告的产品和名字,而零售商自己名字的展示则没那么醒目。

之前,当被告自己没有零售商店的时候,这些广告的结果就是想要购买被告产品的消费者要么去在广告牌上不是那么明显的零售商处购买,要么寻访被告的品牌却找到原告的商店。在这种情况下,原告从没有宣传其商店的广告牌中受益了。既然被告有了自己的商店,同一个广告的另一种效果就是想要购买被告产品的消费者寻访被告的品牌,找到被告的商店。在第二种情况下,原告的商店并没有明显地出现。实际上,原告是在为现在没有了之前它可以从中获益的混淆而不满。同时,被告作为零售商也没有提供原告所提供的珠宝零售服务,即清洗、修理和寄售。被告继续独家销售其自己的珠宝产品。它作为零售商提供给公众的唯一额外的东西是独立的珠宝店。因此,法官认为,被告作为批发商对 PANDORA 商标的使用与其作为零售商对 PANDORA 商标的使用并没有明显的不同。因此,被告可能构成的对 PANDORA 商标的侵权使用开始于 2004 年,这是它第一次在南佛罗里达作为批发商使用 PANDORA 商标的时间。基于这一点,法官考虑了默许和怠于行使权利的抗辩。

(一)默许

默许是衡平法上的抗辩,是指在先使用人积极同意他人使用商标。[1] 默许需要证明三个要件:第一,在先使用人积极地表示其不会主张一项权利或提出一项主张;第二,在积极的表示和主张权利之间的迟延没有合理理由;第三,这种迟延给被告造成了不合理的损害。[2] 缺乏其中任何一个要素都会使得默许抗辩不成立,被告不能获得相应的衡平法上的救济。[3]

根据双方所提出的观点,原告是否积极地表示了不会主张权利尚不清楚。

---

[1] See Coach House Rest. v. Coach and Six Rests., Inc., 934 F.2d 1551 (11th Cir. 1991).
[2] See SunAmerica Corp., 77 F.3d at 1333.
[3] See Coach House Rest. v. Coach and Six Rests., Inc., 934 F.2d 1551 (11th Cir. 1991).

被告提供了原告成为授权零售商之前所签订的协议,但是,这些协议最多只能说明原告知道被告的商标。答辩书中也没有反映在被告协议、条款或其他类似文件中有任何一条表明原告积极地表示了它不会主张商标侵权诉讼。因为原告驳倒了第一个条件,默许这项衡平法上的抗辩可能无法成立。

(二)怠于行使权利

在怠于行使权利抗辩中,被告必须证明:(1)原告主张权利或者提出诉求存在迟延;(2)这种迟延没有合理理由;(3)这种迟延造成了不合理的损害。① 该原则的适用具有灵活性,需要审查迟延的程度以及迟延所导致的损害的程度。②

虽然在这一点上法庭记录并没有显示,但是原告可能知道被告使用相关商标的时间早在 2004 年,当时被告首次接触原告,希望原告成为其授权的零售商。原告对被告提出本诉讼是在 2009 年 9 月。原告再一次以其存在缺陷的假设作为理由主张对被告提起的诉讼不存在迟延,该理由是被告作为批发商对商标使用与其作为零售商对商标的使用有根本性的不同。因为法官不接受原告上述基础性的观点,所以其认定在原告知道被告混淆性地使用 PANDORA 商标和原告提起商标侵权诉讼之间至少存在着五年半的迟延。

这种迟延是否合理要看迟延的原因。③ 原告提出的原因是在被告将经营转向珠宝零售服务之前没有理由对被告的商标使用提出异议。正如上面所分析的,虽然表面上看被告后续的使用与其最初的使用不同,但是公众混淆的效果一直是相同的。另外,原告作为在先使用人兼在后使用人的授权经销商,应当已经意识到了这种混淆。

原告迟延了五年半给被告造成的不合理的损害是毋庸置疑的。被告主张仅仅在 2005 年到 2009 年就花费了约 6160 万美元用于广告支出。虽然在答辩状中没有包括这些费用中的哪部分具体分配到了南佛罗里达地区,但是法官认定被告花费了大量的时间和努力在该地区推广其品牌,不仅通过广告,还通过建立数家概念店并准备开设另外的几家。

因为被告证明了所有三个要素都存在,法院认定怠于行使权利的衡平法抗辩成立,因此妨碍了原告证明其实体上胜诉的可能性,所以驳回原告初步禁令的动议。

≫ 启示

在商标侵权的法律救济中,禁令是最常见的救济方式。这是由商标法的宗旨所决定的,即防止消费者在商品或服务来源上的混淆。法院在作出是否下达

---

① See Citibank, N.A. v. Citibanc Group, Inc., 724 F.2d 1540 (11th Cir. 1984).
② Ibid.
③ See SunAmerica Corp., 77 F.3d at 1345.

初步禁令的决定时,最主要的是考虑原告胜诉的可能性这一因素。本案中,由于被告提出了默许和怠于行使权利的抗辩,使得原告不能证明其实体上胜诉的可能性,相应地其初步禁令的动议也被驳回。在完善我国的禁令制度时,也可以参考上述的标准,以使其更合理。而默许和怠于行使权利这些衡平法上的抗辩,也可以被我国借鉴,防止商标权滥用的现象出现。

(执笔人:袁珊)

商标共存案件

美国蒂罗斯商标共存案①

》》导读

本案是美国法上关于商标共存原则的经典案例。在本案中,涉及善意的商标在后使用人在商标在先使用人商誉未触及的市场领域内在同种商品上使用与之相同的商标,且获得市场成功的情况下是否侵犯商标在先使用人的商标专用权的法律问题。商标共存原则是指两家不同的企业在商品或服务上使用相同或近似的商标,而此类型并不必然导致两家企业的业务相互受到影响。本案中美国最高院所提出的"善意和远方使用规则"是美国商标共存原则的理论基础。

一、案件事实

原告:Allen & Wheeler 公司

被告:Hanover Star 公司

被告是伊利诺斯州的一家面粉制造商。它在面粉上使用"蒂罗斯"商标,该商标包含"蒂罗斯"和三朵玫瑰花。被告的产品被卖至亚拉巴马、佐治亚、密西西比、佛罗里达等州,在当地建立了很高的知名度。案外人 Metcalf 是亚拉巴马州一名面粉商人。被告发现在亚拉巴马州,由案外人代理销售的另一家生产商生产的面粉上使用了与被告一样的"蒂罗斯"与三朵玫瑰花的商标。被告认为,案外人的这种行为是一种欺骗消费者的行为,并且破坏了被告的商誉。因此,被告将案外人诉至法院。然而案外人辩称原告公司早于 1872 年就已经在面粉上使用"蒂罗斯"商标,被告并不是第一个使用此商标的人。就在被告起诉案外人的期间,原告知道了被告的存在,因而向伊利诺斯州联邦地区法院提起对被告的诉讼。原告是俄亥俄州的一家公司,在特洛伊地区从事面粉的生产。原告称自 1872 年起,原告的前身 Allen &Wheeler 合伙作坊就设计了"蒂罗斯"商标,直到 1904 年该商标已经被广泛使用在面粉的包装袋、包装桶上在全国进行销售。同

---

① See ALLEN & WHEELER Co. v. HANOVER STAR MILLING Co., 240 U.S. 403, 36 S. Ct. 357, 60 L. Ed. 713.

年,AW作坊合并成现在的原告公司,公司继受了作坊的一切财产,包括"蒂罗斯"商标和商誉并继续从事"蒂罗斯"面粉的售卖。通过长时间的使用,"蒂罗斯"已然成为法律意义上的商标。经查明:原告仅在美国辛辛那提、匹兹堡有蒂罗斯面粉的销售记录,在亚拉巴马州、佐治亚州所销售的面粉使用的是"Eldean Patent"和"Trojan Special"商标。原告并未在亚拉巴马州及其邻州做过蒂罗斯牌面粉的广告宣传,也没有在亚拉巴马、密西西比、佐治亚州销售过蒂罗斯牌面粉,当地消费者没有听说过原告生产的蒂罗斯牌面粉。

诉讼请求:原告诉被告商标侵权。原告认为,被告在亚拉巴马州、佛罗里达州、密西西比州大量销售蒂罗斯牌面粉的行为直接导致原告公司3,000美元的损失。

二、法院判决

(一) 初审判决

伊利诺斯州联邦地区法院判决:颁布临时禁令,禁止被告继续销售蒂罗斯牌面粉。

(二) 二审判决

上诉法院判决:撤销临时禁令,发回重审。

(三) 三审判决

最高法院判决:不侵权。

法律依据:善意和远方使用规则。

三、法律问题及分析

本案件所涉及的主要法律问题是商标共存原则的适用,以及案件的二审和三审法院均提出的对"善意和远方使用"理论的解读,该理论为之后美国法上的商标共存原则奠定了基础。

(一) 商标共存原则

世界知识产权组织对商标共存的定义是:"两家不同的企业在商品或服务上使用相同或近似的商标,而此类型并不必然导致两家企业的业务相互受到影响。"①即,两个不同的主体在同类商品或服务上善意地使用相同或近似的商标,不造成消费者混淆。

商标共存原则至少有四个构成要件:其一,在相同或类似的商品或服务上使用相同或近似的商标。商标共存是商标侵权行为的例外,也就是说,构成商标共存的前提是该商标具有混淆可能性。因此,构成商标共存的商标一定是相同或

---

① IP and Business:Trademark Coexistence,WIPO Magazine,November 2006.

近似的商标,并且该相同或近似的商标必然是在相同或类似的商品或服务上进行使用。其二,有两个或两个以上商标权人。共存商标的商标权分属于两个主体,并且这两个商标权人相互独立,不存在附属关系。其三,善意地使用商标。共存商标的商标权人主观上必须出于善意,即商标在后使用人是在对在先使用人的存在毫不知情的情况下投入大量的精力与财力创造自己的商誉,而非恶意地利用在先使用人的商誉"搭便车"的行为。其四,商标的使用行为不会造成消费者的混淆。构成共存的商标尽管在外形、读音上相同或者近似,但是不会造成消费者实际上的混淆,消费者对该商品的来源能够进行区分。

产生商标共存的法律基础是:相抵触的商标通过一定的途径均合法或正当地获得了识别性。即物理上相同或近似的商标同时使用并不会造成法律意义上的混淆,这就为商标共存现象留下了一定的空间。商标共存的产生主要有三方面的原因:第一,经济原因。经济、交通、媒介的发展与多元化导致企业经济实力迅速扩张,商品交易市场范围扩大。这意味着商标的使用从地域性扩张至全国乃至全世界,同时同一商标也被使用在不同类别的好几种商品或服务之上。类别上的重叠和地域上的重合导致商标权利之间的冲突。第二,商标地域性及商标分类注册制。商标的效力拥有地域性的特点,且在商标注册之初采用的是商标分类注册制。若多个主体在不同的国家进行相同或近似商标的注册,那么该多个主体对同一类别的商品或服务拥有该相同或近似商标的专有权。在经济贸易不甚发达的时期,此种情形并不会产生问题,然而当商标权人的交易市场进入其他国家之时,相同或近似商标的使用便产生了冲突。第三,制度缺陷。商标权注册主义制度不足也会导致商标的共存。比如在先使用商业标记和注册商标之间;允许注册商标分割使用、使用许可、转让等导致的共存;由于商标局的疏忽导致相同或近似的商标被同时注册等。

(二)美国商标共存原则的演变

美国的商标共存制度肇端于本案和1918年的联合药品公司案。[①] 该案中,原告的贸易领域并未触及该远方地区,而被告在该地区投入了大量的精力和财力。在当地的消费者心中,被告的商标与商品紧密联系在一起。最高法院认为,原告并不能以自己对商标的在先占有阻止被告在远方地区善意地使用该商标。这一规则被称为蒂罗斯规则,它允许两个经营主体在各自的经营范围内,在相同的商品上使用相同的商标。

在1918年的联合药品公司案中,在先使用人已经进入在后使用人的地区,同一商标在同一地区出现了多个使用人。最高法院认为:在先使用人不能禁止在后使用人诚信地使用该商标的行为。因为尽管在全国范围内,在先使用人对

---

① See United Drug Co. v. Theodore Rectanus Co., 248 U.S. 90, 63 L. Ed. 141, 39 S. Ct. 48(1918).

该商标在先占有,但是在该地区在后使用人才是该商标的在先占有人。在先使用人必须承担这样的风险:某些遥远地区的不知情的当事人可能会碰巧使用这一标识,并建立起一定的信誉。① 联合药品公司案在蒂罗斯规则的基础上更进一步,这两个判例发展出来的规则被统称为"蒂罗斯—莱格特纳斯规则"。

对商标共存制度的完善起着至关重要作用的案件是唐多纳特案。根据《兰哈姆法》第1114条制定的标准,只有在未授权人使用商标有引起消费者混淆之虞时,注册人才有权申请禁令。而此案的原被告并未造成消费者的混淆。另外,由于此案中原告申请商标注册早于被告的商标使用行为,原告本可以禁止被告使用该注册商标,但是证据表明原告的销售区域并未扩张至被告所在的区域,因此巡回法院最终判定双方商标共存。该案详细阐述了如何平衡差异细微但又十分复杂的两个商标使用人之间的利益,同时,细化了蒂罗斯—莱克特纳斯原则的适用要件,明确了诸多考量因素。②

(三)对"善意和远方使用"理论中"善意"的理解

美国最高法院认为,在商标案件中法律对一方采取救济是建立在主观善意的基础上。也就是说,法院在判定是否适用商标共存原则时会考虑到商标在后使用人的主观目的,只有当在后使用人对在先使用人的存在毫不知情的情况下,为了创造自己的商誉并且获得商业上的成功时,在后使用人的商标才能与在先使用人的商标共存。相反,在后使用人使用商标的行为是一种恶意利用在先商标权人所获得的商誉,是一种"搭便车"的行为时,法律并不会对其采取保护。因为商标最重要和最基础的功能是区分商品的来源。一方通过在商品上贴上具有显著性的商标使得顾客知道该产品由其生产,其他人在相同的商品上使用相同的商标则会导致消费者的误解,将事实上不是商标权人生产的产品误认为由商标权人生产制造而购买,直接导致商标权人的经济利益受到损害。所以法律是禁止他人在同类商品上使用与商标权人相同的商标的。"那些销售的商品并非是自己的商品,而是别人的商品的人,法律不允许其使用任何手段来欺骗消费者。非商标权人不得使用商标权人的公司名称、商标、字号或任何暗示使消费者误认为其销售的商品是商标权人制造的商品。"

本案中被告于1885年采用蒂罗斯作为其生产的面粉的商标并用于外包装上。被告的这一行为完全出自善意,因为其完全不知道AW公司或其他任何人先于自己使用"蒂罗斯"商标。1904年,被告开始大规模地在亚拉巴马、密西西比、佐治亚和佛罗里达州开展广告宣传,雇用了大量的人手,购买了先进的设备。

---

① See J. Thomas McCarthy, McCarthy On Trademarks and Unfair Competition, Thomson, 2008, §26—9.

② 参见李雨峰、倪朱亮:《寻求公平与秩序:商标法上的共存制度研究》,载《知识产权》2012年第6期。

在诉讼之初,被告一年可以获益 150 000 美元。被告在市场上大获成功,是知名的面粉厂。蒂罗斯牌面粉与被告面粉厂紧紧地联系在一起,在当地消费者的心中,蒂罗斯牌面粉意味着原告制造。另外,市场上并无原告公司或其他公司与被告存在竞争,甚至没有任何宣传活动。法院判定,被告在面粉上使用"蒂罗斯"的行为是出于善意的。

(四) 对"善意和远方使用"理论中"远方使用"的理解

法律会保护商标权人免受他人的侵害。但这并不意味着商标权人能在其经营范围及商誉之外垄断该商标。在同一个交易市场范围内的两个同类商品相同商标的竞争者,在先使用人无疑可以禁止在后使用人继续使用这一商标。不同的是,若双方拥有各自独立的市场,且相隔非常之遥远,那么即使双方是在同类商品上使用相同的商标,在先使用人禁止在后使用人继续使用商标的行为也显得毫无意义,除非,在先使用人可以证明在后使用人使用商标的行为在主观目的上出于恶意。商标并不认可州或国家的地域限制,而只认可由于商标使用而被广为人知和其指代的商品所到的市场。[①] 即,对商标独占使用权的保护范围只能延伸至商标实际使用,能被消费者所认知的领域。

就地理上的实际距离而言,亚拉巴马州的面积约 50,000 平方公里,人口约 2,000,000 人。亚拉巴马州的最北部与辛辛那提市距离约 250 公里。辛辛那提市已经是证据所能显示的原告公司离亚拉巴马州最近的交易地点。根据《兰哈姆法》的相关规定,导致商标权灭失的原因有明示或默示的放弃以及因疏忽大意的灭失。尽管原告在主观上没有对商标进行有限利用的意思表示,但是在客观上原告公司的行为的确是对蒂罗斯的商标进行了限制性利用。因为原告公司从未涉足东南部地区的面粉市场,也就是说,将蒂罗斯的商标使用范围缩小至除东南部以外的地区,即商标权的行使范围缩小至除东南部以外的地区。既然如此,原告公司不得不承担善意不知情的他人在东南部地区使用相同商标的风险。被告公司在东南部销售蒂罗斯牌面粉长达 40 年之久,投入了大量的金钱和精力,在当地消费者的心中蒂罗斯牌面粉等同于被告制造的面粉。当原告公司再次出现,起诉被告侵犯其商标专有权时,法院认为原告公司在东南部的商标权已经灭失,不能阻止善意并且对原告公司的存在毫不知情的被告继续在面粉上使用蒂罗斯商标。因为基于这种情况,若允许原告公司的商标在亚拉巴马州有效,而判定被告商标侵权是违背商标权的法律原则的。

(五) 蒂罗斯规则与美国商标共存原则

1946 的《兰哈姆法》直接影响了蒂罗斯规则的适用,因为《兰哈姆法》赋予美国的注册商标全国性的效力,只要完成了联邦注册,就可以抗辩在后使用人的

---

① See L. R. A. 125 C. C. A. 515, 208 Fed. 519.

善意和不知情。但是《兰哈姆法》并未否定商标共存原则,反而将其法典化。《兰哈姆法》第 2 条(d)款规定:"两人以上因注册申请提交之前共同合法使用同一商标而有权使用该商标,及注册人员或法院认为,依其使用的方式或地域或商品等条件和限制,继续使用该商标不会产生混淆、误认或欺诈,则可对这些当事人的相同或近似商标进行共同注册,同时规定上述条件和限制。注册人员还可依据法院关于两人以上有权在商业中使用相同或近似商标的最终裁定进行共同注册,同时规定上述条件和限制。"

在商标共存原则中,商标使用人的主观善意,使用商标的地域、方式、时间……都是判断是否构成商标共存的考虑因素。其中,消费者是否造成混淆是判断商标共存最关键的决定性因素。而尽管经过联邦注册的商标可以推定在后使用人是非善意的,但是在后使用人可以实际不知情对该推定知情进行抗辩。另外,在后使用者的远方使用以及注册商标权利人在远方市场的消极懈怠仍然为蒂罗斯规则提供了适用空间。

》》启示

本案对商标共存中的"善意和远方使用"规则进行了分析和解释,对商标独占使用权的保护范围只能延伸至商标实际使用,能被消费者所认知的领域。一个善意的商标在后使用人在商标在先使用人未触及的市场领域内在同种商品上使用与之相同的商标,并且获得消费者的认可以抗辩在先使用人的商标独占权,这是商标侵权的例外。

"善意和远方使用"规则是美国商标共存原则的理论起源,探讨"善意和远方使用"规则,是对商标共存原则的深入研究,同时,可以帮助我国在判断商标共存案件中更好地理解与运用商标共存原则。

最高人民法院《关于审理商标民事纠纷案件适用法律若干问题的解释》第 9 条第 2 款规定:"商标法第五十二条第(一)项规定的商标近似,是指被控侵权的商标与原告的注册商标相比较,其文字的字形、读音、含义或者图形的构图及颜色,或者其各要素组合后的整体结构相似,或者其立体形状、颜色组合近似,易使相关公众对商品的来源产生误认或者认为其来源与原告注册商标的商品有特定的联系"。即,我国《商标法》中的"商标近似"指的是混淆性近似,而商标共存原则中的"近似商标"指的是商标在文字的字形、读音、含义或者图形的构图及颜色等上的物理性近似。商标近似并不表明一定会导致商标侵权,如果近似进而引发混淆,才导致商标侵权的发生。在商标共存原则中,"近似"是对两商标特点的客观描述,"混淆"是对消费者造成的客观后果。

在我国鳄鱼商标案①中,最高人民法院在判定新加坡鳄鱼公司是否侵犯了法国鳄鱼公司的商标专用权时也引入了商标共存原则。对于新加坡鳄鱼商标与法国鳄鱼商标是否构成混淆性近似的问题,法官认为:第一,新加坡鳄鱼公司在主观上出于善意,并没有利用法国鳄鱼商标的商誉而"搭便车"的行为。第二,双方在国际市场上已经形成了各自的市场格局,并且新加坡鳄鱼公司与法国鳄鱼公司签署了商标共存协议,双发的商标达成共存状态。第三,双方在中国市场上拥有各自的客户群。第四,消费者能够完全区分两家公司的商品,尽管两家公司的鳄鱼商标存在近似性但是并没有造成消费者认知上的混淆。因此,法院认定新加坡鳄鱼公司的商标与法国鳄鱼公司的商标是物理上的近似,不构成商标法意义上的混淆性近似,进而判定新加坡鳄鱼公司不侵犯法国鳄鱼公司的商标权。

(执笔人:刘剑弘)

---

① 该案情见最高人民法院(2009)民三终字第 3 号民事判决书。

美国 FIELD & STREAM 商标共存协议案[①]

>> 导读

本案主要涉及商标共存协议等相关法律问题。国际商标协会对商标共存协议的定义是：由两方以上的主体就近似商标的共存约定条款达成协议使得商标能够和平共存，对于上述近似商标在相同或类似的商品或服务上的使用予以地域范围的限制，并不会造成公众的混淆和误认。美国是较早提出商标共存的国家，其对商标共存的态度一直徘徊于意思自治与公共利益的考量之间。本案中，第二上诉巡回法院将 1995 协议视作原被告意思自治的结果，原被告的商标权范围皆由 1995 协议中所约定的范围而定。当商标共存协议严重损害了公众利益时，法院会撤销商标共存协议。

一、案件事实

原告：TIMES MIRROR 杂志

被告：FIELD & STREAM 许可公司、Jerome V.

Field & Stream 杂志自 1895 年开始出版发行，杂志内容是关于狩猎、钓鱼等户外项目。每月发行量约 14 万本。但是 Field & Stream 杂志并不是第一个注册 Field & Stream 商标（以下简称 FS 商标）的。第一个注册此商标的是一家服装公司，该服装公司自 1915 年在其售卖的服装上使用 FS 商标并于 1926 年将此商标注册在服装类商品上。原告于 1984 年在其月刊上注册了 FS 商标，之后又在录影带、日历、支付业务、娱乐服务上注册了 FS 商标。1976 年，Jerome V. 接管了该服装公司的相关业务，成立了被告现在的公司，即 Field & Stream 许可公司，并且许可第三方在服装商品上使用 FS 商标。

之后，Field & Stream 杂志被原告的前身公司收购，收购方与上述服装公司发生了商标纠纷。最终在 1984 年，两家公司达成了协议，即 1984 商标共存协议。协议约定了双方各自的商标使用范围。1989 年，被告公司提交了五份 ITU 商标申请，申请在太阳镜、猎刀、户外服装等商品零售服务上使用 FS 商标，这与原告的相关商品、服务范围发生了重合。经过一系列的冲突与调节，双方签订了 1991 商标共存协议、1994 商标共存协议、1995 商标共存协议。1996 年，原告与

[①] See TIMES MIRROR MAGAZINES, INC. v. FIELD & STREAM LICENSES Co. & Jerome V. Lavin, 294 F.3d 383, 63 U.S.P.Q.2d 1417.

被告在对第三方的商标许可问题上再次产生纠纷。

1996 年 12 月 10 日,原告向地区法院提起诉讼。

诉讼请求:原告要求法院撤销 1995 年商标共存协议。

二、法院判决

(一) 初审判决

地区法院判决:驳回原告请求。

(二) 二审判决

上诉法院判决:维持原判。

法律依据:1995 商标共存协议并未严重损害公众利益。

三、法律问题及分析

本案件所涉及的法律问题主要是商标共存协议的内容、撤销及其效力的认定等。

(一) 商标共存协议

美国的商标法对商标共存制度并未明文规定,而是在美国商标局制定的《商标审查程序手册》中作了相关规定。商标共存协议指一方同意另一方使用或注册某一商标的协议,或者一方同意另一方使用或注册相同或近似商标的协议。共存协议本质上属于市场主体之间对于商标所有权及其相关权利的合同约定,由一方向另一方支付一定对价以取得使用商标的权利,并且约定商品和服务的类别、适用的地域范围等。这是对商标权作为私权的处分行为。

商标共存协议主要包括以下内容:第一,协议双方不可以在对方区域内使用商标或者对商标进行宣传;第二,协议双方必须尽一切努力避免引起消费者混淆;第三,在双方区域外预留缓冲区;第四,列举双方商标或商品、服务上存在的差异;第五,提供可以防止混淆的与销售有关的信息;第六,使用不同的包装、标签、符号;第七,提供商标共存的时间、商标共存的程度,以及共存是否会导致消费者实际混淆的信息。[①] 商标共存协议的目的在于说服商标主管机关予以商标注册以及采取措施有效防止商标混淆。

(二) 撤销商标共存协议的认定

本案中,原告承认其与被告的共存协议是有效的,但是尽管如此,法院基于消费者的公众利益也应该废除共存协议,因为共存协议会造成公众的混淆。地区法院驳回了原告这个论点,因为该商标共存协议所引起的混淆并未达到损害公共利益所要求的混淆程度。

[①] See Janet E. Rice, Concurrent Use Application and Proceedings, 72 Trademark Rep. 408(2007).

上诉法院认为若要废除商标共存协议,一方必须提出证据证明若协议继续有效将严重损害公众利益。商标共存协议应避免造成消费者的混淆,若消费者对商品或服务的来源发生了混淆导致公共利益受到损害,基于公共利益高于合同双方利益的原则,商标共存协议无效。毫无疑问,公共利益的损害包括消费者对商品来源的混淆,但是消费者因商标混淆而购买了同等质量的商品,该商品并未对消费者的身体健康造成危害,消费者的误购行为只是对商标共存协议的一方造成了经济损失,那么在缺乏对公共利益损害的前提下,法院拒绝以损害公共利益为由废除商标共存协议。也就是说,判定商标共存协议无效所要求的危害程度高于商标侵权案件所要求的混淆可能性。本案中,原被告双方的商标共存协议对公共利益的损害是微乎其微的,这不足以使得商标共存协议无效。因此,上诉法院并未撤销原告与被告之间的商标共存协议。

(三)商标共存协议的效力认定

对于商标共存协议的效力,取决于以下三方面的因素:

其一,商标是否是商标权人的私有财产。如果是,则即使商标共存协议对公共利益有所损害,它仍然是有效的,商标权人可以按照自己的意愿支配商标。如果不是,则法院会考虑共存协议的功能及其对公众的危害。支持商标是商标权人的私有财产的学者认为,商标本身具有价值性,其与公司的价值是相互独立的。例如可口可乐的商标价值是 72,537,000 美元。此外,商标权人在经营商标时太过成功导致商标丧失了显著性,成为描述某一类商品的通用标识,进入公有领域。这好比普通法中不动产被政府征收导致物权人丧失对不动产的所有权,该不动产的所有权归公众所有。在这一点上,也能够说明商标是商标权人的私有财产。商标权人还可以转让或许可其商标。当商标权人许可他人使用商标时,商标权人的商誉和其他资产并不会一并移转。这也说明了商标是商标权人的财产。反对商标是商标权人的私有财产的学者认为,商标权人并非从商标上直接获利,商标只是商标权人良好商誉的象征。即使该商标获得市场成功,也不能说商标是商标权人的私有财产。因为商标法保护商标的目的在于保护消费者的利益,降低消费者的搜寻成本,防止其受到欺诈。认为商标不是商标权人私有财产有以下几个理由:第一,未投入实际使用的商标会被撤销。商标在一定时间内未投入实际使用,则视作商标权人放弃该商标,商标重新回到共有领域内,其他人可以再次使用此商标。与之相比,物质财产的所有权人即使从未使用过其财产,该所有权人也不会丧失对其财产的物权。第二,商标权人在许可商标时必须将商标附着在商品上。商标的功能是区分商品来源,因此,商标权人在许可第三人使用其商标时不能将商标与商品分离,单独对商标进行许可行为。例如,苹果公司在授权许可他人使用苹果商标的同时,必然会许可他人制造或销售苹果电子设备。苹果公司不能授权许可一家服装公司以苹果商标。相反,财产所有权人可以将其物权分割成一系列权利。第三,商标法对商标的保护是基于商标附着在商品或服务之上。也就是说,商标受到商标法的保护并不是因为其具有美感或观赏性,而是因为商标指代商品或服务的来源。商标法保护消费者免于混淆。然而,财产所有权人无论如何使用其财产都会受到普通法的保护。私法保护私有财产神圣不可侵犯。第四,若商标成为通用标识,那么该商标就丧失显著性,进入公有领域。由于商标权人经营商标过于成功,商标从指代商标权人的商品转变为描述该类商品的通用标识,甚至成为公众日常语言。此时,商标权人不再享有对商标的专用权,无权禁止公众使用日常语言或对某类商品进行公知的通用描述。有学者将通用标识的概念比作不动产的征收,但是私有财产若被征收,政府会作出相应的补偿。商标若成为通用标识进入公有领域,政府不会对商标权人进行补偿。因此,将商标认作商标权人的私有财产的观点是错误的。第五,商标是有限的。商标资源是有限的,商标法并不鼓励市场内存在过多的商标,因为这样会增加消费者的混淆可能性以及消费者的搜寻成本。第六,商标专用权并非总是属于第一个使用该商标的人。商标法只会保护那些投入实际使用的商标,出于独占商标的目的抢注商标是违法的。第七,商标共存协议会减弱商标的显著性,允许第三方使用商标。在 MGW 公司诉 Gourmet 案①中,法院称,基于禁止反言规则,原告加入商标共存协议之后就不得再声称对方的商标会造成消费者的混淆。这与不动产权保护截然相反,若不动产的所有权人授予邻居 A 地役权,该所有权人仍然能禁止邻居 B 的非法侵入行为。世界各国法院对商标是否是商标权人的财产所持观点不一,因而对商标共存协议的效力认定也不尽相同。就美国而言,美国商标初审和上诉委员会在 Ron Cauldwell 案②中,其裁判的标准只关注共存协议,不考虑其他外部政策因素。而在本案中,法院指出判定商标共存协议无效,前提是协议的存续将导致公共利益遭受严重损害。美国法院态度的转变也说明了其更倾向商标非商标权人财产的观点。

其二,商标共存协议是否损害了公共利益。本案中,法院提出废除商标共存协议的前提是协议的存续将严重损害公众利益。商标共存协议中的公共利益是指商标共存协议具有混淆可能性。若商标共存协议不会引起消费者的混淆,那么该共存协议是合法的。值得注意的是,不同商品或服务的商标共存协议,其协议有效性也是不同的。假设商标共存协议的客体是服装、包袋等时尚用品,即使该商品混淆性近似,法院也不会考虑公共利益。若商标共存协议的客体是药品,该药品混淆性近似,法院会出于公共健康利益的考虑判定该商标共存协议无效。

---

① See MGW Group Inc. v. Gourmet Cookie Bouquets.com., Claim No: FA0405000273996, (NAF, 2004), available at http://www.brownwelsh.com/HPLowry_ archive/273996.htm (last visited on Oct. 21, 2005).

② See Ron Cauldwell Jewelry v. Clothestime Clothes, 63 U.S.P.Q.2d 2009.

商标共存协议所牵涉的公共利益越重要,例如消费者的身体健康,法院越是要慎重考虑其有效性。判定商标共存协议无效的标准比商标侵权案件所要求的混淆可能性更高。公共利益作为调节个人利益与社会利益的平衡器,随着社会的不断发展,其内涵和外延均发生相应的变化。对待不同时期的公共利益其界定也有所不同。

其三,商标共存协议是否构成垄断。一般来说,商标共存协议是不会违反反垄断法的,但是市场上相同商品或服务的价格和质量或多或少会受到商标共存协议的影响。当商标共存协议双方通过签订协议互相限制对方的竞争范围、协议中包含固定价格或分割市场的条款时,可能会触及反垄断法的规定,构成非法垄断,从而影响到商标共存协议的效力。"对于商标共存协议的反垄断的判断标准并不是绝对的,还要取决于竞争者就近似商标的协议是否导致实质性的垄断而阻止他人就类似商品进入市场。只有当共存协议导致他人商品无法进入市场时,才违反反垄断法。"①

启示

本案中,美国第二上诉巡回法院将商标共存协议界定为合同的性质,因而原被告双方的商标权利范围以及引发的一系列争议都根据原被告之间的商标共存协议的内容来确定。关于商标共存协议的效力问题,本案的法官认为,原告并未能提出证明公共利益已经受到严重损害的证据。这表明,与商标共存案件不同,判断在同种商品上使用相同或近似的商标的两个商标权人是否能达到商标共存依据的是商标权人的诚实信用以及消费者不会对双方的商品来源产生混淆,而判断商标共存协议是否有效依据的是商标共存协议是否会对公众的健康、利益造成巨大的损害而非仅仅具有混淆可能性。判定商标共存协议无效的证明要求比判定商标是否共存要求更高。

我国对商标共存协议的探讨还处于初级阶段。《商标法》第60条规定:"有本法第五十二条所列侵犯注册商标专用权行为之一,引起纠纷的,由当事人协商解决;不愿协商或者协商不成的,商标注册人或者利害关系人可以向人民法院起诉,也可以请求工商行政管理部门处理。"本文以为,上述规定为商标共存协议的适用预留了空间。通过对本案的法律分析可以为我国商标共存协议的研究提供参考。

(执笔人:刘剑弘)

---

① 薛洁:《商标共存制度初探》,载《电子知识产权》2010年第8期。

商标平行进口案件

欧盟 SILHOUETTE 商标平行进口案中
商标权用尽范围的解释

▶▶ 导读

本案中欧共体法院对《一号指令》第7条中所规定的"商标权用尽"的范围作出了明确的解释，首次确认了即使是商标权人本人或者经商标权人同意投放市场的商品，如果投放的区域为非欧洲经济区国家的市场，那么将该商品再次进口到欧洲经济区国家市场，依然属于侵犯商标权的行为。即《一号指令》所采纳的是商标权的区域用尽原则，而非国际用尽原则。如果成员国的国内法此前采纳的是商标权的国际用尽原则，则应当对国内法作出相应修改，以满足指令的要求。

一、案件事实[1]

原告：Silhouette International Schmied GmbH&Co. KG（Silhouette 公司）

被告：Hartlauer Handelsgesellschaft mbH（Hartlauer 公司）

奥地利的 Silhouette 公司生产高价位的眼镜，并以 Silhouette 的商标在世界范围内销售其眼镜。该商标在奥地利和世界上绝大多数国家都得到了注册。在奥地利，Silhouette 公司自己向眼镜商提供眼镜，而在其他国家则通过其子公司或者其他经销商提供。

Hartlauer 公司通过其在奥地利的许多子公司销售眼镜及其他产品，而廉价是其首要的销售策略。Silhouette 公司不通过 Hartlauer 公司销售其产品的原因是认为通过 Hartlauer 公司销售其产品会有损于其作为高端时尚眼镜生产商的形象。

1995 年 10 月，Silhouette 公司将 21000 副过时的镜框销售给了一家保加利亚公司——Union Trading，销售总值为 261450 美元。Silhouette 公司要求其销售代表告知购买者只能在保加利亚或者前苏联的国家销售这些镜框，而不得将这

---

[1] See Case C-355/96.

些镜框出口到其他国家。该销售代表向Silhouette保证自己已经将相关要求告知购买商。但是,没有相关的证据足以证明销售代表是否履行了告知义务。1995年11月,Silhouette公司在索菲亚将这批镜框交付给了Union Trading公司。Hartlauer公司不知从何处购得了这批镜框,并在1995年12月开始在奥地利销售这批镜框。在报纸的宣传广告中,Hartlauer声称,虽然Silhouette公司不向其供货,但其成功地从国外获得了21000副Silhouette镜框。

Silhouette公司在奥地利斯太尔地区法院提起诉讼,要求法院发出临时禁令,禁止Hartlauer公司在奥地利使用其商标提供眼镜或者镜框,因为这些镜框不是由Silhouette公司或者经其同意投放到欧洲经济区市场的。Silhouette公司主张其商标权没有用尽,因为根据《一号指令》的规定,只有在商标权人或者经商标权人同意将产品投放到欧洲经济区市场的时候,商标权才用尽。其提起诉讼的法律依据是《奥地利商标保护法》第10条(a)款、《奥地利反不正当竞争法》第1条和第9条以及《奥地利民法典》第43条。

Hartlauer公司主张,Silhouette公司的起诉应当被驳回,理由是Silhouette公司出售这批镜框时没有附加任何条件禁止其再被进口到欧共体。根据其观点,《奥地利民法典》第43条不能适用。另外,Hartlauer公司还注意到,《奥地利商标保护法》没有赋予权利人寻求禁令救济的权利。此外考虑到其行为的法律地位还不明确,也不能认定其行为有违基本的商业习惯。

斯太尔地区法院驳回了Silhouette公司的诉讼请求,林茨上诉法院也驳回了其上诉。Silhouette以存在法律上的问题为由向奥地利最高法院提起了上诉。

奥地利最高法院注意到,本案涉及的主要问题是由商标权人制造并投放到非欧盟成员国市场的产品再进口,判断在这种情况下商标权是否用尽需要欧共体法院对相关问题作出解释。因为在《奥地利商标保护法》第10条(a)款生效之前,奥地利法院适用的一直是商标权的国际用尽原则,即一旦带有商标的产品投放市场,商标权人的权利就用尽了,而不论所投放市场的区域。而在奥地利法律中执行《一号指令》第7条的解释备忘录中有这样的表述,即对于商标权国际用尽原则的有效性问题将留给法院的判决作决定。因此,奥地利最高法院决定中止相关诉讼程序,将下列相关问题提交欧共体法院初步裁决:(1)《一号指令》第7条第1款是否可以被解释为商标权人有权禁止第三人在经其同意投放到非欧盟国家市场的带有其商标的产品上使用其商标?(2)商标权人是否可以仅依据《一号指令》第7条第1款要求法院作出禁令,禁止第三方在由其投放到非欧盟国家市场的产品上使用其商标?

二、法院判决

欧共体法院裁决:

首先,《一号指令》不允许成员国在国内法中规定采纳商标的国际用尽规则。其次,指令不直接对个人产生义务,因此《一号指令》第7条第1款不能作为商标权人获得禁令救济的依据。

三、法律问题及分析

平行进口主要存在国际知识产权贸易之中,其"平行"的称谓得自于其非授权进口渠道和授权进口渠道之间的平行关系。① 已故著名法学家郑成思教授曾将平行进口问题归结为"知识产权的权利人或独占被许可人有无权利禁止合法生产的产品从国外进口的问题"②。平行进口不仅是一个法律问题,还是一个贸易问题,从不同的角度归纳,平行进口应当包括以下几个基本特征:首先,平行进口的产品应当含有某项受保护的知识产权。其次,平行进口发生在跨国贸易中。最后,平行进口涉及未经授权的进口商将知识产权产品从一国进口到另外一国的行为。

商标的平行进口问题仅仅是平行进口问题的一个方面,根据上述特征,可以将其定义为某一特定产品的商标已获进口国知识产权法保护的情况下,进口商未经授权,擅自从国外进口该商标权产品的行为。商标的平行进口与商标权用尽的问题息息相关。商标权用尽是指商品一旦经商标权人同意投放市场,商标权人就无权限制对该特定商品的进一步商业化。为了防止商标权被不正当地用于限制商品的正常流通,各国一般都会规定商标权用尽作为对商标权的一种限制。商标权用尽,根据用尽的范围,又可以分为商标权的国际用尽原则和区域用尽原则。国际用尽原则是指一旦带有商标的商品经商标权人同意投放市场后,商标权即用尽,而不论首次销售的市场地域范围;区域用尽是基于条约或者多边协定,仅在商品经商标权人许可投放到相关地域市场后才会产生商标权用尽的问题。而一个国家规定商标权在何种范围内用尽决定了其对商标平行进口问题的态度。支持商标权的国际用尽原则的国家对平行进口持开放态度,相反,认为商标权仅在区域内用尽的国家则对平行进口持相对保守的态度。

《一号指令》第7条是关于商标权用尽的规定:(1)商标权人无权禁止在经其同意或者由其投放到共同体市场内的产品上使用其商标。(2)如果商标权人有合法理由反对商品的进一步商业化,尤其是如果产品投入市场后其状况发生了改变或者损坏,则上一款不适用。《一号指令》第7条的规定通过《奥地利商标保护法》第10条(a)款转化为其国内法,该款规定:"商标权赋予权利人的权利不能使其有权禁止第三方在经商标权人同意或者由商标权人投放到欧洲经济

---

① 参见常凯:《我国商标平行进口问题研究》,南京师范大学2012年硕士论文,第7页。
② 郑成思:《知识产权法:新世纪初的若干研究重点》,法律出版社2004年版,第109页。

区的产品上使用其商标。"

在《奥地利商标保护法》第 10 条(a)款生效之前,奥地利采纳的一直是商标的国际用尽原则,即只要商品由商标权人投放市场,或者经其同意投放市场,商标权就用尽了,商标权人就无权禁止他人对商品的进一步商业化。但是,由于《一号指令》采纳的是商标权的区域用尽原则,即只有在相关商品被投放到欧盟市场之后才会产生商标权用尽的结果。为了满足《一号指令》的相关要求,奥地利将指令的相关规定转化为国内法,即产生了现有的《奥地利商标保护法》第 10 条(a)款的规定,但是在转化时又未完全排除商标权的国际用尽原则,而将这个问题交给法院解决。因此,奥地利最高法院在判决相关问题时,希望欧共体法院对《一号指令》的相关内容作出解释,具体而言,希望欧共体法院明确,《一号指令》是否为各国在国内法中采纳商标权的国际用尽原则留下了空间。此外,奥地利最高法院还希望欧共体法院明确,指令能够直接作为原告申请禁令救济的依据。

(一)《一号指令》明确采纳了商标权的区域用尽原则

《一号指令》第 5 条定义了"商标权",而第 7 条规定了"商标权用尽"的规则。《一号指令》第 5 条第 1 款规定,注册商标权人拥有该条中所列举的排他性权利。此外,第 5 条第 1 款(a)项还规定,排他性的商标权使得商标权人可以禁止任何第三方在未经其同意的情况下在商业中在相同产品或服务上使用与其商标相同的标识。第 5 条第 3 款列举了一些根据第 1 款商标权人有权禁止的行为,包括了使用相关商标进口或者出口商品。

《一号指令》第 7 条规定的则是商标权的限制问题,在该条明确规定的情况下,商标权用尽,商标权人无权禁止他人对商标的进一步使用。商标权用尽的首要条件是相关商品是由商标权人或者经其同意投放市场的。而第二项条件,根据《一号指令》的用语,则是相关商品被投放到欧共体市场。

(二)为了实现《一号指令》的目标,成员国不能在国内法中采纳国际用尽原则

从字面意思理解,《一号指令》第 7 条的规定显然采纳的是商标权的区域用尽原则,各方都同意,《一号指令》的相关规定不能被解释为商标权人自己或经其同意投放市场的产品,不论投放的区域,都会导致商标权的用尽。但是,现在的问题是,Hartlauer 公司和瑞典政府坚称《一号指令》允许各国在其国内法中规定其各自的商标权用尽规则,不仅针对投入欧盟经济区域的产品,而且还针对投入非欧盟国家市场的产品。

法院认为,Hartlauer 公司和瑞典政府所提出的对《一号指令》第 7 条的解释方式存在这样一种预设的前提,即第 7 条仅限于要求成员国规定欧共体内部的权利用尽问题,而不是综合地解决商标权权利用尽问题,因此成员国可以在《一

号指令》第7条规定的范围之外自行规定商标权用尽的规则。但是,法院指出上述解释是与第7条的用语相矛盾的,而且与《一号指令》中关于商标权人权利的设定的初衷和目的不符。

(三)《一号指令》中的规定不能直接作为寻求禁令救济的依据

奥地利最高法院在向欧共体法院提出该问题时曾指出:提出该问题的原因是《奥地利商标保护法》没有规定任何形式的获得禁止性禁令救济的权利,也没有与《一号指令》第5条第1款(a)项相对应的规定。只有在同时违反《反不正当竞争法》第9条而提起的商标侵权诉讼中才可以要求获得禁止性禁令救济。而适用《反不正当竞争法》第9条的前提是存在混淆的风险,而本案中并不存在这种情况。

根据奥地利的法律,商标权人无权针对事实平行进口或者再次平行进口人提出禁止禁令,除非根据《奥地利商标保护法》第10条(a)款第1项已经拥有获得禁止禁令的权利。因此就产生了这样的问题,根据奥地利法律,与《奥地利商标保护法》第10条(a)款第1项有着相同内容的《一号指令》第7条第1款是否规定了申请禁止性禁令的权利,以及商标权人是否可以仅仅以上述规定作为基础申请禁止性禁令,要求第三方停止在投放到欧洲经济区域以外的市场的商品上使用其商标。

因此,根据国内法院的解释义务,国内法需要尽可能地符合欧共体的法律,但是《一号指令》第7条第1款不能被解释为商标权人仅根据该款即可获得禁令,限第三人在由其或者经其同意投放到欧洲经济区域以外国家市场的产品上使用其商标。

>> 启示

本案的判决明确了欧盟对于商标权国际用尽原则的反对态度,平息了长久以来的争论。这是欧盟各国统一对相关问题的立法和司法实践的重要起点,也是欧共体商标法统一进程中的一个具有里程碑意义的判例。[1] 此案之前,虽然有《一号指令》第7条的明确规定,但在欧盟成员国内部对《一号指令》是否允许成员国在国内法中采纳商标的国际用尽原则还是存在截然相反的两种意见的。

本文也注意到,在平行进口问题上,欧盟现行的规定并不是国际上较为普遍的做法。绝大多数国家和地区对平行进口问题都持开放的态度,一般情况下不认为平行进口构成商标侵权。例如,美国的共同控制规则实际上允许了大部分平行进口,只在所进口产品与本国销售的产品之间存在实质性差异的条件下才

---

[1] See Car Steele, Fortress Europe for Trademark Owners, Trademark World, August 1998, pp. 14—18.

会限制平行进口;日本商标法虽然没有对平行进口作出明确规定,但是其判例①及海关的相关规则②都支持平行进口行为;中国的台湾③和香港④地区在商标法中明确规定了商标权的国际用尽原则。即使是在欧盟,从成员国法院向欧洲法院请求先期裁决的案件看,在欧盟主张实行国际用尽原则的呼声也是不绝于耳。⑤

我国现行《商标法》中并没有对平行进口问题作出明确规定,而《TRIPS协定》第6条关于权利穷竭的条款规定:"在依照本协议而进行的争端解决中,不得借本协议的任何条款,去涉及知识产权权利穷竭问题。"可见,无论是否允许商标的平行进口都不会违反我国的国际义务,因此,可以根据我国在国际贸易中的实际情况,例如对外贸易的依存度、进出口产品中国内外品牌的比例、主要贸易伙伴国家的相关规定等,选择对我国最为有利的立法策略。

从我国目前的司法实践看,平行进口的相关案例并不多,即使是在涉及相关问题的案例中,法院也大多会回避对商标权的平行进口问题予以明确的回应。⑥2009年,长沙市人民法院对一起平行进口引发的商标侵权案件作出了判决,原告法国米其公司发现被告销售侵犯其注册商标专用权的轮胎产品,遂向法院提起诉讼。被告辩称其销售的轮胎为原告在日本工厂生产的产品,并未侵犯原告的商标专用权。法院最终支持了原告的诉讼请求,判决的理由是商标产品存在质量差异,该行为会使消费者产生混淆,使得消费者购买不符合我国质量认证标

---

① See Osaka District Court, 27 February, 1970, 2 IIC 325-"Parker". 该案中法院强调,涉及的平行进口产品与国内销售的产品完全相同,在质量方面根本无法分辨,因此对于产品的来源和质量都不存在混淆的可能性,商标的功能也就不受影响,消费者的利益也不会受损。

② 1972年,日本财政部海关总署根据关税法发出一项新通告。通告规定,当国内商标所有人也持有就该商标的外国商标所有权并向平行进口商提供货物或国内和国外商标所有人根据他们之间的特殊关系被视为同一实体时,第三者的平行进口不得被海关禁止。参见胡长征:《关于商标平行进口的法律规则问题研究》,浙江大学2011年硕士论文,第22页。

③ 我国台湾地区"商标法"第30条第2款规定,附有注册商标之商品,由商标权人或经其同意之人于市场上交易流通,或经有关机关依法拍卖或处置者,商标权人不得就该商品主张商标权。但为防止商品变质、受损或有其他正当事由者,不在此限。

④ 《香港商标条例》第20条规定,注册商标不会由于关于那些已经被商标所有人或者经过他的同意(无论明示或默示,无论有条件或附条件)而投放在世界任何地方的市场的产品的商标使用行为而被侵权。

⑤ 参见尹锋林、罗先觉:《欧盟商标领域平行进口规则及我国相关制度的构建》,载《知识产权》2011年第1期,第104页。

⑥ 例如1999年发生的联合利华"力士香皂案",是我国发生的第一起以商标平行进口为案由起诉的商标侵权案件。此案的起因是广州某公司向广州海关申报进口了一批泰国生产的"LUX"牌香皂,上海利华作为该商标在中国的被许可人,以该香皂侵犯了其LUX商标独占使用权为由提起诉讼。被告在抗辩中提及,该产品并非假货,生产经过商标注册人的许可,是平行进口产品。这是我国有关商标平行进口问题在法庭审理案件中第一次被提及。对于此案,法院最终认定,由于被告并未提交足够的证据证明该批香皂系来源于商标注册人或者经过商标注册人许可,故此种抗辩不能成立。法院从进口商不能证明进口货物系真品这一角度进行裁判,因为证据问题,将这批货物按照进口假冒商标产品进行了处理,从而回避了商标平行进口合法性的问题。

准的产品,从而导致对权利人利益的侵害。但因该轮胎确系由原告生产,且原告已从首次销售中获利,法院最终判决被告赔偿原告经济损失5000元,大大低于原告所要求的10万元。① 从该案中可以看出,我国司法实践中在考虑平行进口是否构成侵权时需要考虑产品的质量问题,只有在产品的质量不符合相关要求从而导致商标权人的利益受损时才会判决平行进口构成商标侵权。此外,考虑到首次销售的获利,其赔偿标准也大大低于一般的商标侵权案件。可见,我国司法实践中并不否认平行进口行为的合法性,这一现象也需要我们在立法选择中予以足够的重视。

(执笔人:戴彬)

---

① 长沙市中级人民法院民事判决书(2009)第0072号。

欧盟 MERCK 商标药品平行进口再包装案

≫ 导读

根据《一号指令》第 7 条的相关规定,产品一旦由商标权人投放欧共体市场,或者经商标权人同意投放欧共体市场,那么他人就可以对相关产品进行合法的平行进口。但是《一号指令》第 7 条第 2 款也规定了允许平行进口的例外情况,即如果"商标权人有合法理由反对商品的进一步商业化,尤其是如果产品投入市场后其状况发生了改变或者损坏"。而本案中所涉及的产品——药品,具有一定的特殊性,各国的药品行政管理机构对于此类产品的包装和说明有着不同的要求,因此在涉及药品的平行进口时,通常需要对药品进行重新包装并添加新的标签和说明。本案中所涉及的法律问题就是,如果新包装上所标示的信息存在一定错误,商标权人是否有权反对药品的平行进口,即对《一号指令》第 7 条第 2 款中规定的"合法理由"应当作何种理解?

一、案件事实[①]

Paranova Danmark 和 Paranova Pack 是 Paranova 集团的附属企业,该集团的总部以及两个附属机构都坐落于丹麦的巴勒鲁普。Paranova 集团通过本案的两个将由 Merck 公司生产的药品平行进口到丹麦。而 Merck 公司又是相关商标的权利人或者根据与商标权人签订的商标许可使用协议有权就相关商标提起诉讼的被许可人。

Paranova Danmark 获得了销售相关药品的授权,而实施再包装的 Paranova Pack 也获得了再包装的授权。相关药品的购买、再包装以及销售,包括新包装以及标签的设计均由 Paranova Danmark 决定,而 Paranova Pack 负责根据丹麦药品代理机构对重新包装者的要求实际实施了再包装行为,并根据药品管理的相关法律规定将重新包装的药品投放市场销售。在重新包装过的药品的包装上指明这些药品是 Paranova Danmark 重新包装的。

Merck 公司以真正的再包装人没有出现在相关药品的包装上为由,对 Paranova Danmark 和 Paranova Pack 分别提起了诉讼。丹麦巴勒鲁普的贝立夫法院于 2004 年 10 月 26 日判决禁止 Paranova Danmark 销售包装上未标注实际再包

---

① See Joined Cases C 400/09 and C 207/10.

装人的药品,该判决于 2007 年 8 月 25 日得到了丹麦海事海商法院的维持。而丹麦海事海商法院于 2008 年 3 月 31 日对 Paranova Pack 作出相同的判决。

针对丹麦海事海商法院的判决,Paranova Danmark 和 Paranova Pack 向丹麦最高法院提起了上诉。听取了上诉的法律依据之后,丹麦最高法院决定中止上诉程序,将相关问题提交欧共体法院进行初步裁决,要求欧共体法院对《一号指令》第 7 条第 2 款在本案中的适用情况作出解释。

二、法院判决

欧共体法院认为,商标权人不能仅因为新包装上标明的再包装人是享有销售授权、指导再包装的实施并对再包装承担责任的公司,而不是在其指导下实际实施再包装的公司而反对对再包装产品的进一步销售。

三、法律问题及分析

本案涉及平行进口的药品重新包装贴附原商标是否构成商标侵权问题,具体表现为,平行进口商在什么情况下可以合法地对原包装进行改变而不落入《一号指令》第 7 条第 2 款所规定的例外情况的范畴。

欧盟成员国出于公共利益的考量,对药品这种与人类健康问题密切相关的特殊产品,在包装上的标签、说明所使用的语言上有通常会有强制性的要求,甚至对包装的尺寸、大小也可能存在强制性的国内法规则。为了符合进口国关于药品包装的强制性规定,平行进口商必须对商品进行重新包装、重新贴附原商标。那么,平行进口商在什么情况下可以合法地对原包装进行改变而不落入《一号指令》第 7 条第 2 款所规定的例外情况的范畴就是值得考虑的问题了。

在本案提交欧共体法院初步裁决之前,就平行进口药品重新包装的问题,欧共体法院曾作出过一系列判决,认为在下列情况下,商标权人不能合法地反对进口商将带有其商标的药品再包装、重新附加商标权人的商标并销售:有证据表明商标权人的反对构成对欧盟成员国内市场的人为划分,尤其是在再包装构成在进口国销售相关产品的必要条件的情况下;有证据表明再包装不会影响包装内产品的原始性状;新包装上明确标注了再包装人和制造商的名字;重新包装的产品外观不会导致商标权人商誉的损害,包装不具有欺骗性、质量不会过于低劣;在将再包装的产品投入市场之前,进口商通知了商标权人,并且按照商标权人的要求提供了再包装产品的样品。[①]

---

① See Hoffmann-La Roche, paragraph 14; Bristol-Myers Squibb and Others, paragraph 79; MPA Pharma, paragraph 50; Boehringer Ingelheim and Others, paragraph 21; and Case C-276/05, The Wellcome Foundation [2008] ECR I-10479, paragraph 23.

但是本案中涉及的是平行进口药品重新包装的另一个方面,即新包装上所标注的重新包装人不是实际实施再包装行为的人,这一点是否会使平行进口落入商标专用权控制的范围?法院从商标权人的利益和消费者的利益两个角度对上述问题进行了分析。

(一) 从商标权人的利益角度

法院认为新包装上必须明确标明产品的再包装人,这项要求是为了保证商标权人的利益不会因为消费者或最终用户被误导认为商标权人对产品的再包装承担责任而受到损害。[1]

如果在再包装的产品包装上明确写明了对实际再包装行为的实施进行指导并承担责任的人的名字,那么商标权人的利益就得到了完整的保障。只要这样的说明对于具有正常理解能力和注意程度的消费者或最终用户来说,足以避免产生该产品是由商标权人重新包装的错误印象。另外,由于相关公司对产品的再包装承担所有责任,如果包装内的产品的质量受到了再包装行为的影响或者再包装的产品会对商标的声誉造成损害,那么商标权人可以行使其商标权,在适当的条件下还可以获得赔偿。需要声明的是,在这种情况下,被标为再包装人的公司必须对实际再包装人所造成的所有损害承担责任,不能通过主张实际再包装人没有遵守其要求而逃避责任。商标权人维持包装内产品原始性状的利益通过要求证明产品的再包装不至于影响产品的原始性状这一点已经可以得到充分的保护。

(二) 从消费者利益角度

Merck 公司主张,为了保护消费者应当要求在重新包装的产品包装上标明实际实施产品再包装的公司。消费者有权知道实际的再包装人,尤其是在根据国内法消费者因再包装而受到损害时既可以向获得销售许可的人要求赔偿,也可以向实际的再包装人要求赔偿的情况下。

然而,法院认为,上述主张也是不能被接受的。从《一号指令》第 7 条第 2 款的用语中可以明确看出,该款中对商标权用尽原则的例外是限制在保护商标权人的合法利益的范围内的,而消费者的合法利益需要通过其他的法律予以保护。即使假设商标权人的利益与消费者的利益在某种程度上是一致的,包装上列明的对再包装承担责任的公司还是可以确保消费者获得足够的信息。

综上,法院认为,《一号指令》第 7 条第 2 款必须被解释为:不允许平行进口药品的相关商标权人,仅仅因为新包装上标明的再包装人是享有销售授权、指导再包装的实施并对再包装承担责任的公司,而不是在其指导下实际实施再包装的公司而反对对再包装产品的进一步销售,因为在上述情况下,商标权人和合法

---

[1] See Bristol-Myers Squibb and Others, paragraph 70, and MPA Pharma, paragraph 42.

利益已经得到了充分保障。

启示

药品的平行进口是平行进口问题中较为特殊的部分,因为其产品的特殊性质,导致其不仅与商品的自由流通以及商标权人的利益息息相关,而且也与消费者的利益以及公共利益有着密切的联系。保障商品的自由流通是制定药品平行进口相关法律规定时需要考虑的一个重要的价值取向。包括药品在内的商品,经权利人同意被首次销售后,就该产品而言,商标权用尽,商标人无权反对他人对该特定产品的进一步商业化。这是确保商品自由流通的前提,也可以防止商标权人利用商标权人为划分市场,攫取不正当利益。

此外,商标权人的合法利益在制定药品平行进口的相关规则方面也是不容忽视的重要因素。对药品的平行进口通常涉及对产品的重新包装以满足进口国的行政要求,但需要满足特定的前提条件,包括不得影响包装内产品的性状、正确标识产品的再包装人、再包装的质量和方式不得损害商标权的人商誉等。消费者利益也是一个值得考虑的问题。虽然在本案中,欧共体法院在分析《一号指令》第7条第2款时认为消费者利益不是该条款所关注的内容,需要通过其他法律保护,但是考虑到保护消费者的利益是我国《商标法》的立法宗旨之一,在药品的平行进口问题上,《商标法》也应当予以适当的规制。例如,可以要求平行进口商在再包装上标明对再包装承担责任的主体等。

总之,对药品平行进口再包装问题的规定需要平衡商标权人的利益、消费者的利益以及保障商品自由流通和公共安全健康的公共利益,这些目标的实现需要通过《商标法》以及与药品管理相关的行政法规的配套规则共同进行。

(执笔人:戴彬)

美国 DIAL 商标平行进口侵权案

> **导读**

本案涉及将授权外国公司生产的带有 Dial 商标的商品进口到美国能否被认定为侵犯本国商标权。需要解决的问题是：被告能否未经美国 Dial 公司的书面同意进口带有 Dial 商标的真品，所进口的商品是否与经商标权人许可在美国销售的商品有实质性差异，是否会导致消费者混淆。本案所涉及的法律是《关税法》第 526 条（a）款，《兰哈姆法》第 1114 条 1、2 款，《兰哈姆法》第 1125（a）款。

一、案件事实

原告：美国 Dial 公司

被告：MANGHNANI Investment Corp，Global Fragrance Corp（GFC），Bharat Manghnani

美国 Dial 公司在美国制造和销售并推广带有"Dial"商标的抗菌除臭香皂，"Dial"商标在美国专利和商标局注册。自 1947 年起，Dial 公司花费大量的时间、努力和金钱，通过大量而密集的广告和推销活动并提供高质量的产品来扩大消费者对 Dial 香皂的消费需求。这些努力的结果是"Dial"商标的知名度得到了消费者的认同。在美国消费者的眼中，商标"Dial"与原告 Dial 公司制造和销售的香皂之间产生了联系。

美国 Dial 公司许可一些特定的公司在美国以外的地区使用"Dial"商标制造和销售抗菌皂，每一项许可都明确了可以销售 Dial 香皂的地域范围，没有一项许可包括可以将相关产品引入美国或者在美国销售。其中一个获得许可在美国之外制造和销售带有"Dial"商标的抗菌香皂的公司是位于塞浦路斯的尼科西亚的联合化妆品股份有限公司（A.C.I 公司）。

被告 Global Fragrance Corp(GFC)在迪拜通过被告 Bharat Manghnani 进口了 A.C.I 公司生产的香皂，被告 Manghnani investment Corp(MIC)通过 MIC 的董事长和唯一所有者 Bharat Manghnani 在塞浦路斯的尼科西亚进口了 A.C.I 公司生产的香皂，并未经 Dial 公司的授权进口 A.C.I 香皂，在 A.C.I 香皂第一次进入美国时他们没有向 Dial 公司申请书面同意。

A.C.I 香皂和真正的美国 Dial 香皂在以下几个方面有所不同：

（1）抗菌效果。在使用材料和加工方法上，美国 Dial 香皂在提供抗菌保护上比 A.C.I 香皂实质上更有效。（2）香味。通过香味喜好测试，A.C.I 香皂使用了一种香味吸引国外的消费者。美国 Dial 香皂使用了不同香料用来吸引美国的消费者。（3）大小。A.C.I 香皂比美国 Dial 香皂稍微轻些。（4）不正确的标签。A.C.I 香皂上的标签没有列举所有成分以及香皂中所包含的染料和颜色。（5）缺少美国食品及药品管理局（英文简称为 FDA）的批准。例如，虽然 FD & C Blue #1 的染料使用在 A.C.I 香皂上在塞浦路斯和其他国家合法，但是该原料在香皂上使用在美国是不被批准的。（6）缺少 FDA 列表。美国 Dial 香皂被 FDA 规定为药物，A.C.I 香皂不在 FDA 的列表上。

诉讼请求：（1）对被告未经授权的进口行为，Dial 公司认为被告违反 1930 年《关税法》第 526 条（a）款；（2）被告未经商标注册人授权，商业性使用其注册商标的行为，美国 Dial 公司认为被告违法《兰哈姆法》第 1114 条 1、2 款；（3）被告的行为构成不正当竞争，原告认为其违法《兰哈姆法》第 1125 条（a）款。

二、法院判决

地区法院：

法院根据原告的动议采取简易判决，支持原告以上诉讼请求，认定被告的平行进口行为侵犯原告 Dial 公司的商标权，承担侵权责任。

三、法律问题及分析

本案涉及以下法律问题：第一，将享有授权的外国公司生产的商品进口到本国的行为是否侵犯本国注册商标权人的商标权；第二，平行进口的商品与真品是否存在"实质性差异"的界定。

（一）"实质性差异"的演变

1. 美国《关税法》相关的规定

1923 年美国法院判决 Bourjois V. Katzel 案，①此案引起了强烈的抗议，美国国会为从立法上确定地域性原则，禁止平行进口，制订了《关税法》第 526 条。该条是为了弥补《兰哈姆法》第 42 条提供给商标权人保护所存在的明显漏洞而规定的。其与《兰哈姆法》第 42 条不同的是，它只对美国国内的注册商标权人

---

① 该案中，一家美国的独立公司 Bourjois 以相当高昂的价格，买下了一家法国制造商在美国的化妆品企业及其在美国的注册商标。该美国公司继续从该外国转让方购买化妆品，但却使用自己的包装。通过该美国公司的经营努力，事实上公众已经认为该美国公司是该产品在美国的制造商。进口商 Katzel 趁汇率波动之机，从法国制造商处购买了上述化妆品，带着原有的商标进口到美国。Bourjois 以商标侵权为由向法院起诉。

初审法院认为，被告的进口行为将会损害 Bourjois 的商誉，从而判决禁止其平行进口行为。美国最高法院支持了初审法院的判决意见，禁止该平行进口。See 260 U.S. 689（1923）.

适用,不适用于外国的商标权人。其目的在于加强对美国商标权人的保护。①

美国1930年《关税法》第526条(a)款规定:"任何外国制造商的商品,如果该商品本身或商品的标签、标牌、附带印刷物、包装、包裹材料或容器上,包含有由美国公民或在美国国内建立或组织的法人团体拥有的、已在美国专利商标局注册的商标,则这种商品向美国的进口都是非法的……除非在入关时能够提交该商标权人的书面许可。"本案中被告进口到美国带有"Dial"商标外包装的刻有"Dial"字样的香皂,这种产品由A.C.I公司在塞浦路斯制作和销售。被告承认原告是商标"Dial"的注册所有人,并且其未经原告授权将带有"Dial"商标外包装的抗菌皂进口到美国。当A.C.I香皂进入美国时,被告也没有申请原告真实的书面同意。

"《关税法》授予在美国拥有相关注册商标的公司一个完全没有限制的产权"②。通过这一条款,国会意在"完全禁止未经许可进口带有美国公司商标的商品"。这一条款不要求提供可能混淆或者欺骗的证据,也不要求证明对商誉和名誉的损害,只需要证明非经权利人同意下进口带有美国公司注册商标的外国制造的产品即可证明该条所规定的法律责任成立。"这一法定条款的用语宽泛和清晰,它声明未经授权进口任何由外国生产商制造的带有本土拥有的商标的商品是非法的。而且,立法史充分证明了国会意图禁止未经本土注册商标人授权进口甚至是真品的商品"③。法院认为,本案中被告未经许可进口带有美国注册商标的商品到美国,且在入境时未申请美国公司的书面同意,违反《关税法》第526条(a)款的规定,被告构成侵犯原告商标权,因此支持原告的第一项诉讼请求。

但是,随着美国司法实务的发展,《关税法》第526条开始被解释为并不适用于所有的商标平行进口。美国海关对此作出了例外规定:第一,当外国的商标与美国的商标都由同一个公司所拥有时,不应禁止相关商品的平行进口;第二,当外国和美国商标或商号的所有者之间是子母公司的关系,或者二者同属于一个所有权人或受到共同控制时,不应禁止相关商品的平行进口;第三,当美国商标权所有人授权外国制造商使用其商标时,若该外国制造商没有经过美国商标权人的许可,把其生产的具有相同商标的产品进口到美国不予适用《关税法》第526条的规定。美国最高法院否决了海关例外规定中的第三项,认为其是对《关税法》第526条的不合理解释。④

---

① 参见余翔:《实质性差别——美国商标权耗尽与平行进口法律演变及现行准则》,载《国际贸易》2001年第3期。
② Coalition to Preserve the Integrity v. U.S., 790 F.2d 903, 910 (D.C. Cir.1986).
③ Premier Dental Products v. Darby Dental Supply Co., 794 F.2d 850, 857 (3d Cir.1986).
④ 参见李娟:《美国商标平行进口法律评述及对我国的启示》,载《学术界》2011年第12期。

2. "关联关系"的例外

1989年Lever Bros. Co. V. U.S.案①确定了如果国外产品与美国产品之间有实质性差异,即使国外产品是由美国商标权人或其母公司或子公司,或某个与美国商标权人有相同所属关系或隶属于共同控制的企业所制造时,也不得进口的规则。"上诉法院认为,只要进口商品与美国国内的授权经销商品之间存在实质性差别,美国商标权人就能够依据《兰哈姆法》第42条的规定禁止外国进口商品使用美国商标。关于这一点,不因在国外制造的商标产品是真品与否,或者国内外的制造商之间具有联营关系与否而改变。法院认为,'《兰哈姆法》第42条的规定目的在于禁止欺骗或造成消费者的混淆;如果相同的商标在不同的国家具有不同的含义,那么,当进口商将外国制造的同商标商品进口到美国销售时,在缺少特定的区别标志的情况下,就会造成立法所希望避免的混淆。'"②

1999年,海关依据上诉法院的判决,将这一原则用条文形式确定下来。即使在美国商标权人和外国公司之间存在关联关系的情况下,当平行进口商品和美国的相同商品存在实质性差异的时候,美国商标权人仍可阻止平行进口,这就是所谓关联关系中"实质性差异的例外"。

(二) A.C.I香皂引起混淆可能性分析

《兰哈姆法》32条第1款规定:任何未经注册人同意的人商业性复制、伪造、模仿或者欺骗性模仿注册商标的标志用于任何商品或服务的销售、许诺销售、分销或广告宣传,可能引起混淆,或者引发错误,或者是欺骗;……都应该在注册人随后发起的寻求救济的民事诉讼中承担责任。

在Franchised Stores of New York, Inc. v. Winter③案中,上诉法院认为,引起《兰哈姆法》中的商标侵权责任的行为是在商业中使用注册商标,构成要件包括"(1)使用未经商标权人同意;(2)使用上报与销售商品有关;(3)这样的使用很可能使消费者对商品的来源或起源引起混淆或者欺骗。"

不可否认,被告商业性使用原告注册商标未经原告同意且与销售商品有关。剩下的问题是处于被告的环境下使用原告的商标是否会产生"任何使一般谨慎地购买者很可能被误导或者仅仅是混淆,对商品的来源存在疑问的可能性"④。

以下的因素在决定是否存在混淆可能性时应该被考虑:"商标的强度,商标

---

① Lever Bros及其英国联营公司分别生产有差异的SHILED牌肥皂和SUNLIGHT牌清洁剂。尽管两个企业使用相同的商标和包装,但它们的产品在香型和泡沫量等方面却不相同。See 981 F. 2d 1330 (1993).

② 余翔:《实质性差别——美国商标权耗尽与平行进口法律演变及现行准则》,载《国际贸易》2001年第3期。

③ See 394 F. 2d 664 (2d Cir. 1968).

④ Mushroom Makers, Inc. v. R.G. Barry Corp., 580 F. 2d 44, 47 (2d Cir. 1978), cert. denied, 439 U.S. 1116, 99 S. Ct. 1022, 59 L. Ed. 2d 75 (1979).

之间的相似性,产品间的近似性,在先所有者缩小差距的可能性,事实混淆和被告采用自己的商标的善意的互惠,被告产品的质量,购买者的经验。"① 然而,没有单一因素是决定性的。② 另外,侵权可能被发现出现于适当的环境下缺少"事实混淆"的证据。③

在本案中,被告承认 A.C.I 香皂的包装纸上带有"Dial"的字样,"Dial"名字是以与美国 Dial 香皂同样风格文字脚本描画的。香皂体上刻有与美国 Dial 香皂相同的风格的"Dial"字样。所采用的包装纸是一样的。消费者看到 A.C.I 香皂很可能被混淆、误导和欺骗,认为被告所销售的香皂是美国 Dial 香皂。

"Dial"是一个具有很高知名度的强商标,Dial 香皂从 1947 年起就被原告在美国制造和销售。它是美国销量最大的抗菌香皂。它的广告力度很大而且因为其质量和可靠性享有盛名,在商业上获得了极大的成功。被告承认销售相关产品时他们利用了消费者的忠诚、原告在美国的知名度和声誉。在这种情况下,可以推定被告使用原告商标的意图是利用它的商誉获得不应该由被告享有的利益。④ 尤其是考虑到有证据明确表明被告的 A.C.I 香皂质量次于美国 Dial 香皂,给原告造成损害。

基于前述原因,法院在第二项诉求上通过简易判决支持了原告的主张。

《兰哈姆法》第 43 条(a)款规定:"任何人在商业中,在任何商品或服务上或与之有关方面,或在商品的容器上,使用任何文字、名词、名称、符号或图形,或其组合,或任何虚假的产地标记,对事实的虚假的或误导性的描述,或对事实的虚假的或误导性表示,可能引起混淆,或导致误认或欺骗,使人误以为其与他人有附属、联系或联合关系,或者误以为其商品或服务或商业活动来源于他人、由他人赞助或同意,或者在商业广告或推广中,错误表示其本人的或他人的商品或服务或商业活动的性质、特征、质量或原产地,该人在他人认为这种行为已经或可能使其蒙受损害而提起的民事诉讼中,应负有责任。"

从上述案件事实的论述中可推论出,相当数量的谨慎消费者在购买被告的 A.C.I 香皂时会误认为其与美国 Dial 香皂一样,产生混淆。另外,被告在美国销售的 A.C.I 香皂标注有"Dial"商标,外观和美国 Dial 香皂相同,这很可能不实地和错误地诱导消费者认为 A.C.I 香皂的制造商是原告 Dial 公司。

被告辩称他们进口和销售的是"真品",这一观点没有在简易判决中得到法

---

① Polaroid Corp. v. Polarad Electronics Corp., 287 F.2d 492, 495 (2d Cir.), cert. denied, 368 U.S. 820, 82 S.Ct. 36, 7 L.Ed.2d 25 (1961).
② See *Vision, Inc. v. Parks*, 610 F.Supp. 927, 930 (S.D.N.Y. 1985).
③ See Continental Connect V. Continental Specialties, 492 F.Supp. 1088, 1091 (D.Conn, 1979) (Newman, J).
④ See *Perfect Fit Industries, Inc. v. Acme Quilting Co.*, 618 F.2d 950, 954 (2d Cir. 1980).

院的认同,"真品"是国外制造的和带有美国商标本土销售的商品一样的商品。①本案中原告声称被告所生产的香皂:提供较弱的抗菌效果保护;香皂的香味不太吸引美国消费者;体积稍小且包含美国食品及药物管理局不允许在美国使用的染料。

根据本案的相关事实,即使把 A.C.I 香皂看做是"真品",依然可能导致混淆。法院不支持被告"真品"不会引发混淆的观点。"即使一个商标可以正确地识别出产品的制造商,如果它欺骗公众使其认为本土商标所有人的商誉隐含在这个产品中,这个产品也将是侵权产品。"②因此,法院支持原告的第三项诉讼请求。

(三) 平行进口商品与真品"实质性差异"的界定

对于平行进口的商品与真品间是否存在混淆的认定存在困难。本案中 A.C.I 香皂与美国 Dial 香皂存在实质性的差异,因此不能被认为是"真品"。若允许其进口到美国,无疑其相较于美国 Dial 香皂较低的质量会使消费者失望,存在混淆的可能。因此平行进口被认定为侵权。美国法院在一系列平行进口案件的判决过程中确立了实质性差异原则,认为如果平行进口的商品与国内销售的商品存在实质性差异时,就认定消费者将可能会对两种商品的质量和性质产生混淆,消费者对商品的期待就会落空或不能得到完全的满足,这种情况下平行进口的商品就被认定为侵犯商标权。

但是,如何认定存在实质性差异?"并不是任何的差异都会导致消费者混淆,所谓实质性差异是指与是否影响消费者决定购买某一商品相关的因素。因为许多因素会影响消费者的偏好,所以决定何种差异是实质性的方法并不是机械的,必须要经个案来认定是否为实质性差异。"③如"PERUGINA"牌巧克力一案,④经印度公司许可而在委内瑞拉制造的"PERUGINA"牌巧克力与美国国内销售的印度"PERUGINA"牌巧克力在品质检验、外形、包装、牛奶比例和其他成分上都存在不同。因此,法院认为委内瑞拉生产的"PERUGINA"牌巧克力平行进口构成商标侵权。再如"少女娃娃"一案⑤,法院认为外国制造的少女娃娃用西班牙语标示的"收养文件""出生证"均与美国本土品牌商品不同,而收养文件对消费者来说是关键性的,是他们体会美国收养流程的关键所在,这一不同属于实质性差异。因此,该少女娃娃的平行进口构成商标侵权。⑥ 美国法院对实质

---

① See *El Greco Leather Products Co., Inc. v. Shoe World, Inc.*, 806 F.2d 392, 296—98 (2d Cir. 1986).
② Weil Ceramics & Glass, Inc. v. Dash, 618 F. Supp. 700, 704—705 (D.N.J.1985).
③ 赵亚军:《消费者混淆与平行进口的规制——从美国的两个平行进口的案例谈起》,载《北京政法职业学院学报》2008 年第 1 期。
④ See Societe Des Products Nestle, S. A. v. Casa Helvetia, Inc., 982 F.2d 633 (1st Cir,1992).
⑤ See Original Appalachian Artworks Inc. v Granada Electronics Inc., 816 F.2d 68 (2d Cir.), cert. Denied,484 U.S.847(1987).
⑥ 参见李娟:《美国商标平行进口法律评述及对我国的启示》,载《学术界》2011 年第 12 期。

性差异采取宽泛解释,也即无论是在包装、制造、设计、售后服务和担保、种类与外观等方面的差异,只要导致消费者购买灰色市场的商品,会发现一些意想不到的东西,使消费者的期望落空,不能满足其需求,导致"消费者混淆"时,都可能被认定为具有实质差异。当然,在一些案件中,实质性差异如此细微,①以至于不会引起消费者混淆,能满足消费者对商品的期望,因而不能认定为商标侵权。

然而,实质性差异原则亦存在例外,即"标签例外"。海关阻止灰色市场货物进口的条件是,美国商标权人向美国海关提出申请,并且证明:(1)灰色市场货物上贴附的授权商标与美国商标权人用于在美国境内出售的货物上的商标相同。(2)灰色市场货物与美国商标权人相对应的产品之间有实质性差异。但是,只要灰色市场产品上贴上标签,说明"本产品不是由美国商标权人授权进口的产品,并与授权产品有实质性差异",这样,该灰色市场产品仍然是可以进口的。这就是所谓的"标签例外"规则。②

由此可见,美国随着司法实务的发展,不断调整对平行进口问题的处理方式,从而形成了一套完整的法律体系。

启示

美国通过一系列司法判例建立起对商标平行进口规制的体系,通过相关法律之间的配合,原则性规定与例外同时存在,既允许商标平行进口促进贸易发展,又保障了本国注册商标权人的利益和消费者的利益。

随着国际贸易的发展,商标平行进口问题不可避免。本文以为,我国不应一律排斥产品的平行进口,可以考虑在附加必要的限制条件的前提下,一定程度上允许平行进口。一方面允许商品平行进口,促进商品的自由流通,给消费者以更多选择,防止国内代理商"独家垄断";另一方面,通过设定限制条件,对国内商标注册人合法权益进行保护,避免因平行进口的商品质次量差,损害国内商标注册人的商誉和消费者的利益。

从我国对外贸易的角度出发,可根据实际情况的变化在适当时机对《海关法》《对外贸易法》等相关法律进行修改和完善,增加对商标产品平行进口的规定,使我国形成以《商标法》为主体,结合《反不正当竞争法》《海关法》等完整的商标产品平行进口的法律体系,以促进我国对外贸易的发展。③

(执笔人:高阳)

---

① 在1994年的 Navic, Inc. v. Sinclair Imports, Inc. 一案中,价格差异、检验、许可证、售后服务等都被认为是非实质性的,从而不构成侵权。
② 参见李娟:《美国商标平行进口法律评述及对我国的启示》,载《学术界》2011年第12期。
③ 参见靳晓东:《商标产品平行进口及我国的法律对策》,载《法学杂志》2010年第7期。

美国SKF商标平行进口不构成侵权案

>> 导读

本案是美国关于商标平行进口的典型案件。案件中需要解决的问题是,对《兰哈姆法》第42条、第43条(b)款①中商标平行进口的规定,以及由Gamut②案确立的"实质性差异"标准③的理解及适用。

一、案件事实

上诉人:SKF USA公司

被上诉人:美国国际贸易委员会

第三人:轴承有限公司、McGuire轴承公司

SKF USA公司,是一家位于美国的滚珠轴承生产商,在美国生产带有SKF商标(见下图)的轴承并进口由海外SKF Manufacturing Units生产的、带有SKF商标的轴承。SKF USA公司和SKF Manufacturing Units的母公司是同一家公司,即瑞士的AB SKF公司。

---

① 即《兰哈姆法》第42条禁止进口带有侵权商标,以及名称的商品,以及第43条禁止原产地虚假表示、虚假描述;禁止淡化(b)……

② See Gamut Trading Co. v. International Trade Commission,200 F.3d 775 (Fed. Cir. 1999).

③ 如果平行进口的产品与权利人的产品没有实质性差异,将不认定进口该产品侵犯商标权人的商标权。

SKF USA 向市场各方销售轴承,既直接销售给大型的生产企业,也销售给最终消费者;既通过授权的经销网络销售产品,也通过某些未经授权的经销商销售,即那些没有与 SKF USA 签订"工业经销协议"而从 SKF USA 公司购买产品的销售商。未经授权的产品是 SKF 生产的,但是并不是在美国销售或者授权在美国销售的,这些产品通常被称为"灰色市场产品"或者"灰色产品",即平行进口的产品。SKF USA 以及 SKF USA 的授权经销商也会进口由 SKF USA 海外生产商生产的轴承。

SKF USA 雇了许多该设备领域的行业专家作为工程师,为其消费者提供售后技术和工程服务,包括现场服务和热线支持。2002 年 4 月,SKF USA 针对 14 个被调查人向美国国际贸易委员会提出了控告,称其侵犯其商标权。

2003 年 4 月,行政法官(ALJ)作出了初步裁决,认定被调查人中的四个,Bohls 轴承和传送服务、CST 轴承公司、轴承有限公司,以及 McGuire 轴承公司侵犯了 SKF USA 的注册商标权。[①] ALJ 采用了 Gamut 案中的"实质性差异"标准,认定 SKF USA 销售或者授权销售的轴承与被调查人进口并销售的轴承在物理意义上没有实质性差异。但是,由于法院没有明确要求实质性差异必须是物理意义上的,ALJ 认定:SKF USA 轴承和平行进口轴承在售后技术服务方面有实质性差异,尤其是在现场服务和热线服务方面。

此后,SKF USA、四个被调查人、委员会调查律师共同提起了申请,要求委员会全体共同复审本案,各方都对 ALJ 的初步裁定从不同方面提出了异议。经过复审,2003 年 8 月,委员会认定本案需要更多的信息,要求进行更多的事实调查。2003 年 12 月,ALJ 完成了附加的事实调查,2004 年 1 月,全体委员会对该案进行了重新审理。

2004 年 5 月,委员会作出了最终裁决,改变了 ALJ 的初裁决定。委员会同意 ALJ 的观点,即在平行进口案件中能否依据非物理意义上的差异而认定实质性差异是一个没有先例的问题,委员会拒绝建立实质性差异必须是物理意义上的差异的规则。委员会认为本案中,商标权人的产品与平行进口的产品不存在实质性差异,不论是物理意义上的还是非物理意义上的,被调查公司没有侵犯 SKF USA 的商标权。SKF USA 对此提起了上诉。

诉讼请求:SKF USA 公司请求联邦巡回上诉法院推翻美国国际贸易委员会的裁定,认定轴承有限公司、McGuire 轴承公司侵犯其商标权。

二、法院判决

联邦巡回上诉法院维持美国国际贸易委员会的裁决。SKF USA 没能证明

---

① In re Certain Bearings & Packaging Thereof, Inv. No. 337-TA-469 (Int'l Trade Comm'n Apr. 10, 2003)(初步裁决)。

自己的产品与被调查公司的产品之间因为售后技术和工程服务而存在实质性差异,因此维持委员会作出的进口这些滚珠轴承不侵犯其商标权的裁决。

法律依据:《兰哈姆法》第42条、第43条(b)款。

三、法律问题及分析

本案需要分析的法律问题是:第一,平行进口问题中,商标权人的产品与平行进口的产品之间的实质性差异是否必须是物理意义上的;第二,商标权人是否必须证明其销售的"所有或实质上所有"产品都带有其认为是实质性差异的特征。

(一)平行进口与产品的实质性差异

平行进口是指本国的商标权人将自己生产的商品出售给国外经销商或者将自己的商标许可给国外生产企业后,这些国外的经销商或者生产企业将其与商标权人在国内生产的相同的商品,重新进口到国内的做法。①

《兰哈姆法》第42条规定:除《美国法典》第19编1526条(d)款的规定外,进口商品复制或模仿美国国内生产商或经营商的名称的,或者复制或模仿国外生产、经营商的名称,而根据条约、公约或该国国内法的规定给予美国公民相同权利待遇的,复制或模仿依据本章规定注册商标的,带有使公众相信其在美国制造或在非生产国(地)的生产国(地)制造的名称或标记的,不能通过美国任何海关入境美国……②

《兰哈姆法》第43条(b)款规定:违反本款规定进行标记或贴附标签的商品,不能进口到美国,也不能在任何美国海关获准入境。本款规定中被拒入关的商品的所有人、进口商或收货人,可以根据《海关税收法》的规定提出抗议或申诉,也可以在商品被拒入关或扣押后,根据本章规定寻求救济。③

上诉法院分析的第一个法律问题是:商标权人的产品和平行进口的产品之间的实质性差异标准是否必须是物理意义上的。这对上诉法院来说是一个没有先例的问题。被调查人主张实质性的差异必须能以物理的方式体现在其产品或者包装上,认为实质性差异标准是用来对比产品的,而不是销售者或者其提供的服务,而且差异必须表现为产品的一部分。SKF USA和委员会实际上都同意商标权人的产品和平行进口的产品之间的实质性差异不一定是物理意义上的。

上诉法院同意SKF USA和委员会的观点,认为在认定平行进口的产品侵权时不需要一定有物理意义上的差异。这是因为商标权人销售的带有商标的产品

---

① See http://baike.baidu.com/view/279154.htm,2013年3月21日访问。
② 参见《美国商标法》,杜颖译,知识产权出版社2013年版,第52页。
③ 同上书,第53页。

有某些非物理的特性,例如服务,这些特性是相似的产品所不具备的,但消费者可能相信这些相似的产品来源于商标权人,缺乏这些特征可能误导消费者,损害商标权人的商誉。

通常,平行进口的产品被定义为"由国外生产者生产,带有合法的国外商标的正品,而该国外商标与美国注册的商标相同;平行进口的产品在国外合法取得,然后未经美国商标权利人同意而进口到美国"①。"灰色市场法的原则是进口的产品是美国商标所有人生产或者经其同意生产的,但是其在美国销售并没有经过授权,有些情况下可能侵犯美国商标权人的商标权。"②

Gamut 案中,上诉法院的判决涉及平行进口的产品,Kubota 公司向委员会提交了起诉书,声称 Gamut 和其他被调查人从日本进口、在美国销售带有"Kubota"商标的、在日本组装的拖拉机侵犯其商标权。该案中,ALJ 认定被调查人侵犯了 Kubota 的商标权,因为 Gamut 进口的 24 种型号的拖拉机与 Kubota 进口的相应型号的拖拉机有实质性差异。ALJ 发现,被调查人进口的日本拖拉机没有英文的警示标签,而且 Kubota-US 的经销商没有为这些型号的产品提供英文的操作或服务手册。ALJ 认定这些在标签、服务和零件方面的差异与认定经授权的拖拉机和平行进口的产品以及二手产品之前的差异有一定的关联。ALJ 认定被调查人侵犯了 Kubota 的商标权,Gamut 和其他被调查公司提起了上诉,全体委员会维持了该判决。

Gamut 案中,上诉法院分析的是平行进口的基础性问题,即国内的产品和国外的产品之间有没有差异,如果有,这些差异是不是实质性的。上诉法院认为:"法院在实质性方面采用了较低的标准,只要求证明消费者在购买产品时,可能考虑到国内产品和国外产品之间的差异,因为这些差异足以损害国内产品来源的商誉。"

采用这种最低要求的理由是:"任何更高的要求都会威胁到生产者投入到产品中的商誉,并通过隔断生产者受保护的商标与其一系列特征之间的联系,不合理地使消费者面临潜在的混淆。"③上诉法院解释为:"将商标与有某些特征的产品相联系的消费公众可能会被带有相同商标但在性质上有实质性差异的产品混淆甚至欺骗。"因此,通过区分国内产品与平行进口的产品有实质性差异并以此认定商品侵权,上诉法院坚持了商标法的两项基本政策:"保护消费者并保护生产者的商誉。"相应的,因为上诉法院认为:"实质性证据支持委员会的认定,即消费者在做购买决定时认为二手拖拉机和 Kubota-US 授权的拖拉机之间有差

---

① Gamut, 200 F. 3d at 778.
② Id. at 777.
③ Cf. Societe Des Produits Nestle v. Casa Helvetia, Inc., 982 F. 2d 633, 641 (1st Cir. 1992) ("Nestle").

异是关键,因此这些差异就是实质性的。"所以,Gamut 案中,上诉法院维持了委员会的裁定。

本案中,上诉法院将上述推理更进一步,对 Gamut 案中一些不明确的问题加以明确。上诉法院认定,阻止平行进口侵权的实质性差异可以是物理意义上的,也可以是非物理意义上的,这一点与 Gamut 案的判决是一致的。

理由如下:首先,虽然标签、零件和结构特征方面的差异是物理上的,但是,Gamut 案的法院只用了"实质性差异"标准,而没有用"物理意义上的差异"标准来判断平行进口的产品的特征。其次,正如委员会在一审中正确指出的,虽然 Gamut 案中的某些实质性差异是物理意义上的,但是,在参考的案例中,一些认为非物理意义上的实质性差异足以避免商标侵权。例如,Gamut 案的判决依据了 Nestle 案,该案是第一巡回上诉法院判决的,在该案中,法院在脚注中提到"上诉法院认为适当的标准不应当被严格限于物理意义上的差异,其他类型的差异,例如质量保证和服务承诺等,也可能使产品产生兰哈姆法意义上的不同"[1]。此外,法院还认为,"根据消费者混淆可能性的标准,以及考虑到消费者对商标权人声誉和商誉的期待落空所造成的影响,标签和其他文字材料方面的差异被认为是实质性的"[2]。在这些案例中,部分商标权人的产品和平行进口的产品之间服务和保证方面的差异,包括附随的文件如说明书,被认定存在实质性差异——非物理意义上的特征也被认定构成实质上的差异。

因此,上诉法院认为,认定非物理性的特点可以构成实质性差异与判例法一致,这个观点能促进商标法保护背后的政策目的的实现。所以,在平行进口案件中证明商标侵权的实质性差异不需要是物理意义上的。

(二) SKF USA 是否需要证明"所有或实质上所有"产品都带有其认为是实质性差异的特征

SKF USA 声称委员会错误地解释了 Martin's Herend 案,错误地要求 SKF USA 的"所有或实质上所有"经授权的轴承都要有售后技术和工程支持,委员会称其某些产品"不一定"附带其所称的实质性差异是错误的,SKF USA 销售产品的 97.4%,包括毫无争议的 87.4% 的授权销售,加上 Chicago Rawhide 向汽车服务市场进行的销售,是有售后技术服务的,包括现场服务和热线支持,而被调查人对其销售的产品不提供任何类似售后服务,因此,SKF USA 称其已经证明了其产品中的绝大部分与平行进口的产品之间有实质性差异。[3]

委员会认为,判决 SKF USA 的授权轴承与平行进口的轴承不存在实质性差

---

[1] 982 F. 2d at 639 n. 7.
[2] Cf. Osawa & Co. v. B & H Photo, 589 F. Supp. 1163 (S. D. N. Y. 1984); Fender Musical Instruments Corp. v. Unlimited Music Center, Inc., 35 USPQ2d 1053 (D. Conn. 1995), Gamut, 200 F. 3d at 781.
[3] See Nitro Leisure Products, L. L. C. v. Acushnet Co., 341 F. 3d 1356 (Fed. Cir. 2003).

异是正确的,平行进口的轴承不应当被认为侵犯了 SKF USA 的美国商标权。委员会回应称其引用 Martin's Herend 案,要求 SKF USA 证明其事实上所有的授权的轴承都附带其所主张的实质性差异是正确的,因为不是所有 SKF USA 授权的轴承都有售后服务,SKF USA 的某些销售不附带售后服务,包括如下选择性经销渠道:Chicago Rawhide,SFK USA 的与汽车服务市场相关的销售单位;Roller 轴承公司/Tyson 轴承公司;平行进口经销商;剩余市场;未经授权的销售商向最终消费者销售。这些选择性销售渠道占 SKF USA 总销售量的 12.6%。尽管对 87.4% 的销售给授权经销商的 SKF USA 轴承都提供售后服务,但是委员会认为,12.6% 的 SKF USA 轴承销售足以驳回 SKF USA 的主张,即所有或基本上所有销售的轴承都有实质性差异。委员会主张,因为带有 SKF 商标的部分轴承不一定有持续性的售后技术服务支持,尤其是通过选择性销售渠道销售的轴承,这些非持续性的售后服务不能认为是产品的一部分,不能据此认定 SKF USA 的轴承和被调查人的轴承之间存在实质性差异。

上诉法院同意委员会的观点:为了证明其产品与平行进口的产品实质上不同,平行进口商标侵权案件的原告必须证明其所有或者实质上所有销售的产品都带有其主张的实质性差异。如果不是所有或者实质上所有的商标权人的产品都拥有实质性差异,那么商标权人投入商业中的就是普通质量的产品,可能与那些进口商的产品相同而不存在实质性差异。事实上,如果不能说商标权人的实质上所有的产品都带有所述的特征,那么可以得出这样的结论,实际上在商标权人的产品和被控侵权产品之间没有实质性差异。如前所述,"将商标与具有某些特征的商品联系起来的消费者可能会被带有相同商标但特征上有实质性差异的产品混淆或者欺骗"①。那么相反,商标权人主张消费者会在授权产品和缺乏所谓的实质性差异的平行进口的产品之间产生混淆的观点就会与商标权人自己也销售的同样缺乏这些所谓的实质性差异产品的情况相矛盾。如果不是实质上所有产品都与平行进口的产品之间有实质性差异也允许商标权人获得救济,就会允许所有人自己加剧其所谓的由平行进口者造成的消费者的混淆。

Martin's Herend 案是其他巡回法院所作的判决,该判决支持上述要求,上诉法院认为其理由具有说服力。该案中,美国商标权人指控被告公司进口并销售带有与其商标近似的高档瓷器侵犯其商标权。被告辩称商标权人自己也销售某些同样的瓷器,而且被告的产品和商标权人的产品之间没有实质性差异。但是第五巡回上诉法院认为,被告销售非由商标权人提供的产品可以构成商标侵权,因为这些产品与商标权人出售的产品存在实质性差异。② 第五巡回上诉法院也

---

① Gamut, 200 F.3d at 779.
② See 112 F.3d at 1302.

认定"只要原告同意一件产品在国内进口和销售,被告就可以自由地销售与这件产品质量相同的产品"[1]。法院的理由是"兰哈姆法保护商标,但不保护排他销售协议本身"。实际上,第五巡回上诉法院将商标权人的瓷器产品分为与被告进口的系列产品有实质性差异的产品和没有实质性差异的产品。

委员会主张,Martin's Herend 案中同意销售哪怕只有一件瓷器就会导致对所有"与该产品质量相同"的瓷器不提供救济。委员会称,本案中要求原告产品中的"所有或者实质上所有"产品都带有所谓的实质性差异才能根据商标侵权获得救济与第五巡回上诉法院的推理是完全符合的。Martin's Herend 案以及本案中,商标权利人销售的带有商标的商品缺乏所谓的实质性差异减弱了其观点的说服力,即其他人进行类似的销售会损害其商标。实际上,通过这种销售可能得出这样的结论,这些特征不是产品本身的一部分,不能作为"实质性差异"标准的合理基础。

SKF USA 认为,该案涉及的产品是否具有物理上的差异,依据是产品本身的特殊性,而不包括复杂的销售渠道,以此试图说服上诉法院将本案与 Martin's Herend 案相区别。上诉法院驳回了这种意见。SKF USA 主张没有案例要求商标权人证明其所有产品都带有实质性差异才能赢得诉讼。但是,上诉法院理解委员会的裁决并没有提出这样严格的规则,而且上诉法院也不像 Martin's Herend 案中那样认为即使只要有一件经授权销售的产品缺乏实质性差异就会使侵权不成立。相反,"所有或者实质性所有"的标准承认低于 100% 也可能符合该标准,允许存在少量不符合要求的产品。仅一次销售不符合要求的产品,不能据此否认对商标权人的保护。因此,上诉法院同意委员会的观点,"所有或者实质上所有"是对"实质性差异"标准的合理解读,上诉法院明确采纳委员会的判决,即商标权人必须证明其授权销售的所有或者实质上所有产品都带有其主张的每一项实质性差异才满足"实质性差异"标准的要求。

上诉法院的结论是委员会在法律方面没有错误,SKF USA 的轴承必须证明"所有或实质上所有"产品都带有其认为是实质性差异的特征。上诉法院维持委员会的裁决,认为 SKF USA 没有证明被调查公司侵犯 SKF USA 的商标权。

》启示

商标平行进口是商标法合理使用制度的重要组成部分。但是,如果没有完善的法律对商标平行进口问题进行规制,可能引起一系列的法律问题。一方面,在平行进口的商品与国内商品质量、服务存有实质性差异的情况下,平行进口将会混淆消费者,扰乱市场交易秩序,进而损害国内商标权人的良好商誉;另一方

---

[1] See 112 F. 3d at 1304.

面,商标声誉可能因平行进口商对商品不适当的改变、再包装或广告宣传等而受到损害。

美国在对待平行进口问题时,采取了实质性差异的标准,如果商标权人的产品与平行进口的产品不存在实质性差异,则不认定其侵权,在本案中则进一步明确了实质性差异不局限于物理意义上的差异,并且需要商标权人证明"所有或实质上所有"产品都带有其认为是实质性差异的特征。《TRIPS 协定》和我国《商标法》都未对商标平行进口问题作出明确规定。在我国司法实践中,商标平行进口案例较少,米其林集团总公司诉谈国强等侵犯商标专用权纠纷案[①]是其中较为典型的一个案例,该案中因为涉案产品是需要强制认证的轮胎,法院认为未经强制认证的产品存在安全隐患可能损害商标权人的商标声誉,因而认定被告侵权,虽然没有适用实质性差异的标准,但是法院的判决和美国实质性差异的标准在目的上是一致的,都是为了防止存在实质性差异的产品损害商标权人的商标声誉,这是我国司法实践关于商标平行进口问题的一大进步,但是法院的判决亦只是个案适用,关于商标平行进口问题,我国仍缺少整体的标准,而美国"实质性差异"标准值得我国在完善商标平行进口制度时有所借鉴。

(执笔人:张莎莎)

---

① See http://vip.chinalawinfo.com/case/displaycontent.asp? Gid = 117625758&Keyword = % C3% D7% C6% E4% C1% D6,2013 年 3 月 21 日访问。

参考文献

书籍类：
1. 李明德：《美国知识产权法》，法律出版社 2003 年版。
2. 曾陈明汝：《商标法原理》，中国人民大学出版社 2003 年版。
3. 郑成思：《知识产权法——新世纪初的若干研究重点》，法律出版社 2004 年版。
4. 刘春田主编：《知识产权法》，中国人民大学出版社 2002 年版。
5. 吴汉东主编：《知识产权法》，中国政法大学出版社 2002 年版。
6. 王莲峰：《商标法学》，北京大学出版社 2007 年版。
7. 王莲峰主编：《商标法案例教程》，清华大学出版社 2008 年版。
8. 郭寿康主编：《知识产权法》，中共中央党校出版社 2002 年版。
9. 郑成思：《知识产权论》，法律出版社 2007 年版。
10. 王迁：《知识产权法教程（第二版）》，中国人民大学出版社 2009 年版。
11. 张耕等：《商业标志法》，厦门大学出版社 2006 年版。
12. 陆普舜主编：《各国商标法律与实务（修订版）》，中国工商出版社 2006 年版。
13. 黄晖：《商标法》，法律出版社 2004 年版。
14. 韩赤风、李树建、张德双等：《中外知识产权法经典案例评析》，法律出版社 2011 年版。
15. 李明德、闫文君、黄晖、邰中林：《欧盟知识产权法》，法律出版社 2010 版。
16. 《美国商标法》，杜颖译，知识产权出版社 2013 年版。
17. 苏国良：《统一域名争议解决政策案例与评析》，法律出版社 2003 年版。
18. 孔祥俊：《商标与不正当竞争法原理和判例》，法律出版社 2009 年版。
19. 黄桂林：《地理标志的国际保护及中国现状》，人民法院出版社 2005 年版。
20. 董炳和：《地理标志知识产权制度研究：构建以利益分享为基础的权利体系》，中国政法大学出版社 2005 年版。
21. 冯寿波：《论地理标志的国际法律保护——以 TRIPS 协议为视角》，北京大学出版社 2008 年版。

期刊论文类：
1. 黄晖：《颜色商标的法律保护》，载《工商行政管理》2002 年第 9 期。
2. 魏森：《颜色商标及其审查标准研究》，载《河北法学》2008 年第 2 期。
3. 王莲峰：《论对善意在先使用商标的保护——以"杜家鸡"商标侵权案为视角》，载《法学》2011 年第 12 期。
4. 王莲峰：《我国商标权利取得制度的不足与完善》，载《法学》2012 年第 11 期。
5. 杜颖：《在先使用的未注册商标保护论纲——兼评商标法第三次修订》，载《法学家》2009 年第 3 期。

6. 杨叶璇:《保护商标权的精髓是保护合法使用》,载《中华商标》2005 年第 1 期。
7. 李雨峰、倪朱亮:《寻求公平与秩序:商标法上的共存制度研究》,载《知识产权》2012 年第 6 期。
8. 史新章:《商标同意协议制度探析》,载《中国工商报》2012 年 2 月 25 日第 3 版。
9. 董新中:《"混淆可能性":商标侵权判断之标准》,载《太原师范学院学报(社会科学版)》2012 年第 5 期。
10. 刘维:《我国商标侵权的法律构造研究——以混淆可能性为中心》,载《研究生法学》2010 年第 5 期。
11. 黄汇:《售前混淆之批判和售后混淆之证成——兼谈我国〈商标法〉的第三次修改》,载《电子知识产权》2008 年第 6 期。
12. 彭学龙:《论"混淆可能性"——兼评〈中华人民共和国商标法修改草稿〉(征求意见稿)》,载《法律科学》2008 年第 1 期。
13. 杜颖:《商标淡化理论及其应用》,载《法学研究》2007 年第 6 期。
14. 靳晓东:《商标淡化制度在我国立法中的运用》,载《北京工业大学学报(社会科学版)》2009 年第 3 期。
15. 尹西明:《商标淡化侵权构成要件辨析——兼论我国商标淡化侵权的立法完善》,载《河北法学》2006 年第 3 期。
16. 任自力:《论驰名商标的淡化及反淡化保护》,载《知识产权》1996 年第 5 期。
17. 黄晖:《协调成员国商标立法 1988 年 12 月 21 日欧洲共同体理事会第一号指令(89/104/CEE)》,载《中华商标》1999 年第 1 期。
18. 黄晖:《欧洲商标立法史上的里程碑——欧洲共同体〈协调成员国商标立法第一号指令〉评介》,载《中华商标》1999 年第 1 期。
19. 何晓华:《我国驰名商标反淡化立法问题研究》,载《中华商标》1999 年第 5 期。
20. 张月华、薛平智:《驰名商标的淡化行为及反淡化应对》,载《陕西教育学院学报》2005 年第 1 期。
21. 邓宏光:《我国驰名商标反淡化制度应当缓行》,载《法学》2010 年第 2 期。
22. 蔡晓东、王忠诚:《欧美反淡化法商标驰名认定标准》,载《河北法学》2013 年第 3 期。
23. 杜颖:《商标淡化理论及其应用》,载《法学研究》2007 年第 6 期。
24. 楼红平、林基:《驰名商标淡化的界定与反淡化保护对策》,载《现代商业》2011 年第 12 期。
25. 邓宏光:《欧盟商标反淡化法》,载《电子知识产权》2007 年第 3 期。
26. 苏珊·瑟拉德:《美国联邦商标反淡化法的立法与实践》,张今译,载《外国法译评》1998 年第 4 期。
27. 崔立红:《试论网络环境下商标侵权标准及保护范围——解决商标与域名冲突的趋势及其合理性分析》,载《科技与法律》2000 年第 4 期。
28. 张新娟:《驰名商标与域名冲突探析》,载《华东政法学院学报》2003 年第 4 期。
29. 范晓波、马小庆:《驰名商标反淡化保护若干问题研究》,载《法律适用》2003 年第 12 期。

30. 邓宏光：《美国联邦商标反淡化法的制定与修正》，载《电子知识产权》2007 年第 2 期。

31. 杨威：《美国商标反淡化理论的发展及司法、立法实践》，载《湘潭师范学院学报（社会科学版）》2007 年第 5 期。

32. 孔祥俊、夏君丽：《〈关于审理涉及驰名商标保护的民事纠纷案件应用法律若干问题的解释〉的理解与适用》，载《人民司法》2009 年第 13 期。

33. 陈文煊：《反淡化理论司法适用的新发展——评"伊利"商标异议复审行政纠纷案》，载《知识产权》2010 年第 6 期。

34. 周缘：《域名与商标之冲突》，载《中华商标》2011 年第 3 期。

35. 李琳：《浅谈商标与域名冲突的解决——兼评两则美国案例》，载《科教文汇（上旬刊）》2011 年第 10 期。

36. 张冬梅、孙英伟：《淡化理论与驰名商标反淡化保护》，载《法制日报》2013 年 3 月 6 日第 12 版。

37. 冯晓青、胡少波：《中国驰名商标的认定和保护制度——兼论〈驰名商标认定和保护规定〉》，载《长沙电力学院学报（社会科学版）》2004 年第 1 期。

38. 于金葵：《驰名商标反淡化的立法缺失》，载《武汉科技大学学报（社会科学版）》2006 年第 2 期。

39. 任燕：《论驰名商标淡化与反淡化措施——再谈我国驰名商标保护的立法完善》，载《河北法学》2011 年第 11 期。

40. 蔡晓东、王忠诚：《欧美反淡化法商标驰名认定标准》，载《河北法学》2013 年第 3 期。

41. 李春香：《惩罚性赔偿适用中的几个重要问题》，载《社科纵横（新理论版）》2013 年第 1 期。

外文案例：

1. Aktieselskabet AF 21. November 2001 v. Fame Jeans Inc., 86 U. S. P. Q. 2d 1527 (2012).

2. Bell Atlantic Corp. v. Twombly, 550 U. S. 544, 127 S. Ct. 1955, 167 L. Ed. 2d 929 (2007).

3. Material Supply Int'l, Inc. v. Sunmatch Indus. Co., 146 F. 3d 983, 989 (D. C. Cir. 1998).

4. PHC, Inc. v. Pioneer Healthcare, Inc., 75 F. 3d 75, 80 (1st Cir. 1996).

5. Zirco Corp. v. AT & T Co., 21 U. S. P. Q. 2d 1542, 1544 (T. T. A. B. 1992).

6. Allard Enters., Inc. v. Adv. Programming Res., Inc., 146 F. 3d 350, 358 (6th Cir. 1998).

7. Aycock Eng'g, Inc. v. Airflite, Inc., 560 F. 3d 1350, 90 U. S. P. Q. 2d 1301.

8. Airflite, Inc. v. Aycock Eng'g, Inc., Cancellation 92032520, 2007 WL 2972237, at *7 (TTAB Oct. 4, 2007).

9. Gay Toys, Inc. v. McDonald's Corp., 585 F. 2d 1067, 1068 (CCPA 1978).

10. Trademark Law Revision Act of 1988, Pub. L. No. 100—667, 102 Stat. 3935.

11. Christian Louboutin S. A. v. Yves Saint Laurent Am. , Inc. , 778 F. Supp. 2d 445, 451, 457 (S. D. N. Y. 2011).

12. Qualitex Co. v. Jacobson Products Co. , 514 U. S. 159, 162, 115 S. Ct. 1300, 131 L. Ed. 2d 248 (1995).

13. Fabrication Enters. , Inc. v. Hygenic Corp. , 64 F. 3d 53, 57 (2d Cir. 1995).

14. Yellow Cab Transit Co. v. Louisville Taxicab & Transfer Co. , 147 F. 2d 407, 415 (6th Cir. 1945).

15. Owens-Corning, 774 F. 2d at 1122.

16. Pagliero v. Wallace China Co. , 198 F. 2d 339 (9th Cir. 1952).

网站：

1. http://www.wto.org/english/tratop_e/trips_e/trips_e.htm
2. http://origin-www.lexisnexis.com/ap/auth/
3. http://web2.westlaw.com/
4. http://baike.baidu.com/view/279154.htm
5. http://baike.baidu.com/view/817124.htm

常见缩略语表

全称	简称
《与贸易有关的知识产权协定》	《TRIPS 协定》
《保护工业产权的巴黎公约》	《巴黎公约》
《商标国际注册马德里协定》	《马德里协定》
《商标国际注册马德里协定书有关的议定书》	《马德里议定书》
《制止虚假或欺骗性商品产地标记马德里协定》	《马德里协定(产地)》
《协调成员国商标立法第一号指令(89/104/EEC)》	《一号指令》
《欧洲共同体商标条例(207/2009)》	《欧洲共同体商标条例》
《农产品及食品地理标志和原产地名称保护条例(510/2006)》	《地理标志条例》
《知识产权执法指令(2004/48/EC)》	《知识产权执法指令》
《加强知识产权海关保护措施的1383/2003条例》	《海关保护条例》
《关于共同体内部市场的信息社会服务,尤其是电子商务的若干法律方面的第2000/31/EC号指令》	《电子商务指令》
《比荷卢经济联盟统一商标法》	《比荷卢商标法》
《美国联邦商标法》	《兰哈姆法》
《联邦商标淡化法》	《反淡化法案》

附 录

《美国商标法》(2009 年修订)

《美国商标法》即 1946 年颁布的《兰哈姆法》,大部分内容编入了《美国法典》第 15 编,是美国商标立法史上一个重要的里程碑。它不仅规定了联邦一级的商标注册程序,还规定了一些实体性的商标权利,是一部体现各州商标立法精神又有所突破的实体和程序相结合的法律。

《兰哈姆法》经 1962 年、1975 年、1982 年、1988 年、1995 年、1999 年、2002 年、2006 年、2010 年等数次修订,至今有效。修改较大、影响较深远的为 1995 年、1999 年、2006 年修订。其中,1995 年《联邦商标淡化法》修改了《兰哈姆法》第 43 条,对驰名商标的保护作出了特殊规定,禁止他人未经授权使用已经驰名的商标。

为了解决商标与域名之间的冲突,1999 年,美国国会又通过了《反域名抢注消费者保护法》,再次修订了《兰哈姆法》第 43 条及其他相应条款,对于商标和域名的保护作出了规定。值得注意的是,该法案还确立了便于商标所有人直接主张域名所有权的对物诉讼制度。

2006 年,美国国会通过了 2006 年《商标淡化法案》,该法案确立了"可能淡化"的标准,进一步明确了驰名商标的标准,明确了商标淡化的具体形式,减少了相关的分歧。

2010 年,美国国会又对《兰哈姆法》进行了一些技术性修订。使《美国商标法》更趋合理。如在专利商标局前加上"美国"。

本书完成之前,国内使用的《兰哈姆法》多为 2006 年版本的翻译文本,而本书收录的《兰哈姆法》中文版本是基于 2009 年的最新修订版本整理翻译而来,对相关的学习者和研究者有更高的参考价值,便于读者进行对比研究。英文版本的来源为世界知识产权组织官方网站(http://www.wipo.int/wipolex/en/text.jsp? file_id = 191404)。中文版本的翻译参考了中国知识产权局官方网站公布的 1946 年《美国商标法》(http://www.sipo.gov.cn/sipo2008/zcfg/flfg/sb/wgf/200804/t20080403_369293)以及《十二国商标法》(中国人民大学知识产权教学与研究中心,清华大学出版社 2013 年版)。

美国商标法

(兰哈姆法)
2009年12月28日

Ⅰ．主注册簿

1051．注册申请；证明[第1条]

(a)(1)在商业中使用的商标的所有人可以请求注册其商标,请求在主注册簿上注册需要支付费用,并按照专利商标局局长要求的形式向专利商标局提交申请、经宣誓的证词,以及按照专利商标局局长要求的数量提交所使用商标的样本或者副本。

(2)申请书要写明申请人的住所、国籍、申请人首次在商业中使用该商标的日期、商标所使用的商品以及商标的图样。

(3)陈述书应该经申请人宣誓证实,并写明：

(A)宣誓人相信其或其宣誓所代表的法人是申请注册商标的所有人。

(B)据宣誓人所知,并且宣誓人也确信,申请书中所述事实准确无误。

(C)商标于商业中使用;且

(D)据宣誓人所知,并且宣誓人也确信,没有人有权在其商品之上使用相同或类似标记而可能造成混淆、误认或欺骗;但如果是并存使用的申请,所有申请人都应该——

(i)声明主张排他使用权利的例外情形;且

(ii)在宣誓人知晓的范围内,明确——

(Ⅰ)任何其他人进行的并存使用；

(Ⅱ)并存使用的商品类别以及地域；

(Ⅲ)每一并存使用的期间；以及

(Ⅳ)申请人所要注册的商品类别和地域范围。

申请人应该遵守专利商标局局长设定的规则和规范要求。专利商标局局长应该发布规则规定申请及申请日期的有关要求。

(b)(1)意图于商业中真实使用商标的人,在证明其真实意图后,可以请求在主注册簿上注册其商标。该申请要缴纳规定的费用,以专利商标局局长规定的形式向专利商标局提交申请书和宣誓陈述书。

(2)申请书要记明申请人的住所、国籍、意图真实使用标记的商品以及商标的图样。

(3)陈述书应该经申请人宣誓证实,并写明：

(A) 宣誓人相信其或其宣誓所代表的法人有权于商业中使用该商标；

(B) 申请人于商业中使用该商标的真实意图；

(C) 据宣誓人所知,并且宣誓人也确信,申请书中所述事实准确无误;且

(D) 据宣誓人所知,并且宣誓人也确信,没有人有权于商业中在其商品之上使用相同或类似标记而可能造成混淆、误认或欺骗。

除依据本法第1126条提交的申请外,在申请人满足本条下述(c)款和(d)款的要求前,任何商标都不能予以注册。

(4) 申请人应该遵守专利商标局局长设定的规则和规范要求。专利商标局局长应该发布规则规定申请及申请日期的有关要求。

(c) 在专利商标局对上述(b)款提交的申请进行审查期间,申请人若已在商业中使用该商标,随时可通过修改其申请书使之符合上述(a)款的规定,从而要求依照本法获得使用产生的权益。

(d)(1) 在依照本法第1063条(b)款(2)项的规定对本条(b)款规定的申请人发出关于其商标的准许通知书之日起六个月内,申请人应向专利商标局提交局长所要求数量的商业中使用的商标的样本或副本,缴纳规定的费用以及标于商业中使用的宣誓陈述书。陈述书中应说明商标已经于商业中使用、首次在商业中使用的日期、准许通知中确定的商标所使用的商品或服务。在使用声明经审查并认可后,商标才得以在专利商标局注册,按照该使用声明中所列该商标有权注册的商品或服务颁发注册证,并在专利商标局的官方公报中发布注册公告。审查的内容包括本法第1052条(a)款至(e)款中规定的事项。注册公告中应列明该商标注册指定的商品或服务。

(2) 上述(1)项规定的六个月期限届满前,如果申请人提出了书面请求,局长应当批准一次延期,将提交使用声明的期限延长六个月。除上述延长期外,如果申请人证明存在正当理由,并在上述延长期届满前提交书面申请,局长还可以将提交上述(1)项规定的使用声明的期限再次延长,延长期累计不超过24个月。每一次提交延期请求应附一份宣誓陈述书,表明申请人仍然有真实的意图在商业中使用该商标,并列明经所述准许通知书认定的该申请人仍然有真实意图在商业中使用该商标的商品或服务。本段所述任何一次延期请求提交时应缴纳规定的费用。局长应对本段中所述的正当理由的确定准则另行发布规定。

(3) 局长将通知申请人是否接受其所提交的使用声明,若该使用声明被驳回,则通知申请人驳回的理由。申请人可修改其使用声明。

(4) 如未按第(1)项规定如期提交经证实的使用声明或者没有如期提交第(2)项中的延期请求,该申请将被视为放弃,除非申请人能使局长相信延迟回应并非是故意的。在这种情况下,材料的提交期可以被延长,但是该延长期不得超过第(1)项和第(2)项所规定的提交使用说明的时间。

（e）若申请人在美国无住所，应委托一名美国居民，以书面方式将其姓名、地址提交专利商标局，以便送达商标审查决定或通知。审查决定或通知可以直接向指定的人当面送达，也可以向最后指定文件中记载的被指定人的地址邮寄审查决定或通知的方式送达。如果最后一次提交的指定文件中的地址不能找到该被委托人或者该申请人没有向专利商标局提交文件指定商标审查决定或通知应该送达的美国居民的姓名和地址的，则审查决定或通知应该送达专利商标局局长。

1052. 可在主注册簿上注册的商标；并存注册[第2条]

凡能使申请人的商品区别于他人的商品的商标，不应因其性质而驳回该商标在主注册簿上的注册，除非该商标——

（a）包含不道德、欺骗或诽谤性内容或由其构成；或含有对生者或死者、机构、信仰或国家象征有贬抑或引起错误的联想，或使之蒙受鄙视或不名誉的内容，或由上述内容组成；或包含地理标记，当用于酒类上或与之有关方面时，用来表明一个地名而不是表明商品的真实原产地并且该地理标志于世界贸易组织协定（根据第19编第3501条（9）项的定义确定）在美国生效之日一年后，才被申请人首次用于酒类或与之相关的方面。

（b）包含美国或州、市，或外国的国旗、纹章或其他徽章，或其模仿上述标识的记号或由其构成。

（c）包含与特定的在世自然人相同的姓名、肖像或签字（经其本人书面同意者除外），或者在已故美国总统的遗孀尚健在时，包含已故美国总统的姓名、肖像或签字（经其遗孀书面同意者除外），或者由上述姓名、肖像或签字构成。

（d）包含与已在专利商标局注册的商标，或与由他人在美国在先使用并且尚未放弃的商标或商号名称极为相似的商标或由其构成，以致其使用在申请人指定的有关商品上时易于造成混淆、误认或欺骗；但是，如果专利商标局局长认为，两个以上的主体根据特定条件或限制，以某种方式或在一定地域于商品之上继续使用同一或类似标记不会造成混淆、误认或欺骗的，专利商标局可以准予商业中有权合法并存使用该标记的主体于下列日期前作出并存注册：

（1）未决申请中最早提出申请的申请日或依本法最早进行注册的注册日。

（2）对根据1881年3月3日或1905年2月20日的《商标法》已经获得注册的，并至1947年7月5日仍有效，则是1947年7月5日。

（3）对根据1905年2月20日的《商标法》提出申请并于1947年7月5日后准予注册的，则是1947年7月5日。如果已经获得商标申请或注册的所有人同意授予其他申请人并存注册，则无须要求其在未决申请提交日之前或注册之前使用标记。如有管辖权的法院最终裁定一个以上的主体有权在商业中使用相同或相似的商标，可由局长准予同时并存注册。在准予并存注册时，局长应就不同的主体以什么方式或在什么地域使用标记、或在哪些商品上使用标记分别规定条件和限制。

(e) 由下列标识组成：

(1) 在用于申请人的商品上或与之有关方面时,该标识仅是对该商品的描述或欺骗性的错误描述；

(2) 在用于申请人的商品上或与之有关方面时,该标识主要是对该商品的地理上的描述,作为原产地标记依照本法第1054条的规定可注册除外；

(3) 在用于申请人的商品上或与之有关方面时,该标识主要是对该商品的地理上的欺骗性描述；

(4) 主要是一个单纯的姓氏,或

(5) 由在整体上具有功能性的事物构成。

(f) 除本条(a)、(b)、(c)、(d)、(e)(3)和(e)(5)款明确排除的以外,本条中无其他规定可阻碍已由申请人使用,并在商业上成为区别申请人商品的商标的注册。如果能够证明,申请人在主张标记已经获得显著性之日前,连续在其经营的商品上进行实质性的排他使用满五年的,专利商标局局长可以将其视为初步证据,证明标记已经具有显著性。如果申请人在商品上使用商标或者进行与商品相关的使用,主要具有地理欺骗性描述意义,但在《北美自由贸易协定实施法案》通过之日前申请人经营的商品标记已经获得显著性,则本款规定不能阻止标记的注册。根据第1125条(c)款,如果一个标识有可能导致淡化或丑化的,可以根据第13条(即1063条)的程序驳回注册申请,或者第1064条或(1092条)所规定的程序撤销。

1053. 可予注册的服务商标[第3条]

商品商标注册的规定,只要能够适用,就同样适用于对服务商标的注册,服务商标注册的方式和效果与商品商标相同。一旦注册,服务商标获得的保护与本章规定的对商品商标提供的保护相同。本条有关申请和程序应尽可能与商品商标的注册规定相近。

1054. 可予注册的集体商标和证明商标[第4条]

商品商标的注册规定,只要能够适用,就同样适用于对集体商标和证明商标(包括原产地标志)的注册。自然人、国家、州、自治地区或类似组织可以与商品商标同样的方式和效果对寻求注册的标记行使法律控制权利,不论其是否拥有工商业经营实体,集体商标和证明商标一旦获得注册,就享有和本章对于商品商标提供的同样的保护,但使用证明商标会错误地标示商品的制造者、销售者或服务提供者所提供的商品或服务除外。本条有关申请和程序的规定应尽可能与商品商标的注册规定相近。

1055. 关联公司的使用[第5条]

如果一注册商标或申请注册的商标系由或可由关联公司合法地使用,这种使用应有利于注册人或注册申请人的利益,并且只要商标不是以欺骗公众的方式使用的,其使用就不应影响这种商标的注册及其有效性。如果商标的最先使用者是注册人或者注册申请人在商品或服务的性质及质量方面能够控制的主体,则根据具体情况,该最先使用对注册人或注册申请人的权益有利。

1056. 放弃声明[第6条]

(a) 局长可要求申请人放弃一个商标中不能注册的组成部分以满足注册的要求。申请人可自动放弃申请注册商标中不能注册部分的专有权。

(b) 放弃专用权的声明,包括依照本法第1057条(e)款放弃的部分,不应损害或影响申请人或注册人在声明之时已经就声明对象所享有的权利或其后获得的权利;如果声明放弃专用权的标记能够或者已经能够识别申请人的商品或服务的,放弃专用权的声明也不应损害或影响其在另一申请中注册的权利。

1057. 注册证[第7条]

(a) 颁发和格式

在主注册簿上注册的商标的注册证书应该以美利坚合众国的名义发出,由专利商标局局长签字或盖有局长签章,并在专利商标局记录存档。注册证上复制着该商标图样,并列明该商标系按本法在主注册簿上注册、该商标最先使用的日期、该商标在商业上最先使用的日期、该商标注册指定使用的商品或服务、注册号和注册日期、有效期限、专利商标局收到该商标注册申请的日期以及对该注册设定的任何条件和限制。

(b) 注册证作为初步证据

依照本法规定出具的商标在主注册簿上注册的证书,是依据证书上记明的条件和限制,注册商标有效且获得注册的初步证据,也是所有人拥有商标、所有人有权在证书中记明的商品或服务中商业使用商标或进行相关使用的专有权利的初步证据。

(c) 商标注册申请作为其推定使用

根据本法规定在主注册簿上注册商标的,该商标注册申请的提交应构成该商标的推定使用,赋予其在注册审定的商品或服务或与之有关方面使用产生全国范围的优先权,以排斥其他任何主体,但在申请提出之前,符合下列条件的尚未抛弃商标的主体的除外:

(1) 已经使用该商标;

(2) 已经提交了该商标注册申请但未决或已获准注册;或者

(3) 已经根据国外商标注册申请获得优先权,并根据第1126条(d)款的规定及时地提交了注册申请,申请未决或已获准注册。

(d) 向受让人核发注册证书

可将商标注册证发给申请人的受让人,但该转让必须先向专利商标局登记备案。在要变更所有权的情况下,在商标所有人提出请求并证明变更事实且缴纳规定的费用后,局长应向该受让人颁发新的注册证书,新证书的权利人为受让人,权利保护期间为原来保护期的剩余期间。

(e) 注册人的放弃、撤销或修改

经注册人申请,局长可准许放弃注册而予以撤销,并于撤销时在专利商标局的存档记录中作适当的记载。经注册人申请和按规定付费后,局长据其正当理由可准许对注册进行修改或部分地放弃专用权,但是修改部分或放弃部分不得在实质上改变该商标的特征。修正或放弃部分专用权后,如果所述注册证已遗失或毁坏,在专利商标局的注册记录事项以及经核证的注册证副本上,应作适当记载。

(f) 以专利商标局存档记录的复制件作为证据

凡拟以属于专利商标局的有关商标的存档记录、簿册、文件或图样的复制件或注册的复制件,经专利商标局盖章认证且经局长或局长指定的雇员以局长的名义证明的,应可在任何情况下具有和原件同样的证据效力,并且任何人经申请和按规定付费后,均可得到这些复制件。

(g) 专利商标局错误的更正

一旦专利商标局的记录明确显示因专利商标局自己的原因导致注册中出现了重大错误,专利商标局应该立即免费发出记载这一事实和错误性质的证明书,并作记录,并且在每一份注册复制件上附上一份更正证书的复制件,并且该更正的注册此后与原先发的经过同样更正形式的相同文本具有同样的效力,或者经局长酌情决定可免费发予一份新的注册证书。所有更正证书以美国专利商标局规定的规则发出,更正证书相关的注册与按法规规定颁发的证书具有同样的效力。

(h) 申请人错误的更正

一旦发现因为申请人的善意过失导致商标注册中出现了错误,在申请人缴纳规定的费用后,局长可批准发予更正证明书,或者经局长酌情决定发予新的注册证书,但是该更正涉及必须在此公告注册登记事项的除外。

1058. 有效期[第8条]

(a) 一般规定。商标注册证的有效期为十年,但是,如果在下列期间内,因违反本条(b)款,被局长撤销注册的除外:

(1) 根据本法规定的注册日起满六年;

(2) 根据本法第1062条(c)款的规定所公告的注册,自该条款所规定的公告日起满六年；

（3）对所有注册而言，自注册日期起在每个连续的第十年末。

（b）继续使用的宣誓书。自本条(a)款所述的适用期限期满后的一年内，注册商标的所有人必须缴纳规定的费用提交给专利商标局。

（1）一份宣誓书，说明那些在注册中阐述的用于商品和服务上或与之相关的商标正在用于商业，并且按照局长的要求提交一定数量的正在使用的商标样本或复制件；或

（2）一份宣誓书，阐明那些在注册中所述的用于商品和服务之上或与其相关联的商标并没有真正用于商业，以及证明任何这种不使用都是由于特殊情况造成的，而不是故意放弃该商标。

（c）提交的宽限期；缺陷。

（1）注册商标的所有人可在本条(a)款所规定的适用期限期满以后的六个月宽限期内提交宣誓书。提交必须附加专利商标局局长所规定的额外费用。

（2）如果任何根据本条规定提交的宣誓书都存在缺陷，缺陷的部分可以在法定的期限到期后、补正通知规定的期间内作出修正。补正必须附加局长所规定的额外费用。

（d）通告宣誓书的要求。有关该宣誓书的要求应该附在每个商标注册证和第12条(c)款所述的公告通知书之中，作为特别通知。

（e）同意或驳回宣誓书的通知。局长应该通知按其要求提交宣誓书的商标所有人是否同意或者驳回其宣誓书，如果驳回，要说明理由。

（f）指定接受决定和通告送达的居民。

如果商标注册人在美国没有居所，商标注册人可以向专利商标局提交文件，指定商标审查决定或通知应该送达的美国居民的姓名和地址。审查决定或通知可以直接向指定的人当面送达，也可以向最后指定文件中记载的被指定人的地址邮寄审查决定或通知的方法送达。如果找不到最后一次提交的指定文件中被指定的人，或者商标注册人没有向专利商标局提交文件指定审查决定或通知应该送达的美国居民的姓名和地址的，审查决定或通知应该送达专利商标局局长。

1059. 注册的续展［第9条］

（a）根据本法第1058条的规定，在缴纳规定的费用、以专利商标局局长规定的形式提交书面申请后，每一注册可以在注册之日起连续满十年之日起再续展保护十年。续展申请可以在每个连续十年期满前的一年内提出，也可以在缴纳续展费和额外的宽展费的条件下，在每个十年期满后的六个月内提出。如果续展申请有缺陷，在缴纳额外补正费用后，申请人可以在补正通知规定的期间内补正期间。

（b）如果局长拒绝续展注册，应通知注册人拒绝的理由。

(c)如果商标注册人在美国没有居所,商标注册人可以向美国专利商标局提交文件,指定商标审查决定或通知应该送达的美国居民的姓名和地址。审查决定或通知可以直接向指定的人当面送达,也可以向最后指定文件中记载的被指定人的地址邮寄审查决定或通知的方法送达。如果找不到最后一次提交的指定文件中被指定的人,或者商标注册人没有向专利商标局提交文件指定审查决定或通知应该送达的美国居民的姓名和地址的,审查决定或通知应该送达给专利商标局局长。

1060. 商标转让[第10条]

(a)(1)已经注册的商标或者已经申请注册的商标,可以和使用商标的经营商誉一起,或者和商标使用或标记那部分商誉一起转让。尽管有前句的规定,在完成本法第1051条(c)款规定的补正以使申请符合本法第1051条(a)款的规定之前,或者在提交本法第1051条(d)款规定的商标于商业中使用声明之前,根据本法第1051条(b)款作出的注册商标申请不能转让,除非是向申请人营业的继受者或部分继受者转让,且转让后营业继续存续。

(2)在按本条规定许可的转让中,不必包括经营中使用的任何其他标记所使用或所标识的经营商誉,也不必包括经营中使用的商业名称或经营风格。

(3)转让需正式以书面文件形式进行,并做适当签名。认可书可作为转让生效的初步证据。经过商标局规定的信息登记备案后,该备案记录可作为转让生效的初步证据。

(4)未经通知,转让不得对抗已经支付相当对价的后续转让人,除非自转让之日起或后续转让前的三个月内,备案转让的相关信息已经在专利商标局作了备案记录。

(5)专利商标局应按局长规定的方式保存转让信息的备案记录。

(b)如果受让人在美国没有居所,可以向专利商标局提交文件,指定有关商标的程序决定或通知应该送达的美国居民的姓名和地址。程序决定或通知可以直接向指定的人当面送达,也可以向最后指定文件中记载的被指定人的地址邮寄审查决定或通知的方法送达。如果找不到最后一次提交的指定文件中被指定的人,或者受让人没有向专利商标局提交文件指定程序决定或通知应该送达的美国居民的姓名和地址的,程序决定或通知应该送达给专利商标局局长。

1061. 承认书和证明书的签署[第11条]

本法所要求的承认书和证明书可在美国向任何在法律上有权监督宣誓的人执行。如果在境外执行的,可让美国外交或领事官员执行,或外国有权管理宣誓的官员执行并经美国外交官员或领事官员出具证明证实其权威性,或者由该外国指定的官员依照其所在国家的法律规定作出认证,而条约或公约的规定赋予其与美国指定的官员进行的认证同样的效力。

1062. 公告［第 12 条］

（a）在一份注册申请提交并按规定缴费后，局长即将该申请交给主管商标注册的审查员进行审查。如果经审查认为该申请人有权注册，或者在按本法第 1051 条（d）款的规定受理使用声明书后有权获得商标注册，局长应将该商标在美国专利商标局的官方公报中予以公告。但是，倘若申请人要求并存使用，或者属于本法第 1066 条规定的抵触申请的，如果满足其他注册条件，则可以根据相关程序确定的当事人的权利进行公告。

（b）如果发现该申请人无权注册，审查员应通知申请人并说明原因。申请人应在六个月期限内答复或补正其申请，然后重新审查。这一程序可反复进行直至：

（1）审查员最后驳回该商标的注册申请，或者

（2）该申请人未能在六个月的期限内答复，或提出补正或上诉，在这种情况下，该申请应被视为已放弃，除非申请人已经向专利商标局局长证明迟延非出于故意，在这种情况下，可予以延期。

（c）依照 1881 年 3 月 3 日或 1905 年 2 月 20 日的《商标法》注册的商标，注册人可于该商标注册有效期届满前的任何时候，在按规定缴费后，向局长提交一份宣誓书列明该商标注册证上核定的在商业中使用该商标的商品，并主张本章规定的商标权益。局长将在官方公报中公告通知，并附上商标的复制件，通知注册人已予公告和有关本法第 1058 条（b）款规定的使用声明或不使用声明。按本款规定予以公告的商标适用本法第 1063 条。

1063. 商标注册异议［第 13 条］

（a）确信商标在主注册簿上的注册会使其受到损害的主体，包括注册商标会发生本法第 1125 条（c）款所规定的淡化（包括弱化和丑化）其商标的情况，可以缴纳规定的费用，按本法第 1062 条（a）款规定的该申请注册商标公告后 30 天内向专利商标局提交异议书，申明其主张及根据。在 30 天期限届满前经书面请求，提出异议的时间可予顺延 30 天，专利商标局局长应该通知异议申请人每一次延长时间的情况。异议可按照局长规定的条件进行补正。

（b）除非对注册异议成立，否则

（1）对基于本法第 1051 条（a）款或第 1126 条规定提出申请的有权在专利商标局主注册簿上注册的商标，应发予注册证，并在专利商标局的官方公报中发布注册公告；

（2）对按第 1051 条（b）款申请注册的申请人发出准许通知书。

1064. 注册的撤销[第 14 条]

确信商标依照 1881 年 3 月 3 日或 1905 年 2 月 20 日的《商标法》，或依照本章在主注册簿上的注册对其造成或将造成损害，包括按本法第 1125 条(c)款有会造成淡化（包括弱化、丑化）其商标的可能，可按下列规定提出撤销该商标注册的请求，申明理由，并按规定交费：

(1) 自该商标按本法规定获得注册之日起五年内。

(2) 根据 1881 年 3 月 3 日或 1905 年 2 月 20 日的《商标法》注册的商标自按本法第 12 条(c)款[15U.S.C.1062(C)]规定予以公告之日起五年内。

(3) 如果是因为下列事由提出撤销商标注册的，则任何时间都可提出撤销申请：该注册商标相对于其注册商品或服务乃至部分商品或服务沦为通用名称、或具有功能性、或该注册商标已被放弃、或其注册是以欺骗手段获得、或违反本法第 1054 条或第 1052 条(a)款、第 1052 条(b)款或第 1052 条(c)款的规定、或违反旧法的同类禁止性规定，或者由注册人或经注册人允许，将该注册商标用于误述其指定商品或服务的来源。如果该注册商标部分成为其指定商品或服务项目的通用名称，则申请撤销注册也只能针对该部分商品或服务。不能仅因为商标被用作某一独特产品或服务的名称或用来识别某一独特产品或服务，而将其视为商品或服务的通用名称。注册商标对于相关公众的主要意义是决定注册商标是否属于其使用的商品或服务的通用名称的标准，而非购买者的动机。

(4) 对于撤销针对的商标是依 1881 年 3 月 3 日或 1905 年 2 月 20 日《商标法》获得注册，但并未按本法第 1062 条(c)款规定予以公告的，可以随时提出撤销其注册请求。

(5) 对于证明商标可基于下列理由随时提出撤销其注册请求：

(A) 注册人对该商标的使用不予控制，或不能合法地行使控制，或

(B) 注册人从事该证明商标的任何商品或服务项目的生产或经营，或

(C) 注册人允许将该证明商标用作证明以外的其他目的，或

(D) 注册人有差别地拒绝为符合使用该证明商标标准或条件的商品或服务项目提供证明或继续证明。

但，联邦贸易委员会可基于本条第(3)和(5)项规定的内容申请撤销任何依本法在主注册簿上注册的商标，并可免交规定的费用。第(5)项的规定并不意味着禁止注册人将证明商标用于证明项目的广告或推广活动，也不能禁止其将证明用于符合证明条件和标准的商品的广告或促销活动。只要该商标的注册人本身并不生产、制造或销售证明的商品或服务，证明商标的使用就不构成第(5)项规定的撤销事由。

1065. 在某些条件下商标使用权的不容置疑性[第 15 条]

除根据本法第 1064 条第(3)和(5)项可随时提出申请撤销的理由，以及除

在一定程度上一个在主注册簿上注册商标的使用侵犯了另一商标或企业名称在该依本法注册的商标注册日之前依任何州或地区的法律获得的并仍然继续有效的权利的情况外，注册人对该注册商标在商业中在指定商品或服务项目上或与之有关方面的使用权，在该商标注册之日起已连续使用满五年，并且仍在商业中继续使用的情况下，成为不容置疑的权利，只要：

（1）没有不利于该注册人对该商标在所指定的商品或服务项目上的所有权要求的，或该注册人注册该商标或保持其在主注册簿上的注册的权利的终局决定；

（2）在美国专利商标局或在法院没有涉及上述权利待裁决和尚未最后处理的诉讼案；

（3）在注册商标使用任何一连续五年期届满后一年内已向局长提交一份保证书，说明该注册商标在注册核定的商品或服务项目上和与之有关方面已连续使用了五年，并且仍继续在商业中使用，以及本条第（1）和（2）项所述事项；以及

（4）一个商标若系其注册指定商品或服务项目或其中一部分的通用名称，则不可获得不容置疑的权利。依照本条上述规定的条件，关于依本法注册的商标的不容置疑的权利也应适用于依 1881 年 3 月 3 日或 1905 年 2 月 20 日的《商标法》注册的商标，但需根据本法第 1062 条（c）款自该商标公告之日起任何一个连续五年期满后一年内向局长提交一份宣誓书。局长应通知已提交上述宣誓书的注册人关于提交宣誓书的情况。

1066．抵触［第 16 条］

如果一申请注册的商标与他人在先注册的或在先申请注册的商标相似，以致用在申请人的商品或服务上或与之有关方面可能造成混淆、误认或欺骗，局长在接到请求书显示的特殊情况时，可宣布抵触。对一个申请注册的商标和一个使用权已经不容置疑的注册商标之间不应宣布抵触。

1067．抵触、异议，以及关于并存使用注册或撤销的诉讼；通知；商标审理和上诉委员会［第 17 条］

（a）对于每一件抵触案、对注册的异议、作为合法的并存商标使用人的注册申请或撤销商标注册申请，局长将通知各有关当事人，并指示商标审理和上诉委员会对各方的注册权予以判断决定。

（b）商标审理和上诉委员会由美国专利商标局局长、副局长、专利局局长、商标局局长、商务部部长以及美国专利商标局局长指定的商标行政审查人员组成。

（c）部长的职权。商务部部长可以根据其判断决定任命一名商标行政审查员。当然，在此之前，由专利商标局局长任命后，该职位于专利商标局局长首次

任命商标行政法官后开始行使职权。

(d) 对任命异议的抗辩。如果一个法官曾被专利商标局局长任命为商标行政法官,该商标行政法官是一个行使实际职权的官员,上述可以成为对任命商标行政法官的异议的抗辩。

1068. 驳回,撤销,注册的限制;并存使用[第 18 条]

专利商标局局长根据这些程序确定的当事人的权利,可以决定驳回被提出异议的商标的注册申请、撤销全部或部分注册、通过限制商品或服务的类别而修改注册申请、限制或纠正主簿上的商标注册、驳回全部或部分抵触标记的注册申请或者将商标注册给有权获得商标注册的主体(们)。但在基于并存使用提出的注册申请的情况下,局长将根据本法第 1052 条(d)款决定并确定适用的条件和限制。但在商标进行注册之前,不能根据本法第 1051 条(b)款作出对申请人有利的任何确定判决,除非申请人根据本法第 1057 条(c)款构成推定使用。

1069. 有相对人的程序中衡平法原则的应用[第 19 条]

在有相对人的程序中,如果能够适用时效、禁止反言和默认等衡平原则的,都可以予以考虑和适用。

1070. 向商标审理和上诉委员会提出对审查员决定的上诉[第 20 条]

对主管商标注册的审查员作出的任何最后决定可向商标审理和上诉委员会提出上诉,并按规定交费。

1071. 向法院上诉[第 21 条]

(a) 有权上诉的人;美国联邦巡回上诉法院;民事诉讼的弃权;民事诉讼中对方的选择权;程序。

(1) 商标注册申请人、抵触程序的当事人、异议程序的当事人、作为合法的并存使用者申请注册的当事人、撤销程序的当事人、已按第 1058 条规定提交了宣誓书的注册人或者续展注册的申请人,若对局长或商标审理和上诉委员会的裁定不服,可向美国联邦巡回上诉法院提出上诉,从而放弃其根据本条(b)款规定的权利。如果在上诉人按照本条第(2)款提交上诉通知书后的 20 日内,除专利商标局局长外的程序相对人向专利商标局局长递交通知,选择按照本条(b)款办理所有后续程序,该上诉将被驳回。对此,上诉人可于随后的 30 天内按照本条(b)款提出民事诉讼,如未提出,则被上诉的决定将对该案后续程序具有约束力。

(2) 向美国联邦巡回上诉法院提出上诉时,上诉人应于被上诉决定作出之日后专利商标局局长规定的期限内,向局长提交一份关于上诉的书面通知,且该期限在任何情况下不得少于 60 日。

(3) 局长应向美国联邦巡回上诉法院递送一份经证明的专利商标局备案记

录材料的清单。在该上诉案件审理过程中,该法院可能要求局长提供有关文件的原本或经认证的复制件。对于只有一方当事人的诉讼案,局长应向法院提交一份简短说明,针对上诉争议中的焦点问题阐明美国专利商标局的裁定的理由。法院在进行上诉审理前应通知局长和上诉有关各方开庭的时间和地点。

（4）美国联邦巡回上诉法院应根据专利商标局档案对提出上诉的裁定进行复审。法院作出裁决时应向局长发送命令和意见,这应记入美国专利商标局档案并约束该案此后的程序。然而,在商标进行注册之前,不能根据本法第1051条(b)款的规定作出对申请人有利的任何确定判决,除非申请人根据本法第1057条(c)款的规定构成推定使用。

(b)民事诉讼;适格主体;法院管辖;专利商标局局长的地位;程序。

（1）凡本条上述(a)款允许可向美国联邦巡回上诉法院上诉的人若对局长或商标审理和上诉委员会的裁定不服,除非已向美国联邦巡回上诉法院提出上诉,可以在自裁定之日起不少于60天内,按局长指定的或本条(a)款规定的期限,采取民事诉讼进行补救。法院可根据该案的事实情况裁决该申请人是否有资格获得注册,或者所涉及的注册是否应予撤销,或者对该诉讼争议问题作出裁决。这类裁决应授权局长依照法律要求采取必要的行动。但在商标进行注册之前,不能根据本法第1051条(b)款的规定作出对申请人有利的任何确定判决,除非申请人根据本法第1057条(c)款的规定构成推定使用。

（2）根据本款规定,局长不得被当作有相对人的程序中的一方当事人,但是,受理起诉的法院书记员应通知局长有关起诉之情况,并且局长有权参加该诉讼。

（3）在没有相对方的案件中,诉状副本应送达局长一份,并且该项诉讼程序的一切费用均由起诉方支付,无论终局决定是否对其有利,除非法院认定费用不合理。在依本款规定提出的诉讼中,经任何一方当事人请求,并按照法院设定的成本、费用负担条件和对交叉询问证人等规定的条件,应该认可美国专利商标局备案记录作为证据,且不妨碍任何当事人进一步提供证据。美国专利商标局的档案记录提供的证据和证物一旦在诉讼中被采信,应与诉讼中初次提取和出示的证据具有同样效力。

（4）如果是有相对人的诉讼,则这类诉讼可对美国专利商标局的档案中所记载的决定作出之时的有利害关系的一方当事人起诉,但是任何有利害关系的当事人都可成为诉讼当事人。如果相对人分散住在不同州的多个地区或者居住在外国的,美国哥伦比亚特区联邦地区法院有管辖权,并且可要求相对人居住地区的执行官向该相对人送达传票。对居住在外国的相对人的传票可通过公告送达或按法院指示的其他方式送达。

1072. 注册视为发出主张所有权的通知［第22条］

依照1881年3月3日或1905年2月20日的《商标法》，在主簿上注册商标，视为注册人发出主张所有权的通知。

Ⅱ. 副注册簿

1091. 对外使用商标的申请和注册［第23条］

（a）除主注册簿外，局长应按1920年3月19日《关于使1910年8月20日在阿根廷共和国布宜诺斯艾利斯签订的保护商标和商业名称公约的某些条款生效的法案》第1条（b）款建立一本注册簿续集，称为副注册簿。凡是由其所有人在商业中合法使用，并在其商品或服务上或相关使用时能区别申请人的商品或服务的标记，并且不能按本法规定在主注册簿上注册的，除按本法第1052条（a）、（b）、（c）、（d）和（e）（3）款规定宣布不能注册的以外，在按规定缴费并符合本法第1051条（a）款和第1051条（e）款适用的规定条件下，均可在副注册簿上注册。商标所有人自1993年12月8日之前就于商业中在指定商品或服务上使用标记或作相关使用，该标记能够标识申请人的商品或服务，但该标记属于本法第1052条（e）款（3）项规定的不能获得注册的标记而无法在本章规定的主簿上注册的，本条规定不能妨碍其在副簿上注册。

（b）在副注册簿的注册申请提交并按规定缴费后，局长应将该申请送交负责审查商标注册的审查员进行审查，如果经审查显示该申请人有权注册，则应准予注册。如果发现该申请人无权注册，则应按本法第1062条（b）款处理。

（c）拟在副注册簿上注册的商标可以由任何商标、符号、标签、包装、商品外形、名称、文字、标语、短语、姓氏、地理名称、数字或图形等整体上不具有功能性的事物组成，或上述要素的组合，但这种商标必须能区别申请人的商品或服务。

1092. 撤销［第24条］

在副注册簿上注册的商标将不予公告，不受异议，但在获得注册后应在专利商标局的官方公报中予以公告。如果任何人认为一个商标在副注册簿上的注册基于以下原因使其或将使其蒙受损害：（1）该申请是在其商标驰名之后，且该商标申请按本法第1125条（c）款可能导致其驰名商标的淡化（包括弱化、丑化）；（2）除了可能造成淡化意外的其他原因，任何人可以随时按规定缴费并提交请求书申明理由，请求局长撤销该注册。

局长应将此撤销注册申请送交商标审理和上诉委员会，该委员会应将此事通知注册人。如果经该委员会审理发现该注册人无权注册，或者该商标已被放弃，该注册应由局长予以撤销。但在商标进行注册之前，不能根据本法第1051条（b）款作出对申请人有利的任何确定判决，除非申请人根据本法第1057条（c）款构成推定使用。

1093. 副注册簿注册证书［第 25 条］

在副注册簿上注册的商标的注册证书,应该与颁发给在主注册簿上注册的商标的注册证书明显不同。

1094. 总则［第 26 条］

本法的条款在适用的范围内除管辖在主注册簿的商标注册申请和注册外,也同时管辖在副注册簿的注册申请和注册。但是,在副注册簿的注册申请和注册应不受制于本法第 1051 条(b)款、第 1052 条(e)款、第 1052 条(f)款、第 1057 条(b)款、第 1057 条(c)款、第 1062 条(a)款、第 1063 条至第 1068 条、第 1072 条、第 1115 条和第 1124 条的规定的约束,也不能助长这些条款中规定的利益。

1095. 副簿注册不妨碍主簿注册［第 27 条］

根据 1920 年 3 月 19 日的法律进行的商标注册或在副簿上进行的商标注册,不应妨碍该注册人根据本章规定的主注册簿上的注册。

商标在副册簿上的注册不等于承认该商标未具备显著性。

1096. 副注册簿的注册不能用以阻止进口［第 28 条］

根据 1920 年 3 月 19 日的法律进行的商标注册或在副注册簿上进行的商标注册,不必向财政部提交备案,也不能用以阻止进口。

Ⅲ. 注册通知

1111. 注册通知;商标展示;在侵权诉讼中利润返还和损害赔偿［第 29 条］

不管本法第 1072 条如何规定,在美国专利商标局注册的商标注册人可发出其商标已经注册的通知,标记"美国专利商标局注册"或用缩略语形式表示为"Reg. U. S. Pat. & Tm. Off."或用字母 R 外加圆圈的方式表示。注册人没有通过注册标志发出注册通知的,在本章规定的侵权诉讼中,注册人将不能按本法规定取得利润返还或损害赔偿,除非被告已获得注册的通知。

Ⅳ. 分类

1112. 商品和服务分类;跨类商品或服务的注册［第 30 条］

局长可建立商品和服务分类,以便于美国专利商标局行政管理,但不得限制或扩张申请人或注册人的权利。申请人可以按其在商业中使用或有真实意图使用的任何一类或所有类别的商品或服务上申请为该商标注册——,但应该属于专利商标局局长在条例中规定的可以跨类申请的商品或服务,并缴纳每类申请规定的申请费的总和,专利商标局局长可以就该商标核发一个商标注册证书。

V. 费用

1113. 费用[第 31 条]

(a) 局长应确定有关商标或其他标记注册申请的申请费、审查费以及美国专利商标局提供服务和材料的费用。专利商标局局长可以每年调整本款确定的费用,以总体反映劳工部长确定的前 12 月内的消费者物价指数的变化波动,少于 1% 的变化可以忽略不计。依本条规定制定的费用通知在联邦公报和美国专利商标局官方公报上公布后至少 30 天,本条确定的费用才能生效。

(b) 应美国政府机构或其官员的不时请求,专利商标局局长可以免除这些主题应该缴纳的服务费和资料费。印第安工艺美术委员会为真正且质量合格的印第安产品或特定印第安部落、团体的产品注册政府检印标志的,不缴纳任何费用。

VI. 救济

1114. 救济;侵权;非故意侵权[第 32 条]

(a) 任何人未经注册人同意——

(1) 于商业经营中的销售、许诺销售、分发、广告中,在相关商品或服务商印制、仿冒、复制或欺骗性模仿注册标记,或作相关使用,而可能造成混淆、误认或欺骗的;

(2) 印制、仿冒、复制或欺骗性模仿注册商标,并将其应用于商业中商品或服务在销售、许诺销售、分发、广告中所使用的标签、标志、印刷品、包装、包装纸、容器或广告品上,可能引起混淆、误认或者欺骗的,应在注册人提起的民事起诉中承担责任。按本款规定,除非行为人知晓仿冒行为意图引起混淆、误认或欺骗的,否则注册人无权获得赔偿利润所得或损害赔偿的救济。

本款规定中的"任何人"一词包括美国、美国政府机构和职能部门、代表美国政府或经美国政府授权并认可其行为的个人及公司、州、州职能部门、履行职责的州职能部门的官员和雇员。任何州和任何此类机关、官员或雇员应该以同样的方式,在相同的范围内,和非政府主体一样遵守本章规定。

(b) 不管本法的其他条款如何规定,依照本章的规定给予被侵权人或依照本法第 1125 条(a)或(d)款规定的起诉人的救济应受如下限制:

(A) 如果侵权人或侵害人仅仅是从事替他人印刷商标或侵害事项的,并经确定其不知情的情况下,被侵权人或依照本法第 1125 条(a)款规定的起诉人有权获得的救济职能是禁止该主体继续印刷商标或其他侵害事项的禁令。

(B) 如果被控侵权或侵害被包含于报刊杂志、美国法规汇编第 18 篇下第 2510 条(12)款规定的电子通讯物中的付费广告或构成其中的一部分,被侵权人或依照本法第1125条(a)款对这类报刊杂志或电子通讯物的出版者或发行者起诉的人的救济应只限于在嗣后发行的报刊杂志、电子通讯物中显示该广告的禁令。本款规定的限制只适用于不知情的非故意侵权人或侵害人。

（C）如果禁令是针对包含侵权或侵害广告的报刊杂志或电子通讯发行的，限制在某一期期刊或电子通讯中散播侵权或侵害内容会延误该期刊按时投递或电子通讯的按时传送，以致超出正常投递时间，并且这种延误是依照正常商业习惯中依通常方法处理该期刊的出版发行或电子通讯的传送而导致的，并非由于采取任何方法或措施以回避本条规定或避免或延迟执行禁止侵害的禁令或限制令的发布，则该被侵权人或该依照本法第1125条(a)款规定的起诉人将不能获得禁令救济。

（D）(i)（Ⅰ）域名注册员、域名注册机构或者其他的域名注册管理机构，实施下文(ii)规定的有关域名行为，不承担金钱性救济责任（除第(Ⅱ)款规定的禁令责任之外），不论域名是否最终被认定为侵犯或淡化了某一商标。

（Ⅱ）在上文（Ⅰ）中所述之域名注册员、域名注册机构或其他域名注册管理机构仅在下述条件下才承担禁令责任：

（aa）有关域名处理的争议在法院提起诉讼时，域名注册员、域名注册机构或其他域名注册管理机构没有及时向法院提交文件，以便法院有能力控制和掌握域名注册与使用的处理；

（bb）除根据法院命令外，在诉讼进行过程中，域名注册员、域名注册机构或其他域名注册管理机构转让、中止或修改域名；或

（cc）域名注册员、域名注册机构或其他域名注册管理机构故意不遵守法院命令。

(ii) 第(i)（Ⅰ）所述之行为系指：在下列情况下作出的拒绝注册域名、撤销域名注册、转让域名、暂时中止域名使用或永久撤销域名的行为：（Ⅰ）为遵守第43条(d)款规定的法院命令作出的；或（Ⅱ）域名注册员、域名注册机构或其他域名管理机构基于合理的政策考量，禁止注册与他人商标相同、混淆性相似或淡化他人商标的域名。

(iii) 域名注册员、域名注册机构或其他域名注册管理机构不因注册或维持某一域名而向他人承担本条规定的损害赔偿责任，除非有证据证明其恶意从注册或维护域名的行为中获利。

(iv) 域名注册员、域名注册机构或其他域名注册管理机构，基于他人故意提供的重大错误信息，认为域名与商标混淆性近似或淡化商标而采取第(ii)款规定的行为的，故意提供重大错误信息的主体要对注册人因此而遭受的损失承担损害赔偿责任，包括诉讼费和律师费。法院也可以向域名注册人提供禁令救济，包括恢复域名或将域名移转给域名注册人。

(v) 域名注册人的域名依据第(ⅱ)(Ⅱ)款的规定被中止、中断或转让之后,域名注册人可在向商标所有人发出通知之后,提起民事诉讼,确定根据本章规定,域名注册人的注册和使用不是非法的。法院可向该域名注册人提供禁令救济,包括恢复域名或将域名移转给域名注册人。

(E) 本项中——

(i) "侵害人",指违反本法第 1125 条(a)款规定的主体;以及

(ii) "侵害事项",指违反本法第 1125 条(a)款规定的事项。

1115. 注册作为商标专用权的证据;抗辩[第 33 条]

(a) 由诉讼一方拥有的依照 1881 年 3 月 3 日或 1905 年 2 月 20 日《商标法》颁发的或在本法规定的主注册簿上注册的商标的注册证应可接受作为证据,并且是该注册商标的有效性、该商标注册的有效性、该注册人对该商标的所有权的有效性,以及该注册人按注册证规定在商业上或有关方面在指定商品或服务上对该注册商标的专用权的有效性的表面上的真实证据,但是不得排除任何人证实任何合法的或衡平法上有效的辩护或权利瑕疵,包括下述(b)款所列各项,如果该商标未经注册,下述(b)款所列各项就会被认定。

(b) 在第 1065 条规定注册商标的使用权已不容置疑的情况下,注册证应是该注册商标的有效性、该商标注册的有效性、注册人对该商标的所有权的有效性及其在商业中对该注册商标的专用权的有效性的决定性证据。这种决定性证据应是关于在第 1065 条规定提交的宣誓书中,或者在第 1059 条规定提交的续展申请书中,如果在续展中指定使用的商品或服务数目较少,指定的商品或服务上或与之有关方面,依照注册证或保证书,或续展申请书中规定的条件与限制使用该商标的专用权的确凿证据。这种注册商标使用权的决定性证据应受第 1114 条限定的侵权证明的约束,并应服从下列抗辩或权利瑕疵:

(1) 该商标的注册或不容置疑的权利是以欺骗方式取得的;或

(2) 该商标已被注册人放弃;或

(3) 该注册商标正由注册人或经注册人同意使用,或由与注册人有合法利益关系的人使用,以致错误表示使用该商标的商品或服务的来源;或

(4) 被指控为侵权的名称、名词或图形的使用,并非作为商标,而是对有关当事人在自己的商业上的个人名称的使用,或者对与该当事人有合法利益关系的任何人的个人名称的使用,或者对该当事人的商品或服务,或其地理原产地有描述性的名词或图形的使用,而这种名词或图形只有用于描述该当事人的商品或服务才属正当的、诚实的使用;或

(5) 由一方当事人使用的被指控为侵权的商标是在不知道注册人在先使用的情况下采用的,并且在下列日期之前,即:

(A) 按照本法第 1057 条(c)款确立的该商标的推定使用日期之前;

（B）若注册申请是在1988年《商标法修正案》生效日期之前提交的,根据本法注册的商标注册日之前;或者

（C）本法第1062条(c)款规定的注册商标公告日之前,相关标识一直由该当事人或与其有合法利益关系的人连续使用,但前提是这种抗辩或瑕疵应仅适用于所述连续在先使用能得到证实的地区;或

（6）被指控为侵权的商标是在注册人的注册商标依本法注册或依本法第1062条(c)款公告之前注册和使用的,而且并未放弃,但条件是这种抗辩或瑕疵应仅适用于该商标在该注册人的商标注册或公告之前已在使用的地区;或

（7）商标已被或正在被用于违反美国的反托拉斯法;或

（8）商标是功能性的;或者

（9）衡平法的原则,包括延误、禁止反言和默认,可适用。

1116. 禁令;执行;通知局长[第34条]

（a）经授权管辖依本法引起的民事诉讼案的法院应有权按照衡平法原则和法院认为合理的条件授予禁令以防止对已在专利商标局注册的商标的注册人权利的侵犯或对本法第1125条(a)、(c)、(d)款的规定的违反。这种禁令可包括一项规定指示被告在禁令送达后30天内,或者在法院可能指定的延长的期限内,向法院提交并向原告送达一份经宣誓的书面报告详细表明被告按禁令履行的方式和方法。由美国地区法院经审理颁发的禁令,在通知被告后,可送达在美国任何地方可以找到的该禁令所针对的有关当事人,并应由颁发禁令的法院,或由管辖被告所在地区的美国地区法院,予以执行或通过惩罚藐视的程序强制执行。

（b）所述法院应对本法规定的禁令视同如由地区法院颁发的一样有全权执行该禁令。原颁发禁令的法院的书记员或法官应按受理该禁令执行申请的法院的要求,立即将其本院存档的有关颁发该禁令案的全部文件的经证明的文本一起转给该执行法院。

（c）法院的书记员有责任将任何涉及按本法注册的商标诉讼案于受理后一个月内书面按所知顺序列明诉讼当事人的姓名、地址、所诉注册号等通知局长,如该诉讼案随后通过任何修改、答辩或其他辩诉状涉及其他注册加入诉讼,法院书记员应如实通知局长,并且于作出判决或又提出上诉后一个月内,法院书记员应将该情况书面通知局长,局长有责任在接到所述通知后立即将同样内容批注在所述注册卷上,并将同样内容记入作为该档案卷内容的一部分。

（d）(1)(A) 如有因在销售、推销或经销的商品或服务上使用仿冒商标违反本法第1114条(a)款(1)项或1950年9月21日批准的"组成美国奥林匹克协会法案"第110条[36 U.S.C. 380]等条款规定而引起的民事诉讼,法院可根据单方面提出的申请,按本条(a)款颁发命令,依照本款查封此种违法所涉及的

商品、仿冒商标和制造此类商标的工具,以及与此违法有关的制造、销售或物品收据等记录文件。

(B)本款所称"仿冒商标"是指:

(i)在售出、推销或经销的同类商品或服务上使用的一个在专利商标局的主注册簿上注册的而且正在使用的商标的伪造品,无论寻求救济所针对的人是否知道这一商标已在这方面注册;或者

(ii)一个与根据1950年9月21日批准的"组成美国奥林匹克协会法案"第110条[36U.S.C.380]规定的理由可得到本法的救济的标记完全相同或在实质上不能区分的假标记。

但是,这一名词不包括经有关商标或标志使用权持有人授权的生产厂商在所生产制造的有关商品或服务上或与之有关方面使用的商标或标记。

(2)法院依照本款规定不应受理这种申请,除非申请人已经在合理的情况下向其请求这种命令的司法管辖区的美国检察官通知了该申请。如果这种诉讼可能影响危害美国罪的证据,检察官可参与因这一申请而引起的诉讼。如果法院认定在潜在起诉中公共利益要求如此,法院可以驳回这种申请。

(3)根据本款规定的命令申请应:

(A)基于一宣誓书或经证实的起诉书确立的事实能充分支持颁发命令所要求的事实调查结果和法律结论;以及

(B)包含本款第(5)段要求的须在命令中列明的其他资料。

(4)法院不应批准这种申请,除非:

(A)根据本款规定获得命令的人提交了法院决定认为足够支付任何人因依本款规定错误查封或错误地试图查封结果遭受损失应得的赔偿保证金;以及

(B)法院发现从具体事实清楚地显示:

(i)非单方面查封命令不足以达到本法第1114条的目的;

(ii)申请人未公布所请求的查封内容;

(iii)申请人关于可能被下令查封的人在有关商品和服务的销售、推销或经销方面使用仿冒商标的证明能成立;

(iv)如果不下令查封,将会发生直接的和不可弥补的损害;

(v)将要被查封的事物可在申请书中指出的地点找出;

(vi)驳回申请对申请人的损害超过批准申请对可能被下令查封的人合法利益的损害;以及

(vii)如果申请人对对方进行通知,该可能被下令查封的人或与之协同行动的人会销毁、转移、藏匿或以其他办法使法院难以得到该物件。

(5)依照本款颁发的命令应列明:

(A)颁发命令所要求的事实调查结果和法律结论;

（B）拟查封的物件的详细描述和拟查封物件所在每一地点的描述；

（C）进行查封的期限，应自命令发出之日起七天内截止；

（D）依照本款规定需提交的保证金金额；和

（E）依照本款第（10）段要求的审理日期。

（6）法院应采取适当行动保护依照本款规定的命令针对的人不受原告或由原告指使的关于此项命令和依照命令查封的宣传影响。

（7）依照本款查封的任何材料应由法院监管。法院应就有关由申请人发现的、已查封的任何记录文件发出适当的保护令。该保护令应规定适当的程序以保证所述记录文件中所含机密资料不会不当地对申请人公开。

（8）依照本款下的命令，连同证件，应予密封，直至此项命令针对的人有机会对该命令进行争辩，命令针对的人在查封后若已接触到此项命令及证件除外。

（9）法院应命令，依照本款下发的命令应由联邦执法官员（如美国司法官、美国海关、特工机关、联邦调查局或邮局的官员或代理人）送达，或可由州或地方的执法官送达，此人于送达后应依照命令进行查封。法院应在适当时发出命令保护被告在查封过程中不会因商业秘密或其他机密资料的公开而遭受不当的损害，包括在适当时发出限制申请人（或申请人的代理人或雇员）接近这种秘密或资料的命令。

（10）（A）法院应按查封命令中规定的日期开庭审理，除非各方当事人都放弃。开庭审理日期不得早于命令发出之后的 10 天，也不得晚于命令发出之后的 15 天，除非此项命令申请人提出充分理由改到另一日期，或者除非此项命令针对的一方当事人同意改到另一日期审理。在开庭审理时，获得命令的一方当事人应有举证责任，证明用以支持该命令所必需的事实调查结果和法律结论的事实仍然有效。如果该当事人未能如期举证，该查封令应予解除或予适当修改。

（B）关于本段所述审理，如有必要防止审理的目的无法达成，法院可依照民事诉讼规则作出变更要求告知的期限的命令。

（11）依照本款由于错误的查封而遭受损害的人有理由对该查封令的申请人起诉，并应有权取得适当的补偿，包括因欺骗性地寻求查封造成的收益、材料成本、商誉损失等损害赔偿和惩罚性损害赔偿，并且，除非法院发现情有可原的情况，还可取得合理的律师费赔偿。法院可酌情决定，按照 1986 年国内税收法规第 6621 条（a）款（2）项确定的年利率，对依照本段所述补偿判给预决利息，从索赔人的索赔要求诉状提交之日起至给予补偿之日止计息，或者按法院认为适当的较短的时间计息。

1117. 对利润的追索，损害赔偿和费用［第 35 条］

（a）若对在专利商标局注册的商标注册人权利的侵犯，或依照本法第 1125 条（a）或（d）款的侵权，或者依照本法第 1125 条（c）款的故意侵权，在依照本法提出的民事诉讼中已经确立,原告有权,依照本法第1111条、1114条以及衡平法原则,获得以下赔偿:(1)被告的收益;(2)原告蒙受的损害赔偿;(3)诉讼费。法院应对收益和损害赔偿予以评估或在其指导下进行评估。在评估收益时,应只要求原告证实被告的销售额;被告必须证实全部成本要素或要求扣除额。在评估损害赔偿金时,法院可根据案情,作出高于认定为实际损害金额的赔偿数额的裁决,但不超过认定的实际损害额的三倍。如果法院认为基于收益的返还金额不足或过多,法院可根据案情酌情决定,作出法院认为公正的数额的裁决。在上述任一情况下的数额均属补偿金,并非罚金,法院对特殊案例可判给胜诉一方合理的律师费。

(b)在依照(a)款评估损害赔偿金时,如遇有任何违反本法第1114条(a)款或者1950年9月21日批准的"组成美国奥林匹克协会法案"第110条[36U.S.C.380]规定,明知一商标或标记为仿冒商标而故意在有关商品或服务的销售、推销或经销方面使用这种商标(如本法第1116条(d)款),除非法院发现情有可原的情况,法院应作出以这种收益或损害赔偿额(选其中数额较大者)的三倍的金额连同合理的律师费的裁决。在这种情况下,法院可酌情决定,按照1986年国内税收法规第6621条(a)款(2)项所确定的年利率,判给该金额预决利息,自索赔人的索赔诉状提交之日起至此项金额偿付之日止计息,或者按法院认为适当的较短的时间计息。

(c)在涉及销售、推销或经销的商品或服务上使用仿冒商标(本法第1116条(d)款的限定)的案件中,在审判法院作出终审判决之前,原告可不要(a)款规定的实际损害和收益赔偿,而代之以选择取得对这类在销售、推销或经销的商品或服务上使用仿冒商标案的法定损害赔偿的裁决,其金额为:

(1)对用于每类商品或服务的销售、许诺销售或分销的每一个商标,不少于1000美元或不超过20万美元,按法院考虑公正而定;或

(2)如法院判定使用仿冒商标属故意而为,对用于每类商品或服务的销售、许诺销售或分销的每一个商标,不超过200万美元,由法院按照公正的原则确定。

(d)在这些案件包括违反本法第1125条(d)款(1)项的案件中,原告在审判法院作出终审判决之前的任何时候,选择不要实际损害和收益损害,而代之以请求每一域名不少于1000美金不超过10万美金的法定赔偿,由法院按照公正的原则确定。

(e)本章所提到的侵权案件,如果说侵权人或者共同侵权人向域名注册员、注册登记处或者其他的域名注册机关提供涉及侵权的虚假信息,或有意导致提供这些重大错误信息的,则可以假定侵害是故意的。如果根据本条某些行为会被认为构成故意侵权,那本款并不构成对此认定的限制。

1118. 销毁侵权物品[第36条]

在依照本法产生对在专利商标局注册的商标注册人的权利的侵犯,或依照本法第1125条(a)或(d)款的侵权,或者依照本法第1125条(c)款的故意侵权进行确认的上诉中,法院可以下令将被告持有的带有该注册商标的一切标签、标牌、印刷品、包装、包纸、容器和广告上交并销毁,或者在依照本法第1125条(a)款的侵权或者依照本法第1125条(c)款的故意侵权案件中,将涉及的文字、术语、名称、符号、图形或其组合、标示、描述或标书,或者其复制品、伪造品、仿冒品或欺骗性仿制品,以及所有印刷版、铸模、字模和其他制造工具,都应交出并销毁。依照本条规定请求销毁依照本法第1116条(d)款查封的物品的命令的一方当事人应提前10天预先通知其请求该项命令的司法管辖区的美国检察官(除非有充分理由表明预先通知的日期可较短一些),并且如果该项销毁可能影响到危害美国罪的证据,该美国检察官可以请求对该项销毁进行审理或者参加在其他情况下举行的关于该项销毁的审理。

1119. 法院对注册的权力;判决和命令的证明[第37条]

在涉及注册商标的诉讼中,法院可以确定注册的权利、命令撤销整个或部分商标的注册、恢复已撤销的注册,以及改正注册簿有关诉讼任何一方当事人的注册。给局长的法院判决或命令应经法院证明,局长应在美国专利商标局的档案上作相应的记录,并受其约束。

1120. 对虚假的或欺骗性的注册所负民事责任[第38条]

凡以口头的或书面的虚假的或欺骗性的声明或陈述,或以任何虚假的手段,在专利商标局取得商标注册者,在受害人提出的民事诉讼中,应对因此蒙受的损害承担赔偿责任。

1121. 联邦法院的管辖权;州、地方及其他机构的要求[第39条]

(a) 对一切依本法引起的诉讼,无论争议的数额或各方当事人的公民身份有无差异,美国地区和地方法院应有初审管辖权,美国上诉法院(除美国联邦巡回上诉法院外)和美国哥伦比亚特区上诉法院应有上诉管辖权。

(b) 美国州或其他管辖区,或任何政治分支机构或任何部门不得要求改变注册商标,或要求将可与注册商标联合或结合的附加商标、服务商标、商号名称或公司名称以不同于美国专利商标局颁发的注册证中所展示的该注册商标所预期的这种附加商标、服务商标、商号名称或公司名称的形式显示出来。

1122. 美国政府、州及其机关和官员的责任[第40条]

(a) 美国放弃国家豁免权——美国联邦,所有的专门机关、机构、个人、公司、企业和其他经美国联邦授权或同意的人违反本章的规定被任何人起诉时都不能在联邦或者州法院免于诉讼,包括任何政府和非政府实体。

(b)州放弃豁免权——任何州、州的机关或任何行使其公职权力的州的官员、雇员或机关在被任何人,包括任何政府或非政府的实体,向联邦或州法院提出的有关任何违反本法的诉讼中,据第11次修订的美国《宪法》或任何其他关于政府机关豁免权原则,不得免予起诉。

(c)在上述(a)款或(b)款所述有关违反本法的诉讼中,可得到的因违法的补救(包括制定法补救和依衡平法补救),在程度上,与因这种违法对除州、州机关、行使其职权的州官员或雇员或州机关外的任何人的诉讼中所能得到的补救相同。此类补救包括按第1116条的禁令补救,按第1117条的实际损害赔偿、收益、诉讼费和律师费,按第1118条销毁侵权物品,按第1114、1119、1120、1124和1125条的救济和按本法规定的任何其他救济。

1123. 规章和条例[第41条]

专利商标局局长应制定不与法律相抵触的规章条例,用于专利商标局依照本法处理相关程序。

VII. 禁止进口带有侵权商标或名称的商品

1124. 禁止进口带有侵权商标或名称的商品[第42条]

除1930年"关税法"第526条(d)款[19U.S.C.S1526(d)]的规定外,进口货物中的任何物品,凡属抄袭或仿冒国内工厂、厂商或商人的名称,或者按照条约、公约或依法给予美国公民同样特权待遇的国家的厂商或商人的名称,或属抄袭或仿冒依本法注册的商标,或带有的名称或商标被认为属诱导公众相信该物品系美国制造,或被认为属诱导公众相信该物品系任何非该物品实际产地的国家或地方制造的,不得准予从任何美国海关入境。并且,为了协助海关官员执行此禁律,国内厂商和商人,以及根据美国和任何国家之间的条约、公约、声明或协议有权在商标和商业名称方面依法享有与美国公民同样权利的外国厂商和商人,可请求财政部,按照财政部部长规定的规章,将其名称、地址和其商品生产所在地名以及依本法规定颁发的其商标注册证副本在财政部的有关登记簿上予以登记,并可向财政部提供其名称、其商品产地名称或其注册商标的精确复制件,财政部部长随即会将这些材料复印传送给每个海关的收税员或其他主管官员。

VIII. 禁止虚假指示来源,虚假描述以及淡化

1125. 虚假的原产地标记、虚假的描述和淡化[第43条]

(a)(1)任何人在商业中,在任何商品或服务上或与之有关方面,或在商品的容器上,使用任何文字、名词、名称、符号或图形,或其组合,或任何虚假的产地标记,对事实的虚假的或误导性描述,或对事实的虚假的或误导性表示,

(A)可能引起混淆,或导致误认或欺骗,使人误以为其与他人有附属、联系

或联合关系,或者误以为其商品或服务或商业活动来源于他人、由他人赞助或同意,或者

(B)在商业广告或推广中,错误表示其本人或他人的商品或服务或商业活动的性质、特征、质量或原产地,

该人在任何人认为这种行为已经或可能使其蒙受损害而提起的民事诉讼中,应负有责任。

(2)本节所用的"任何人"一词包括任何州、州的机关、行使其公职权力的州的雇员或州的机关。任何州和任何这类机关、官员或雇员,应和任何非政府实体一样,在同样的意义上和同样的程度上服从本法的规定。

(3)在商业包装侵权之诉中,根据本法,主张商业外观受到保护的人应该证明所诉的商业外观是非功能性的。

(b)任何标有与本条规定有抵触的商标或标签的商品不得输入美国或准予在美国海关入境。依照本条规定在海关被拒入境的商品的所有人、进口人或收货人可依照《海关税收法》通过抗议或上诉享有追索权,或者在涉及商品被拒入境或被查封的情况下,可依本法得到补救。

(c)商标的淡化:弱化;丑化。

(1)禁令救济。根据衡平法的原则,赋予驰名商标(固有显著性的和后获得显著性的)的商标权人,禁止其他人对商标或者商号进行商业性使用,如果有弱化或者丑化该商标的可能性时,都可以受到《反淡化法》的保护,不管是否存在实际淡化或混淆的可能性,或者是否存在竞争和经济损失。

(2)定义。(A)如果一个商标被联邦消费大众广泛认为代表了商标权人的产品或者服务的来源,则为驰名商标。在判断一个商标是否具有必须的认知度时,法院应该考虑下列因素:

(i)商标广告的持续时间、范围,以及涉及的地区,是否由所有者或第三方广告;

(ii)使用该商标出售商品或者提供服务的数量和地域;

(iii)商标的实际认知程度;

(iv)商标是否已经根据1881年3月3日的法案或1905年2月20日的法案,或在主注册簿上取得有效注册。

(B)商标弱化是由于商标或者商号与驰名商标的相似性产生的一种联系,这种联系损害了驰名商标的显著性。在判断一个商标或商号是否会对驰名商标造成弱化的可能性时,法院应该考虑下列相关因素:

(i)商标或者商号与驰名商标的相似度;

(ii)驰名商标固有或获得的显著性的程度;

(iii)驰名商标获得者排他性使用商标的范围;

(ⅳ)驰名商标的驰名度;
(ⅴ)商标或商号所有人是否意图制造与驰名商标的联系;
(ⅵ)商标或商号与驰名商标之间的实际联系。
(C)丑化是指由于商标或商号与驰名商标的相似性产生的一种联系,这种联系损害了驰名商标的声誉。
(3)例外。在下列情况下,不可以提起商标淡化的诉讼:
(A)指示性或者描述性的合理使用,或者辅助这种使用的行为,而非作为自己商标或者服务来源的使用,包括以下使用行为:
(ⅰ)广告或促销促进消费者比较商品或服务的;
(ⅱ)鉴别或滑稽模仿、批评或评价驰名商标所有人或其商品、服务的行为。
(B)所有形式的新闻报道和新闻评论。
(C)所有的非商业性使用商标。
(4)未注册商业包装所有人的证明责任。主张商业包装获得保护的人应该证明:
(A)所诉的商业包装整体上没有功能以及具有驰名度;
(B)如果所诉的商业包装包含了注册商标,那么未注册商标在整体上具有驰名度而且其名声独立于注册商标。
(5)补充性救济。在下列情况下提起的诉讼,驰名商标所有人将被赋予第1116条的禁令救济的权利。另外,在下列情况下,根据法院的自由裁量权和公平性原则,驰名商标所有人还会被赋予第1117条(a)款和第1118条提供的救济的权利:
(A)有可能对驰名商标引起淡化的商标或商号在2006年《商标淡化法案》实施后第一次使用的;
(B)或者下列两种情况:
(ⅰ)通过弱化驰名商标,侵权人故意利用驰名商标的认知度进行交易,
(ⅱ)通过丑化驰名商标,侵权人故意对驰名商标的声誉进行损毁。
(6)有效注册的所有权可完全阻止相关诉讼。一个人对一项依照1881年3月3日法案或1905年2月20日法案,或在主注册簿上的有效注册的所有权可完全阻止有关该商标问题对该所有权人的诉讼。这些诉讼包括:
(A)(ⅰ)他人根据一个州的普通法律或法规提出的诉讼和请求;
(ⅱ)防止引起淡化的诉讼。
(B)还有他人提起的会对其商标、标签或广告形式的显著性造成事实性或者可能性损害的诉讼。
(7)保留条款:该部分的任何规定不得视为对联邦专利法的损害、修改和

替代。

(d)(1)(A) 一个人应在由商标(包括根据本条作为商标保护的人名)所有人提起的诉讼中承担责任,无需考虑各方的商品或服务,若该人——

(i) 有从该商标(包括根据本条作为商标保护的人名)获利的恶意意图;并且

(ii) 注册、交易或使用某一域名——

(Ⅰ)在该域名注册之时该商标具有显著性的情况下,该域名与该商标完全相同或混淆性相似;

(Ⅱ)在域名注册之时该商标为驰名商标的情况下,该域名与该商标完全相同,或混淆性相似或淡化了该商标;或

(Ⅲ)因《美国法典》第18编第706条或《美国法典》第36编第220506条而受保护之商标、文字或名称。

(B)(i) 在判断某人是否具有(A)项所述之"恶意目的"时,法院可考虑但不限于下列因素,如——

(Ⅰ) 该域名中所含有的该人的商标或其他知识产权权利(如果有的话);

(Ⅱ) 该域名中包含该人真名或其他通常用于识别该人名称的程度;

(Ⅲ) 该人在与任何商品或服务的真实提供过程中,对于该域名先前进行过的任何使用(如果有的话);

(Ⅳ) 该人在该域名下可到达的网站中,对于商标善意的非商标性使用或合理使用;

(Ⅴ) 该人有否通过对网站在来源、赞助关系、从属关系或许可关系产生令人发生混淆的可能性,或为了牟取商业利益,或带有抹黑或贬损商标的意图,故意将消费者由商标所有人所在的网上位置转移到可能侵害商标代表的商誉的、该域名之下可到达网站的意图;

(Ⅵ) 该人是否曾经为营利目的向商标持有人或任何第三方发出过转让、销售或以其他方式出让该域名的要约,但实际上却没有在任何商品或服务的真实提供过程中对于该域名进行任何使用或没有使用该域名的意图,或该人先前曾从事过类似行为;

(Ⅶ) 该人在申请域名注册之时提供重大的、误导性的错误联络信息,该人蓄意不保持联络信息的准确性,或该人先前曾从事过类似行为;

(Ⅷ) 该人注册或收购大量域名,并且该人知道这些域名与他人所有的、在该等域名注册时具有识别性的商标完全相同或混淆性相似,或对他人所有的、在该等域名注册时具有知名度的驰名商标构成了淡化,而无需考虑各方的商品或服务;以及

(Ⅸ) 该人的域名注册中所包含的商标在该法第1125条(c)款(1)项规定

的含义之内,具有或不具有识别度或知名度的范围。

（ii）在任何案件中,若法院确认该人相信并有合理依据相信对域名的使用是合理使用或者是合法的,则不应被认定为存在(A)项所述之"恶意意图"。

（C）在根据本段提起的涉及对域名的注册、交易或使用的任何民事诉讼中,法院可命令没收或注销该域名,或将该域名转让予商标的所有人。

（D）只有域名注册者或该注册者授权的被许可人才应对(A)项规定之下的域名使用行为承担责任。

（E）本段之中使用的"交易"一词系指包括但不限于销售、购买、出借、质押、许可、货币交换和任何其他换取对价的转让或作为对价接受的交易。

（2）（A）商标所有人可以在域名注册员、域名登记机构或其他进行域名注册或分配的域名管理机构所在地的司法区域内对域名提起对物民事诉讼,若——

（i）该域名侵犯了已在专利与商标局注册的或依(a)或(c)款受保护的商标所有人的任何权利,且

（ii）法院查明该所有人——

（Ⅰ）无法对依第(1)段提起的民事诉讼中本应作为被告的一方取得对人管辖;或者

（Ⅱ）通过下列方式,经审慎调查后无法找到依第(1)段提起的民事诉讼中本应作为被告的一方——

（aa）按注册者向注册机构提供的邮政和电子邮件地址向注册者发出含有所指控的侵犯行为和意欲依本段规定继续行事的通知;且

（bb）在起诉之后,根据法院可能给出的指示,及时将诉讼通知公布。

（B）（A）（ii）项下的各项行为应构成送达程序。

（C）在依本段提起的对物诉讼中,一域名应被视为在以下司法区域内有其所在地——

（i）域名注册员、域名登记机构或其他进行域名注册或分配的域名管理机构所在的司法区域;或

（ii）保管足以确立与域名的注册和使用的处分权相关的控制及管理文件的法院所在的司法区域。

（D）（i）本段之下对物诉讼的救济措施应仅限于没收或注销域名,或将域名转让给商标所有人的法院命令。在收到由商标所有人依本段规定向美国联邦地区法院已提交之起诉书加盖印鉴的副本后,域名注册员、域名登记机构或其他域名管理机构应——

（Ⅰ）迅速将足以确立与法院对域名的注册和使用的处分权相关的控制和管理文件提交于法院保管;并且

（Ⅱ）除非根据法院命令,在诉讼未决过程中不得转让、中止或以其他方式修改域名。

（ii）除非有恶意或故意漠视(包括蓄意不遵守任何法院命令)之情形,否则域名注册员、域名登记机构或其他域名管理机构不应对依本段作出之禁令性或金钱性救济承担责任。

（3）依第（1）段提起之民事诉讼与依第（2）段提起之对物诉讼及根据上述任一种诉讼所能获得的任何救济均应是对可适用的任何其他民事诉讼或救济的补充。

（4）依第（2）段确立之对物管辖权,应是对既有的任何其他形式管辖权(无论为对物或是对人)的补充。

IX. 国际公约

1126. 国际公约;商标注册[第44条]

（a）局长应备有一本由美国或可能成为缔约国的保护工业产权、商标、商号、商业名称和制止不公平竞争公约国际局传送来的全部商标的注册簿,并在按公约要求和本法要求缴费后,可将这样传送来的商标在该注册簿上登记。注册簿上应显示商标、商号名称或商业名称的复制件;注册人名称、国籍和地址;该商标首次注册号、日期和地点;该商标注册申请的提交、批准日期和该注册有效期限;该商标原籍国注册证上所列审定使用的商品或服务清单,以及关于该商标的其他有用资料。此注册簿应为依照1920年3月19日的《商标法》第1条（a）款的注册簿的续册。

（b）凡属与美国共同为有关商标、商号或商业名称,或制止不公平竞争公约或条约缔约国的,或依法对美国公民给予对等权利的国家的公民,除任何商标所有人依本法可享有的权利外,应在实施公约、条约或互惠法条款必要的程度下,按照于此所述条件,有权享受本条的权益。

（c）本条（b）款所述任何人的商标在其已在申请人的原籍国注册之前,不会在美国准予注册,除非申请人提出在商业中使用为理由。

为本条目的,申请人的原籍国是指申请人设有诚实有效的经营场所的国家,或者如果他没有经营场所,是申请人居住的国家,或者如果申请人在本条（b）款所述任何国家无居所,则是指其国籍国作为国民所属国家。

（d）本条（b）款所述申请人依照本法第1051、1053、1054、1091条或第1126条（e）款提交的商标注册申请如以前已在本条（b）款所述国家正式提交了同一商标的注册申请,在美国应按其第一次在该外国的申请日给予同一申请日,倘若

（1）该商标的美国申请是在其第一次在该外国申请日起六个月内提交的;

（2）该申请切实符合本法要求,包括申请人关于有真实意图在商业中使用

该商标的声明；

(3) 第三者在该商标在该外国首次申请的提交日期之前获得的权利决不应受(d)款提交的申请所获注册的影响；

(4) (d)款中无任何规定给予依照本条获准注册的所有人对在其商标在我国的注册日之前发生的行为起诉的权利,除非其注册是以在商业中使用为基础的。

以相同的方式并按照同样的条件和要求,本条规定的权利可基于在同一外国的后继正规提交的申请,而不是第一次的外国申请,只要在该后继的申请之前提交的任何外国申请已经撤回、放弃或另行处理,尚未公开供公众查阅和未遗留任何未解决的权利问题,并且未曾而且此后也不得作为要求优先权的根据。

(e) 在主注册簿或副注册簿上的注册；外国注册证副本

已在外国申请人的原籍国正式注册的商标,如果合格,可在主注册簿上注册,否则按本法规定在副注册簿上注册。在申请人原籍国的注册证明书或经证明的注册证副本应随同注册申请书一起提交。申请书必须阐明申请人拟在商业中使用该商标的真诚意向,但在注册之前不要求在商业中使用。

(f) 本条(b)款所述申请人依本条(c)、(d)和(e)款的商标注册应不受原籍国注册的约束,并且该注册在美国的期限、有效性或转让受本法规定管辖。

(g) 本条(b)款所述之人之企业名称或商业名称,不管此名称是否属商标之一部分,无需经申请或注册即应受到保护。

(h) 本条(b)款指定的有权享受本法的权益并服从本法规定的人应有权受到反不公平竞争的有效保护,并可得到本法为关于商标侵权规定的可适当制止不公平竞争行为的补救。

(i) 美国公民或居民应享有本条给予(b)款所述之人的同样的权益。

X. 结构和定义

1127. 解释和定义；本章目的[第45条]

除非从上下文看显然相反,依本法的解释：

美国,包括和包含在其管辖和控制下的所有领土。

"商业"一词是指可由国会依法调控的所有商业。

"主注册簿"一词指本法第1051—1072条(第1—22条)规定的注册簿；"副注册簿"一词指本法第1091—1096条(第23—28条)规定的注册簿。

"人"和"法人"。"人"一词和其他用以指申请人或有权依本法规定享有权益或特权或负有责任的人的任何字词,包括法人和自然人。"法人"一词包括可以在法庭控告和被控告的商行、公司、公会、协会或其他组织。

"人"一词还包括任何州、任何州的机构,以及任何行使其公职权力的州的官员或雇员或州机构。任何州、任何这类机构、官员、雇员,应与任何非政府实体一样,在同样的意义上和程度上服从本法规定。

"申请人"和"注册人"包括该申请人和注册人的法律代表、被继承人、继承人和受让人。

"局长"一词是指美国专利商标局的局长。

"关联公司"一词是指任何人,其对一个商标的使用,在使用该商标的商品或服务或与之有关方面的性质和质量上受控于该商标的所有人。

"企业名称"和"商业名称"是指一个人用以识别其营业或职业的任何名称。

"商标"一词包括

(1) 由一个人使用的,或

(2) 一个人有真诚的意图在商业中使用的,并申请在依本法建立的主注册簿上注册的,

用以对其商品,包括独特的产品,与他人生产或销售的商品予以识别和区别的,以及用以表明商品来源(即使该来源未指出)的任何文字、名称、符号、图形或其组合。

"服务商标"一词是指

(1) 由一个人使用的,或

(2) 一个人有真诚的意图在商业中使用的,并申请在本法建立的主注册簿上注册的,

用以将该人的服务,包括独特的服务,与他人的服务予以识别、区别,以及用以表明服务来源(即使该来源未指出)的任何文字、名称、符号、图形或其任何组合。无线电广播或电视节目的标题、人物名和其他显著特征,可作为服务商标进行注册,尽管它们或节目,可能宣传赞助人的商品。

"证明商标"一词是指任何文字、名称、符号、图形或其任何组合,

(1) 是由除其所有人外的他人使用的,或

(2) 其所有人有真诚的意图允许除该所有人外的他人在商业中使用的,并申请在本法建立的主注册簿上注册的,

用以证明该人的商品服务的地区、其他来源、材料、生产方式、质量、精度或其他特征,或证明该项商品、服务工作或劳动是由一个协会或其他组织的会员进行的。

"集体商标"一词是指

(1) 由一个合作社、协会或其他集体或组织的成员使用的,或

(2) 该合作社、协会或其他集体或组织有真诚的意图在商业中使用的,并申请在本法建立的主注册簿上注册的商标或服务商标,并且包括表明在一个联合会、协会或其他组织中的会员资格的标记。

"商标"(Mark)一词包括任何商标、服务商标、集体商标或证明商标。

"在商业中使用"一词是指在日常生意中对一个商标的真诚使用,而不是仅仅为保留对一个商标的权利的使用。依本法的目的,一个商标在下列情况下用于商品或服务上应视为在商业中使用:

(1) 用于商品,

(A) 以任何方式将商标标在商品上或其容器上,或与之有关的展示上,或粘贴在商品的标牌或标签上,或者,如果由于商品的性质的关系不能这样放置,则或标在与该商品或销售有关的资料上;

(B) 标于在商业中销售和运输的商品上,以及

(2) 用于服务上,在服务的推销或广告的宣传中使用或展示商标,而且服务是在商业中提供的,或者服务是在一个以上的州或在美国和外国提供的,并且提供服务的人是从事与该项服务有关的商业的。

商标的放弃。在发生下列任一情况下,应视为商标已被"放弃":

(1) 若商标已停止使用,有意不再重新使用。有意不再重新使用可根据当时情况推断。连续三年无使用应为放弃的表面上真实的证据。一个商标的"使用"是指在日常的生意中真诚地使用一个商标,而不是仅仅为保留对一个商标的权利而使用。

(2) 由于商标所有人的任何行为,包括不作为和作为,致使商标成为使用该商标的商品或服务或有关使用方面的通用名称或者失去其作为商标的意义。购买者动机不得作为判断本款所述放弃的检验标准。

"伪造品"一词包括任何与一个注册商标非常相似以致易于引起混淆、误认或欺骗的商标。

"注册商标"一词是指依照本法,或1881年3月3日法案,或1905年2月20日法案,或1920年3月19日法案,在美国专利商标局注册的商标。"在美国专利商标局注册的商标"即指注册商标。

"1881年3月3日法案""1905年2月20日法案"或"1920年3月19日法案"是指经历次修改的商标法。

"假冒品"即与一个注册商标相同的或实质上不能区分的冒牌商标。

"域名"是指由任何域名注册员、域名登记机构或者其他域名注册机构注册或分配的任何包括文字与数字的名称,作为互联网之上电子地址的一部分。

"互联网络"一词具有1934年《通讯法》第230条(f)(1)款(47 U.S.C. 230 (f)(1))所定义的含义。

名词的单数形式也包括复数,反之亦然。

本法的目的是:通过使在商业中对商标欺骗性和误导性的使用成为可控诉的办法,在国会的权限内调控商业;保护在商业中使用的注册商标不受州或地区

立法的干预；保护从事商业的人反对不公平竞争；防止在商业中使用复制、抄袭、伪造或假冒注册商标的欺骗行为；按照美国和外国之间签订的关于商标、企业名称和不公平竞争的条约和公约规定提供权利和补救措施。

XI. 废止之前的法案

未编入美国法典的《兰哈姆法》(Lanham Act)条款

46(a) 生效时间前的法案的废止

本法自制定之日起一年开始生效，除于此另有规定外，将不影响任何未决的诉讼、程序进程或上诉。一切法案或法案中的部分凡与本法不一致的于此废止，自本法制定之日起一年开始生效，包括下列法案就其与本法不一致之处而言：1881年3月3日批准的国会法，题为"授权商标注册和保护法"；1882年8月5日批准的法案，题为"关于商标注册法案"；1905年2月20日法案，题为"授权注册在与外国或几个州之间或与印第安部落的商业中使用的商标和予以保护的法案"，及经1906年5月4日法案、1907年3月2日法案、1909年2月18日法案、1911年2月18日法案、1913年1月8日法案、1924年6月7日法案(43Stat. 647)、1925年3月4日法案(43Stat. 1268、1269)、1930年4月11日法案(46Stat. 155)、1938年6月10日法案(Public, NO. 586, 第75届国会, ch. 332第3次会议)对该法案的修改；1920年3月19日法案，题为"关于批准1910年8月20日在阿根廷共和国布宜诺斯艾利斯签订的保护商标和商业名称公约的某些条款生效及其他事项的法案"以及对该法案的修改案，包括1938年6月10日法案(Public, NO. 586, 第75届国会, ch. 332, 第3次会议)，条件是上述法案的废除不得影响在本法生效之日前根据任何所述法案批准的注册或注册申请的有效性，或影响规定的权利或补救办法，本法第8、12、14、15[15U.S.C. 1058、1062、1064、1065]和47条规定的除外；然而，本法所含内容不得被认为是对在本法生效日仍然有效的与商标无关的法案的限制、约束、修改或废除，或被认为是任何联邦部门或制定规章机构的职权的限制或增加，除本法可能另有特别规定外。

(b) 根据先前的法案现存的注册

1881年和1905年法案。依照1881年3月3日或1905年2月20日的法案现仍存在的注册在其未满的期限内应仍继续完全有效，并可根据本法第9条[15U.S.C. 1059]续展注册。这类注册及其续展注册如同在本法建立的主注册簿上注册一样应在同样的程度和效力上服从本法规定并有权享受本法规定的权益，除本法第8、12、14和15条[15U.S.C. 1058、1062、1064和1065]规定的限制外。依照经修订的1905年2月20日法案第5条的"10年限制条款"注册的商标应依本法第2条(f)款规定视为在商业中用于注册人的商品上已具有显著性，并可按照本法第9条[15U.S.C. 1059]所述商标予以续展。

1920年法案,依照1920年3月19日法案现仍存在的注册将于本法生效之日后六个月终止,或自其注册之日起20年期满时终止,就其较晚的日期而定。这类注册应服从并有权享受本法关于在本法建立的副注册簿上注册的商标的规定条款和权益,并且不能续展,除非为支持国外的注册需要续展。在这种情况下,可依照本法第9条[15U.S.C.1059]在副注册簿上予以办理续展。

以依照本法注册为条件,依照先前的法案注册的商标,如果合格,也可依照本法注册。

47. (a) 在本法生效之日尚待审批的申请

在本法生效之日,凡在美国专利商标局的一切待审批的注册申请,如果可行,可进行修改使之符合本法规定。对这类经修改的申请的处理和批准注册应按照本法规定进行。如果这类申请未经修改,则应按照原提交时所依法规进行处理和批准注册,尽管有前述的一般废止的规定,所述法规仅就此目的来说仍继续有效。

(b) 在本法生效之日尚悬而未决的上诉

在本法生效之日,凡在美国海关和专利上诉法院,或任何美国上诉巡回法院,或美国哥伦比亚特区上诉法院,或美国最高法院尚待裁决的上诉案,如果法院认为本法规定适用于有关上诉的主题,可应用有关条款,或将案件发回给局长或地区法院去进一步取证,或重新审理,或根据案情记录复审裁决,由受理上诉的法院考虑适当处理。

48. 未废止的先前的法案

经修改的1905年1月5日的法案第4条(U.S.C.title36,see.4)题为"关于组成国家红十字会的法案"、1916年6月15日的法案第7条(U.S.C.title36,sec.27)题为"关于组成美利坚童子军和其他事项的法案"和1936年6月20日的法案(U.S.C.title22,sec.248)题为"关于禁止在商业上使用瑞士联邦的盾形纹章的法案"不受本法废除或影响。(1946年7月5日,ch.540,第46—50,60Stat.444—46。)

注:本条所提到的第一和第三两个法规已分别被1948年6月25日制定的,并于1948年9月1日生效的美国法典标题18(U.S.C.Title18)"犯罪和刑事诉讼程序"第706和708条废除和取代。

49. 现存权利的维护

本法的规定不应对在本法生效之日以前诚实地获得的商标权或商标权的行使有不利影响。

50. 可分割性

如果本法的任何条款或这类条款对任何人或情况的应用被认为无效,本法的其他条款不应受其影响。

51. 尚待审批的申请

一切基于在 1988 年商标法修订法案生效之日尚在美国专利商标局待审批的注册申请的注册证的有效期限应为 10 年。

XII. 马德里议定书

1141. 定义[第 60 条]

在本章中，

（1）基础申请。基础申请是指申请国际注册的商标是已经向某一协约方商标局提起注册申请的商标，而这是提交国际商标注册申请的前提。

（2）基础注册。基础注册是指一个商标已经取得某一协约方商标局的授权，这构成申请国际注册的前提。

（3）协议方。协议方是指参加《马德里议定书》的任一国家或国际组织。

（4）备案日期。备案日期是指被授予国际注册商标权人在国际注册簿上记录的要求延伸保护的请求日期。

（5）商业上善意使用商标的声明。商业上善意使用注册商标的声明是指商标申请人或持有人为了在美国取得延伸保护的国际商标注册而签署的声明，声明内容包括：

（A）商标申请人或持有人有在商业上使用商标的善意意图；

（B）发表声明的人本身，或者代表商社、公司、组织发表申请的人，必须确定自己或其所代表的该商社、公司、组织已经获得在商业上使用该商标的授权；且

（C）据其所知和相信，无他人有权在商业中使用与该商标相同或相似的商标，以致该他人在所述有关商品上的使用可能引起混淆、误认或欺骗的情况。

（6）保护的延伸。保护的延伸是指根据《马德里议定书》获得国际注册保护的商标权人可以请求将商标保护的范围延伸到美国。

（7）国际注册持有人。国际注册持有人是指已在国际注册簿上取得登记的自然人或法人。

（8）国际申请。国际申请是指根据《马德里议定书》提起的商标国际注册的申请。

（9）国际局。国际局是指国际知识产权组织国际局。

（10）国际注册簿。国际注册簿是指，按照《马德里议定书》及其附件的要求或允许，由国际局保有的，记录有关国际注册信息的官方统计记录簿。

（11）国际注册。国际注册是指，根据《马德里议定书》获得授权的商标注册。

(12) 国际注册日。国际注册日是指国际商标局登记国际注册的日期。

(13) 马德里议定书。马德里议定书是指于1989年6月27日在西班牙马德里通过的《有关国际商标注册的议定书》。

(14) 拒绝通知书。拒绝通知书是指由美国专利商标局向国际局发出的，拒绝给予涉案商标在美国获得延伸保护授权的通知。

(15) 协约方商标局。协约方商标局是指：

(A) 负责某一缔约方商标注册的政府部门或政府机构或

(B) 经国际局认可的，由数个缔约方共同选定的负责商标注册的共同部门或政府性机构。

(16) 原属局。原属局是指，接受基础申请提交或者授予基础注册的缔约国的商标局。

(17) 异议期。异议期是指被允许向美国专利商标局提出异议的期间，包括根据第13条所准许的延长期。

1141a. 基于在美国申请或注册的国际注册[第61条]

(a) 一般情况下，已经向美国专利商标局提交基础申请的人或者已经被美国专利商标局授予基础注册的人，可以在按规定缴费的情况下，通过向美国专利商标局提交一份符合局长要求的书面申请书，来申请国际注册。

(b) 合格的所有人。本条(a)款中合格的所有人，应该

(1) 是美国的国民；

(2) 在美国有住所；或者

(3) 在美国有一个真实有效的工业或商业性机构。

1141b. 国际申请的证明[第62条]

(a) 证明程序。收到国际注册申请和按规定缴纳的费用后，局长应该审查国际申请书，以确保此时国际注册申请书上记载的信息与基础申请或基础注册的信息相符。

(b) 传送。在对国际申请检查和证明后，局长将把国际申请书传送给国际局。

1141c. 基础申请或基础注册的限制、放弃、撤销或终止[第63条]

关于根据本法第1141b条转送到国际局的国际申请，一旦作为国际申请或国际注册前提的基础申请或基础注册，分别就全部或部分国际注册中所列的商品和服务被限制、放弃、撤销或已经过期的情况，局长应该通知国际局——

(1) (上述情况发生)在国际注册日起的5年内；

(2) 虽然(上述情况)发生在国际注册日后超过5年，但基础申请或基础注册的限制、放弃、撤销是由于发生在国际注册日后5年内的诉讼引起的。

1141d. 国际注册后请求延伸保护 [第 64 条]

一个基于向美国专利商标局的基础申请或由美国专利商标局授权的基础注册而获得国际注册的人,可以请求延伸他国际注册的保护范围——

（1）直接向国际局申请；或

（2）在按照规定缴费并按照局长要求的形式向美国专利商标局请求,由美国专利商标局转交到国际局。

1141e. 根据《马德里议定书》将国际注册保护范围扩张到美国 [第 65 条]

（a）一般情况下,根据第 68 条一个国际注册的所有人,于《马德里议定书》在美国生效的范围内,有将其国际注册的保护范围延伸到美国的权利。

（b）如果美国是某一国际注册商标的原属国,即美国专利商标局是作为获得该国际注册前提的商标申请或注册的原属局,那么,这种国际注册在美国不适用《马德里议定书》所赋予的这种权利。

1141f. 提交一份将国际注册的保护范围延伸到美国的请求书的效力 [第 66 条]

（a）请求延伸保护范围的要求。由国际局转交给美国专利商标局的,要求延伸国际注册保护范围至美国境内的请求（如果这种请求在向国际局申请时就已经附带了一份经商标国际注册申请人或持有人证明的,将真诚善意在商业上使用该商标的声明）,应该认为（国际申请人或注册人）已经合法地向美国提交了申请。

（b）合法提起申请的效力。除非根据本法第 68 条,延伸保护的请求被拒绝,根据本条提起要求延伸保护范围的请求就构成了对商标的积极使用,将会从下列时间起,被赋予第 7 条(c)款所规定的相同的权利：

（1）如果要求延伸保护的申请是在国际申请书中提起的,将从国际注册日起算。

（2）如果要求延伸保护的申请是在国际注册日之后提起的,那将从延伸保护申请的备案日起算。

（3）根据本编第 1141g 条主张优先权之日。

1141g. 要求保护范围延伸到美国的优先权 [第 67 条]

要求保护范围延伸到美国的国际注册持有人,在下列情况下,根据《保护工业产权巴黎公约》第 4 条的优先权,将会被赋予要求优先权期的权利——

（1）延伸保护的请求中包含了优先权的申明；而且

（2）国际注册日或向美国提出延伸保护请求的备案日在第一次按规定提起国家申请（《保护工业产权巴黎公约》第 4(A)(3)条规定）或后续申请（《保护工业产权巴黎公约》第 4 条(C)款(4)项规定）之日起 6 个月内。

1141h. 延伸保护请求的审查和异议;拒绝的通知[第 68 条]

(a) 审查和异议。——

(1) 本法第 1141f 条(a)款所述的延伸保护的请求,根据本法,应该作为一项将在主注册簿上登记的注册申请进行合法性审查,如果在审查过程中,根据本法申请人有权获得延伸保护,局长应该将该商标公布在美国专利商标局的官方公告上。

(2) 根据本条(c)款规定,本法中延伸保护的请求要受到本法第 1063 条所规定的异议条款的限制。

(3) 延伸保护的请求,不能因为该商标没有在商业上使用而被拒绝。

(4) 不允许在主注册簿上注册的任何标识,都将被拒绝延伸其保护范围。

(b) 拒绝的通知。如果,根据本条(a)款而被拒绝延伸保护范围的,局长应该在拒绝通知书(就像本条(c)款所述的那样)中,说明延伸保护请求不被允许并附带其作出拒绝决定的所有理由。

(c) 给国际局的通知。——

(1) 在国际局转送给美国专利商标局关于延伸保护范围的申请通知书之日起 18 个月内,局长应该将下列的有关该请求的所有材料转送到国际局:

(A) 在对延伸保护请求进行审查基础上作出的拒绝通知书;

(B) 由于对该申请有异议提起,而做出的拒绝通知书;

(C) 18 个月结束后,可能会有异议提起的可能性通知书。

(2) 如果局长根据(1)(C)项已经发出了可能存在异议的通知书,那么,如果可行的话,局长应该在异议期开始后 7 个月内或异议期结束后的一个月内,尽快向国际局转交一份基于异议的拒绝通知书并附异议成立的所有依据。

(3) 如果一份拒绝延伸保护请求的通知书根据(1)或(2)被转送国际局,局长在(1)或(2)设定的期限内不得再向国际局提交通知载明的拒绝事由之外的拒绝事由。

(4) 如果第(1)或(2)段中规定的关于延伸保护申请的通知书,没有在预定的时间里发送给国际局,那延伸保护申请就不应该被拒绝,局长应该根据请求发出给予延伸保护证书。

(d) 指定接受送达的代理人。为了回应有关商标的拒绝通知书,商标国际注册持有人可能会书面申请美国专利商标局委托一位在美国有住所的代理人。委托书中应标明被委托人的姓名、地址,以便送达涉及该商标的有关通知和程序上的处理文件。所述通知或处理文件可按前述委托书中指明的地址交付或邮寄给该人。如果按委托书中的地址不能找到该被委托人或者该国际注册持有人没有委托一名上述的代理人,则所述通知或处理文件可送达局长。

1141i. 延伸保护的效力[第69条]

（a）延伸保护的颁发——除非一个要求延伸保护的请求根据本法第1141h条被拒绝，局长应该根据请求发出延伸保护证书，而且应该在美国专利商标局的官方公报中进行公告。

（b）延伸保护的效力——根据本条（a）款发出延伸保护证书之日起，

（1）这种延伸保护与主注册簿上注册的商标具有同等效力；且

（2）该国际注册持有人将和主注册簿上注册商标所有人享有同等的权利和救济。

1141j. 在美国的延伸保护受基础国际注册的制约[第70条]

（a）国际注册被撤销的效力。——如果国际局通知美国专利商标局，分别就国际注册中所列的全部或部分商品和服务进行国际注册撤销的，局长应该在相关商品和服务上的国际注册被撤销之日，撤销该国际注册涉及的商品或服务在美国获得的相应延伸保护。

（b）没有续展国际注册的后果。——如果国际局没有续展国际注册，则相应的，其在美国的延伸保护也会于国际注册期满之日起终止效力。

（c）延伸保护申请转换成美国的商标申请。

——应原属局根据《马德里议定书》第6(4)条提出的请求，一项国际注册就其中所列的全部或部分商品和服务被国际局撤销时，该国际注册持有人可以根据本法第1051或1126条提起申请，请求将同一商标注册在前述撤销所涉及的商品和服务上，也就是（之前）以国际注册为基础而要求在美国延伸保护的商品或服务上。该申请应作为在国际注册之日或按照向国际局提交的延伸保护请求登记之日提交的申请处理，并且如果该项国际注册根据本法第1141g条，曾享有优先权，此申请亦应享有同样的优先权。该申请会被赋予这样的权益，条件是：

（1）此申请于国际注册被全部或部分撤销之日起三个月内提交，且

（2）申请人遵守根据本法第1051或1126条提起注册申请时所必须遵守的，本法所有的规定。

1141k. 有效期、保证和费用[第71条]

（a）根据本法第1141i条授予延伸保护证书的延伸保护，在基础国际注册期限内应该一直有效，除非该商标的延伸保护因为国际注册持有人没有在下列时间里，按照本条（b）款要求向美国专利商标局提交一份宣誓书，而被局长撤销了——

（1）自延伸保护证书发出日起算的六年期限届满前一年内。

（2）在延伸保护证书发出日起算的十年有效期或之后每次续展十年有效期届满前一年内。除非：

(A) 在十年保护期限届满前的六个月内,国际注册人在美国专利商标局备案保证书,并按照(b)款规定和局长的要求交纳费用;或者

(B) 在十年保护期限届满前的三个月内,国际注册人在美国专利商标局备案保证书,并按照(a)款和局长的要求交纳费用和宽限期附加费。

(b) 宣誓书的内容。(a)款所述保证书应当载明权利延伸保护的商品或服务,或在商业中的使用,国际注册人应附上保证书的样本或传真以证明该商标在商业中使用,或不使用的理由不是由于打算放弃商标,这些特殊声明应当附加在延伸保护的证书中。

(c) 同意或拒绝的通知。——局长应该通知按其要求提交保证书的国际注册持有人,其同意或者拒绝的结果。如果拒绝的话,说明理由。

(d) 如果国际注册持有人在美国没有居所,他可能会书面申请美国专利商标局委托一位在美国有住所的代理人。委托书中应标明被委托人的姓名、地址,以便送达涉及该商标的有关通知和程序上的处理文件。所述通知或处理文件可按前述委托书中指明的地址交付或邮寄给该人。如果按委托书中的地址不能找到该被委托人或者该国际注册持有人没有委托一名上述的代理人,则所述通知或处理文件可送达局长。

(e) 同意或拒绝的通知。——局长应该通知按其要求提交保证书的国际注册持有人,其同意或者拒绝的结果。如果拒绝的话,说明理由。

1141l. 延伸保护的转让[第72条]

商标的延伸保护可以和其所附带的商誉一起转让,但只能转让给某一国的国民、在该国有永久居所或有真实有效的经营场所,该国必须是《马德里议定书》的缔约方,或者是作为《马德里议定书》缔约方的某一国际组织的成员国。

1141m. 不容置疑性[第73条]

根据本法的会顶获得延伸保护的商标进行第1065条所描述的持续性使用的期间的起算点不得早于局长根据本法第1141i条颁发延伸保护证书的日期,本法第1141n条另有规定的除外。

1141n. 延伸保护的权利[第74条]

如果一个人就相同商标,在相同商品和服务上,同时获得了美国商标注册,随后又获得了在美国的延伸保护证书,那么延伸保护将会享有与先前获得的商标注册一样的权利。

1141 注释;时效日期[13403条]

本节内容及其修正案生效时间为:

(1)《马德里议定书》在美国生效之后;或

(2) 本法颁布实施后一年。

《欧共体商标条例》(2009年修订)

为了促进商品和服务在欧盟统一市场内的流通,克服商标地域性给欧洲经济一体化带来的困难,20世纪60年代起,欧共体开始筹划建立统一的共同体商标注册体系,并于1984年拟定了《欧共体商标条例(草案)》,该草案经过近十年的谈判,于1993年12月正式通过,形成了《欧共体商标条例》(40/94)。该条例于1995年3月生效。

欧共体商标体系最大的优势在于它为广大企业在欧洲联盟的范围内为自己的产品或服务进行统一的来源标识提供了可能。欧共体内部市场协调局按照一个统一的程序对欧共体商标进行注册,申请注册的程序较逐一向各个国家申请注册保护更为简便快捷。

欧盟于2004年公布了2004年422修正案,对《欧共体商标条例》作了较大修改,主要的内容为理顺相关的行政管理程序、提高效率,并为接纳欧盟新成员作好准备。

2009年2月29日,欧盟委员会公布No 207/2009号条例,整合了《欧共体商标条例》的历次修改,废除了40/94条例。

本书完成之前,国内使用的《欧共体商标条例》多为2004年版本的翻译文本,而本书收录的《欧共体商标条例》中文版本是基于最新的2009年No 207/2009号条例整理翻译而来,对相关的学习者和研究者有更高的参考价值,便于读者进行对比研究。英文版本的来源为世界知识产权组织官方网站(http://www.wipo.int/wipolex/en/details.jsp?id=5207)。中文版本的翻译参考了中国知识产权局官方网站公布的《欧洲共同体商标条例》(40/94)(http://www.sipo.gov.cn/sipo/flfg/sb/gjty/200703/t20070329_148019.htm)。

欧洲共同体商标条例

(EC) No 207/2009
2009年2月26日

欧洲联盟理事会,根据《建立欧洲共同体条约》,特别是该条约第308条,根据欧洲委员会的建议,根据欧洲议会的意见,根据经济和社会委员会的意见:

(1) 欧盟理事会1993年12月20号第40/90号《共同体商标条例》已经被实际修改多次。为了使之更清晰与合理,该规定需要被重新编撰。

（2）鉴于需要通过建立一个运作良好、能提供与国家市场相同条件的欧洲内部市场，以促进整个欧共体经济活动的和谐、持续、稳定发展；鉴于建立这样一个市场并使其日益成为一个统一的市场，不仅必须消除阻碍商品和服务自由流通的障碍，建立一种使竞争不被扭曲的秩序，而且必须制定法律使企业的经济活动，包括商品的制造和流通及服务的提供，能在整个共同体范围内顺利进行；鉴于此，在企业能够不考虑边境并用同一方式在整个欧共体内区别其商品或服务的法律手段中，商标最为合适。

（3）为达到上述目标，欧共体采取行动看来是很有必要的；鉴于这个行动在于创立欧共体商标体系，企业通过取得共同体商标注册而获得在欧共体整个范围内对商标的统一保护；除非本条例中另有规定，上述商标的单一性原则应予以适用。

（4）鉴于国内法律授予商标所有人的权利的地域性障碍不能靠各国法律的协调而消除；为了在整个欧共体市场内使企业没有限制地开展经济活动，有必要创立一种商标，由直接适用于各成员国的统一的欧共体法律进行管理。

（5）因为《建立欧洲共同体条约》未明确赋予制定这样一种法律的权力，该条约第308条应该得到适用。

（6）鉴于共同体法律并不能取代各成员国的商标法律；事实上，不能要求企业必须申请共同体商标注册；对于那些不想获得共同体商标保护的企业，商标的国家注册仍很重要。

（7）鉴于共同体商标权利只能通过注册获得，特别是如果商标缺乏显著性、不符合法律或者与在先权利相冲突的注册会被驳回。

（8）鉴于欧共体对注册商标的保护的功能在于保证商标起到一种区分商品来源的作用，在商标与标记相同、商品或服务间相同的情况下，特别应当适用上述保护；鉴于这种保护同时适用商标与标记、商品或服务间相似的情况；鉴于应该对混淆的可能性作出明确的定义和解释；鉴于混淆的可能性的判断取决于很多因素，特别是取决于商标在市场上的被认可程度、与已使用或注册的标记相联系的可能，商标或标记、商品或服务间相类似的程度，这些构成提供保护的特殊条件。

（9）鉴于商品自由流通的原则，共同体商标所有人无权禁止第三方适用经他本人或经其授权投放到共同体内流通的商品，除非商标所有人有合法理由反对这种商品进一步的流通。

（10）鉴于共同体商标或先于共同体商标注册的商标，只有真正投入使用后才能得到保护。

（11）鉴于共同体商标应该被看作与该商品或服务企业相独立的财产，因此，它可以转让，只要公众不会因为转让而被误导。它也能作为一种对第三方的担保,还可以许可他人使用。

（12）鉴于共同体有必要对由本条例产生的商标法律的贯彻执行采取必要的行政措施,所以,在保持欧共体现存的法律结构和权力平衡的同时,建立一个在技术上独立,并且具有法律、行政或财务自主权的协调局来协调内部市场(商标和标记)是至关重要的。为此,协调局必须而且应该是欧共体内部具有法人资格的、能行使本条例赋予其权力的机构,并且应该在共同体法律的体系内运行,不突破共同体法律赋予的权限。

（13）鉴于必须保证受协调局决定影响的当事人以适用商标法律特殊特征的方式受到该法律的保护,为此,制定了对商标审查员和协调局各个处所作的各种决定提起上诉的规则。鉴于如果作出被争议决定的部门不修正其决定,当事人可以将其呈送协调局下属的上诉庭来对此作出决定。上诉庭的决定可以在欧共体法院继续上诉,该法院有权取消或改变被争议的决定。

（14）根据欧共体的条约第225(1)条第一段,欧共体法院的一审有权审理和决定除了欧共体条约第230条中分配给陪审团和法院保留外的一审所涉及的其他诉讼行为。依据上述决定,本条例赋予法院取消或修改上诉委员会所作出决定的判决也应该由法院在一审中作出。

（15）鉴于为了加强对欧共体商标的保护,成员国根据本国的法律体系应当尽可能少地指定对共同体商标侵权或有效性具有裁判权的一审或二审法院。

（16）法院作出的有关共同体商标的有效性或侵权的决定应该在整个共同体内有效,因为这是使法院或协调局所作出决定具有稳定性并确保共同体商标的单一性特征不受损害的唯一方法。2000年12月欧盟理事会的(EC) No 44/2001号决议中有关司法管辖权和民商事裁决的承认和执行的条款应当适用所有与共同体商标有关的所有诉讼,本条例另有规定的除外。

（17）鉴于应该避免对涉及同样行为、同样当事人并且是根据共同体商标法和相应成员国商标法提起的诉讼作出互为矛盾的判决。因此,向成员国提起的诉讼,处理案件时适用该成员国法律,不受本条例的影响,如果同时向不同的成员国提起诉讼,参照处理待决和理事会(EC) No 44/2001号决定中相关诉讼的规定。

（18）鉴于为保证协调局的完全独立自立,协调局必须有独立的财务权,收入基本来源于该法律体系的使用人所交规费。但是,就欧共体国家间的财政援助记入欧共体的总预算账上的情况而言,欧共体的预算制度也是适用的,并且,账目的审计应由审计署承担。

（19）鉴于本条例的执行需要实施措施,特别是关于本条例及其实施细则中有关费用条款的通过和修改,与1999年6月28日欧盟理事会1999/468/EC决议中关于行使欧洲委员会赋予的行使实施权有关规定相协调。

特制订本条例:

第一章 总 则

第1条 欧共体商标

1. 根据本条例所规定的条件和方式注册的商品或服务商标,以下简称"共同体商标"。

2. 共同体商标具有单一特性。共同体商标在整个共同体内应有同等效力;只能就整个共同体对商标予以注册、转让、放弃或者作为撤销所有人权利或宣布无效及禁止使用,本条例另有规定的除外。

第2条 协调局

设立"内部市场(商标和外观设计)协调局",以下简称"协调局"。

第3条 行为能力

为了实施本条例,公司、商号和其他法人团体,如果根据有关法律,具有以自己的名义行使各种权利和义务,签订合同或者进行其他法律行为,起诉和被诉的能力,应视为法人。

第二章 商 标 权

第一节 共同体商标的定义及获得

第4条 可构成共同体商标的标识

共同体商标能用书写表示的任何标识,特别是文字,其中包括人名、图案、字母、数字、商品形状或其包装,只要这些标识能够将一个企业的商品或服务同其他企业的商品或服务区别开来。

第5条 共同体商标所有人

任何自然人或法人,包括按公法设立的管理机关,可以成为共同体商标所有人。

第6条 取得共同体商标的方式

共同体商标应通过注册取得。

第7条 驳回注册的绝对理由

1. 下列标识不得注册:

(a)不符合第4条要求的标识。

(b)缺乏显著性的商标。

(c)仅由在商业活动中可用于标明商品的种类、质量、数量、用途、价值、原产地商品的生产日期,或提供服务的时间的符号或标记组成的标识,或标明商品或服务的其他特征的符号或标记组成的标识。

（d）仅由在习惯用语或善意和公认的商务实践中成为惯例的符号或标记组成的标识。

（e）仅由以下形状组成的标识：

（i）由商品本身的特性决定的形状；或

（ii）获得一定技术效果所必需的商品形状；或

（iii）给商品带来实际价值的商品形状。

（f）违反公共秩序和善良风俗的标识。

（g）带有欺骗性质的，例如有关商品或服务的性质、质量或地理来源的标识。

（h）未经主管机关认可应按照《保护公约产权的巴黎公约》（以下简称《巴黎公约》）第六条之三被拒绝注册的标识。

（i）虽非《巴黎公约》第六条之三所指的，但具有特殊公众利益的徽章、徽记或者纹章图案，但有关机构同意其注册的除外。

（j）如葡萄酒和烈性酒的商标中含有或由用以识别葡萄酒和烈性酒的地理名称，而葡萄酒及烈性酒又不是出产于该地的。

（k）鉴于理事会决议2006年3月20号（EC）510/2006号令关于保护地理标识和农业产品、粮食原产地的规定，含有原产地和地理标志的标识满足上述决议第13条规定的条件，以及在相同商品上使用，并且注册申请日期是在原产地名称和地理标识申请之后的标识。

2. 即使不能注册的理由只在共同体部分国家得到承认，第1款也应予适用。

3. 要求注册的标识通过使用，在有关商品或服务上已具有显著性，第1款（b）、（c）、（d）项不应适用。

第8条 驳回注册的相对理由

1. 申请注册的商标，因在先商标所有人的异议，不得予以注册：

（a）申请注册的商标与在先商标相同的以及申请注册的商标使用的商品或服务与在先商标获保护的商品或服务相同的。

（b）由于申请注册的商标与在先商标相同或近似，以及申请注册的商标所使用的商品和提供的服务与在先商标所保护的商品或服务相同或相似而容易在在先商标受到保护的共同体区域内的公众中引起混淆的。这种容易引起混淆包括容易与在先商标相联系。

2. 第1条所指的"在先商标"是指：

（a）下列几种商标，其申请注册日早于共同体商标的申请注册日期，如有必要，应考虑这几种商标的优先权：

（i）共同体商标；

（ii）在成员国注册的商标，或者就比利时、荷兰、卢森堡而言，在比荷卢商标局注册的商标；

（iii）在成员国有效的国际注册的商标；

（iv）在共同体有效的国际注册商标。

（b）以上（a）所指的商标申请，最后应核准注册。

（c）在申请注册共同体商标之日，或者在提出申请注册共同体商标优先权之日，在《巴黎公约》第六条之二意义上在联盟成员国已驰名的商标。

3. 商标所有人的代理人或代表人，未经该所有人的同意而以自己的名义申请商标注册的，在商标所有人的异议下，该商标不应予以注册，除非该代理人或代表人证明其行为是正当的。

4. 申请注册的商标，经非注册商标所有人或经在不单限于当地的商业活动中使用另一标识的所有人的异议，根据成员国有关该标识的法律规定，不应予以注册：

（a）如果该标识的权利是在申请注册共同体商标前或在提出申请共同体商标优先权之日前取得的；

（b）如果该标识赋予其所有人禁止他人在后使用相关标识的权利的。

5. 此外，申请注册的商标与在先商标相同或近似的，尽管其注册的商品或服务与在先商标保护的商品或服务不类似的；有一在先共同体商标而且该商标在共同体享有声誉的；有一在先国家商标而且在有关成员国享有声誉的；无正当理由使用申请注册的商标会使在先商标处于不利地位，或者会给在先商标的显著特征或声誉造成损害的；上述申请注册的商标，经第2款所指的在先商标所有人的异议，不得予以注册。

第二节 共同体商标的效力

第9条 共同体商标所赋予的权利

1. 共同体商标应赋予商标所有人对该商标的专用权。商标所有人有权阻止任何第三方未经其同意在贸易过程中使用：

（a）与共同体商标相同，使用在与共同体商标所注册的相同商品或服务上的任何标志。

（b）由于与共同体商标相同或近似，同时与共同体商标注册的商品或服务相同或近似的任何标志，其使用可能会在公众中引起混淆的，这种可能的混淆包括该标志和该商标之间可能引起的联系。

（c）与共同体商标相同或近似，但使用的商品或服务与共同体商标所保护的商品或服务不相类似的任何标志，如果共同体商标在共同体内享有声誉，但由于无正当理由使用该标志，会给商标的显著特征或声誉造成不当利用或损害的。

2. 根据第 1 款,可以禁止包括下列行为在内的相关行为:
(a) 在商品或商品包装上缀附该标识;
(b) 提供带有该标识的商品,将其投入市场或为此目的持有相关商品或用该标识提供服务;
(c) 进口或出口带有该标识的商品;
(d) 在商业文书或广告上使用该标识。
3. 共同体商标赋予的权利应自该商标注册公布之日起,可以对抗第三方,在共同体商标申请公告之日以后的行为如依注册公告应予查禁,所有人可以要求合理赔偿。受理案件的法院不得在注册公告之前对案件作出判决。

第 10 条　共同体商标编入词典

如果共同体商标被编入词典、百科全书或类似参考书,给人的印象是商标好像成为注册使用的商品或服务的通用名称,出版社应根据共同体商标所有人的要求,保证至少在最近再版时,注明该词为注册商标。

第 11 条　禁止使用以代理人或代表人名义注册的共同体商标

如果共同体商标所有人的代理人或代表人,未经所有人的同意,以自己的名义注册了该商标,共同体商标所有人有权反对其代理人或代表人使用其商标,除非该代理人或代表人证明其行为是正当的。

第 12 条　共同体商标效力限制

共同体商标所有人无权禁止第三方在贸易过程中使用:
(a) 自己的名称或地址。
(b) 有关品质、质量、数量、用途、价值、产地名称、生产商品或提供服务的时间的标识,或有关商品或服务的其他特点的标识。
(c) 需要用来表明商品或服务用途的标识,特别是用来表明商品零部件用途的商标。

只要上述使用符合工商业务中的诚实惯例。

第 13 条　共同体商标的权利用尽

1. 共同体商标所有人无权禁止他人在由其或经其同意,已投放共同体市场标有该商标的商品上使用共同体商标。
2. 共同体商标所有人有合法理由反对商品继续销售的,尤其是商品在投放市场后,商品质量发生变化或损坏的,上述第 1 款不适用。

第 14 条　与侵权有关的国内法的补充适用

1. 共同体商标的效力完全依照本条例的规定。
此外,侵犯共同体商标权应根据第十章,适用与侵权有关的国内法。
2. 本条例不应阻止共同体商标根据成员国有关民事责任和反不正当竞争法提起诉讼。

3. 适用的程序规则应按第十章确定。

第三节 共同体商标的使用

第 15 条 共同体商标的使用

1. 商标所有人在商标注册后五年内,未将共同体商标在共同体内真正使用于注册的商品或服务上的,或连续五年中止使用的,应根据本条例的规定受到制裁,除非存在不使用的正当理由。

下列行为亦应视为第 1 款所指的使用:

(a) 共同体商标以不改变其显著特征的与注册时不同组成形式的方式使用;

(b) 在共同体区域内,仅为了出口商品的目的,把共同体商标贴附在商品或其包装上。

2. 共同体商标经商标所有人同意的使用应视为所有人的使用。

第四节 共同体商标作为财产的客体

第 16 条 把共同体商标视为国家商标

1. 除第 17 至 24 条另有规定外,共同体商标作为财产的客体应作为整体,在整个共同体区域内作为在成员国内注册的国内商标处理,根据共同体注册簿,在该成员国内,

(a) 所有人在相关时间里拥有住所和居住地;或

(b) 如果(a)不适用,所有人在相关时间内拥有企业。

2. 对于第 1 款未作规定的情况,前款所指的成员国应是协调局所在地的成员国。

3. 共同体商标注册簿上提到两个或两个以上的人作为共同体商标联合所有人的,第 1 款应适用首先提到的所有人,不然第 1 款应适用按顺序排列的下一个所有人。第 1 款不适用联合所有人中任何一个的,第 2 款应予适用。

第 17 条 转让

1. 共同体商标可以独立于企业的转让,就其注册保护的部分或全部商品或服务进行转让。

2. 整个企业的转让应包括共同体商标的转让,但根据有关转让的法律,有相反的协议或情况明显不同者除外。本规定适用转让企业的契约义务。

3. 在不影响第 2 款的情况下,共同体商标的转让应有书面文件并应要求契约各方签字,否则转让无效,但判决而定的转让除外。

4. 如果转让文件明显表明,共同体商标的转让对公众对于注册的商品或服务的性质、质量或产地引起误导,协调局对该转让不应予以注册,除非商标受

让人同意将共同体商标注册限于不易引起误导的商品或服务。

5. 经一方当事人的请求,转让应登记于注册簿并予以公告。

6. 只要转让尚未在注册簿上登记,商标受让人不得行使共同体商标注册产生的权利。

7. 对于协调局限制时间进行观察的商标,协调局收到商标转让申请,商标受让人可以作相应的声明。

8. 根据第 79 条需要通知共同体商标所有人的所有文书,应寄给注册为商标所有人的人。

第 18 条 以代理人名义注册的商标的转让

未经商标所有人的同意,以其代理人或代表人的名义注册的共同体商标,商标所有人有权要求将该商标转让给他人,除非代理人或代表人证明其行为是正当的。

第 19 条 物权

1. 共同体商标可以独立于企业进行质押或作为其他物权的客体。

2. 应一方当事人的要求,第 1 款中提到的权利应在注册簿上登记并予以公告。

第 20 条 强制执行

1. 共同体商标可以强制执行。

2. 关于共同体商标强制的程序,根据第 16 条确定的法院和成员国主管机关应对此有专门的管辖权。

3. 应当事人一方的要求,强制执行应在注册簿上登记并予以公告。

第 21 条 破产或同类性质的程序

1. 共同体商标涉及的破产程序的适用在成员国范围内债务人具有主要经营场所的情况。

当债务人是 2001/17/EC 指令、2001 年 3 月 19 日委员会意见中所定义的重组、解散的保险公司、2001/17/EC 指令、2001 年 3 月 19 日委员会意见中所定义的重组以及解散的信贷机构时,涉及共同体商标的破产程序在成员国内分别需要获得授权。

2. 在共同所有共同体商标的情形下,第 1 款应当适用于每一个专有权人。

3. 当破产程序中涉及共同体商标时,可以请求有权的国家权力机关基于第 89 条的规定在注册簿上登记并予以公告相应情况。

第 22 条 商标许可

1. 共同体商标可以就其注册的部分或全部商品或服务许可他人在共同体整个区域或部分区域使用。许可使用可以是独占或非独占的。

2. 共同体商标所有人可以用商标赋予他的权利对抗被许可人违反商标许

可合同中下列条款的行为：

（a）有关商标使用期限；

（b）可使用的注册商标形式；

（c）准许使用的商品或服务范围；

（d）商标使用的地区；或者

（e）被许可人生产的商品或提供的服务的质量。

3. 在不影响商标许可合同规定的情况下，被许可人只有取得商标所有人的同意，才可以对侵犯共同体商标的行为提起诉讼。但是，在正式催告商标所有人后，商标所有人本人未在适当的期限内提起诉讼的，独占许可商标所有人可以提起诉讼。

4. 被许可人为了获得损失赔偿，应有权参与共同体商标所有人提起的商标侵权诉讼。

5. 应一方当事人的要求，共同体商标许可使用的准许或转让，应在注册簿上登记并予以公告。

第 23 条　对第三方的效力

1. 第 17、19 和 22 条所指的有关共同体商标的法律行为，只有在注册簿上登记之后，对所有成员国的第三方为有效。但是，该商标在注册簿上登记之前，这种行为应对在该行为之日以后取得权利的，但在取得权利之日知道该行为的第三方有效。

2. 第 1 款不适用于通过整个企业的转让或通过全部财产继承的方式获得共同体商标或共同体商标某项权利的人。

3. 第 20 条所指的法律行为对第三方的效力应依照第 16 条确定的成员国的法律规定。

4. 在有关破产的成员国共同规则生效之前，破产或类似程序对第三方的效力应依据首次提起上述程序的成员国的国内法或所适用的国际条约。

第 24 条　共同体商标申请作为财产的标的

第 16 至 23 条应适用于共同体商标的申请。

第三章　共同体商标的申请

第一节　申请的提交及申请的条件

第 25 条　申请的提交

1. 共同体商标的申请应由申请人选择向以下机构提交：

（a）协调局；或

（b）成员国中央工业产权局或者比荷卢商标局。通过此途径提交的申请，应视为同日向协调局提交的申请,且有相同效力。

2. 如申请是向一成员国中央工业产权局或向比荷卢商标局提交,那么,在收到申请两周内,上述机构应采取一切步骤将申请书送交协调局。上述机构可以向申请人收取不超过收发申请书行政费用的费用。

3. 第2款中提交的申请在申请提交后超过两个月到达协调局的,申请视为申请文件到达协调局的当日提交的。

4. 本条例生效十年后,欧盟委员会应草拟一个有关共同体商标提交申请制度的实施报告,同时提交修改这一制度的建议。

第26条 申请须符合的条件

1. 一份共同体商标申请应包括:
（a）共同体商标注册申请书;
（b）说明申请人身份的文件;
（c）申请注册的商品或服务清单;
（d）商标图样一张。

2. 申请共同体商标应交纳申请费,如有必要,应交纳一类或一类以上费用。

3. 共同体商标申请必须符合第162条第1款所指的实施细则(以下简称"实施细则")所规定的条件。

第27条 申请日

共同体商标申请日应是申请人向协调局提交包括第26条第1款所列的申请文件之日,或者已向一成员国中央工业产权局或比荷卢商标局提交了申请的,以提交上述文件后一个月内支付了申请费的为准。

第28条 分类

申请共同体商标所使用的商品或服务应按实施细则规定的分类制度分类。

第二节 优 先 权

第29条 优先权

1. 向《巴黎公约》或《建立世界贸易组织协定》任何成员国提交了符合要求的商标申请的人,或其财产继承人就同一商标在与已申请的商标注册的相同商品或服务上申请的共同体商标而言,应该在首次申请之日起六个月内享受优先权。

2. 与根据提交申请的国家的国家法或根据双边或多边协议提交的相当于正规国内申请的每个申请应予承认优先权。

3. 正规国内申请是指,不管申请结果如何,足以确定提交申请日期的申请。

4. 在后的商标申请是原先第一次申请使用在相同商品或服务上的商标的主体,而且是在第一国家提交的,在后的商标申请从确定优先权而论,应被认为是第一次申请,只要在后提交的商标申请之日,前面的申请业已撤回、放弃或被驳回,未向公众公开和未留下判决权利,而且前面的申请未曾用来作为要求优先权的理由。

5. 如果在非《巴黎公约》或非《建立世界贸易组织协定》成员国提交了第一次申请,第 1 至 4 款仅适用于根据公布的决定,以符合本条例所规定的相等的条件赋予在协调局第一次提交的申请同等效力优先权的国家。

第 30 条　要求优先权

申请人如果想根据在先申请获得优先权,应提交优先权声明和前一申请的申请书副本一份。原先申请书的文字不是协调局使用文字之一的,申请人应提交一份原申请文译本。

第 31 条　优先权的效力

优先权的效力,从确立优先权而论,优先权日视为提交共同体商标申请之日。

第 32 条　共同体商标申请等同于国内商标申请

已经给予申请日的共同体商标申请,如以共同体商标为基础要求优先权,应在成员国中等同于正规的国内申请。

第三节　展会优先权

第 33 条　展会优先权

1. 如果共同体商标申请人,根据 1928 年 11 月 22 日在巴黎签订的并于 1972 年 11 月 30 日修订的《国际展览公约》规定的官方举办或认可的国际展览会上已经展出带有所申请的标识的商品或服务,若带有该标识的商品或服务自首次展出起六个月内提交商标申请,他可以要求第 31 条所指的优先权。

2. 申请人希望根据第 1 款请求优先权的,必须按照实施细则规定的条件,提交带有申请标识的商品或服务的展出材料。

3. 在一成员国或在第三国给予的展览会优先权并不延长第 29 条规定的优先权期限。

第四节　请求国内商标优先权

第 34 条　请求国内商标优先权

1. 在一成员国在先注册的商标,包括在比荷卢国家注册的或按照一成员国有效的国际注册的商标,其所有人有权将同一商标申请共同体商标注册,使用的商品或服务与在先注册的商标所使用的或包括的商品或服务相同,可以请求成员国的或在成员国注册的在先商标的共同体商标优先权。

2. 国内优先权根据本条例所具有的唯一的效力在于,如共同体商标所有人放弃或让在先商标期满终止,他应被视为享有如同这些商标继续维持注册一样的权利。

3. 所请求的共同体商标国内优先权自动灭失,如果作为请求国内优先权依据的在先商标被撤销或者无效,或者在共同体商标注册前被放弃。

第 35 条 在共同体商标注册后请求国内优先权

1. 在一成员国在先注册的,包括在比荷卢国家注册的或者根据在成员国家有效的国际注册的使用在相同商品或服务上的同一商标的所有人,他同时又是共同体商标所有人,可以请求该成员国的或在该成员国注册的在先商标优先权。

2. 第 34 条(2)(3)款适用。

第四章 注 册 程 序

第一节 商标申请的审查

第 36 条 申请条件的审查

1. 协调局应审查:
(a) 共同体商标申请是否符合第 27 条有关申请日的要求;
(b) 共同体商标申请是否符合条例和实施细则规定的条件;
(c) 类别费是否已按规定的期限缴纳。

2. 共同体商标申请不符合第 1 款所要求的,协调局应要求申请人对在限定期限内支付费用的不足或疏忽之处予以补救。

3. 如果按照第 1 款确定的在支付方面不足或疏忽之处在限定期限内未予补救,申请将不作为共同体商标处理。申请人达到协调局要求的,协调局应承认支付方面不足或疏忽之处予以补救之日为商标申请日。

4. 依照第 1 条(b)款确定的不足之处未在规定的期限内予以补救的,协调局应驳回申请。

5. 依照第 1 条(c)款确定的支付方面的疏忽之处未在限定期限内予以补救的,申请应视为撤回,除非该款项很明确表明费用以支付哪类商品或服务的。

6. 未能满足优先权要求的,应导致优先权的丧失。

7. 未能满足请求国内优先权的要求的,应导致该权利的丧失。

第 37 条 对驳回的绝对理由的审查

1. 根据第 7 条的规定,一商标不适合在共同体商标申请所包括的部分或全部商品或服务上注册的,申请应在那些商品或服务的范围内予以驳回。

2. 商标包括无显著性的部分,而且在商标中包含该部分会对商标的保护范围产生怀疑的,协调局应要求申请人声明放弃该部分的专用权作为注册该商标的条件。放弃声明应与申请或者根据具体情况与共同体商标的注册一起公告。

3. 在允许申请人有机会撤回或者修改申请书或者提出意见之前,申请不应予以驳回。

第二节 查 询

第38条 查询

1. 俟协调局给予了共同体商标申请的申请日,协调局应制作一份共同体商标查询报告,引证可能根据第8条对申请注册的共同体商标提出反对的那些在先注册的共同体商标或已发现的共同体商标申请。

2. 在申请共同体商标时,各成员国中央工业产权局在申请人及时缴纳相应费用后应当提供查询报告,协调局在一旦确定申请日时就应当移送一份关于共同体商标在协调局的查询的决定书。

3. 第2款所指的各个中央工业产权局,应在收到共同体商标申请书之日起两个月内将查询报告送交协调局。查询报告应引证那些可能被援引记载较早的国内商标或根据第8条对申请注册的共同体商标提出反对的在先的国内商标,或者说明经查询未发现存在这种权利。

4. 第3款所指的查询报告应当有协调局基于第126(1)条之规定在咨询管理委员会后出具的标准形式报告。该报告的具体形式由实施细则规定。

5. 根据第3款,协调局应向各中央工业产权局为他提供的每份查询报告支付一定费用。支付给每个局的数额应相同,具体数额应由预算委员会采取成员国代表3/4的多数通过的方式确定。

6. 协调局应及时将共同体查询报告和依据第3款规定的期限提交的国家查询报告送交共同体商标申请人。

7. 共同体商标申请应在协调局将查询报告送交申请人之日起一个月期限届满之后公告。一俟公告,协调局应将共同体商标申请公告通知在共同体查询报告中引证的在先的共同体商标所有人或共同体商标申请人。

第三节 申请的公告

第39条 申请的公告

1. 如果共同体商标申请必须满足的条件业已具备,而且第38条第7款规定的期限已过,商标申请根据第37条未予驳回的,则应予以公告。

2. 商标申请公告之后依照第37条予以驳回的,驳回注册的终局决定应予以公告。

第四节 第三方的意见和异议

第 40 条 第三方的意见

1. 在共同体商标公告之后，任何自然人或法人以及代表制造商、生产商、服务的提供者、贸易商或消费者的团体或组织，可以向协调局提出书面意见，特别是根据第 7 条的理由说明该标志依职权不得予以注册。他们不得作为当事人出席协调局的审理程序。

2. 上述第 1 款所指的意见应送交申请人。申请人可以对所提意见发表观点。

第 41 条 异议

1. 共同体商标申请公告后三个月期限内，对该商标注册的异议书可以由下列人根据第 8 条以该商标不可以注册为由发出：

（a）在第 8 条第 1 款、第 2 款，以及第 5 款所指的在先商标所有人以及那些商标所有人授权的被许可人；

（b）第 8 条第 3 款所指的商标所有人；

（c）第 8 条第 4 款所指的在先标识的所有人和/或根据有关国内法有权行使这些权利的人。

2. 根据第 43 条第 2 款第 2 句对经修正的申请的公告后，对商标注册的异议书也可以根据第 1 款规定的条件发出。

3. 异议必须以书面形式提出，而且必须具体说明提出异议的理由。在支付异议费之前，异议不能视为已经提出。异议人可以在协调局确定的期限内，提出能说明其案情的事实、证据和理由。

第 42 条 异议的审查

1. 协调局在审查异议的过程中，在需要时应请各方当事人在协调局所规定的期限内，对其他当事人或协调局本身的文书提出意见。

2. 应申请人的要求，提出异议的在先共同体商标所有人应提供证据证明：如果在先的共同体商标的注册在该日已超过五年，在申请注册共同体商标公告之前五年期间，在先的共同体商标已在共同体范围内真正使用于注册的及异议据以提出的商品或服务上；或证明不使用的正当理由。以该在先共同体商标的注册不少于五年为限。如果缺乏相应的证据证明，异议应当被驳回。如果在先的共同体商标仅在注册的部分商品或服务上使用，对审理异议来说，该商标应视为仅在该部分商品或服务上注册。

3. 上述第 2 款应适用于第 8 条第 2 款（a）项所指的在先国内商标，该国内商标通过在其受保护的成员国的使用来代替在共同体内使用。

4. 协调局如认为合适，可以请各方当事人友好解决。

5. 如果审查异议时发现商标不可以在共同体商标申请所保护的部分或全部商品或服务上注册，那么该申请应就那些商品或服务予以驳回。否则异议予以驳回。

6. 驳回申请的决定成为终局决定后应予公告。

第五节 申请的撤回、限制和修改

第43条 申请的撤回、限制和修改

1. 申请人可随时撤回其共同体商标申请或限制申请书所包括的商品或服务清单。如果申请业已公告，撤回或限制亦应予以公告。

2. 在其他方面，经申请人的要求，共同体商标申请可以予以修正，但仅限于更正申请人的名称或地址、文字或抄写差错或其他明显的错误，只要这些修正没有实质上改变商标或扩大商品或服务清单。修正影响了商标图样或商品或服务项目的，而且是在申请公告之后进行的，商标申请应按修正的予以公告。

第44条 分案申请

1. 包括在原始申请中的某些商品或服务是一个或者更多可分申请的对象，申请人可以给予分别申请。分案申请中的商品或服务不应与原始申请或者那些包含其他可分申请的商品或服务相重合。

2. 以下分案申请的声明不应被允许：

（a）当原申请被提出异议时，异议的效果涉及于分案申请的商品或服务，直到异议部门作出最终裁决或异议程序终止为止；

（b）在实施条例所规定的期限之间。

3. 分案的声明必须遵守实施条例的规定。

4. 分案申请时应缴纳费用，只有缴足相关费用才被视为已作出声明。

5. 分案申请以记载在协调局中原始申请的日期作为生效日。

6. 有关原始申请所提交的全部请求以及所缴纳的全部费用先于协调局收到分案申请的日期，也被认定是递交或支付了分案申请的请求或费用。此时不应该返还所按时缴纳的原始申请费用（早于收到分案申请的时间）。

7. 分案申请应当保留原始申请日、任何优先权日以及国内优先权日。

第六节 注 册

第45条 注册

申请符合本条例要求的并在第41条第1款规定的期限内无人提出异议的或异议经最后决定驳回的，商标应予核准注册为共同体商标，只要在规定的期限内交纳了注册费。在规定的期限内未交费的，申请应视为撤回。

第五章　共同体商标的有效期、续展、变更及分案注册

第46条　注册的有效期

共同体商标注册的有效期为十年,自申请提交之日起开始计算。根据第47条商标可以续展,每次续展时间为十年。

第47条　续展

1. 共同体商标的注册,经商标所有人或者他明确授权的任何人的请求,应予以续展,只要他支付了费用。

2. 协调局应在共同体商标有效期满之前及时通知共同体商标所有人或拥有了已注册的与共同体商标有关的权利的人。如果未及时发出期满通知,不应追究协调局的责任。

3. 续展请求应在有效期满之日最后一天的六个月内提交。费用也应在同期内交纳。未能照此办理的,续展请求可以在前句所指的日期后六个月宽限期内提交,只要在宽限期内交纳了附加费用。

4. 提交的续展请求或交纳的费用只限于共同体商标所注册的部分商品或服务的,续展注册应只限于这些商品或服务。

5. 续展注册有效期应自现行注册期满之日后的第一天起计算。续展应予以注册。

第48条　变更

1. 共同体商标在注册或申请续展期间不应在注册簿中予以变更。

2. 然而,共同体商标包括所有人名称和地址的,且商标的任何变更并不在实质上影响原注册商标特征的,可以按所有人的请求予以变更。

3. 变更注册的公告应包括变动后的共同体商标图样。权利受到变更影响的第三方,可以在公告后三个月内对变更注册提出异议。

第49条　分案注册

1. 共同体商标的所有人认为包含在原始注册中的一些商品或服务是一个或者更多可分注册的对象,可分注册中的商品或服务不应与保留在原始注册或那些包含在其他可分注册中的商品或服务重合。

2. 以下分案声明不被允许:

(a) 如果一个权利撤销的申请或无效宣告已经提交给协调局,以对抗原始注册。在撤销部门的决定成为终审或者诉讼被终止之前,这种分案宣告具有引起分割商品或服务的效果,从而对抗撤销权的申请或所指向的无效宣告。

(b) 如果针对撤销或无效宣告在共同体商标法院之前提起反诉,依据第100条第6款,记录在注册簿上的共同体商标法院的判决之前,这种具有引起分割商品或服务效果的可分声明是用来对抗所指向的反诉。

3. 分案的声明必须遵守实施条例的规定。

4. 分案申请时应缴纳费用,只有缴足相关费用才被视为已作出声明。

5. 自记录在注册簿上的日期起,该分案产生效力。

6. 有关原始申请所提交的全部请求以及所缴纳的全部费用先于协调局收到分案申请的日期,也被认定是递交或支付了分案申请的请求或费用。此时不应该返还所按时缴纳的原始申请费用(早于收到分案申请的时间)。

7. 分案申请应当保留原始申请日、任何优先权日以及国内优先权日。

第六章 放弃、撤销、无效

第一节 放　　弃

第50条　放弃

1. 共同体商标可以就商标注册的全部或部分商品或服务放弃注册。

2. 放弃应由商标所有人向协调局作出书面说明。放弃在注册簿登记后才能生效。

3. 放弃只有经注册簿中登记的权利所有人的同意才能予以登记。已注册了使用许可证的,只有商标所有人证明他已将放弃的意图通知了被许可人,放弃才应在注册簿上登记。此项登记应在实施条例规定的期限届满后进行。

第二节 撤销的理由

第51条　撤销的理由

1. 共同体商标所有人的权利应在其向协调局申请后宣布撤销或在侵权诉讼中通过反诉宣布撤销:

(a) 如果商标连续五年未在共同体内在注册的商品或服务上真正使用,又无不使用的正当理由。但是,如要在五年期满和提出撤销申请或反诉这段时间内,商标开始或恢复正常使用,任何人都不可以要求所有人的共同体的商标权利应予撤销。如果开始或恢复使用仅仅在商标所有人知道可能提出撤销申请或反诉,最早在连续五年不使用期满时开始提出撤销申请或反诉之前三个月内开始或恢复使用不应予以考虑。

(b) 如果由于商标所有人的作为或不作为,商标已成为其注册的商品或服务行业中的通用名称。

(c) 如果由于商标所有人或在他的同意下在注册的商品或服务上使用商标,该商标可能使公众对于商品或服务的性质、质量或产地产生误导的。

2. 如果撤销权利的理由仅仅存在于共同体商标所注册的部分商品或服务,所有人的权利只应就那些商品或服务宣布撤销。

第三节 无效的理由

第 52 条 无效的绝对理由

1. 共同体商标应就第三方向协调局提出申请或在侵权诉讼中通过反诉宣布无效：

(a) 共同体商标注册违反第 7 条规定的；

(b) 申请人在提交商标申请时有欺骗行为的。

2. 已注册的共同体商标虽然违反第 7 条第 1 款 b 项、c 项或 d 项，但由于商标的使用，商标在注册后在注册的商品或服务上取得显著性的，商标不可宣布无效。

3. 无效的理由仅存在于共同体商标所注册的部分商品或服务上的，商标只应就那部分商品或服务宣布无效。

第 53 条 无效的相对理由

1. 共同体商标应就第三方向协调局提出申请或在侵权诉讼中以反诉为由宣布无效：

(a) 存在第 8 条第 2 款所指的在先商标的，而且具备第 8 条第 1 款或第 5 款所规定的条件的；

(b) 存在第 8 条第 3 款所指的商标，并且该条款所规定的条件已具备；

(c) 存在第 8 条第 4 款所指的在先权利，而且该条款所规定的条件已具备。

2. 共同体也应就第三方向协调局提出申请或在侵权诉讼中通过反诉宣布无效，如果这种共同体商标的使用依据保护任何其他在先权利和尤其是下列权利的国内法可以予以禁止的：

(a) 名称权；

(b) 肖像权；

(c) 版权；

(d) 工业产权。

3. 如果上述第 1 款和第 2 款所指的权利所有人在提交宣布无效申请或反诉之前已书面同意共同体商标的注册，共同体商标不应宣布无效。

4. 如果第 1 款或第 2 款所指的权利当中的一项权利的所有人早先已申请宣布共同体商标无效，或者在侵权诉讼中提起反诉，他不可以援引他应在第一次申请或反诉时援引的权利中的另一项权利为由提出宣布无效的新申请或反诉。

5. 应当适用第 52 条第 3 款。

第 54 条 默许的限制

1. 如果共同体商标所有人在明知的情况下，已默许在后的共同体商标在共同体内连续使用五年，他不再有权以在先商标为由申请在后的商标宣布无效，或者反对在后的商标在已使用的商品或服务上继续使用,除非在后商标是以欺骗行为申请注册的。

2. 如果第 8 条第 2 款所指的在先的国内商标所有人或者第 8 条第 4 款所指的另一在先标志的所有人,在明知的情况下,默许在后的共同体商标在在先商标或其他在先标志受到保护的成员国内连续使用了五年,他不再有权以在先的商标或其他在先标志为由申请宣布在后的商标无效,或者反对在后商标在其使用的商品或服务上继续使用,除非在后的商标是以欺骗行为申请注册的。

3. 在第 1 款和第 2 款所指的情况下,后注册的共同体商标所有人不应有权反对在先权利的使用,即使该权利不可以再援引来反对在后的共同体商标。

第四节 撤销和无效的后果

第 55 条 撤销和无效的后果

1. 在所有人的权利已经被撤销的情况下,共同体商标应视为自申请撤销或反诉之日起已经不具有本条例所规定的效力。产生撤销的理由之一的日期早于上述日期的,该较早的日期可以应一方当事人的请求在裁决中予以确定。

2. 在商标宣布无效的情况下,共同体商标应视为从一开始就不具有本条例所规定的效力。

3. 除有关因商标所有人的疏忽或缺乏商标信誉而造成损害赔偿请求或有关不当得利的国内法另有规定外,商标的撤销或无效的追溯效力不应影响:

(a) 已取得当局终局裁决的和在对撤销或无效作出决定之前已经执行的任何有关侵权的裁决;

(b) 作出撤销或无效决定之前已达成而且已经履行的契约,但对于根据有关契约已支付的款项,如情况必须,可以根据衡平法的原则请求退回。

第五节 协调局审理有关撤销或无效的程序

第 56 条 申请撤销或申请宣布无效

1. 申请撤销共同体商标所有人的权利或者申请宣布该商标无效可以由下列各方向协调局提出:

(a) 凡第 51 条和第 52 条适用的,任何依照法律条款有能力以自己的名义起诉或被诉的自然人、法人和任何为了代表制造商、生产商、服务提供者、贸易商或消费者的利益而成立的团体或组织;

(b) 凡第 53 条第 1 款适用的,第 41 条第 1 款所指的人;

(c) 凡第 53 条第 2 款适用的,本条例所指的在先权利人或者有权根据有关成员国的法律行使此项权利的人。

2. 申请应以书面形式提交并申述理由。在缴纳费用之前,申请不应视为已经提交。

3. 如果就相同的诉讼标的和理由,涉及同一当事人的申请已经由一成员国的法院作出裁决而且已取得当局的终局裁定,撤销或宣布无效的申请不应予接受。

第 57 条 申请的审查

1. 在审查撤销权利或宣布无效的申请中,协调局如有需要即应请各方当事人在协调局确定的期限内对其他当事人或协调局本身发出的文书提出意见。

2. 如果共同体商标所有人有此要求的,在先注册的共同体商标所有人作为无效程序中的一方当事人,应在提出宣布无效申请之日前五年内提供证据证明,在先的共同体商标已在共同体范围内在注册的商品或服务上投入真正的使用而且认为其申请有正当理由,或者在先的共同体商标在该日尚未使用的,在先的共同体商标的注册在该日已过五年的,应证明不使用的正当理由。共同体商标公告的那天,在先的共同体商标注册已过五年的,在先的共同体商标所有人还应提供证据证明,第 42 条第 2 款规定的条件在该日已经具备。无这方面证据的,宣布无效的申请应予驳回。在先的共同体商标仅在注册的部分商品或服务上使用的,该商标就审查宣布无效申请而言,应视为仅在该部分商品或服务上注册。

3. 第 2 款应适用于第 8 条第 2 款(a)项所提的在先的国内商标,在先的国内商标在其受保护的成员国使用代替在共同体内使用。

4. 如协调局认为合适,可以请各方当事人友好解决。

5. 如果撤销权利或宣布无效申请的审查中,发现该商标本来就不应当在注册的全部或部分商品或服务上注册的,共同体商标所有人的权利应予撤销或应就那些商品或服务上的权利宣布无效。否则撤销权利和宣布无效的申请应予驳回。

6. 撤销共同体商标所有人的权利或宣布其权利无效的裁决成为终局裁定后应在注册簿上登记。

第七章 上　诉

第 58 条 可提起上诉的决定

1. 对审查员、异议处、商标及法律管理处,以及撤销处的决定可提起上诉。上诉具有中止效力。

2. 对一方当事人无终止诉讼的决定,只能与终局决定一起上诉,除非决定允许分别上诉。

第 59 条 有权上诉和有权成为上诉程序当事人的人

受到决定不利影响的任何当事人可以提起上诉。诉讼程序的其他各方当事人当然是上诉程序的当事人。

第60条 上诉时限及形式

对决定不服请求上诉的,必须在决定通知之日起两个月内向协调局提交书面上诉书。只有在缴纳了上诉费时,上诉书才应视为已经提交。在决定通知之日起四个月内,必须提交说明上诉理由的书面陈述书。

第61条 单方程序中判决的修改

1. 申诉人是该程序中唯一诉讼当事人并且作出引起争议决定的部门认为上诉可以接受,而且有充分理由的,该部门应修正其决定。

2. 在收到理由陈述书后一个月内,对决定未予修正的,上诉应立即呈交上诉委员会,对上诉不得评述。

第62条 双方程序中决定的修改

1. 如果提起上诉的当事人受到另一方的异议且被其决定被上诉的部门认为该异议可以被接受且有充分理由的,该部门可以修改其决定。

2. 其决定被上诉的部门通知另一方其修改决定的异议,且该方在收到通知两个月内接受该修改,相关决定始得修改。

3. 如果在收到第 2 款中描述的通知之后两个月内,另一方内部接受被上诉、被修改的决定,并作出不接收的声明或者在规定的时间内不作任何声明,上诉应当立即被提交到上诉委员会,且相关部门不能对上诉作出评论。

4. 如果作出引起争议决定的部门在收到陈述理由书后一个月内不认为上诉可以接受并且有充分理由的,上诉应当立即提交上诉委员会,对上诉不得评述,而不是采取第 2 款和第 3 款的规定。

第63条 上诉的审查

1. 如果上诉可以接受的,上诉委员会应审理上诉是否成立。

2. 在审理上诉时,上诉委员会如有需要即应请各方当事人在上诉委员会确定的时间内,对其他当事人或上诉委员会发出的文书提出意见。

第64条 上诉的裁定

1. 上诉委员会对上诉进行实质审理后,应对上诉作出裁定。上诉委员会可以行使负责上诉决定的部门职权范围内的权利,或者将案件交给该部门进行进一步审理。

2. 上诉委员会将案件交给负责上诉决定的部门进行进一步审理的,在事实相同的情况下,该部门应受上诉委员会裁决理由的约束。

3. 上诉委员会的裁决应于第 65 条第 5 款所指期限届满之日起才能生效,或者在所指期限内向法院提起诉讼的,上诉委员会的裁决应自诉讼被驳回之日起生效。

第65条 向法院提起诉讼

1. 对上诉委员会作出的上诉裁决不服的,可以向法院提起上诉。

2. 诉讼可以以无管辖权、违反基本程序要求、违反条约、本条例或所适用法律的规定，或者以滥用权力为由提起。

3. 法院有权宣布有争议的决定无效或改变该决定。

4. 受上诉委员会裁决不利影响的任何当事人均可提起诉讼。

5. 当事人应在上诉委员会裁决通知之日起两个月内向法院提起诉讼。

6. 协调局经要求应采取必要措施执行法院的判决。

第八章　共同体集体商标

第 66 条　共同体集体商标

1. 共同体集体商标应是这样一种共同体商标，它可以用来或能够区别协会即商标所有人的商品或服务与其他企业的商品或服务。根据适用的法律条款，有以自己的名义、行使各种权利和义务、签订合同、完成其他法律行为和起诉应诉能力的各种制造商、生产者、服务提供者或贸易商的协会以及法律规定的法人，可以申请共同体集体商标。

2. 与第 7 条第 1 款(c)项有所不同，在贸易中用于表示商品或服务的地理来源的符号或标识也可以构成第 1 款含义内的共同体集体商标。共同体集体商标不应赋予所有人权利去禁止第三方在贸易中使用这种符号或标识，如果他是依照工业或商业事务中诚实原则使用的，特别是这种标识不应援用来反对有权使用地理名称的第三方。

3. 本条例的各项规定，除第 67 条至 74 条另有规定外，适用于共同体集体商标。

第 67 条　集体商标使用章程

1. 共同体集体商标的申请人必须在规定的期限内提交集体商标使用章程。

2. 使用章程应具体列明授权使用该商标的人、该协会成员的条件以及商标使用条件，其中包括罚则。商标使用章程必须给予第 66 条第 2 款的规定允许来源于有关地理区域的商品或服务的任何人成为该协会(商标所有人)的成员使用该商标。

第 68 条　驳回申请

1. 除第 36 条和第 37 条规定的共同体商标驳回的理由外，不符合第 66 条或第 67 条规定的，或者使用章程违反公序良俗的，共同体集体商标的申请应予驳回。

2. 可能使公众对商标的性质或意义产生误导的，尤其是可能把集体商标当作别的东西的，共同体集体商标的申请亦应予以驳回。

3. 申请人为了符合第 1 款和第 2 款的要求，对使用章程作了修改的，申请不应予以驳回。

第 69 条 第三方意见

除第 40 条所提的情况外,该条所指的任何个人、团体或组织均可以以共同体集体商标根据第 66 条的规定应予驳回为由,向协调局提出书面意见。

第 70 条 标识的使用

共同体集体商标可以由授权使用的任何人使用,使用应符合本条例的要求,并且本条例有关共同体商标使用的其他条件已经具备。

第 71 条 商标使用章程的修改

1. 共同体集体商标所有人必须向协调局提交修改后的使用章程。

2. 经修改的章程不符合第 67 条要求的,或者涉及第 68 条所指的驳回理由之一的,修改不应在注册簿上提及。

3. 第 69 条应适用于经修改的使用章程。

4. 为适用本条例,使用章程的修改应自修改的提述在注册簿登记之日起才能生效。

第 72 条 有权提起侵权诉讼的人

1. 第 22 条第 3 款和第 4 款关于被许可人权利的规定应适用于授权使用共同体集体商标的每一个人。

2. 由于未经许可使用共同体集体商标,使授权使用该商标的人遭受损失的,共同体集体商标所有人应有权代表他们请求赔偿。

第 73 条 撤销的理由

除第 51 条规定的撤销理由外,共同体集体商标所有人的权利,经第三方向协调局提出申请或通过侵权诉讼中提起反诉在下列情况下予以撤销:

(a) 如果使用章程中规定了相关标识的使用要求的,使用要求的修改在注册簿注册的,所有人未采取合理措施阻止该商标被以不符合章程规定的方式使用的;

(b) 所有人使用商标的方式已构成第 68 条第 2 款所指的可能误导公众的使用方式;

(c) 对注册簿中注册的使用章程的修改违反第 71 条第 2 款规定的,除非所有人通过进一步修改使用章程,使其符合规定的那些要求。

第 74 条 无效的理由

除第 52 条和第 53 条规定的无效理由外,违反第 68 条规定的注册的共同体集体商标经向协调局提出的申请或通过侵权诉讼中提起反诉予以宣布无效,除非商标所有人通过修改使用章程,使其符合规定的那些要求。

第九章 程 序

第一节 总 则

第 75 条 决定依据的理由说明

协调局的决定应说明所依据的理由。决定只能以有关当事人有机会提出观点的理由或证据为依据。

第 76 条 协调局自行审查事实

1. 提交协调局审理的申诉案,协调局应自行审查事实。但对有关驳回注册相对理由的申诉,协调局在审理中应受限于各方当事人提供的事实、证据、申辩词和请求救济方式。

2. 协调局对于有关当事人没有或不是及时提交的事实或证据可以不予考虑。

第 77 条 口头审理

1. 协调局认为口头审理方便的,口头审理应按协调局的建议或者任何一方当事人的请求举行。

2. 审查处、异议处和商标管理法律处的口头审理,不公开进行。

3. 撤销处或上诉委员会进行的口头审理,包括宣布裁定,应公开进行,只要该部门进行的审理在公众参加的情况下所作的裁定不会给当事人带来严重和不正当的伤害。

第 78 条 取证

1. 协调局进行的审理应通过下列手段提供或取得证据:

(a) 听取当事人的证词;

(b) 要求提供相关信息;

(c) 获取书证或物证;

(d) 听取证人证言;

(e) 专家提供的意见;

(f) 经宣誓、确认的或根据该国法律具有同等效力的书面陈述。

2. 有关部门可以委托一名成员对提供的证据进行审查。

3. 协调局认为有必要请当事人、证人或专家提供证言的,协调局应发传票传唤有关人员出席作证。

4. 协调局听取证人或专家证言,应通知当事人。当事人有权出席并向证人或专家提问。

第 79 条 通知

协调局依职权应将时效性的裁决、命令以及任何通知书或者文书通知相关人,或者根据本条例或实施条例的其他规定必须通知到的相关人或者由协调局局长命令发给通知的人。

第 80 条 决定的撤销

1. 协调局应确保撤销已经作出的因其自身原因而导致明显程序错误的注册决定,对于诉讼中仅有的一方当事人以及能够影响其权利的行为,即使该错误对一方当事人而言并非是明显的,协调局也应作出撤销决定。

2. 作出决定的部门应依照职权或者诉讼中一方当事人的请求,作出第 1 款中所述的撤销的决定。在询问了诉讼当事人任何有争议注册的共同体商标所有人之后,撤销的决定应自注册之日起六个月内作出。

3. 在实施条例所规定的程序和条件下,因任何语言的错误、抄本的错误以及协调局在注册商标时的明显错误,或者在公告程序中所进行的纠正,本条不能损害上诉人根据第 58 条和第 65 条提起上诉的权利。

第 81 条 权利的恢复

1. 共同体商标申请人、所有人或者申诉案的任何当事人,尽管根据情况需要作了一切努力但仍未能按时到达协调局的,由此根据本条例的规定而造成丧失权利或丧失补救措施的直接后果的,经申请,应重新确立其权利。

2. 申请应自消除不能履行时效的原因之后两个月内以书面形式提交。未履行的行为应在此期间完成。书面申请须在未遵守时限期满之日起一年内提出。未提交续展注册申请的,或者未缴纳续展费的,第 47 条第 3 款第 3 段规定的六个月延展期应从一年期限减去。

3. 申请书必须说明申请所依据的理由,而且必须阐述所依据的事实。在缴纳重新确立权利的费用之前,申请视为未经提交。

4. 对未履行的行为作出决定的主管部门应对申请作出决定。

5. 本条各项规定不应适用于本条第 2 款、第 41 条第 1 款和第 3 款以及第 82 条所指的时效。

6. 共同体商标申请人或所有人已重新确立其权利的,他不可以援用其权利反对在共同体商标申请权或商标权丧失和所提权利重新确立公告期间已善意地将带有相同或近似的共同体商标的商品投放市场或提供了服务的第三方。

7. 第三方可根据第 6 款,对所提重新确立的那些权利公告之日起两个月内对共同体商标申请人或所有人重新确立权利的决定提起诉讼。

8. 本条例不应限制成员国就本条例规定的及对成员国当局应予遵守的时效给予恢复权利的权利。

第 82 条 程序的继续

1. 由于忽略某些行为而未能遵守协调局规定的时效的共同体商标的申请人、所有人或参与协调局程序的任何当事人,通过请求,可以继续相关程序,只要该请求作出之前被忽略的行为已经实施了。只有在时效届满后两个月内提交的继续相关程序的请求才会被接受。并且在交付继续申诉的费用后,该请求才能被提交。

2. 本条不适用第 25 条第 3 款、第 27 条、第 29 条第 1 款、第 33 条第 1 款、第 36 条第 2 款、第 41 条、第 42 条、第 47 条第 3 款、第 60 条、第 62 条、第 65 条第 5 款、第 81 条以及第 112 条中有关时效的规定。同时,在申请被提交后,涉及第 30 条优先权、第 33 条展览会优先权以及第 34 条有关国内优先权的规定,都不适用本条以及实施条例所规定的时效。

3. 由有权限判定忽略行为的部门来对申请作出裁决。

4. 如果协调局接受了申请,则没有遵守时效的后果视为未发生。

5. 如果协调局拒绝了申请,所缴纳费用应予以返还。

第 83 条 参考一般原则

本条例、实施条例、费用章程或上诉委员会的程序规则没有程序性规定的,协调局应考虑成员国普遍承认的程序法原则。

第 84 条 支付义务的终止

1. 协调局对于支付费用的权利应自费用到期之日历年年终起四年后消灭。

2. 要求协调局退还费用或退回超过费用的余额的权利应自产生权利之日历年年终起四年后消灭。

3. 在第 1 款规定的时效期间内要求支付费用的和第 2 款规定的时效期间内书面提出合理请求的,第 1 款和第 2 款规定的时效应予中断。时效中断后,时效应立即重新计算,应自原来开始计算之年年终后最迟六年终止,除非在这期间,司法程序强制权利已经开始,在此情况下,时效期间应自审判使当局取得终局裁决后最早一年终止。

第二节 费 用

第 85 条 费用

1. 在异议、撤销、宣布无效或上诉程序中的败诉方应承担对方当事人产生的诉讼费以及在不妨碍第 119 条第 6 款的情况下,还应承担主要在诉讼程序中产生的一切费用,包括代理人、顾问或律师的差旅费和报酬,其金额限于按实施条例规定的条件而确定的各种费用标准范围。

2. 如果当事人在某些方面胜诉而在另一些方面败诉,或者依照衡平法的原理分摊费用比较合理,异议处、撤销处或上诉委员会应确定一个费用分摊比例。

3. 一方当事人通过撤回共同体商标申请、异议申请、撤销权利申请、宣布无效申请或上诉状的,或者通过不续展注册或放弃共同体商标的方式终结诉讼的,应负担第 1 款和第 2 款所规定另一方当事人产生的费用和开支。

4. 案件未作裁定的,费用应由异议处、撤销处或上诉委员会斟酌决定。

5. 各方当事人在异议处、撤销处或上诉委员会达成的费用协议不同于前几款规定的,有关部门应对该协议进行记录。

6. 经要求,异议处、撤销处或上诉委员会的登记处应根据上述条款确定应支付的费用金额。在规定的期限内,如当事人提出请求,异议处、撤销处或上诉委员会应对所确定的金额进行核定。

第86条 确定费用金额的裁决的执行

1. 协调局确定费用金额的任何终局决定应予执行。

2. 执行应依照所在国家现行的民事程序规则的规定进行。执行令应附于该决定,除了由国家机关证明决定的真实性外无需其他手续。该国家机关应是由各成员国政府为此指定的并通知协调局和法院。

3. 经有关当事人的申请办妥上述手续时,当事人可根据国内法的规定将此事直接提交主管当局予以执行。

4. 执行只能根据法院的决定才能终止。但是,有关国家的法院应对采用不当方式进行执行的案件有管辖权。

第三节 成员国官方当局资料的公开与查询

第87条 共同体商标注册簿

协调局设注册簿,称"共同体商标注册簿"。注册簿应记载注册的详细内容或者包括本条例或实施条例规定的内容。注册簿应公开供公众查阅。

第88条 查阅档案

1. 尚未公告的共同体商标申请的案卷,未经申请人的同意,不应提供查阅。

2. 能证明共同体商标申请人曾声称其商标注册后将援用其商标权来反对其他的任何人,均可在该申请公告之前,未经申请人同意的情况下,获准查阅该卷。

3. 共同体商标申请公告后,该申请和商标的案卷可以请求查阅。

4. 根据第2款或第3款查阅的案卷,卷中某些文件,按照实施条例的规定,可以拒绝予以查询。

第89条 定期出版物

协调局应定期出版:

(a)《共同体商标公报》,内容包括共同体商标注册簿登记的事项以及本条例和实施条例规定公告的其他特殊事项;

(b)《官方杂志》,内容包括协调局局长颁发的带有普遍性质的通知、信息以及有关本条例及其实施方面的信息。

第90条 行政合作

除本条例或国内法另有规定外,经相互请求协调局、法院或成员国当局应通过交换信息或公开案卷查询的方式,相互给予支持。协调局向法院、检察院或中央工业产权局公开案卷查询的,查阅不受第88条规定的限制。

第91条 交换出版物

1. 协调局和成员国中央工业产权局应相互索取或免费赠送一本或几本各自的出版物,供各自使用。

2. 协调局可以签订有关交换或提供出版物的协议。

第四节 代 理

第92条 代理的一般原则

1. 除本条第2款规定者外,不应强迫任何人向协调局办理事务时必须有代表人。

2. 在不妨碍本条第3款第2句的情况下,在共同体内没有住所或主要营业场所或真实、有效的工商企业的自然人或法人,除了提交共同体商标申请以及实施条例允许的其他例外事项,必须根据第93条第1款有代表参加本条例确立的在协调局进行的诉讼。

3. 在共同体内有住所或主要营业地点或真实、有效的工商企业的自然人或法人,可以派一名雇员作为代表参加协调局进行的诉讼。雇员必须向协调局提交一份经签字的授权书,存入案卷,授权书的具体内容在实施条例里另有规定。本款所指的雇员还可代表与第一法人在经济上有关系的其他法人,即使其法人在共同体内既没有住所,又没有主要营业场所或真实有效的工商企业。

4. 实施条例应详细说明是否以及在何种条件下雇员必须向协调局提交一份经签字的授权书,归入案卷。

第93条 职业代理人

1. 为自然人或法人在协调局办理各项事务的代表只可以由以下人员担任:

(a) 任何成员国的合格律师,只要他在共同体内有营业场所并且有权在该成员国作为代理人办理商标事宜的;或

(b) 在协调局职业代理人名单上有名字的职业代理人。实施条例应详细说明是否以及在何种条件下雇员必须向协调局提交一份经签字的授权书,归入案卷。

作为在协调局办理各种事务的代理人必须向协调局提交一份经签字的授权书,归入案卷,授权书的具体内容在实施条例里有规定。

2. 具备下列条件的任何自然人可以在专业代理人名单上予以登记:

(a) 成员国的国民。

(b) 在共同体内有营业所或就业。

(c) 有权代表自然人或法人向营业所或就业所在的成员国中央工业产权局办理商标事宜。该国不把这种权利作为申请职业代表资格条件的,申请在名单上登记的人必须向该国中央工业产权局办理商标事宜至少五年。但是,代理自然人或法人向成员国工业产权局办理商标事宜的人,其专业资格根据该国的规定是官方承认的,无须考虑专业执业条件。

3. 登记应根据请求并提交有关成员国中央工业产权局出具的说明已具备第2款条件的证明办理。

4. 协调局局长可以批准免除:

(a) 第2款(c)项第2句的要求,如果申请人提供证据证明他已经以另一种方式取得必要的资格;

(b) 在特殊情况下,第2款(a)项的要求。

5. 从专业代理人名单中除名的条件应在实施条例中予以规定。

第十章 有关共同体商标的管辖和诉讼程序

第一节 适用(EC)No 44/2001号条例

第94条 适用(EC) No 44/2001号条例

1. 除本条例另有具体规定者外,(EC)No 44/2001号《关于管辖权以及民商事判决的承认与执行的条例》(以下称(EC) No 44/2001号条例)应适用于有关共同体商标和共同体商标申请的诉讼程序以及适用于有关对共同体商标和国内商标同时和相继进行的诉讼。

2. 在第96条所指的诉讼和请求程序的情况下:

(a)(EC) No 44/2001号条例的第2条、第4条,第5条第1款、第3款、第4款和第5款以及第31条不应适用;

(b) 除本条约第97条第4款的限制规定外,该公约第23条和第24条应适用;

(c) 公约第二章的规定适用于居住在成员国的人,亦适用于在成员国无住所但有企业的人。

第二节 关于共同体商标侵权和无效的争议

第95条 共同体商标法院

1. 成员国应在其地域内尽可能少地指定实施本条例赋予的功能的国内第一审、第二审法院,以下简称"共同体商标法院"。

2. 各成员国应在本条例生效后三年内向欧盟委员会提交一份共同体商标

法院名单，列明其名称和地域管辖。

3. 在提交上述第2款所提名单后，法院的数目、名称或地域管辖有变化的，有关成员国应及时通知欧盟委员会。

4. 欧盟委员会应将上述第2款和第3款所指信息通知所有成员国并在《欧洲共同体官方杂志》上公告。

5. 如果一成员国未将第2款规定的名单呈送，第96条规定的诉讼或申请引起的诉讼管辖，并且根据第97条该国法院对此有管辖权的，应属于所指的国家法院。该法院对在该国注册的国内商标的诉讼案有属地理由管辖权和属物理由管理权。

第96条 对侵权和有效性的管辖

共同体商标法院对下列诉讼应有专属管辖权：

（a）所有对共同体商标的侵权诉讼和（如果根据国内法这些诉讼是允许的）对共同体商标有侵权威胁的诉讼；

（b）确认不侵权的诉讼（如果根据国内法这些诉讼是允许的）；

（c）针对第9条第3款第2句所指的行为而提起的所有诉讼；

（d）对根据第100条撤销共同体商标或宣布其无效而提起的反诉。

第97条 国际管辖

1. 除本条例和第94条所指的（EC）No 44/2001号条例另有规定外，第96条所指的诉讼和请求应向被告居住所在成员国提起，或者被告在成员国均无住所的，应向被告设有企业的成员国法院起诉。

2. 被告在任何成员国既无住所，又无企业的，此类诉讼应向原告居住所在成员国法院提起，或者原告在任何成员国均无住所的，应向原告设有企业的成员国法院提起。

3. 被告和原告在任何成员国均无住所或企业的，此类诉讼应向协调局所在地的成员国法院提起。

4. 尽管上述第1、2、3款的规定：

（a）双方当事人同意另一个共同体商标法院有管辖权的，适用（EC）No 44/2001号条例第23条；

（b）被告在另一个共同体商标法院应诉的，适用（EC）No 44/2001号条例第24条。

5. 第96条所指的诉讼和请求除宣布共同体商标未侵权诉讼外，还可以向侵权或侵权威胁行为地或第9条第3款第2句所指的行为地成员国法院提起。

第98条 管辖范围

1. 共同体商标法院，其管辖权的依据是第97条第1至4款，应对下列行为享有管辖权：

（a）在任何成员国领土内发生的侵权行为或侵权威胁行为；

（b）在任何成员国领土内的第 9 条第 3 款第 2 句所指范围内的行为。

2. 共同体商标法院，其管辖权依据是第 97 条第 5 款，仅对法院所在地成员国领土内发生或威胁的行为有管辖权。

第 99 条 有效性推断及抗辩

1. 共同体商标法院应推定共同体商标有效，除非被告在提出撤销共同体商标或宣布其无效的反诉中对此提出质疑。

2. 在确认不侵权的诉讼中不可以对共同体商标的有效性提出质疑。

3. 在第 92 条(a)和(c)项所提的诉讼中，一项关于撤销共同体商标或宣布其无效的请求，不是通过反诉提出的，就被告声称共同体商标所有人的权利因商标未使用能予以撤销或者声称共同体商标由于被告的一项在先的权利能予以宣布无效而论，该请求应予以接受。

第 100 条 反诉

1. 要求撤销或宣布无效的反诉只能以本条例提及的撤销或无效的理由为依据。

2. 协调局对同一诉讼对象，相同的诉讼理由和相同的当事人所作的决定已成终局的，共同体商标法院应驳回要求撤销或宣布无效的反诉。

3. 反诉是在诉讼中提出的，可是在该诉讼中，商标所有人还不是一方当事人，也应通知他，依照国内法规定的条件他可以作为一方当事人参加诉讼。

4. 共同体商标法院接受了向其提交的要求撤销共同体商标或宣布该商标无效的反诉，应该将反诉提交的日期通知协调局。协调局应将此事实在共同体商标注册簿备案。

5. 第 57 条第 2 款至第 5 款应适用。

6. 共同体商标法院对要求撤销共同体商标或宣布该商标无效的反诉已作了终局判决的，应送交协调局一份判决书。任何一方均可询问有关转送的信息。协调局应根据实施条例的规定在共同体商标注册簿提述该商标。

7. 审理要求撤销或宣布无效的反诉的共同体商标法院，可以经共同体商标所有人的申请中止诉讼程序，在听取其他当事人的意见后，可以要求被告在法院规定的期限内向协调局提交要求撤销或宣布无效的申请。申请未在期限内提交的，恢复诉讼。反诉应视为撤回。应适用第 104 条第 3 款。

第 101 条 适用法律

1. 共同体商标法院应适用本条例的规定。

2. 本条例未规定的事宜，共同体商标法院应适用其国内法，包括其国际私法。

3. 除本条例另有规定外，共同体商标法院应适用该法院所在成员国适用国内商标同类诉讼的诉讼程序规则。

第102条 处罚

1. 共同体商标法院发现被告已侵犯或威胁侵犯共同体商标权利,该法院应发出命令禁止被告进行侵犯或可能侵犯共同体商标的行为。该法院还应根据其国内法采取旨在确保禁令得以遵守的措施。

2. 在其他方面,共同体商标法院应适用侵权或侵权威胁行为地的成员国法律,包括其国际私法。

第103条 临时和保全措施

1. 共同体商标或共同体商标申请可以向成员国法院,包括共同体商标法院申请临时措施,包括保全措施,如按照成员国有关国内商标的商标法律,这些措施是有效的,甚至根据本条例,另一成员国的共同体商标法院对该事宜的实体是有管辖权的。

2. 共同体商标法院,其管辖权依据是第97条第1、2、3、4款,应有权批准临时和保全措施。除任何必要的承认和执行程序符合(EC) No 44/2001号条例第三章规定外,这些措施适用于任何成员国领土。其他法院无此类管辖权。

第104条 相关诉讼的特殊规则

1. 共同体商标法院审理第96条所指的诉讼(不包括确认不侵权的诉讼),除非有特殊理由继续审理外,应在审讯当事人后或者在一方当事人的请求下和审讯其他当事人后自行中止诉讼程序,如果共同体商标的有效性问题因为反诉已向另一共同体商标法院提出或者要求撤销或宣布无效的申请已向协调局提交。

2. 协调局在审理撤销或宣布无效申请时,除非有特殊理由继续审理,应在审讯当事人后或者在一方当事人的请求下和在审讯其他当事人后自动终止审理程序。如果共同体商标有效性问题因为反诉已向共同体商标法院提出,但是,共同体商标法院进行的诉讼一方当事人有请求的,该法院可以在审讯这些诉讼的其他当事人后中止诉讼程序。在此情况下,协调局应继续其未结束的诉讼程序。

3. 共同体商标法院中止诉讼程序的,该法院可以命令在中止期间采取临时和保全措施。

第105条 共同体商标二审(上诉)法院的管辖权

1. 当事人不服共同体商标一审法院在第96条所指的诉讼和请求程序中所作的判决的,应有权向共同体商标二审法院提起上诉。

2. 向共同体商标二审法院提起上诉的条件应由该法院所在成员国的国内法确定。

3. 关于向最高法院上诉的国内规则应适用于共同体商标二审法院作出的判决。

第三节 关于共同体商标的其他争议

第 106 条 共同体商标法院以外的国内法院的管辖权附则

1. 在其法院根据第 94 条第 1 款有管辖权的成员国内,那些法院应对第 96 条所指的诉讼以外的诉讼有管辖权,对在该国注册的国内商标的诉讼通常有属地和属物管辖权。

2. 根据第 94 条第 1 款和本条第 1 款没有一个法院对第 96 条所指的诉讼以外的共同体商标诉讼有管辖权的,可以由协调局所在的成员国法院审理。

第 107 条 国内法院的义务

审理第 96 条所指的诉讼以外的共同体商标诉讼的国内法院应推定该商标有效。

第四节 过渡规定

第 108 条 关于适用《管辖和执行公约》的过渡规定

根据前面的条款予以适用的(EC) No 44/2001 号条例仅在条例于规定的时间在该成员国生效后才能在该国生效。

第十一章 对成员国法律的效力

第一节 以多个商标为依据的民事诉讼

第 109 条 以共同体商标和国内商标为根据同时和相继进行的民事诉讼

1. 向不同成员国的法院提起涉及相同诉讼理由和相同当事人之间的侵权诉讼,一个根据共同体商标受理的,而另一个根据国内商标受理的:

(a) 如果有关商标相同,且使用在相同商品或服务上,在后受理的那个法院应自行放弃该案管辖权以有利于先受理法院。如果对其他法院的管辖权有争议的,通常应放弃管辖权的法院可以暂缓其诉讼程序。

(b) 有关商标相同而且使用在类似的商品或服务上的,有关商标近似而且使用在相同或类似商品或服务上的,后受理的法院可以暂缓其诉讼程序。

2. 对使用在类似商品或服务上的相同的国内商标,依据相同诉讼理由和相同当事人之间的诉讼作出终局裁决的,审理共同体商标侵权诉讼案的法院应驳回该诉讼。

3. 对使用在类似商品或服务上的相同的共同体商标,依据相同诉讼理由和相同当事人之间的诉讼作出终局判决的,审理国内商标侵权诉讼的法院应驳回该诉讼。

4. 本条第 1、2、3 款不适用临时措施,包括保全措施。

第二节 为禁止使用共同体商标的目的而适用国内法

第 110 条 禁止使用共同体商标

1. 除另有规定外,本条例不影响根据成员国法律对由于使用在后的共同体商标侵犯第 8 条和第 53 条第 2 款的在先权利而提起诉讼的权利。但是,根据第 54 条第 2 款在先权利的所有人不可以再申请宣布共同体商标无效的,第 8 条第 2 款和第 4 款所指的在先权利受到侵犯不可以再请求赔偿。

2. 除另有规定外,本条例不影响为了禁止共同体商标,根据成员国的民事、行政或刑法或根据共同体商标的规定提起诉讼的权利,其前提是可以根据成员国的法律或者根据共同体法律禁止使用国内商标。

第 111 条 存在于局部地区的在先权利

1. 仅适用于特殊地区的在先权利人,可以反对共同体商标在其权利受到有关成员国法律保护的地域内使用。

2. 在先权利所有人已默认共同体商标在其受到保护的区域内连续五年使用,并且他知道到这种使用的,上述第 1 款停止适用,除非共同体商标是通过欺骗申请的。

3. 共同体商标所有人无权对第 1 款所指的权利提出异议,即使该权利不可以再援引来反对共同体商标。

第三节 转换成国内商标申请

第 112 条 国内程序申请的请求

1. 共同体商标申请人或所有人可以在下列情况下请求将其共同体商标申请或共同体商标转换成国内商标申请:
 (a) 如果共同体商标被驳回、撤回或视为撤回;
 (b) 如果共同体商标不再有效。

2. 在下列情况下,不发生转换:
 (a) 共同体商标所有人的权利以不使用为由被撤销的,除非在请求转换申请的成员国内,根据该成员国的法律,共同体商标已经使用,并且被认为是真诚地使用;
 (b) 为了在一成员国受到保护,而在该国根据协调局的决定或国家法院的裁决,拒绝注册的理由或撤销或无效的理由适用共同体商标申请的或共同体商标的。

3. 由共同体商标申请或共同体商标转换成的国内商标申请应享受有关国家的有关该商标或商标申请的申请日、优先权日,如有必要,享受第 34 条和第 35 条规定的在该国的国内优先权。

4. 如果共同体商标申请被视为撤回，协调局应当向申请人发出通知，规定在通知日期的三个月内，申请人可以提交转换申请。

5. 共同体商标撤回的或由于未续展注册而失效的，转换请求应自共同体商标申请撤回或共同体商标注册期满之日起三个月内提交。

6. 共同体商标失去效力是由国家法院裁定的，转换的请求应在该裁决取得当局终局裁定后三个月内提交。

7. 第32条所指的效力，未及时提交请求的，应予中止。

第113条 转换申请的提交、公告和移送

1. 转换的请求应向协调局提交并具体列明希望申请注册国内商标的国家，在转换费提交之前，请求视为未提交。

2. 共同体商标申请已公告的，对业已收到的此种请求应在共同体商标注册簿上登记。转换的请求应予以公告。

3. 协调局应根据第112条第1款、第2款、第4款、第5款、第6款、本条第1款以及实施条例中规定的形式要件审查转换申请是否符合相关条件。如果条件已具备的，协调局应将请求移送到所列的各成员国中央工业产权局。

第114条 转换申请的形式要求

1. 接受移送请求的任何中央工业产权局，应决定申请能否被接受。

2. 共同体商标申请或共同体商标根据第113条移送的，不应受不同于本条例或实施条例规定的要求或者对本条例或实施条例的要求有所补充的国内法的形式要求的支配。

3. 任何中央工业产权局，接受移送请求的，可以要求申请人在两个月内：

(a) 缴纳国内申请费；

(b) 提交请求和附件的该国官方文字的译本；

(c) 注明在该国的经营地址；

(d) 提供该国规定数量的商标图样。

第十二章 协 调 局

第一节 总 则

第115条 法律地位

1. 协调局应是共同体的一个机构，具有法人资格。

2. 协调局应在每个成员国内享受该国法律赋予法人的最广泛的法律行为能力，特别是它可以取得或转让动产或不动产，可以作为法律诉讼的一方当事人。

3. 协调局局长为协调局代表人。

第 116 条　职员

1. 《欧洲共同体官员的职员条例》、欧洲共同体其他公务人员的雇佣制度，以及欧洲共同体各机构之间以协议形式通过的实施"雇员条例"和雇佣制度的规则，在不妨害第 136 条适用于上诉委员会委员的情况下，应适用于协调局的职员。

2. 在不影响第 125 条的情况下，应由协调局对其职员行使"职员条例"和其他公务人员雇佣制度赋予各机构的权力。

第 117 条　特权和豁免权

《欧洲共同体特权和豁免权议定书》应适用于协调局。

第 118 条　责任

1. 协调局的契约责任应依照有关合同所适用的法律。

2. 法院有权依据协调局在合同中订立的仲裁条款作出判决。

3. 在非契约责任的情况下，协调局应根据各成员国普遍适用的一般原则对协调局各部门或其公务人员在履行职责时造成的任何损失予以赔偿。

4. 欧共体法院对上述第 3 款所指的有关损失赔偿的争议有管辖权。

5. 协调局的公务人员对协调局的责任应依照"雇员条例"或雇佣制度的相关规定。

第 119 条　语言

1. 共同体商标申请应当用欧洲共同体的一种官方文字提交。

2. 协调局使用的语言是英语、法语、德语、意大利语和西班牙语。

3. 申请人必须从协调局使用的语言中指定他在异议、撤销或宣布无效诉讼程序中可能接受的第二种语言。如果申请是以非协调局使用语言提交的，那么就像第 26 条第 1 款所描述的那样，协调局应安排把此申请翻译成申请人指定的文字。

4. 共同体商标申请人在向协调局提起的诉讼中是唯一当事人的，诉讼使用的语言应是提交共同体商标申请所使用的语言。申请书不是用协调局所使用的文字填写的，协调局可以使用申请人在申请书中指明的第二种文字寄送文书。

5. 异议书、撤销或宣布无效申请应用协调局使用的一种文字提交。

6. 根据上述第 5 款，异议书、撤销或宣布无效申请所选择的语言是商标申请书中使用的语言或提交申请时指明的第二种语言，该语言应当是进行诉讼使用的语言。

根据上述第 5 款，异议书、撤销或宣布无效申请书选择的语言既不是商标申请书中使用的语言，也不是提交申请书时所指明的第二种语言，异议方或请求撤销或宣布无效方应自费将其异议书或申请书译成申请书的语言，如该语言是协调局使用的一种语言或者译成提交申请时指明的第二种语言。译文应在实施条例规定的期限内提供。申请书的译文应是诉讼使用的语言。

7. 异议、撤销、宣布无效或上诉程序各方当事人,可以协商同意使用欧共体的另一种官方语言作为诉讼使用的语言。

第 120 条　公告;在注册簿上登记

1. 第 26 条第 1 款所指的共同体商标申请和本条例或实施条例规定公告的其他信息,应当用欧洲共同体所有官方文字公告。

2. 在共同体商标注册簿登记的所有事项,应当用欧洲共同体所有官方文字登记。

3. 对所使用语言有疑问的,应以使用协调局语言的共同体商标申请书文本为准。提交的申请书使用协调局几种语言以外的一种欧洲共同体的官方语言,应以申请人指明的第二种语言为准。

第 121 条

协调局行使职责所需的翻译服务,应由联盟机构翻译中心开业后提供。

第 122 条　对合法性的监督

1. 对协调局局长的行为的合法性,共同体法律未规定由其他机构审查的,以及依照第 138 条附属协调局的预算委员会的行为的合法性,均应由欧盟委员会审查。

2. 上述第 1 款所指的非法行为应予以纠正或制止。

3. 各成员国或凡是直接或亲自涉及的人,可以将第 1 款所指的任何明示或暗示行为提交欧盟委员会审查该行为的合法性。有关方应自第一次知道该行为之日起 15 天内把该行为提交欧盟委员会审查。欧盟委员会应在一个月内作出决定。在此期间未作出决定的,应视为驳回。

第 123 条　文件的获取

1. 欧洲议会和欧盟理事会于 2001 年 5 月 30 日发布 No 1049/2001 号条例,其中有关公众获取欧洲议会、理事会以及委员会的文件的规定应当适用于协调局所颁布的文件。

2. 行政委员会应当根据欧盟委员会发布的 No 1049/2001 号实施条例采取切合实际的安排。

3. 在《欧盟条约》第 195 条和第 230 条分别规定的前提下,就协调局根据欧洲委员会发布的 1049/2001 号条例第 8 条作出的决定,当事人可以分别向申诉专员提出控告或向法院起诉。

第二节　协调局的管理

第 124 条　局长的权力

1. 协调局应由局长管理。

2. 为此，局长特别有下列职权：

（a）应采取一切必要措施，包括内部行政指示的制订和公布，确保协调局行使职责。

（b）在征求行政委员会的意见后，向欧盟委员会提出修改本条例、实施细则、上诉委员会程序规则、收费条例和适用于共同体商标的任何规章的建议。涉及收费条例和本条例有关预算规定的，应征求预算委员会的意见。

（c）起草协调局的收支估算表并执行预算。

（d）每年应向欧盟委员会、欧洲议会和行政委员会提交管理工作报告。

（e）行使第116条第2款对有关职员的权利。

（f）委托他人行使其权力。

3. 应由一名或多名副局长协助局长工作。如果局长不在或生病，根据行政委员会规定的程序，副局长或其中一名副局长代为履行其职责。

第125条　聘任高级官员

1. 协调局局长由委员会从行政委员会提出的最多三名候选人名单中聘任。解聘局长的权力属委员会，解聘应先由行政委员会提出建议。

2. 局长的任期不超过五年。任期届满可以连聘连任。

3. 协调局副局长的聘任或解聘应与第1款的规定相同，但事先应与局长磋商。

4. 委员会对本条第1款和第3款所指的官员严格执行纪律。

第三节　行政委员会

第126条　创立和权力

1. 协调局附设行政委员会。在不影响预算委员会在以下第五节"预算和财务监督"中的权力的情况下，行政委员会应有以下规定的权力（参见第133和134条）。

2. 行政委员会应拟订第125条规定的候选人名单。

3. 它应就协调局负责的事宜向局长提出建议。

4. 协调局局长通过商标审查准则和本条例规定的其他事项之前，应征求行政委员会的意见。

5. 如认为必要，它可以向局长和欧盟委员会呈送信息建议书和提出咨询请求。

第127条　组成

1. 行政委员会由每一成员国的一名代表、欧盟委员会的一名代表和他们的候补代表组成。

2. 行政委员会的委员，遵守该委员会的程序规则，可由顾问和专家协助。

第 128 条 委员长

1. 行政委员会应从其委员中选举委员长和副委员长各一名。委员长因故不能履行职务的,副委员长应依职权代替委员长。

2. 委员长和副委员长任期为三年。任期届满,可以连任。

第 129 条 会议

1. 行政委员会会议应由其委员长召集和主持。

2. 除非行政委员会另有决定,协调局局长应参加会议。

3. 行政委员会应每年召开一次常会。此外,行政委员会应在委员长的提议下或者在欧盟委员会或 1/3 成员国的要求下召开临时会议。

4. 行政委员会应通过程序规则。

5. 行政委员会的决定应经成员国代表的多数表决通过。但是,根据第 125 条第 1 款和第 3 款授权给行政委员会作出的决定,应经成员国代表 3/4 表决通过。在以上两种情况下,每一成员国有一个表决权。

6. 行政委员会可以邀请观察员参加其会议。

7. 行政委员会秘书处应由协调局提供。

第四节 程序的实施

第 130 条 权限

下列机构和人员有资格对本条例规定的有关程序作出决定:

(a) 审查员;

(b) 异议处;

(c) 商标管理和法律处;

(d) 撤销处;

(e) 上诉委员会。

第 131 条 审查员

审查员应代表协调局就有关共同体商标申请注册,包括第 36、37 和 66 条所指的事宜作出决定,但由异议处负责的事宜除外。

第 132 条 异议处

1. 异议处负责对共同体商标申请的异议作出决定。

2. 异议处应由三名成员组成,其中至少一人应是法律专家。

第 133 条 商标管理和法律处

1. 商标管理和法律处应负责对本条例所规定的不属于审查员、异议处或撤销处职权范围内的事宜作出决定,尤其应对有关共同体商标登记的事宜作出决定。

2. 它还应负责对第 89 条所指的专业代表名单进行存档。

3. 该处的决定应由一名成员作出。

第 134 条 撤销处

1. 撤销处应负责对有关要求撤销共同体商标或宣布其无效的申请作出决定。

2. 撤销处应由三名成员组成。成员中至少一人是法律专家。

第 135 条 上诉委员会

1. 上诉委员会应负责对审查员、异议处、商标管理和法律处以及撤销处的决定提起的上诉作出决定。

2. 上诉委员会应由三名成员组成,其中至少两名是法律专家。在特定具体案件中,应当由上诉委员会的主席或者具有法律资格的成员就任主席的上诉委员会扩大委员会审理。

3. 上诉委员会扩大委员会审理的特殊案件应当是法律认定上有困难或者是重要案件或者根据具体情况需要扩大委员会审理的。下列机构可以将案件提交扩大委员会审理：

（a）根据第 162 条第 3 款委员会的程序规则简历的上诉委员会；

（b）审理案件的委员会。

4. 上诉委员会扩大委员会的组成及其送交规则应根据 162 条第 3 款有关委员会的程序规则进行。

5. 由单一成员机构所审理的具体案件,应当是法律或者事实认定没有困难,不属于重大的案件或者不符合其他特殊情形的案件,并且应当由审理该案件的委员会通过。更进一步的细则应参照第 162 条第 3 款有关委员会的程序规则进行。

第 136 条 上诉委员会成员的独立性

1. 上诉委员会的成员,包括主席,应根据第 125 条的聘任协调局局长的程序聘任,任期五年。他们在任期内不可解聘,除非有重要的解聘理由和法律根据聘任他们的机构的申请作出解聘判决。他们的任期届满,可连聘连任。

上诉委员会主席对包括下列事项在内的事项享有管理和组织的权力：

（a）主持上诉委员会,负责制定组织委员会工作的规则,具体权限参照第 162 条第 3 款有关委员会的程序规则；

（b）确保委员会的决定得到执行；

（c）根据由上诉委员会的机构所确定的客观标准,向委员会分派案件；

（d）向协调局的主席转送委员会的开支需求以制定开支预算。

（e）上诉委员会的主席主持上诉委员会扩大委员会。

（f）进一步的细则应参照第 162 条第 3 款有关委员会的程序规则。

2. 上诉委员会的成员应当由行政委员会任命,每次任期为五年。任期届满,可连聘连任。

3. 上诉委员会的成员在任期内不可解聘,除非有重要的解聘理由。欧共体法院在收到行政委员会提交的根据上诉委员会主席的建议作出的解聘案件后,需要咨询相关人员所属的委员会的负责人,之后依法作出裁决。

4. 上诉委员会的成员应是独立的。他们在作出决定时不受任何指示的约束。

5. 上诉委员会的成员不可以由审查员、异议处成员、商标管理和法律处成员或撤销处成员兼任。

第 137 条　回避和异议

1. 审查员和协调局内所设的各处成员或上诉委员会成员与诉讼案有个人利害关系的,或者他们原先曾代表一方当事人的,不可以参与该诉讼案的审理。异议处三名成员中的二人不应参与过审查申请工作,撤销处成员曾参与注册或异议诉讼的终局决定的,不可以参与该诉讼案的审理。上诉委员会的成员曾参与提起上诉的决定的,不可以参与该上诉案的审理。

2. 一个处的成员或上诉委员会的成员,因第 1 款所提的其中一项原因,认为自己不应该参与诉讼案审理的,他应通知本处或上诉委员会。

3. 审查员和各处或上诉委员会的成员因有第 1 款所提的一项原因或被怀疑不公正的,任何当事人可以对其提出反对意见。当事人明知反对理由而采取程序性步骤的,反对意见不应予以接受。任何反对意见都不可以以审查员或成员的国籍为由提出。

4. 各处及上诉委员会应对第 2 款和第 3 款提到的情况作出决定,有关成员不得参加。为此,回避或被反对的成员应由其在该处或上诉委员会的候补人员代替。

第五节　预算和财务管理

第 138 条　预算委员会

1. 协调局附设预算委员会。预算委员会行使本节和第 38 条第 4 款赋予的权力。

2. 第 126 条第 6 款,第 127 条,第 128 条,第 129 条第 1 款至第 4 款、第 6 款和第 7 款,作必要的修改后,适用于预算委员会。

3. 预算委员会作出的决定,应经成员国代表简单多数表决通过。但是,第 38 条第 4 款、第 140 条第 3 款和第 143 条授权预算委员会所作的决定要求经 3/4 的多数成员国的代表表决通过。在上述两种情况下,每个成员国有一票表决权。

第 139 条 预算

1. 协调局的全部收益和支出的估算书应按每一会计年度制作并包括在协调局的预算中。每一会计年度应与日历年度一致。

2. 在预算中所列的收益和支出应当平衡。

3. 在不影响其他收入的情况下,收益应包括"收费条例"规定应支付的各项费用,如有必要,在欧洲共同体的总预算专项下列一项补助金。

第 140 条 制订预算

1. 局长每年应起草一份下一年度协调局收支估算书,并于不迟于每年 3 月 31 日将估算书连同职员名单一起送预算委员会。

2. 预算的估算书提供共同体补助金的,预算委员会应立即将估算书送至欧盟委员会,由其转送共同体预算机关。欧盟委员会可以在估算书上附一份意见,同时附一可供选择的估算书。

3. 预算委员会采纳通过附有协调局职员名单的预算。预算估算书包括一项共同体总预算补助金的,如有必要,预算应予调整。

第 141 条 审计与控制

1. 应当在协调局内建立内部审计功能,并依照相关国际标准履行审计功能。经由主席任命的内部审计员应当对协调局的预算执行制度和程序的正确运行负责。

2. 内部审计员通过签署有关管理和控制制度质量的独立意见,推荐相关改进操作执行的条件和促进健全的金融管理,向主席就处理风险方面提供建议。

3. 落实内部控制系统和实施工作的程序都应当由审计局负责。

第 142 条 账目的审计

1. 协调局局长应不迟于每年 3 月 31 日将前一会计年度的总收益和支出送交欧盟委员会、欧洲议会、预算委员会和协调局下属账目审计院。审计院应根据《欧共体条约》第 188c 条审查收入和支出账目。

2. 预算委员会应给协调局局长一份履行预算的证明。

第 143 条 财务规章

预算委员会应在征求欧洲共同体审计院和欧盟委员会的意见后,通过内部财务规章,特别应规定制订和执行协调局预算的程序。就与协调局的特定性质可以类比的情况下,财务规章应参照共同体设立的其他机构通过的财务条例。

第 144 条 收费条例

1. 收费条例应特别规定支付费用的金额和支付方式。

2. 费用金额的确定标准应保证该笔收益在原则上足以使协调局的预算保持平衡。

3. 收费条例应根据第 163 条第 2 款的程序通过和修改。

第十三章　商标国际注册

第一节　总　则

第 145 条　条款的适用

除本条另有说明的情况外,本条例及其实施条例应当适用于基于共同体商标的申请或共同体商标提出的以欧盟为指定国家的 1989 年 6 月 27 日于马德里制定的《国际商标注册马德里议定书》(以下简称《马德里议定书》)框架下的国际注册申请(以下简称"国际申请"),国际申请由世界知识产权组织国际局(以下简称"国际局")进行注册(以下简称"国际注册")。

第二节　以欧共体商标申请和欧共体商标为基础的国际注册

第 146 条　国际申请的提交

1. 根据《马德里议定书》第 3 条提出基于共同体商标申请或共同体商标的国际申请应当向协调局提交。

2. 如果国际申请所依据的共同体商标还未获准注册,国际申请的申请人必须明确其国际注册是基于共同体商标的申请还是注册。如果国际申请所依据的共同体商标获准注册,其获准注册日就被视为协调局收到国际申请的日期。

第 147 条　国际注册的形式和内容

1. 国际申请应当使用由协调局提供的表格,以欧共体指定的官方语言提交。除非申请人在相关表格上特别说明,协调局与申请人交流时使用的语言应当与申请人提交标准表格时所使用的语言一致。

2. 如果提交国际申请所使用的语言不是《马德里议定书》允许使用的语言之一,申请人必须从中指定第二语言。协调局将用该第二语言向国际局提交国际申请。

3. 如果国际申请所使用的不是《马德里议定书》规定国际申请文件允许使用的语言之一,申请人可以提供国际申请中所列商品或服务的翻译文本,所用语言应当为上述第 2 段中规定的协调局向国际局提交国际申请所使用的语言。

4. 协调局应尽早将国际申请转寄给国际局。

5. 提交国际申请应当向协调局支付费用。在第 146 条第 2 款第 2 段规定的情况下,该费用缴纳日期为在共同体注册商标之日。只有所要求费用被缴纳,申请才被视为已经提交。

6. 国际申请必须遵循实施条例的相关规定。

第 148 条　备案及记录

1. 以共同体商标申请为基础的国际注册的时间和数量应记录在申请文件

中。当申请产生了共同体商标时,国际注册的日期和数量应当登记在注册簿中,上述国际申请的时间和数量也应记录在注册簿中。

2. 以共同体商标为基础的国际注册的时间和数量应登记在注册簿中。

第149条 国际注册后的"领土延伸"请求

根据《马德里议定书》第3条之二,国际注册后的"领土延伸"请求可以通过协调局作为中介提交。提交请求所使用的语言必须与第147条提出的国际申请所使用的语言一致。

第150条 国际费用

根据《马德里议定书》的规定,任何应当支付给国际局的费用应直接向其缴纳。

第三节 指定欧共体的国际注册

第151条 指定欧共体的国际注册的效力

1. 自根据《马德里议定书》第3条第4款的注册日或根据其第3条之三第2款的后续指定欧共体的日期起,指定欧共体的国际注册与欧共体商标申请具有相同的效力。

2. 如果没有根据《马德里议定书》第5条第1款和第2款的被驳回或驳回被撤销,从第1段提到的日期起,指定欧共体的国际注册与共同体商标具有相同的效力。

3. 为了适用第9条第3款,根据第152条第1款对指定欧共体的国际注册的公告应当取代共同体商标申请的公告,并且根据第152条第2款的公告也应取代共同体商标注册的公告。

第152条 公告

1. 协调局应当对下列事项予以公告:根据《马德里议定书》第3条第4款的注册日或根据其第3条之二的后续指定欧共体的日期;提交国际申请使用的语言以及申请人选择的第二语言;国际注册的数量以及国际局在其公报上公告该国际注册的日期;相关标识的复印件以及需要获得保护的产品或服务的数量和种类。

2. 如果不存在根据《马德里议定书》第5条第1款和第2款对指定欧共体的国际注册的保护的驳回或驳回被撤销,协调局应公告该事实,以及国际注册的数量和国际局在其公报上公告该国际注册的日期(如果有的话)。

第153条 国内优先权

1. 指定欧共体的国际注册的申请人可以在国际申请中主张根据在某个成员国内注册的,包括在比荷卢经济联盟注册的在先商标或者根据在某个成员国生效的国际协定注册的商标,而拥有的国内优先权,正如第34条规定的。

2. 自根据第 152 条第 2 款公布了上述注册而产生相应效力的日期起,指定欧共体的国际注册的持有人可以向协调局主张根据在某个成员国内注册的,包括在比荷卢经济联盟注册的在先商标或者根据在某个成员国生效的国际协定注册的商标而拥有的国内优先权,正如第 35 条规定的。协调局应当据此通知国际局。

第 154 条　对无效的绝对理由的审查

1. 指定欧共体的国际注册应当接受与共同体商标申请同样的绝对无效理由的审查。

2. 国际注册的商标所有人被允许宣布放弃或限制在欧共体获得的有关保护之前或提交其意见之前,国际注册的保护不应被拒绝。

3. 拒绝保护的决定应取代共同体商标申请的驳回决定。

4. 当国际注册保护被驳回的决定根据本条已经成为终局决定,或者国际注册的所有人根据第 2 款已经重新界定了有关欧共体的保护,协调局应根据实施条例退还国际注册所有人的部分费用。

第 155 条　检索

1. 一旦收到了指定欧共体的国际注册的通知,协调局应当根据第 38 条第 1 款制作一份共同体检索报告。

2. 一旦收到了指定欧共体的国际注册的通知,对于根据第 38 条第 2 款通知了协调局将在本国的注册簿中进行检索的成员国,协调局应向其中央知识产权局转递一份申请复印件。

3. 在适用第 38 条第 3 款至第 6 款时应当加以必要的变通。

4. 协调局应通知检索报告中发现的任何共同体商标的在先所有人或申请人指定欧共体的国际注册的情况,正如第 152 条第 1 款规定的那样。

第 156 条　异议

1. 指定欧共体的国际注册与公开的共同体商标申请一样接受异议。

2. 异议需要在第 152 条第 1 款中规定的公告日期后六个月起的三个月内提出。在缴纳了异议的费用后,异议才被视为正式提起。

3. 拒绝保护的决定应取代驳回共同体商标申请的决定。

4. 当国际注册保护被驳回的决定根据本条已经成为终局决定,或者国际注册的所有人在拒绝保护的决定成为终局决定之前已经重新界定了有关欧共体的保护,协调局应根据实施条例退还国际注册所有人的部分费用。

第 157 条　共同体商标被国际注册取代

根据《马德里议定书》第 4 条之二,协调局应根据请求在注册簿上公告,共同体商标被认为已经被国际注册取代。

第 158 条　国际注册的无效

1. 指定欧共体的国际注册可以被宣告无效。

2. 宣告指定欧共体的国际注册无效申请应取代第 51 条所规定的撤销宣告申请或第 52 条以及第 53 条规定的无效宣告申请。

第 159 条　指定欧共体的国际注册转换为国内商标申请或指定成员国的国际注册

1. 指定欧共体的国际注册被驳回或效力终止,该国际注册的所有人可以要求将对欧共体的指定转化:

（a）转化为根据第 112 条、113 条、114 条的国内商标申请。

（b）转化为指定《马德里议定书》或者修订后的《关于商标国际注册的马德里协定》(1891 年 4 月 14 日于马德里制定,以下简称《马德里协定》)的成员国的申请,只要在要求转化的日期,根据《马德里议定书》和《马德里协定》该成员国可以被直接指定。适用第 112、113 和 114 条。

2. 由指定欧共体的国际申请所转化的国内商标申请或者指定了某个《马德里议定书》或者《马德里协定》成员国的申请,在相关成员国的申请日应当为依据《马德里协定》第 4 条第 3 款的国际申请日期,或者依据《马德里协定》第 3 条之三第 2 款将申请扩展的欧共体的日期。如果在国际注册之后提出了扩展到欧共体的要求的话,或者申请的优先权日或根据第 153 条主张的在先商标的国内优先权日。

3. 转化请求应予以公告。

第 160 条　国际注册的商标使用

为了适用第 15 条第 1 款、第 42 条第 2 款、第 51 条第 1 款（a）项和第 57 条第 2 款,在确定指定欧共体的国际申请的课题商标应当被投入真正使用的时间上,根据第 152 条第 2 款所确定的公告日应当取代注册日。

第 161 条　转化

1. 根据第 2 款适用于共同体商标申请的条款在细节上作必要修改才能适用于《马德里议定书》第 9 条之五规定的由国际注册转换而来的共同体商标申请。

2. 在发生与第 152 条第 2 款规定的被公告的指定欧共体的国际申请相关法律适用时,第 37 条至第 42 条不应被适用。

第十四章　最后规定

第 162 条　共同体实施细则

1. 本条例的实施规则应以实施条例的形式通过。

2. 除前面有关条款规定的费用外,根据实施条例规定的具体适用规则应收的费用列举如下：

(a) 注册费的延迟支付费用；

(b) 颁发注册证；

(c) 共同体商标的许可备案和其他权利注册；

(d) 共同体商标申请的许可备案和其他权利注册；

(e) 撤销许可备案或其他权利的注册；

(f) 变更已注册的共同体商标；

(g) 发注册簿摘要；

(h) 查阅案卷；

(i) 发申请文件副本；

(j) 发经认证的申请书副本；

(k) 交换案卷信息；

(l) 应返还程序性费用的重新核定。

3. 实施条例和上诉委员会的程序规则应根据第163条第2款的程序通过和修改。

第163条 小组委员会的设立和通过实施条例的程序

1. 欧盟委员会应得一个小组委员会的支持，该小组委员会称为到内部市场（商标和外观设计）协调局下属的关于费用、实施规则和上诉委员会程序的小组委员会。

2. 援引本段时，应当适用欧共体1999/468/EC号决定。1999/468/EC号决定第5条第6款规定的期限应当确定为三个月。

第164条 与其他共同体法律条款保持一致

本条例不应影响理事会第(EC)510/2006号条例，特别是该条例的第14条。

第165条 有关扩大欧共体的条款

1. 自保加利亚、捷克共和国、爱沙尼亚、塞浦路斯、拉脱维亚、立陶宛、匈牙利、马耳他、波兰、罗马尼亚、斯洛文尼亚和斯洛伐克（以下简称为"新成员"）加入之日起，为了在整个共同体产生同等效力，在其各自的加入日期之前根据本条例注册或申请的共同体商标延伸到上述新成员的领土范围。

2. 共同体商标注册在上述新成员加入欧共体之日还在申请中的，不能仅仅基于第7条第1款所列的任何驳回的绝对理由而被驳回，如果该理由是因为新成员加入而得以适用的。

3. 对于在新成员加入日期前六个月内提交的共同体商标注册社区，如果在加入日期前已经在新成员国内存在在先商标权或者其他权利，只要该权利是通过善意的方式获得的，并且申请日、优先权日、在新成员国获得在先商标权或其他权利的日期早于共同商标注册的申请日或优先权日,就可以提出异议申请。

4. 第一段所提及的欧共体商标在以下情形不能被宣告为无效:

(a) 依照第 52 条如果适用无效的理由仅仅是因为新成员国的加入;

(b) 依照第 53 条第 1 款和第 2 款如果新成员国的在先国内权利的注册、申请或取得早于新成员加入欧共体的时间。

5. 根据第 110 条和第 111 条如果在先商标或者其他在先权利是在新成员国中被善意注册、申请或者取得,且注册、申请或者取得的时间先于该成员国的加入期,则第一段提到的共同体商标的使用可以被禁止;或者优先权日早于该国的加入日期,其使用也可被禁止。

第 166 条 废除

理事会第 40/94 号决议,其文书修正列于附件一,现被废除。已被废除的条例应被解释为本条例的参考并且按照附件二的相关表格解读。

第 167 条 生效

1. 本条例应自本条例在《欧洲共同体官方杂志》上公布之日起的第 20 天生效。

2. 成员国应在(EC) No 40/94 号条例生效后三年内,为实施第 95 条和第 114 条采取必要措施。

本条例应完整、直接地适用于所有成员国。

2009 年 2 月 26 日于布鲁塞尔

此致理事会

主席 I. LANGER